U0667401

权威 · 前沿 · 原创

皮书系列为

“十二五”“十三五”“十四五”时期国家重点出版物出版专项规划项目

中国社会科学院创新工程学术出版资助项目

美国蓝皮书
BLUE BOOK OF THE UNITED STATES

美国研究报告（2022）

ANNUAL REPORT ON THE U.S.A.(2022)

拜登经济学与地缘经济战略的回归

中国社会科学院美国研究所
中华美国学会
主　编／倪　峰
副主编／袁　征

社会科学文献出版社
SOCIAL SCIENCES ACADEMIC PRESS (CHINA)

图书在版编目(CIP)数据

美国研究报告.2022：拜登经济学与地缘经济战略的回归 / 倪峰主编；袁征副主编.--北京：社会科学文献出版社，2023.11
（美国蓝皮书）
ISBN 978-7-5228-2738-4

Ⅰ.①美… Ⅱ.①倪… ②袁… Ⅲ.①政治-研究-美国 Ⅳ.①D771.2

中国国家版本馆 CIP 数据核字（2023）第 198792 号

美国蓝皮书
美国研究报告（2022）
——拜登经济学与地缘经济战略的回归

主　　编 / 倪　峰
副 主 编 / 袁　征

出 版 人 / 冀祥德
责任编辑 / 仇　扬
责任印制 / 王京美

出　　版 / 社会科学文献出版社 · 当代世界出版分社（010）59367004
地址：北京市北三环中路甲 29 号院华龙大厦　邮编：100029
网址：www.ssap.com.cn
发　　行 / 社会科学文献出版社（010）59367028
印　　装 / 三河市东方印刷有限公司

规　　格 / 开 本：787mm×1092mm　1/16
印 张：26　字 数：392 千字
版　　次 / 2023 年 11 月第 1 版　2023 年 11 月第 1 次印刷
书　　号 / ISBN 978-7-5228-2738-4
定　　价 / 198.00 元

读者服务电话：4008918866

主编简介

倪　峰　中国社会科学院美国研究所所长兼党委书记、研究员、博士生导师，中华美国学会会长。1987 年毕业于北京大学国际政治系，获法学学士学位。2001 年在中国社会科学院研究生院获法学博士学位。分别于 1995 年、2000 年和 2009 年在日本国际问题研究所和美国霍普金斯大学尼采国际问题高级院做客座研究员和访问学者。主要研究领域为美国国内政治、美国对外政策及东亚安全事务。代表作有《国会与冷战后的美国安全政策》《冷战后的美国对外政策》《美国在东亚的作用》等专著，以及《观察中美关系的三个维度》《美国大战略的历史沿革及思考》《变轨、脱轨、延续——从美国对外战略的轨迹看特朗普新版国家安全战略报告的三个特征》《美国与东亚关系的历史考察》《失衡与分裂——特朗普治下的美国政治》《常规因素与非常规因素的汇合——美国对华政策的质变》等论文。享受国务院政府特殊津贴。

袁　征　中国社会科学院美国研究所副所长、研究员、美国外交优势学科带头人、博士生/博士后导师，享受国务院政府特殊津贴。担任中华美国学会副会长兼秘书长，负责学会日常工作。主要从事美国对外战略与中美关系的研究。曾承担多项国家社科基金和中国社会科学院重大或重点课题的研究工作，参与撰写学术著作约 20 部，发表学术论文和国际时评 400 余篇，撰写内部研究报告数十篇，科研成果多次获奖。先后在美国斯坦福大学（1998~1999 年）、马里兰大学（2003~2004 年）和夏威夷亚太安全研究中心（2011 年）访学，走访美国多个官方和智库机构。曾作为外交部专家小组成员访美（2009 年）、应邀赴美参加“中美青年领袖对话”（2014 年）和“中美关系中的台湾问题”二轨对话（2018 年）。

摘要

2021年的美国政治始于动荡，止于对抗，乱中有进。疫情加剧、经济衰退、选举乱象以及1月6日的国会山骚乱事件，导致2021的美国政治在混乱中开局。两党的政策立场和意识形态继续向两极移动，围绕拜登执政、选举规则、选区重划、文化战争、最高法院等问题展开恶斗。在通货膨胀、疫情反复、阿富汗撤军等因素的冲击下以及共和党的阻挠下，拜登政府陷入困境，支持率大幅度下滑。极化和冲突依旧是美国政治的常态，进展只能在激烈的斗争中缓慢形成。通货膨胀成为大多数美国人最关注的问题，乌克兰危机暂时且有限地加强了美国的团结。这两个因素将在很大程度上决定两党的中期选举结果。

拜登政府推行“拜登经济学”，拓展政府角色，以经济和科技为核心，实施“绿色新政”、“伟大社会2.0”和产业政策，以期“重建更美好未来”，提升美国的综合国力。对外回归“地缘经济战略”，以“领跑”模式和复合联盟与中国进行战略竞争，强调中产阶级外交，实行“以工人为中心的贸易政策”，维护美国的主导地位。美国经济强劲复苏，但通胀压力持续上升。大规模的财政支持措施以及美联储的量化宽松货币政策使得财政赤字和政府债务达到史无前例的水平，迫使美联储的货币政策从宽松逐渐转向紧缩，从而对美国经济产生了持久影响。

拜登政府把应对重大挑战、对标“重建更好”议程和重建中产阶级作为其科技创新政策部署的关键出发点，力图以前所未有的方式加大公共投入，加强重大科技战略与政策的设计，强化美国创新引擎，重塑美国的长期竞争优势。不过，拜登的雄心壮志也面临不少掣肘因素。激烈的政策辩论和拜登政府的政治雄心能否快速转化为实施宏大的科技战略，还有待观察。

2021年的美国社会并没有因为拜登政府的各项政策而团结起来。种族构成变化、出生率萎缩、老龄化加重、地区分布失衡等人口结构的变化，对美国的政治版图和经济资源分配产生了深远影响。围绕族群、性取向、堕胎、吸毒、控枪等问题展开的社会对立、撕裂和冲突愈加严重。拜登的多项竞选承诺陷入了“空转”，两党斗争更为激烈，多重维度的社会对立和社会撕裂还在恶化。

执政伊始，拜登政府发布《临时国家安全战略指南》，宣告以恢复美国全球领导地位为目标的外交战略。拜登政府一方面承袭了特朗普政府的“大国竞争”战略，聚焦与中俄的战略竞争；另一方面注重强化与盟友伙伴的关系，推行“价值观外交”，与盟友及伙伴一起应对各种重大挑战。

即便面临新冠肺炎疫情和气候变化等多重威胁，拜登政府在军事领域始终保持强势投入，以谋求在大国竞争中的绝对优势。美国着眼于大国竞争进行“一体化威慑”，加快推进联合全域能力建设，加大与盟友军事合作的力度，重返国际社会，提升重点领域能力，密集开展概念验证，发展智能化、无人化武器装备，以“太平洋威慑倡议”等方式推动“印太战略”落地生根。

拜登执政首年，美国对华政策的基本轮廓已较为清晰地呈现出来。对内增强美国实力，重振美国竞争力；对外联合盟友，遏制中国发展，恢复美国全球领导地位。拜登政府总体上延续了前任的对华竞争战略，但更加强调战略运筹，注重立法、盟友协作、设定规则等手段，某些政策更具进攻性和冒险性。拜登政府强调以全政府模式、联盟协作、高端战争准备方式全力构筑对华军事包围圈，增加了中美两国之间的军事风险。

展望未来，美国内政外交呈现如下主要趋势。

未来美国政治仍将在极化和冲突中艰难前行。2022年的中期选举，民主党选情严峻，共和党志在必得。而特朗普在中期选举中的作用将彰显他在共和党内的影响力和政治地位。

美国经济将呈现四“高”特点：通胀水平高，财政支出高，政府债务高，短期经济增长不确定性高。考虑到地缘政治紧张、全球供给失衡、供应链中断和疫情加剧风险，美国经济增长将面临多重阻力。随着应对新冠疫情财政援助计划逐步淡出，政策引致的经济增长势头将有所减弱。促进经济复苏与应对高通胀在货币政策上存在矛盾。巨额贸易逆差给贸易政策制定带来了新的压力。这些都将缩小美国经济政策的腾挪空间。

目前美国社会红与蓝、农村与城市、保守派与自由派之间的鸿沟并未因拜登反复强调的“团结”口号和做出的相应努力而有所弥合。相反，这些分裂和对抗将继续深刻地影响美国社会的变迁。

拜登政府将聚焦对中俄的“战略竞争”，加强同盟体系，竭力护持美国全球领导地位。即便俄乌冲突爆发，美国的战略重心依旧是亚太地区。在全面脱钩不可行、局部脱钩不可免的情况下，“拜登经济学”和对华地缘经济战略最终将造成中美两国竞争性共存的情形。在用以支撑双边关系发展和管控分歧的政策框架短期难以构建的背景下，中美关系发展的不确定性进一步上升。

目 录

I 总报告

II 形势报告

Ⅲ　专题报告

Ⅳ　附　　录

皮书数据库阅读使用指南

总 报 告

General Report

B.1

脱钩与共存：拜登经济学与地缘经济战略的回归

罗振兴　高智君*

摘　要： 2021 年是美国遭遇空前危机的关键一年，内有百年不遇的新冠疫情、第二次世界大战结束以来最严重的经济衰退、罕见的供应链危机和深层次的社会危机；外临中国的快速发展和全球气候变化的挑战。这六大危机相互交织，层层叠加，成为拜登政府必须直面的难题。拜登政府以对华战略竞争为抓手，对内践行拜登经济学，对外回归地缘经济战略，谋求系统解决这六大危机。尽管拜登经济学和地缘经济战略的诸多政策措施仍在酝酿、讨论或实施过程中，但从已实施政策的结果来看，拜登政府的 2021 年成绩单好坏参半。究其原因，在于拜登政府政治资本严重不足，雄心太大，外部环境变化太快，政府内部存在分歧，以及美国与其

* 罗振兴，中国社会科学院美国研究所副研究员、经济研究室主任，主要研究领域为分工理论、美国经济、美国能源、中美经贸关系；高智君，中国社会科学院美国研究所助理研究员，主要研究领域为美国对外经济战略、国际政治经济学、发展经济学。

盟友之间存在难以协调的矛盾。随着拜登经济学和地缘经济战略的逐步落实，中美之间将出现全面脱钩不现实、局部脱钩难免的结果。长期来看，即使是在两套平行体系下，中美仍将保持一定限度联系，有望实现竞争性共存。

关键词： 美国经济　脱钩　共存　拜登经济学　地缘经济

2021 年 1 月 20 日，拜登正式入主白宫，成为美利坚合众国的第 46 任总统。4 年前的这一天，前任总统特朗普向美国和世界发表了“让美国再次伟大”的就职演说，力图以一种“救世主”的姿态来带领美国人民，尤其是带领那些在全球化过程中利益受损的阶层重温“黄金时代”的旧梦，并在国际上赢得大国竞争。然而 4 年之后，特朗普给美国留下的更多是矛盾、分裂，以及美国国际领导力的衰退。2020 年新冠肺炎疫情的出现则使美国的深层次矛盾显得更加突出，最终激化为 2021 年 1 月 6 日发生的举世震惊的“冲击国会山”事件。美国宪政制度遭受内战以来最大冲击，“民主灯塔”已然黯淡。正如耶鲁大学历史学教授大卫·布莱特（David W. Blight）所指出的：“2021 年不是 21 世纪美国民主实验末日崩溃的单一时刻，而是针对宪政共和国的不太明显但常规的政变的前奏。2021 年揭示了美国宪法体系的一些要素的功能已经失调，特别是不民主的美国参议院、第二修正案、荒谬的选举团，以及法官终生任职并受自以为是的右翼意识形态驱动的高度政治化的最高法院。”① 这反映出美国的结构性矛盾已经发展到无以复加的程度，并预示着拜登政府的坎坷之途。面对内外交困的局面，拜登选择了一条对内增强美国实力、重振美国竞争力，对外联合盟友、遏制中国发展、恢复美国全球领导地位的道路。概而言之，前者主要靠践行拜登经济学来实现，

① “How Will the History Books Remember 2021?” *Politico Magazine*, December 29, 2021, https://www.politico.com/news/magazine/2021/12/29/how-will-the-history-books-remember-2021-526219.

即聚焦内政，通过扩大政府在经济和社会中的作用，终结里根经济学（Reaganomics），以经济和科技为核心，实施“绿色新政”（Green New Deal）、“伟大社会 2.0”（Great Society 2.0）和产业政策，以期“重建更美好未来”，进一步提升美国的综合国力；后者回归“地缘经济战略”，即以“领跑”模式和复合联盟与中国进行战略竞争，强调中产阶级外交，实行“以工人为中心的贸易政策”，充分发挥盟友优势，积极重塑符合美国利益的国际政治经济格局，维护美国的世界霸权。

一　内外交困：拜登政府面临六大危机

78 岁的最高龄总统、建制派、温和民主党人，自认为是新一代领导人的“桥梁”，① 是“过渡”总统，历史使命是击败特朗普，让美国恢复所谓的正常状态，② 这样的总统，能被人们寄予厚望，期待他像罗斯福、奥巴马等在危机时刻上任的总统一样吗？第 46 任美国总统拜登正是这个执政业绩不被人们期待的总统，他所面临的危机在难度、广度和深度上远超第二次世界大战后的历届美国总统，甚至超过“大萧条”时代的罗斯福总统。拜登本人也认识到了这一严峻性，于 2020 年在《外交事务》杂志上发文指出：“自 2017 年 1 月 20 日奥巴马总统和我卸任以来，美国在世界上的可信度和影响力从各个方面看几乎都在下降。……同时，美国面临的全球挑战——从气候变化和大规模移民到技术破坏和传染病——更加复杂，更加紧迫。威权主义、民族主义和非自由主义的迅速发展削弱了我们集体应对这些挑战的能力。民主国家——因过度党派主义而瘫痪，因腐败而步履蹒跚，因极端不平等而承压——在服务其人民方面正处于艰难时刻，对民主制度的信任已经下

① Eric Bradner and Sarah Mucha, “Biden Says He's a ‘Bridge’ to New ‘Generation of Leaders’ While Campaigning with Harris, Booker, Whitmer,” March 9, 2020, https: //www. cnn. com/2020/03/09/politics/joe-biden-bridge-new-generation-of-leaders/index. html.

② Amie Parnes, “Biden Sees Himself as a Two-term President,” March 24, 2021, https: //thehill. com/homenews/administration/544622-biden-sees-himself-as-a-two-term-president/.

降，对民主对立面的恐惧则上升了。美国如此精心构建的国际体系正在分崩离析。”[①] 概括来看，新上任的拜登政府面临六大危机：内有百年不遇的新冠肺炎疫情、第二次世界大战结束以来最严重的经济衰退、罕见的供应链危机和深层次的社会危机；外临中国的快速发展和全球气候变化的挑战。

（一）新冠肺炎疫情：百年不遇

拜登上任时，1918 年西班牙大流感以来的最大疫情——新冠肺炎疫情已经发展到了非常严重的程度。根据美国疾病与预防控制中心（Centers for Disease Control and Prevention）的数据，2021 年 1 月，美国全国的新冠确诊病例和致死人数分别超过了 2400 万人和 40 万人，死亡人数已经超过了美国在第二次世界大战期间的总死亡数，正在直追西班牙大流感时期的 67.5 万人。[②] 更令人担忧的是，在已有病例数居高不下的情形下，2021 年 1 月平均每日新增病例依然高达 6.5 万人，加剧了疫情持续蔓延的势头。[③] 在疫情快速蔓延的同时，美国在抗疫方面却面临不少难题。一是抗疫手段和工具欠缺，医疗供应链存在短板。2021 年 1 月，只有不到 1%（200 万人左右）的美国人完全接种了疫苗，家庭测试工具尚未面世，一线工人的防护设备短缺，没有足够的疫苗、疫苗接种器或疫苗接种站。二是具有传播速度快、病毒载量高、潜伏期较短、易引发危重症以及潜在的疫苗逃逸等特点的德尔塔病毒已成为美国主流毒株，[④] 抗疫难度加大。三是抗疫被政治化，白宫出台的“口罩令”、

---

① Joseph R. Biden, Jr., “Why America Must Lead Again: Rescuing U. S. Foreign Policy After Trump,” March/April 2020, https: //www. foreignaffairs. com/articles/united-states/2020-01-23/why-america-must-lead-again.

② Centers for Disease Control and Prevention, “Key Updates for Week 3, Ending January 23, 2021,” January 29, 2021, https: //www. cdc. gov/coronavirus/2019-ncov/covid-data/covidview/past-reports/01292021. html.

③ Centers for Disease Control and Prevention, “Key Updates for Week 3, Ending January 23, 2021,” January 29, 2021, https: //www. cdc. gov/coronavirus/2019-ncov/covid-data/covidview/past-reports/01292021. html.

④ Kathy Katella, “5 Things to Know about the Delta Variant,” *Yale Medicine*, March 1, 2022, https: //www. yalemedicine. org/news/5-things-to-know-delta-variant-covid.

封闭学校以及实施检测等指导性政策，遭到部分州政府和民众的抵制。例如，南达科他州在2020年底已成为全美疫情反弹最为严重的地区，但共和党州长克里斯蒂·诺姆（Kristi Noem）依然拒绝在该州推行“口罩令”。[①] 佐治亚州州长布莱恩·坎普（Brian Kemp）则否决了市长们颁布“口罩令”的建议。[②]

（二）第二次世界大战结束以来最为严重的经济衰退

拜登上任之时，美国经济正在从第二次世界大战结束以来最为严重的经济衰退中艰难复苏。受新冠肺炎疫情的冲击和抗疫措施的影响，2020年美国实际GDP下降3.4%，降幅仅次于1946年的-11.6%，超过了2009年的-2.6%和1982年的-1.8%。从季度环比增速折年率来看，2020年第一季度和第二季度美国GDP分别下降了5.1%和31.2%，分别创下自2008年第四季度（-8.5%）和第二次世界大战结束以来的最大季度降幅。尽管2020年第三季度经历了有记录以来最为强劲的反弹（33.8%），但受德尔塔变异毒株及相关因素的影响，第四季度增幅放缓为4.5%。伴随经济下行的是失业率的攀升和劳动力的减少。新冠疫情所引起的需求压制和供给不足导致2020年第二季度的失业率升至13.07%，高于2008~2009年全球金融危机最为严重时的水平（2009年10月的10%），历史上也仅次于“大萧条”时期。由于疫情难以得到有效控制，越来越多的企业被迫宣布无限期停业。在供给侧，人们出于对健康的担心和工作机会的减少，纷纷退出就业市场。联邦政府推出的数轮救助计划进一步降低了人们重返工作岗位的动力。2020年全年失业率为8.1%，2020年12月失业率仍保持在6.7%的高位，远超疫情前的3.5%。劳动参与率在2020年底降至61.9%，创下了第二次世界大战结束以来的新低，和疫情前的63.4%相比，下降了1.5个百分点。如果将想

① Talli Nauman, “South Dakota Gripped by Pandemic amid Kristi Noem's No-mask Approach,” *The Guardian*, November 23, 2020, https://www.theguardian.com/world/2020/nov/23/south-dakota-gripped-by-pandemic-amid-kristi-noem-no-mask-approach.

② Emma Bowman, “Georgia Mayor ‘Disappointed’ by Governor's Order Blocking Mask Mandates,” NPR, July 17, 2020, https://www.npr.org/sections/coronavirus-live-updates/2020/07/17/892195755/lagrange-georgia-mayor-on-governors-lawsuit-blocking-mask-mandates.

工作但又退出了劳动力市场或找不到全职工作的人也纳入失业统计范围，则更能反映劳动力是否得到充分利用的真实情况。美国劳工部劳工统计局用U-6这一指标来反映这一宽口径失业率。2020 年 12 月该指标为 11.7%，仍远高于疫情前的 7%，表明实际的失业情况更为严重，劳动力远未得到充分利用。①

（三）罕见的供应链危机

美国国内很早就认识到供应链脆弱性的问题。② 奥巴马政府曾于 2012 年发布过《全球供应链安全国家战略》（National Strategy for Global Supply Chain Security），但该战略更多关注的是由地震、海啸和火山爆发等自然灾害以及犯罪和恐怖网络袭击引发的供应链中断。③ 在新冠肺炎疫情出现前，特朗普政府就已经从国家安全的角度强调，要降低关键矿物以及 IT 等供应链关键环节的对外依赖度，特别是对中国的依赖度。④ 疫情期间出现的医疗

① U-6 为美国劳工部劳工统计局最大统计口径的失业率指标，等于总失业人数、边缘劳动力和因经济原因而兼职总人数之和占劳动力及边缘劳动力（all persons marginally attached to the labor force）之和的比例。边缘劳动力未被计入劳动力范畴，是指那些想要工作并有工作能力的人，他们在过去 12 个月内曾找过工作，但由于在调查之前 4 周内没有找工作而未被算作失业者。本段的数据均来源于美国商务部经济分析局（https：//www. bea. gov/）和劳工部劳工统计局网站（https：//www. bls. gov/）。

② "Assessing the Resiliency of the Nations Supply Chain," Hearing before the Subcommittee on Border, Maritime, and Global Counterterrorism of the Committee on Homeland Security, House of Representatives, One Hundred Tenth Congress, May 7, 2008, https：//www. govinfo. gov/content/pkg/CHRG - 110hhrg42925/pdf/CHRG - 110hhrg42925. pdf; Federal Motor Carrier Safety Administration, "Estimates Show Commercial Driver Detention Increases Crash Risks and Costs, but Current Data Limit Further Analysis, Required by the Fixing America's Surface Transportation Act of 2015," January 31, 2018, https：//www. oig. dot. gov/sites/default/files/FMCSA%20Driver%20Detention%20Final%20Report. pdf.

③ The White House, "National Strategy for Global Supply Chain Security," January 23, 2012, https：//obamawhitehouse. archives. gov/sites/default/files/national_ strategy_ for_ global_ supply_ chain_ security. pdf.

④ The White House, "A Federal Strategy to Ensure Secure and Reliable Supplies of Critical Minerals," Executive Order 13817 of December 20, 2017, December 26, 2017, https：//www. govinfo. gov/content/pkg/FR - 2017 - 12 - 26/pdf/2017 - 27899. pdf; The White House, "Executive Order on Securing the Information and Communications Technology and Services Supply Chain," May 15, 2019, https：//trumpwhitehouse. archives. gov/presidential-actions/executive-order-securing-information-communications-technology-services-supply-chain/.

物资供应短缺凸显了美国在一些涉及国家安全的供应链环节产能不足的问题。例如在九类与医疗有关的产品中，美国的平均进口依赖度接近 60%，其中有三类产品的进口依赖度超过了 80%。[①] 2019 年美国从中国进口的医疗类产品总额为 207 亿美元，约占美国同类产品进口总额的 9.2%，仅次于爱尔兰和德国。国会研究局（Congressional Research Service）在一份供应链安全报告中指出该比例很可能被低估，因为美国从欧盟等地区进口的医疗产品有可能使用了来自中国的中间产品。[②] 美国在基本的医疗物品方面的供应不足促使美国行政当局加快了降低供应链对外依赖的进程。时任白宫国家经济委员会主任拉里·库德洛（Larry Kudlow）甚至公开宣称，将为美国企业搬离中国的成本提供全额补贴。[③] 等到拜登上台之时，由于全球疫情的蔓延，供应链危机已经不仅局限于抗疫物资，而且呈现显著扩大趋势。芯片、汽车等关键行业以及港口、卡车运输等关键环节都已发生供应链中断、堵塞或出现瓶颈问题，并正在向全球供应链危机演变，这是前所未有的。例如，占美国集装箱进口货物 40%的洛杉矶港和长滩港这两个最大的港口，发生了集装箱长期滞港、港口堵塞的严重问题。2020 年 6~12 月，集装箱滞留时间超过 5 天的比例从不到 5%上升到 25%左右。[④]

（四）深层次的社会危机

“当下美国的疫情防控、经济形势和种族矛盾引发的社会危机，标志着

① Donald J. Marples, Andres B. Schwarzenberg, and Michael D. Sutherland, “Covid-19: Tax Policy Options to Address Medical Supply Chain Concerns,” November 20, 2020, https://crsreports.congress.gov/product/pdf/IN/IN11536.

② Karen M. Sutter, Andres B. Schwarzenberg, and Michael D. Sutherland, “Covid-19: China Medical Supply Chains and Broader Trade Issues,” December 23, 2020, https://crsreports.congress.gov/product/pdf/R/R46304.

③ Kenneth Rapoza, “Kudlow: ‘Pay the Moving Costs’ of American Companies Leaving China,” *Forbes*, April 10, 2020.

④ Matt Leonard, “4 Charts Show the Effects of West Coast Port Congestion and Supply Chain Delays,” February 16, 2021, https://www.supplychaindive.com/news/california-port-congestion-los-angeles-long-beach-data/594715/.

新自由主义时代美国财富分配两极化背景下社会各种矛盾的剧变。”① 美国贫富分化、种族矛盾等社会问题沉疴已久。从前些年的“占领华尔街运动”到2020年的“弗洛伊德事件”，再到2021年1月6日暴力袭击国会山这样的历史性事件，反映了深层次、结构性的社会危机已经危及美国的宪政共和制度与民主体制，动摇了美国长期以来所仰仗的社会基础，并直接威胁了美国的国家安全，已经到了非解决不可的地步。

1. 收入不平等，贫富分化不断扩大

随着中产阶级的萎缩，美国的社会结构已经从“橄榄球形”向“金字塔形”转变。如果将税收和转移支付考虑在内，处于收入分配中层60%的家庭收入增速仅是处于最底层20%和最顶层20%的家庭的一半左右。2016年，美国中产阶级家庭的流动财富（liquid wealth）中位数为4000美元，总财富为8.7万美元，而顶层20%家庭的流动财富和总财富则分别为3.1万美元和80.7万美元。财富不平等的增速甚至超过收入不平等的增速。② 根据皮尤研究中心（Pew Research Center）的报告，1970年高收入、中等收入和低收入家庭的收入占美国社会总收入的比例分别为29%、62%和10%，意味着每三个美国家庭中就约有两个属于中等收入阶层。③ 到了2018年，中产阶层家庭的收入占社会总收入的比重已下降至43%，而高收入家庭的收入

---

① 梁茂信：《美国陷入空前种族矛盾与社会危机》，《中国社会科学报》2020年8月13日。

② Richard V. Reeves and Isabel V. Sawhill, "A New Contract with the Middle Class," https://www.brookings.edu/wp-content/uploads/2020/10/FMCi-Middle-Class-Contract-DIGITAL-VERSION.pdf.

③ Juliana M. Horowitz, Ruth Igielnik, and Rakesh Kochha, "Most Americans Say There Is Too Much Economic Inequality in the U.S., but Fewer Than Half Call It a Top Priority," Pew Research Center, January 9, 2020, https://www.pewresearch.org/social-trends/2020/01/09/most-americans-say-there-is-too-much-economic-inequality-in-the-u-s-but-fewer-than-half-call-it-a-top-priority/. 皮尤研究中心将中产阶级的收入区间定义为美国收入中位数的2/3到2倍。关于皮尤研究中心对中产阶级收入区间的定义和计算的详细内容，参见Jesse Bennett, Richard Fry, and Rakesh Kochhar, "Are You in the American Middle Class? Find Out with Our Income Calculator," Pew Research Center, July 23, 2020, https://www.pewresearch.org/fact-tank/2020/07/23/are-you-in-the-american-middle-class/。

占比则从 29%攀升至 48%。[①]

2. “美国梦”破灭，社会向上流动性濒临枯竭

在社会流动性层面，美国一直被视为追梦者的应许之地。在市场竞争激烈、福利制度相对缺位的环境下，“美国梦”代表着希望，是相信一代比一代过得更好的“信仰”。“美国梦”在很大程度上构成了普通民众奋进的动力，维系了社会的向心力。然而，随着经济增长放缓和社会不平等加剧，“美国梦”对于广大劳工阶层来说变得愈发虚无缥缈。1940 年出生的美国人中，90%的人最终比他们的父母更富有，而 20 世纪 80 年代出生的人，这一比例只有 50%。在疫情之前，只有大约 1/3 的美国民众相信今天的孩子会比他们的父母过得更好。此外，靠努力工作跻身更高收入阶层的流动性也有所下降。自 20 世纪 80 年代初以来，中产阶级收入者（收入分布十分位中的四到七）在 15 年间上升到顶层 20%的人群的机会已经下降了 20%。[②]

3. 种族撕裂严重

虽然美国早在 150 年前就废除了奴隶制，但大多数美国成年人认为黑人群体依然承受着系统性的种族歧视。2019 年，58%的美国民众认为种族关系很糟糕，且未见改善的迹象；56%的民众表示特朗普政府的做法使种族主义者愈发明目张胆，种族主义言论在社会各个角落重新泛起。在新冠肺炎疫情的冲击下，美国的种族不平等问题进一步恶化。非裔和拉丁裔的确诊病例和死亡比例均高于白人群体，收入差距也呈现继续扩大的趋势。2020 年 5 月 25 日 4 名白人警察暴力执法致黑人乔治·弗洛伊德死亡的事件，导致压抑已久的种族矛盾彻底激化，引发全国范围的大游行和对系统性种族歧视的

---

① Juliana M. Horowitz, Ruth Igielnik, and Rakesh Kochha, “Most Americans Say There Is Too Much Economic Inequality in the U. S. , but Fewer Than Half Call It a Top Priority,” Pew Research Center, January 9, 2020, https://www.pewresearch.org/social-trends/2020/01/09/most-americans-say-there-is-too-much-economic-inequality-in-the-u-s-but-fewer-than-half-call-it-a-top-priority/.

② Richard V. Reeves and Isabel V. Sawhill, “A New Contract with the Middle Class,” https://www.brookings.edu/wp-content/uploads/2020/10/FMCi-Middle-Class-Contract-DIGITAL-VERSION.pdf.

大讨论。另外，起源于20世纪50年代、旨在颠覆白人中心主义根基、重建美国族裔研究范式的批判性种族理论（critical race theory）的泛滥，又引发白人学生家长的担忧。他们不得已选择通过选票来扭转美国社会愈发“左倾”的势头。① 最典型的例子是，在2021年的弗吉尼亚州州长选举中，共和党人格伦·杨金（Glenn Youngkin）因此而大胜民主党人特里·麦考利夫（Terry McAuliffe），弗吉尼亚州12年来第一次由“蓝”变“红”。② 如今的美国，种族不平等的程度日趋加深，同时又深受极端批判性种族理论的困扰。这导致种族问题日益向复杂化演化，加大了种族矛盾缓和的难度。

（五）气候危机

拜登政府在2022财年预算提议中指出，“气候变化是我们这个时代最大的全球挑战之一”。③ 和特朗普政府不同，在拜登政府看来，“美国和世界都面临着深刻的气候危机”。④ 气候变化政府间工作组（Intergovernmental Panel on Climate Change）的研究报告指出，在过去的150年中，温室气体排放量的持续增加已经导致全球平均气温上涨了1.1℃，这种上升的态势将至少延续到21世纪中叶。⑤ 全球气候变暖已导致海平面上升，洪水、飓风、干旱、

---

① Bryan Anderson, “Critical Race Theory Is a Flashpoint for Conservatives, But What does It Mean?” Public Broadcasting Service News Hour, November 4, 2021, https://www.pbs.org/newshour/education/so-much-buzz-but-what-is-critical-race-theory.

② Gregory S. Schneider and Laura Vozzella, “Republican Glenn Youngkin Wins Virginia Governor's Race,” *The Washington Post*, November 3, 2021, https://www.washingtonpost.com/local/virginia-politics/virginia-governor/2021/11/02/ba9c3ccc-36b2-11ec-91dc-551d44733e2d_story.html.

③ Office of Management and Budget, “Budget of the U.S. Government: Fiscal Year 2022,” https://www.whitehouse.gov/wp-content/uploads/2021/05/budget_fy22.pdf, p. 20.

④ The White House, “Executive Order on Tackling the Climate Crisis at Home and Abroad,” January 27, 2021, https://www.whitehouse.gov/briefing-room/presidential-actions/2021/01/27/executive-order-on-tackling-the-climate-crisis-at-home-and-abroad/.

⑤ Intergovernmental Panel on Climate Change, “Climate Change 2021: The Physical Science Basis. Contribution of Working Group I to the Sixth Assessment Report of the Intergovernmental Panel on Climate Change,” August 9, 2021, https://www.unep.org/resources/report/climate-change-2021-physical-science-basis-working-group-i-contribution-sixth.

森林火灾、热浪、北冰洋融化等极端天气和自然灾害频频发生。它们发生的频率越来越快，强度也越来越高，直接威胁人类的生存和安全。气候危机已经产生了现实的影响。2012~2021 年，美国平均每年发生约 61285 次森林火灾，造成 735 万英亩的土地被烧毁。随着干旱等极端天气变得愈发频繁，森林火灾的危害性近年来急剧增加，2021 年共发生了 58985 次森林火灾，烧毁了大约 710 万英亩的土地（相当于马萨诸塞州和罗得岛州面积的总和）。① 飓风伊达（Hurricane Ida）发生时的降水量高达每小时 3.15 英尺，直接导致纽约地铁系统瘫痪数个小时，整座城市的商业活动陷入停顿。② 而在西部地区，胡佛大坝的水位降到 1931 年以来的最低点，迫使州政府有史以来第一次宣布科罗拉多河进入缺水状态，并不得不对农业和经济用水实行限制。③ 极端天气引发的自然灾害导致食品供给中断，生产和商业活动受阻，并对基础设施和住宅造成了破坏。2016~2021 年，这些自然灾害对美国造成的经济损失高达 6000 亿美元。④ 气候变化的长期影响更令人担忧。美国国会预算局（Congressional Budget Office，CBO）预测，相对于 20 世纪末气候条件下的增长，2020~2050 年的气候变化将使美国实际 GDP 年均增长率净减少 0.03 个百分点，累计起来，等于 2050 年实际 GDP 预测水平下降 1 个百分点。⑤ 按照经济学家尼古拉斯·斯特恩（Nicholas Stern）2006 年的悲观预测，如果不采取行动应对气候变化，那么“不作为”的成本

① U. S. National Interagency Coordination Center, “Wildland Fire Summary and Statistics Annual Report 2021,” https://www.predictiveservices.nifc.gov/intelligence/2021_statssumm/annual_report_2021.pdf.

② Mihir Zaveri, Matthew Haag, Adam Playford, and Nate Schweber, “How the Storm Turned Basement Apartments into Death Traps,” *The New York Times*, September 2, 2021, https://www.nytimes.com/2021/09/02/nyregion/basement-apartment-floods-deaths.html.

③ Joe Sutton and Kelly McCleary, “Lake Mead at the Hoover Dam to Reach Lowest Water Level in Decades,” CNN, June 8, 2021, https://www.cnn.com/2021/06/08/weather/hoover-dam-lake-mead-water-level-drought/index.html.

④ National Oceanic and Atmospheric Administration, “Billion-Dollar Weather and Climate Disasters: Overview,” 2021, https://www.ncei.noaa.gov/access/monitoring/billions/.

⑤ Evan Herrnstadt and Terry Dinan, “CBO's Projection of the Effect of Climate Change on U. S. Economic Output,” September 21, 2020, https://www.cbo.gov/publication/56505.

相当于每年损失5%~20%的全球GDP，到2200年人均GDP损失可能达到35.2%。这相当于全球每年损失高达惊人的25万亿美元。① 气候变化还对美国国家安全构成了潜在威胁。它不仅被视为全球最脆弱地区不稳定的威胁放大器，还对美国国家安全构成重大挑战。② 按照美国情报委员会（National Intelligence Council，NIC）的报告，2021~2040年，气候变化及国际应对举措对美国国家安全的挑战越来越大，主要是因为温室气体减排责任和成本分担以及各国竞相控制资源并主导清洁能源转型所需的新技术将加剧地缘政治紧张形势；同时，气候变化日益增加的物理影响可能会在水资源、移民、北极资源和太阳能地球工程等方面引爆跨境地缘政治冲突，并将导致一些发展中国家出现不稳定和发生内部冲突的可能性增大。③

（六）中国快速发展

改革开放40多年来，特别是2001年加入世界贸易组织以来，中国经济保持了年均近两位数的高速增长，创造了经济奇迹，成为仅次于美国的世界第二大经济体。以市场汇率算，中国的GDP已从2000年的1.2万亿美元增长至2021年的17.7万亿美元。尽管也受到了新冠肺炎疫情的冲击，但中国在2020年是世界主要经济体中唯一保持经济正增长的国家，年增长率为2.3%，GDP总值相当于美国GDP的74%，2021年这一比例又上升至77%。英国智库经济与商业研究中心（Centre for Economics and Business Research，

① Mark G. Stewart, "Climate Change and National Security: Balancing the Costs and Benefits," June 10, 2020, https://www.cato.org/publications/climate-change-national-security-balancing-costs-benefits.

② Mark G. Stewart, "Climate Change and National Security: Balancing the Costs and Benefits," June 10, 2020, https://www.cato.org/publications/climate-change-national-security-balancing-costs-benefits.

③ National Intelligence Council, "Climate Change and International Responses Increasing Challenges to US National Security Through 2040," October 21, 2021, https://www.dni.gov/files/ODNI/documents/assessments/NIE_Climate_Change_and_National_Security.pdf.

CEBR）预测中国会在2028年超越美国，成为全球最大的经济体。① 按世界银行数据，如果以购买力平价来看，则中国经济在2016年已经超过美国，成为世界第一大经济体。中美相对经济实力和地位的变化已经重新定义了全球经济秩序。② 美元仍是世界主要储备货币和跨境交易的首选货币。美国股票市场仍是全球最大的市场，美国在风险资本投资方面仍处于领先地位。美国仍是吸引世界上最有才华的发明家和企业家最多的国家。然而，尽管美国保有上述优势，但中国在诸多领域正在紧追或已经赶上甚至超过美国。例如，中国已经取代美国成为世界制造工厂；已经超过美国成为世界上大多数国家的第一大贸易伙伴；已是全球关键供应链中最重要的一环；自2008年金融危机以来已经取代美国成为全球经济增长的主要引擎，并在2020年首次取代美国成为拥有财富全球500强中公司数量最多的国家。在吸引外国投资方面，中国与美国不相上下。在研发投资总额方面，中国与美国并驾齐驱。换言之，中国目前是美国最大的经济竞争对手。③

同时，中国不仅取代美国成为世界上最大的高科技产品制造商，而且正在挑战美国在技术制高点的主导地位，是美国在21世纪新兴技术和基础技术方面最强劲的竞争对手。未来10年，在可能对经济和安全产生最大影响的先进技术人工智能方面，中国是美国势均力敌的全方位竞争对手；在5G方面，美国仅仅在标准和芯片设计方面具有优势，但在5G基础设施部署和平台方面则落后于中国；在量子信息科学领域，中国在量子通信方面已经超越美国，并缩小了量子计算方面与美国的差距；在半导体行业，美国尽管仍保持主导地位，但中国正在强力追赶，尤其是在半导体制造和芯片设计这两个关键领域；在生命科学领域，中国正在

---

① Centre for Economics and Business Research, "Sky News-COVID Response to Help China Become World's Biggest Economy Five Years Early," January 5, 2021, https://cebr.com/reports/sky-news-covid-response-to-help-china-become-worlds-biggest-economy-five-years-early/.

② Graham Allison, et al., "The Great Economic Rivalry: China vs the U.S.," March 2022, https://www.belfercenter.org/sites/default/files/files/publication/GreatEconomicRivalry_Final.pdf.

③ Graham Allison, et al., "The Great Economic Rivalry: China vs the U.S.," March 2022, https://www.belfercenter.org/sites/default/files/files/publication/GreatEconomicRivalry_Final.pdf.

与美国展开激烈竞逐，不仅削弱了美国在 CRISPR 基因编辑技术方面的领先优势，而且在 CART 细胞治疗方面超过了美国；在绿色新能源技术方面，中国已成为世界最大制造商、市场和出口国，在未来绿色能源供应链方面居于领先地位。①

尽管美方认为中国对美国挑战的核心在于经济和科技方面，但随着中国综合国力的持续提升以及对外开放的不断扩大，美国战略界认为中国在全球影响力、国际规则和秩序重塑、地区和全球安全、标准、经济模式和社会制度等方面对美国的挑战也日益严峻。② 2020 年竞选期间，拜登曾断言："中国是一个特殊的挑战。……中国正在通过扩大其全球影响力、推广自己的政治模式和投资未来技术，来进行长期的博弈。"③ 拜登宣誓就职总统后不久发布的《国家安全战略临时指南》（Interim National Security Strategic Guidance）更明确指出："我们还必须直面现实，即世界各地的权力分配正在发生变化，造成新的威胁。特别是中国，迅速变得更加强势。在经济、外交、军事和技术力量等综合实力方面，它是有潜力对稳定和开放的国际体系进行持续挑战的唯一竞争者。"④

美国面临的上述六大危机或挑战相互交织、相互影响、相互联动，其严重性可谓前所未有。疫情之前的美国经济动能本已变弱，新冠肺炎疫情直接导致美国经济在 2020 年陷入严重衰退，凸显了医疗和制造业本土产能不足以及供应链脆弱的问题，加剧了中美之间的竞争。同时，新冠肺炎疫情和经济衰退暴露了美国卫生和经济体系中根深蒂固的结构性种族不平

① Graham Allison, et al., "The Great Tech Rivalry: China vs the U.S.," December 2021, https://www.belfercenter.org/sites/default/files/GreatTechRivalry_ChinavsUS_211207.pdf.

② The Asia Society Center on U.S.-China Relations and China Policy Program, George Washington University, "Dealing with the Dragon: China as a Transatlantic, Challenge," June 29, 2020, https://asiasociety.org/sites/default/files/inline-files/Dealing%20with%20the%20Dragon_Report_25.06.20.pdf.

③ Joseph R. Biden, Jr., "Why America Must Lead Again: Rescuing U.S. Foreign Policy After Trump," March/April 2020, https://www.foreignaffairs.com/articles/united-states/2020-01-23/why-america-must-lead-again.

④ The White House, "Interim National Security Strategic Guidance," March 3, 2021, https://www.whitehouse.gov/wp-content/uploads/2021/03/NSC-1v2.pdf.

等，并使之进一步恶化。气候变化危机既加剧了美国的卫生和经济危机，削弱了供应链韧性；又恶化了长期存在的种族和环境不正义，损害了有色人种的社区。[①] 各阶层和各族群间的收入差距进一步扩大，加速了社会分化和政治两极化。经济衰退加大了防控疫情和解决供应链危机及气候危机的难度，扩大了社会危机，也使美国更难应对所谓的“中国挑战”。社会分裂、种族不平等以及社会冲突，则使疫情难以得到有效控制，延缓了经济复苏，损害了美国的软实力。中国的快速发展也可能加剧美国供应链的危机。美国面临的这六大危机中，既有长期性的危机和挑战，如气候危机和中国快速发展；也有兼具短期和长期性质的危机，如供应链危机和社会危机；还有可能从短期性变成长期性的危机，如新冠肺炎疫情和经济衰退。面对错综复杂的危机局面，拜登政府如何谋局和破局，让美国走出危机？

二　谋局、破局和变局：拜登经济学与地缘经济战略

面对严峻复杂、前所未有的内外危机，拜登政府展示了出乎意料的雄心和决心，[②] 提出了系统的解决之道。这一系统应对之道主要基于两大理念，一个是拜登经济学，另一个则是地缘经济战略。前者立足于解决国内问题，后者着眼于赢得同中国的战略竞争，两者相辅相成，以外促内，内外联动，形成一个整体的解决方案。

---

① The White House, “Executive Order on Advancing Racial Equity and Support for Underserved Communities through the Federal Government,” January 20, 2021, https://www.whitehouse.gov/briefing-room/presidential-actions/2021/01/20/executive-order-advancing-racial-equity-and-support-for-underserved-communities-through-the-federal-government/.

② Paul Constant, “Bidenomics Explained: Why Building the Economy from the Middle out Might Be the Most Revolutionary Concept in Modern Politics,” April 24, 2021, https://www.businessinsider.com/how-bidens-middle-out-theory-works-to-boost-economic-growth-2021-4?international=true&r=US&IR=T.

（一）谋局：拜登经济学

以总统命名的经济学，通常是指该届政府不同寻常的经济理念和原则，以及反映了这些理念和原则的经济方略和政策主张。在历届美国总统中，能以“经济学”冠之者屈指可数。在拜登之前，只有“里根经济学”和“奥巴马经济学”常为人所提及。在拜登赢得 2020 年大选一周之后，“拜登经济学”（Bidenomics）一词开始为美联社所用。2021 年 3 月高达 1.9 万亿美元支出的《美国救援计划法》（American Rescue Plan Act）生效后，拜登经济学开始广为流行。随着“美国就业计划”（American Jobs Plan）和“美国家庭计划”（American Families Plan）等经济方案的公布，拜登经济学的内容得以完整展现，拜登政府完成了应对国内危机的谋局任务。

“拜登经济学”的核心理念不同于“里根经济学”。它否定了“涓滴理论”（trickle-down theory），是对近 40 年来美国主流的新自由主义和华盛顿共识的颠覆。拜登经济学重回大政府理念，基于中产阶级增长理论（middle-out theory），内以“绿色新政”、“伟大社会 2.0”和产业政策，外以中产阶级外交政策和以工人为中心的贸易政策为标志。其政策主张主要体现在三个方面。第一，提出了更为综合性的经济发展方略，以传统基础设施、社会基础设施、气候变化、产业政策为基点，力图“重建更美好未来”。第二，将儿童和青年作为重点支持和帮助的对象，努力为他们的教育解除经济方面的后顾之忧，从而为美国储备“下一代”人力资本。第三，将应对气候变化作为核心任务之一。不仅聚焦缓解气候变化本身，同时将清洁能源和环保技术等领域的发展融入总体经济规划，力图通过“绿色新政”来促进经济增长、科技创新和创造高质量的就业机会，使其成为新一轮经济发展的引擎。

拜登经济学一方面以最近 20 多年来学界对一些传统政策的颠覆性认识为基础，另一方面从美国的现实出发，提出了以下不同的理念（如表 1 所示）。

表 1　拜登经济学与传统观点（新自由主义经济学）的区别

政策或议题	拜登经济学	传统观点
经济增长	现代供应学派：资源未充分利用是常态。阻碍增长的不是供应，而是长期的需求不足。需要持续的刺激性财政和货币政策，优先考虑劳动力供应、人力资本、公共基础设施、研发以及对可持续环境的投资，促进经济增长和解决长期结构性问题，尤其是不平等问题。	传统供应学派：稀缺是常态。商品、服务、劳动和资本的需求无限，但供给优先。经济趋于在充分就业的状态下运行，更快的增长要求加大激励工作和投资的力度，提升经济潜力。货币政策和财政政策等宏观经济工具只在应对衰退和通货膨胀时需要，重点是减税和放松管制以促进私人投资。
通胀和财政政策	财政和货币政策应尽可能降低失业率，因为低失业率不会导致通货膨胀，而且社会代价要比持续性失业低得多。	财政政策不应将失业率推至导致通货膨胀上升的水平以下，这将迫使美联储加息。
债务和赤字	全球低利率表明储蓄充足，需求长期疲软，因此赤字无害且可能是必要的。只要经济增长速度远大于利率，巨额政府债务就是可持续的。	由于储蓄稀缺，政府预算赤字会推高利率，挤出私人投资，因此，除了经济衰退之外，应避免赤字。巨额政府债务不可持续，会造成巨大的违约风险。
社会项目	资金并不稀缺，援助可以而且应该是普遍的，这样不会有人“掉入夹缝”。GDP和有偿工作被过于看重了，因为看护等很多创造生活价值的工作，都产生于市场之外。	资金稀缺，救助应该针对最急需者。救助应该鼓励工作，这会提高 GDP 并赋予人尊严。因此，失业保险优于退税支票，对穷人的支持应该与工作挂钩。
市场和激励	垄断和市场进入壁垒过高，与真正竞争性市场所能允许的程度相比，富人和公司由此能够积累更多的财富和利润，而工人所得报酬却更少。更高的税率对激励措施几乎没有影响，更高的最低工资对就业没有影响。碳定价等市场机制使现有的不平等现象长期存在。	收入和利润的高税率打击工作和投资，过高的最低工资水平会减少低技能人员的就业。在实现诸如减少温室气体排放等社会目标方面，市场机制的成本低于法定监管的成本。

资料来源：Greg Ip，“Bidenomics Seeks to Reshape a Consensus，” *The Wall Street Journal*，April 8，2021；James Pethokoukis，“Reagan's Supply-side Economics Get a Biden Update，” January 26，2022，https：//www. aei. org/articles/reagans-supply-side-economics-get-a-biden-update/；“Janet L. Yellen at the 2022 ‘Virtual Davos Agenda’ Hosted by the World Economic Forum，” January 21，2022，https：//home. treasury. gov/news/press-releases/jy0565。

拜登经济学的核心是力图扩大和增强政府在经济事务中的作用，推动一系列的经济和社会改革，逐步解决美国长期存在的结构性问题。与倡导

“小政府、大市场”、强调“减税、降低支出、放松管制”的“里根经济学”相比，以最近十多年来学界的研究和反思为基础，“拜登经济学”重拾“大政府”理念，比前六届政府更加强调政府的作用。正如白宫经济顾问委员会所指出的，“拜登总统的‘美国就业计划’和‘美国家庭计划’背后的经济理论是不同的。其所提出的这些政策反映了以下经验证据：强劲的经济依赖于坚实的公共投资基础，对工人、家庭和社区的投资可以在未来几十年内获得回报。与‘美国救援计划’相比，这些计划不是紧急立法，而是要解决长期存在的挑战”。[①] 拜登经济学认为，市场要有效运转、实现强劲增长和共享经济成果，离不开高效率公共部门的积极参与。“从刺激创新和促进劳动力供给的政策到为儿童进行投资和防止经济不安全的政策，公共部门在支持经济方面发挥着重要作用。”[②]

拜登经济学的很多新主张有选择性地吸收了学界最近十多年来的研究成果。一是拜登经济学主张重建中产阶级，这将改变美国的经济和政治，是自罗斯福和里根以来美国经济政策的最大转变。[③] “由中向外”搞经济建设，即以中产阶级为中心发展经济，这一直是拜登竞选以来的主张。就职后在国会的第一次重要演讲中，拜登明确宣布与 20 世纪 80 年代“里根革命”以来主导美国政策制定 40 年的经济思想决裂，“涓滴经济学（trickle-down economics）从未奏效，是自下而上和由中向外实现经济增长的时候了”。[④]

---

① The White House, “Building Back Better: The American Jobs Plan and the American Families Plan,” May 2022, https://www.whitehouse.gov/wp-content/uploads/2021/05/AJP-AFP-Narrative-2021-05-11-1930-.pdf.

② The White House, “Building Back Better: The American Jobs Plan and the American Families Plan,” May 2022, https://www.whitehouse.gov/wp-content/uploads/2021/05/AJP-AFP-Narrative-2021-05-11-1930-.pdf.

③ Nick Hanauer and Eric Beehacker, “Is ‘Middle-Out’ Biden's New Deal?” March 8, 2022, https://democracyjournal.org/arguments/is-middle-out-bidens-new-deal/.

④ The White House, “Remarks by President Biden in Address to a Joint Session of Congress,” April 29, 2021, https://www.whitehouse.gov/briefing-room/speeches-remarks/2021/04/29/remarks-by-president-biden-in-address-to-a-joint-session-of-congress/. “涓滴经济学”又可被译为“下渗经济学”，指给富人及企业减税以促进经济增长，最终会向下惠及包括贫苦大众在内所有人的经济理论与政策。

在 2022 年 3 月首次国情咨文演讲中，拜登总统阐释其经济方略是“自下而上（bottom up）和由中向外（middle out）而非自上而下（top down）地发展经济”。① 拜登经济学的这一主张主要来自中产阶级增长理论。该理论认为，经济体系类似于自然生态系统，繁荣的中产阶级是增长的原因，因为中产阶级的边际消费倾向大于富人，而且是社会需求的主体，只有他们才能创造支持充分就业水平所需的总需求。中产阶级越安全和越富足，经济增长就越快，民主也越稳定和安全。②

二是发放现金福利（cash benefits）。美国石溪大学（Stony Brook University）学者、布隆伯格前专栏作家诺亚·史密斯（Noah Smith）将现金福利政策视为拜登经济学与过去 40 年美国经济政策决裂的三大支柱之一，认为直接向人们发放现金没有福利那么复杂，比减税更公平，对经济也更好。③ 拜登政府在“美国家庭计划”中试图将《美国救援计划法》中临时的儿童税收抵免（child tax credit）长期化，由于儿童税收抵免是可退还的（refundable），因此这一政策主张与现金福利类似。现金福利政策在某种程度上吸收了全民基本收入（universal basic income）理论的一些关键思想。该理论认为，由于取代劳动力的技术变革以及日益加剧的不平等和工资停滞，或者当前社会安全网存在无效、低效率、不公平、紧迫或不足等问题，④ 应在不进行任何条件和资格限制、不做资格审查的情况下，由政府向每个国民定期发放一定金额的补助，以满足人民的基本生活条件，落实基本人权。全民基本收入是

① The White House, “Remarks of President Joe Biden-State of the Union Address as Prepared for Delivery,” March 1, 2022, https://www.whitehouse.gov/briefing-room/speeches-remarks/2022/03/01/remarks-of-president-joe-biden-state-of-the-union-address-as-delivered/.

② Nick Hanauer and Eric Beinhocker, “‘Middle-Out’: More Than a Slogan,” April 9, 2021, https://democracyjournal.org/arguments/middle-out-more-than-a-slogan/. 奥巴马政府在后期也曾大力主张中产阶级经济学，但并未形成系统性的落地政策。

③ Noah Smith, “Biden’s Big Economic Idea Could Make History,” June 9, 2021, https://www.bloomberg.com/opinion/articles/2021-06-09/u-s-stimulus-checks-and-cash-benefits-may-be-biden-s-economic-legacy.

④ Hilary W. Hoynes and Jesse Rothstein, “Universal Basic Income in the US and Advanced Countries,” NBER Working Paper 25538, February 2019, http://www.nber.org/papers/w25538.

2020年杨安泽竞选总统的核心纲领，儿童税收抵免长期化部分作为对这一理论的回应，反映了部分美国人对社会福利政策的态度正在发生较大的变化，拜登的相关政策在一定程度上反映了这部分人的诉求。

三是产业政策。如今，持不同意识形态立场的主流经济学家和政治家都意识到了产业政策的重要性。[①] 拜登政府也不例外。拜登政府产业政策聚焦向清洁经济转型的“绿色新政”、加大联邦研发支出、以确保供应链安全为名扶持具体产业等。产业政策的复兴得到了越来越多的主流经济学家的支持和相关研究的支撑。正如维也纳经济和商业大学的卡尔·艾金格（Karl Aiginger）与哈佛大学的丹尼·罗德里克（Dani Rodrik）所指出的：“人们对产业政策重燃兴趣不会只是短期现象，这将会伴随我们数年，问题的关键是政府应制定什么样的产业政策，从而不仅减少市场失灵，同时能有效地解决攸关的社会和环境危机，并避免引发激进的民族主义。”[②] 一些经济学家的观点也变得更加开放：“你瞧，人们开始研究中国的政策，结果发现其中一些相当有效。”[③]

四是超常规财政支出。在2020年特朗普政府已实施总额3.78万亿美元的财政刺激政策而且经济已经快速复苏的基础上，拜登政府又在2021年3月通过了近1.9万亿美元的《美国救援计划法》，随后提议的“美国就业计划”和“美国家庭计划”的财政刺激规模分别达到2.7万亿美元和1.7万亿美元，[④] 合计高达6.3万亿美元，相当于2020年GDP的30%。如果仅仅从计划的财政刺激规模来看，这已经属于超常规了。拜登经济学之所以敢于

① Joseph E. Stiglitz, et al., “The Rejuvenation of Industrial Policy,” September 2013, https://openknowledge.worldbank.org/bitstream/handle/10986/16845/WPS6628.pdf; sequence=1.

② Karl Aiginger and Dani Rodrik, “Rebirth of Industrial Policy and an Agenda for the Twenty-First Century,” *Journal of Industry, Competition and Trade*, 20, 189-207 (2020), https://doi.org/10.1007/s10842-019-00322-3.

③ Noam Scheiber, “The Biden Team Wants to Transform the Economy Really,” Updated August 3, 2021, https://www.nytimes.com/2021/02/11/magazine/biden-economy.html.

④ James Meadway, “Bidenomics: The Economic Strategy of the Joe Biden Administration,” June 2021, https://progressiveeconomyforum.com/publications/bidenomics-the-economic-strategy-of-the-joe-biden-administration/.

提出这些超乎寻常的财政刺激计划，部分源于主张央行可直接购买国债，即通过“赤字货币化”为财政扩张融资的“现代货币理论”（modern monetary theory），部分也源于公共债务可持续性分析转向更强调偿债率的理论框架，还基于对美国应对2008年金融危机实施财政政策正反两方面经验教训的总结。①

（二）破局：从《美国救援计划法》到《重建更美好未来法案》

即使有理论、数据和经验的支撑，拜登经济学的理念要转化为政策、政策要真正落地，仍需要在民主党内部、白宫和行政部门之间、府会之间进行协调，并面临两党政治斗争以及联邦和州之间的矛盾。如何对疫情、经济、供应链、社会、气候和中国快速发展六大挑战进行优先排序，制定合理的危机应对路线图则是关键。拜登经济学将这六大挑战视为一个整体，优先解决国内议题，将应对疫情、实施救助排在第一位，经济复苏排在第二位，结构性改革排在第三位，即“3Rs”（Rescue → Recovery → Reform），类似于罗斯福新政时的路线图；与此相对应的是三大计划，即“美国救援计划”（American Rescue Plan）、“美国就业计划”和“美国家庭计划”。

1.《美国救援计划法》

2021年2月，白宫发布总额高达1.9万亿美元的“美国救援计划”。②同时，国会开启《美国救援计划法》的立法进程，完全按党派立场经由预算协调（budget reconciliation）程序通过该法，并于2021年3月11日由拜登签署生效。该法旨在帮助美国民众摆脱疫情所造成的经济和公共卫生危机，是美国历史上规模最大的经济刺激法之一。该法的主要支出项目如表2所示。

---

① 卢锋：《透视美国财政决策新思维》，2021年7月13日，http://jer.whu.edu.cn/jjgc/10/2021-07-13/5176.html。

② The White House, “American Rescue Plan,” https://www.whitehouse.gov/american-rescue-plan/.

表 2 《美国救援计划法》概览

单位：亿美元

项　目	主要内容	总金额
抗疫直接措施	增加抗疫物资和检测设施的供给,提高应急反应能力	1600
经济纾困金	为中低收入家庭提供每人 1400 美元的直接补贴	4250
失业保险	降低准入门槛并扩大福利水平,同时为每个失业者每月提供 400 美元的救济金(2021 年 3 月 14 日至 9 月 6 日)	2900
房租补助	为租户和无家可归者提供 350 亿美元的租房和水电费补贴	350
营养	扩大营养补充项目的福利范围	120
带薪休假	2021 年提供 14 周的带薪休假	840
K12 和高等教育	为学校的安全重新开放和运行提供资金支持	1700
儿童保险	通过儿童保险稳定项目(Child Care Stabilization Fund)为深受疫情冲击的家庭提供资助	384
小微企业	为小微企业机会基金(Small Business Opportunity Fund)提供更大的资金支持	500
现场急救员	为州和地方政府增加用于现场急救的灵活资金	3500
交通	为遭遇严重冲击的公共交通机构提供资金援助	200
部落政府(tribal government)	加大个人防护设备(Personal Protective Equipment)的供给力度	200
网络安全	提高联邦信息技术基础设施的现代化水平	68
家庭补助	儿童税收抵免	1490
统一综合预算协调该法下的医疗保险补助	统一综合预算协调该法下的医疗保险补助实行全额税务优惠	570
心理健康	为物质滥用和精神健康服务提供资金支持	37
退伍军人健康	增加对退伍军人的资金投入,确保其在疫情期间的健康诉求能得到保障	200
总　计		18909

资料来源：Moody's Analytics, "The Biden Fiscal Rescue Package: Light on the Horizon," January 15, 2021, https://www.moodysanalytics.com/-/media/article/2021/economic-assessment-of-bIden-fiscal-rescue-package.pdf。

从内容看，《美国救援计划法》具有三个主要特点。第一，该法将抗击疫情作为核心目标，为联邦和各州抗疫提供超过 5000 亿美元的资金。第二，注重对中低收入群体提供多方面的支持和帮助。比如，直接发放第三轮纾困金，救助中低收入群体，以缓解他们因疫情而陷入窘迫的困难，促进消费，推动经济复苏。又如，纳入子女教育、失业保险、房租补助以及心理辅导等一系列民生项目，力图解决受疫情影响而被迫离职以照顾子女的问题，[①] 尽量解决民众的后顾之忧，抚慰焦虑和失落的情绪，有效提升劳动参与率。第三，关注供应链问题，对改善食品供应链、新冠疫苗、疗法和医疗用品供应链以及供应链现代化等项目提供资金或其他形式的救助。特别值得一提的是，该法还专门设立了“餐饮振兴基金”（Restaurant Revitalization Fund），规模为286亿美元，专门救助受疫情影响最严重的中小型餐饮企业。总体来看，持续蔓延的疫情对美国社会和经济造成了巨大的冲击，压制了需求，并导致了供应链危机。在这种情况下，经济有陷入恶性循环的风险，因此控制疫情是当务之急。拜登在竞选期间就明确指出，控制疫情是实现经济复苏的根本前提，如果疫情始终得不到有效的控制，将对经济和社会政策的实施效果构成严重的制约。《美国救援计划法》以抗击疫情和恢复民生为核心，力图止住美国经济下滑、社会失序的态势，进而为经济复苏和后续改革奠定基础。

2. 从“美国就业计划”到《基础设施投资和就业法》

为全面系统解决美国面临的经济危机、社会危机和气候危机，拜登政府在2021年3月31日推出了“美国就业计划”，计划于2022~2029年在以下5个领域投入约2.3万亿美元：（1）交通基础设施（6210亿美元）；（2）饮用水、电网和高速宽带（3110亿美元）；（3）研发、制造业和劳动力培训（5800亿美元）；（4）住房、学校和医院建设（3780亿美元）；（5）家庭护理服务（4000亿美元）。[②] 此外，还将为清洁能源产业提供约4000亿美元的税收抵免。[③] 白宫同时提出了支持“美国就业计划”的“美国制造税收计

① U. S. Chamber of Commerce Foundation, “COVID - 19 Impact on Childcare,” https: //www. uschamberfoundation. org/reports/covid-19-impact-childcare.

② The White House, “Fact Sheet: The American Jobs Plan,” March 31, 2021, https: //www. whitehouse. gov/briefing-room/statements-releases/2021/03/31/fact-sheet-the-american-jobs-plan/.

③ Committee for a Responsible Federal Government, “What's in President Biden's American Jobs Plan?” April 2, 2021, https: //www. crfb. org/blogs/whats-president-bidens-american-jobs-plan.

划”（The Made in American Tax Plan），通过上调企业税率等方式在未来15年筹措大约2.1万亿美元，为“美国就业计划”提供资金保障。[①] 该计划不仅着眼于彻底改善传统基础设施落后的现状，同时致力于提升社会基础设施的水平，从而为中低收入群体创造更多的就业机会，改善民生，为美国综合竞争力的进一步提升奠定基础。

然而，该计划在国会两院受阻，不仅共和党表示反对，民主党中的温和派也对计划的多个方面提出了质疑，尤其在涵盖的项目、支出总额以及提高企业税率等问题上。经过反复的“拉锯”，白宫不得不对“美国就业计划”进行拆分，将基础设施等部分抽出来形成“基础设施投资和就业计划”，余下部分和“美国家庭计划”合并为“重建更美好未来计划”（Build Back Better Plan）。前者聚焦传统基础设施，后者则侧重社会基础设施。参议院以69：30、众议院以228：206的票数，通过了《基础设施投资和就业法》（又称《两党基础设施法》，Bipartisan Infrastructure Act），并于2021年11月15日由拜登总统签署生效。该法详细列出了美国2022~2029年的基础设施支出计划和方向，将投入1.2万亿美元用于促进基础设施建设，并为美国民众创造就业岗位。[②] 其中，新增的基建投资额约为5500亿美元，而联邦政府原先预算安排的既定支出额约为4500亿美元，具体项目详见表3。

表3 《基础设施投资和就业法》概览

单位：亿美元

项　目	主要内容	金额
道路和桥梁	建设和修复道路和桥梁，为大学在交通领域的研究提供支持，解决城市的交通拥堵问题，并为波多黎各的高速公路建设提供资助	1100

① The White House, “Fact Sheet: The American Jobs Plan,” March 31, 2021, https: //www.whitehouse.gov/briefing-room/statements-releases/2021/03/31/fact-sheet-the-american-jobs-plan/.

② U.S. 117th Congress (2021 - 2022), “H.R. 3684 - Infrastructure Investment and Jobs Act,” https: //www.congress.gov/bill/117th-congress/house-bill/3684/text.

续表

项　　目	主要内容	金额
铁路	升级并维护客运和货运铁路系统的安全性（不包含高铁项目）	660
电网	升级输电线路并提高预防网络攻击的能力	650
宽带	提高农村地区和低收入社区的宽带网络覆盖率，为低收入居民提供140亿美元的网络费用补贴	650
水力基础设施	提供150亿美元用于铅管的更换，100亿美元用于化学元素的清除和为部落社区提供清洁用水，投资80亿美元改善西部干旱地区的水处理、储存和再利用系统	630
网络安全和气候变化	增强基础设施的网络安全，并提升应对洪水、火灾、海岸腐蚀、干旱及其他自然灾害的能力	500
公共交通	升级全国的公共交通系统，增设公共汽车路线，并为老年人和残疾人提供更多的便利	390
机场	升级并兴建更多的机场，并为空中交通的控制指挥系统的升级提供资金支持	250
环境	清理超级基金和棕地场所（Superfund and Brownfields sites）、废弃的矿井，以及陈旧的石油和天然气开采井	210
港口	85亿美元将经由美国陆军工程兵团（U. S. Army Corps of Engineers）来完成港口的升级，其余资金用于海岸警卫、渡轮码头和卡车减排的支出	170
基础设施的安全性	增强高速公路、人行道、管道及其他道路的安全性	110
电动车充电站	在全国增设更多的电动车充电站	75
电动校车	为低收入、农村和部落地区购买电动校车提供资助，促进“零排放”目标的实现	75
总　　计		5470

资料来源：Jim Probasco, “Understanding Infrastructure Legislation,” February 23, 2022, https://www.investopedia.com/here-s-what-s-in-the-usd1-trillion-infrastructure-bill-passed-by-the-senate-5196817#citation-4。

总体上看，《基础设施投资和就业法》旨在从四个方面改善美国的传统基础设施。第一，增强交通设施的通达度和安全性，不仅包含地方之间的铁路和公路系统，还涉及城市内部的公共交通系统，力图实现交通网络的全方位升级。第二，重视网络设施的建设，尤其将维护电网、供水等关键基础设施的网络安全作为重要的着力点。第三，将清洁能源和新材料等技术融入基础设施投资和建设的过程中，在升级基建的同时，逐步实现保护环境、降低碳排放的目标，推动相关产业实现经济效率和环境效益的双重升级。第四，要求“在美国建，买美国货”（“Build America，Buy America”），拟提高联邦采购的国内含量。此外，该法还要求系统地提升美国清洁能源供应链和关键原材料供应链的安全，并将成立基础设施高级研究计划局（Advanced Research Projects Agency-Infrastructure，ARPA-I），资助先进交通基础设施的研究和开发。

3. 从“美国家庭计划”到《重建更美好未来法案》

2021 年 4 月，白宫发布总额为 1.7 万亿美元的“美国家庭计划”，[①] 拟对儿童看护、教育和医疗保健（healthcare）的大部分规定进行全面改革，为美国家庭提供额外的财政支持，并计划通过上调富人个税税率来为此提供资金。2021 年 7 月，参议院预算委员会的民主党人达成了一项未来 10 年支出 3.5 万亿美元的预算决议案，并发布了包含“美国家庭计划”大部分条款以及“美国就业计划”中清洁能源和扩大老年医疗保险（medicare）等内容在内的一个框架。这一雄心勃勃的框架反映出民主党人试图通过预算协调程序按党派立场对社会基础设施和“绿色新政”进行改革。但在随后的党内协调过程中，由于亚利桑那州参议员克里斯腾·西内玛（Kyrsten Sinema）反对提高企业所得税率、[②] 西弗吉尼亚州参议员乔·曼钦（Joe Manchin）对儿童税收抵免等诸多条款和支出规模表示反对，该框架的支出规模不断缩小。在众议院于 2021 年 11 月 19 日通过的《重建更美好未来法案》（Build Back Better Act）版本中，支出规模已经降至约 2.3 万亿美元（如表 4 所示）。曼钦认为该法案将使政府的权力进一步扩张，造成市场扭曲，并显著增加联邦政府的财政赤字，加剧通胀压力。[③] 最终，曼钦以通胀、疫情和乌

---

① 其中，教育支出为 4390 亿美元，家庭和儿童支出为 4980 亿美元，扩大税收抵免延长支出（Expanded Tax Credit Extensions）为 7990 亿美元。

② Lauren Fox，Clare Foran，and Ali Zaslav，“Exclusive：Sinema Won't Commit to Voting for Biden's Sweeping Social Safety Net Expansion，” CNN，December 2，2021，https：//edition. cnn. com/2021/12/02/politics/kyrsten-sinema-interview-build-back-etter/index. html.

③ Daniella Diaz，“Manchin Says He Won't Vote for Build Back Better Act，” CNN，December 19，2021，https：//www. cnn. com/2021/12/19/politics/joe - manchin - build - back - better/index. html.

克兰危机为由，决定不支持该法案。① 至此，该法案要在参议院通过已无可能。拜登政府正在考虑就清洁能源和学前教育等部分的内容单独成法，其他内容后续再协商谈判。② 如果民主党在2022年中期选举中不能维持两院多数席位，特别是不能扭转在参议院仅拥有微弱多数的局面，将基本上意味着社会基础设施方面的结构性改革在2025年之前很难继续推进。

表4　众议院通过的《重建更美好未来法案》概览

单位：亿美元

项　目	主要内容	金额
儿童医疗和学前教育普及	对儿童医疗保险增加投入，并为每个家庭的儿童提供两年的免费学前教育	3820
带薪休假	确保美国工人每年获得四周的带薪休假	2050
儿童税收抵免和所得税减免	将儿童税收抵免和所得税减免的有效期限延后一年	1980
家庭保险	为老年人和残疾人增加家庭保险	1500
住房	投资适用性住房，包括新建、翻修、租金支持和发放住房券	1660
高等教育和劳动力发展	增加佩尔助学金，并为贫困社区的高中毕业生提供学徒项目	560
小微企业委员会	扩大小微企业获得信贷、投资和进入市场的渠道	170
促进公平投资	增大对产妇健康和社区暴力干预的投资力度	400
供应链	增加对供应链的投资，促进经济增长并维护经济安全	50
儿童营养	帮助更多的儿童获得免费的学校午餐	30
州和地方税收减免	扩大各州和地方政府的收入来源，从而能提供更多的公共服务	2750
平价医疗保险法（Affordable Care Act）税收抵免	提高平价医疗保险的覆盖率，为900万美国人降低保险费，为未能被纳入医疗补助计划的民众提供健康保险	1300

① Clare Foran, Manu Raju, and Ted Barrett, "Manchin Says Build Back Better 'Dead' as Talks Stall on Biden Agenda," CNN, February 2, 2022, https://www.cnn.com/2022/02/01/politics/manchin-build-back-better-dead/index.html.

② Maegan Vazquez, et al., "Biden Signals a Change in Approach as He Heads toward Second Year of His Presidency," January 19, 2022, https://www.cnn.com/2022/01/19/politics/biden-news-conference/index.html.

续表

项　　目	主要内容	金额
医疗助听保险覆盖率	提高听力测试和助听项目的覆盖率，提高诊所的透明度和专业水准，并加大对《老人正义法》(Elder Justice Act)项目的资金支持	350
清洁能源	在2030年前将温室气体排放量减少10亿吨，减少消费者的能源支出，创造更多的就业岗位	5590
移民	推进移民制度改革，减少积压的申请，提升代表性，努力使通关更加有效率和人性化	1100
总　　计		23310

资料来源：Jim Probasco, "Understanding Infrastructure Legislation," February 23, 2022, https://www.investopedia.com/here-s-what-s-in-the-usd1-trillion-infrastructure-bill-passed-by-the-senate-5196817#citation-4。

（三）变局：地缘经济战略的回归

尽管拜登经济学主要致力于解决国内危机，但增强美国国内实力也是以"领跑模式"应对中国快速发展的有机组成部分。同时，拜登政府也需要塑造外部敌人来弥合国内分歧，凝聚共识，推进其国内政策议程。① 在这方面，拜登政府吸取了奥巴马政府和特朗普政府的经验教训，回归地缘经济战略，采取国内国际双管齐下的做法，② 将中国定位为接近对等的战略竞争对手，要与中国展开最激烈的竞争，重新塑造后冷战格局。③ 拜登政府的对华地缘经济战略，一方面强调在国内夯实美国科技实力，要在新技术竞争中打败中国，用新美国安全中心（Center for a New American Security）高级研究

① Evan Medeiros, "How to Craft a Durable China Strategy: Washington Must Reconcile Interdependence and Conflict," March 17, 2021, https://www.foreignaffairs.com/articles/united-states/2021-03-17/how-craft-durable-china-strategy.

② Ella Nilsen and Alex Ward, "Biden Is Using His Economic Plan to Challenge China," April 26, 2021, https://www.vox.com/22350402/biden-infrastructure-plan-foreign-policy-china.

③ Michael Beckley, "Enemies of My Enemy: How Fear of China Is Forging a New World Order," *Foreign Affairs*, March/April 2022, https://www.foreignaffairs.com/articles/2021-02-14/china-new-world-order-enemies-my-enemy.

员约翰·科斯特洛（John Costello）的话讲，“一切都是为了跑得更快”，[①]即采取领跑模式，不断提升美国技术水平和国际竞争力，永远保持领先中国的优势；另一方面重视以盟友为核心，团结一切可以团结的力量，在全球和不同区域组建各种不同层次、不同议题、不同规模和不同力度的对华“统一战线”。

就广泛的概念而言，地缘经济是指经济权力和地缘政治之间的关系。理解地缘经济战略有三个维度，即一国的宏观经济表现、国际经济政策以及用于地缘政治目标的经济工具。[②] 第一个维度强调雄厚的经济实力对大战略或大国竞争的重要性。从奥巴马总统强调国内建设、特朗普总统强调“让美国再次伟大”，到拜登总统的“在美国建，买美国货”，三位总统都认识到维持和建立强大国内经济的必要性。第二个维度强调国际经济政策，即用经济工具实现经济目标，特朗普政府对华发起的贸易争端即是典型实例。第三个维度强调用经济方略（economic statecraft）实现地缘政治目标。[③] 实际上，这三个维度是相互关联的——通过助力经济强大，促成有效的国际经济政策，实现地缘政治目标，因为经济实力和地缘经济工具能巩固一国的国家安全。同时，地缘政治、经济或外交工具也可以促进国内经济的繁荣。换言之，一方面是运用经济手段达到地缘政治目的，另一方面是用地缘政治帮助实现国内经济繁荣。[④] 拜登政府的地缘经济战略围绕对华战略，涵盖了这三个维度，同时关注“两大焦点”，具有“无战之战”的特点。

---

① Michael Beckley, “Enemies of My Enemy: How Fear of China Is Forging a New World Order,” *Foreign Affairs*, March/April 2022, https://www.foreignaffairs.com/articles/2021-02-14/china-new-world-order-enemies-my-enemy.

② John F. Troxell, “Geoeconomics,” *Military Review*, January-February 2018, https://www.armyupress.army.mil/Journals/Military-Review/English-Edition-Archives/January-February-2018/Geoeconomics/.

③ Robert D. Blackwill and Jennifer M. Harris, *War by Other Means: Geoeconomics and Statecraft* (Cambridge, MA: The Belknap Press of Harvard University Press, 2016), p. 11.

④ John F. Troxell, “Geoeconomics,” *Military Review*, January-February 2018, https://www.armyupress.army.mil/Journals/Military-Review/English-Edition-Archives/January-February-2018/Geoeconomics/.

1. 两大焦点：相对收益和“泛安全化”

相对收益成为拜登政府实施地缘经济战略以应对中国快速发展的出发点。从奥巴马执政时期开始，美国战略界开始系统反思美国的对华战略，认为对华接触战略已经失败，中国的快速发展并没有按照美国期望的那样发生经济体制和政治体制的转变，加入世界贸易组织多年以来，中国仍是不同于西方的异质国家。美方认为，造成这一局面的主要原因在于所谓的“不公平竞争”和国家主导的经济体制。这使得两国接触带来的收益在中美之间的分配更加有利于中国，即中国相对收益更大。在中国远远落后于美国的时代，美国追求的是绝对收益，并不在意相对收益。但当中国逐渐缩小与美国在经济和科技等领域的差距时，相对收益就成为美国对华战略的重要考量，也成为美国地缘经济战略的关注焦点之一。一方面，从国际层面看，当前的国际经济秩序和自由贸易尽管有利于全球绝对收益的扩大，但无法解决各国受益不均、相对收益差距逐渐拉大的趋势，而相对收益的变化正是引发国际政治经济格局变迁的关键变量。中国被普遍认为是全球化最大的获益方，通过融入全球化缩小了与美国在经济和科技等多个领域的差距。[①] 美国现实主义学者约翰·米尔斯海默（John Mearsheimer）对此表达了担忧，指出虽然苏联和日本曾分别在安全和经济领域对美国构成挑战，但从未有一个国家像如今的中国这样能同时在这两个领域成为美国的主要战略竞争对手。[②] 另一方面，全球化的收益在国内也分配不均，存在受益者和受损者。对美国而言，主要是那些在全球竞争中不具有比较优势的产业和要素所有者受损，比如传统制造业等。中国参与全球化之后，在一定程度上对美国制造业造成较大冲击，[③] 尤其是美国传统制造业较为集中的铁锈地带。这些地区往往也是

① 例如，香港科技大学社会科学学部荣誉教授、中国问题专家崔大伟（David Zweig）称中国在贸易自由化和全球化过程中的获益超出了世界其他国家。参见 David Zweig, “The Rise of a New Trading Nation,” in Lowell Dittmer and George T. Yu eds., *China, the Developing World, and the New Global Dynamic* (Boulder, CO: Lynne Rienner, 2010), p. 38。

② John Mearsheimer, *Tragedy of Great Power Politics* (New York: W. W. Norton, 2014), p. 362.

③ David Autor, David Dorn, and Gordon H. Hanson, “On the Persistence of the China Shock,” October 2021, https://www.nber.org/papers/w29401.

美国的摇摆州，从而使美国对华采取保护主义措施具有较强的政治动力，强调相对收益也更容易在美国国内获得民意支持。

“泛安全化”是拜登政府地缘经济战略的另一个支点。拜登政府虽然对特朗普时期的内外政策多有批评，但在很大程度上继承了特朗普政府提出的“经济安全就是国家安全”的原则，用其指导美国的内政外交，将国家安全泛化。拜登政府在2021年3月发布了《国家安全战略临时指南》（Interim National Security Strategic Guidance）。该指南明确指出，“经济安全就是国家安全”是当前的一个基本事实，要求美国政策必须反映这一基本事实。[①] 按照此原则，鉴于美国中产阶级是美国的支柱和资产，[②] 中产阶级的力量是美国的长期优势，拜登政府提出中产阶级外交和以工人为中心的贸易政策，即美国的贸易和国际经济政策必须服务于所有美国人，而不仅仅是少数享有特权的人。这意味着贸易政策的安全化。拜登政府将更加重视劳工权利、平等计划和环境管理等因素对公平贸易的影响。同时，“泛安全化”还意味着拜登政府将国内政策议程与国际经济政策挂钩。一方面，拜登政府强调贸易政策始于国内，要投资于基础设施、清洁能源转型、教育、医疗保健、研发等领域，特别是清洁能源、量子计算、人工智能、5G、高铁和生物技术等领域，以增强美国的国际竞争力。另一方面，拜登政府强调贸易和其他国际经济政策要服务于国内政策，即确保国际规则有利于美国，坚持贸易协议要有利于提高劳工标准和环境保护水平，确保国际经济政策能够加强支持工人、小企业和基础设施的国内政策，为美国公司在发展中国家创造投资机会，防范全球经济危机对美国家庭的冲击。拜登政府将“泛安全化”作为其实施地缘经济战略、赢得中美战略竞争的一个支点。正如拜登在竞选中反复强调的：美国，而不是中国，应该领导世界，书写规则，“为了赢得与中国或其

① The White House, “Interim National Security Strategic Guidance,” March 3, 2021, https://www.whitehouse.gov/wp-content/uploads/2021/03/NSC-1v2.pdf.

② Joseph R. Biden, Jr., “Why America Must Lead Again: Rescuing U.S. Foreign Policy After Trump,” *Foreign Affairs*, March/April 2020, https://www.foreignaffairs.com/articles/united-states/2020-01-23/why-america-must-lead-again.

他任何人的未来竞争，美国必须加强其创新优势，并联合世界各地民主国家的经济实力来反击滥用经济行为（abusive economic practices）并减少不平等”；“我们知道，在清洁能源、量子计算、人工智能、5G、高铁或终结癌症的竞争方面，我们没有理由落后于中国或其他任何人”；“中国是一个特别的挑战。……中国正在通过扩大其全球影响力、推广自己的政治模式和投资未来的技术等来进行长期的博弈。……美国确实需要对中国采取强硬态度。如果中国为所欲为，它将会继续抢夺美国和美国公司的技术和知识产权。它还将继续利用补贴为其国有企业提供不公平的优势，并在主导未来技术和行业方面占据一席之地”。①

2. 无战之战：拜登政府地缘经济战略的特点

在世界权力格局处于重大“拐点”的情形下，拜登政府将中国定位为首要的“战略竞争对手”。这一定位基本沿袭了特朗普政府的对华定位。但和特朗普政府更强调与中俄进行大国竞争不同，拜登政府直接以战略竞争来定位中美关系，实质上是将中国置于独一无二的对手地位。拜登政府延续了特朗普政府的对华政策，利用全政府和全社会方式在全领域与中国展开全方位的竞争，进一步全面深化了中美“竞争”关系的框架，更为强调竞争的“长期性”、“战略性”和“复杂性”。在对华展开全方位遏制打压的总体框架之下，拜登政府对华的地缘经济战略具有“无战之战”的特点，即采取战争以外的一切措施（all measures short of war）② 或其他方式的战争（war by other means）。③ 针对中美两国经济利益深度交织、相互依赖、解决全球性问题离不开彼此的现实，这一“无战之战”特点反映在以下几个方面。

---

① Joseph R. Biden, Jr., “Why America Must Lead Again: Rescuing U. S. Foreign Policy After Trump,” *Foreign Affairs*, March/April 2020, https://www.foreignaffairs.com/articles/united-states/2020-01-23/why-america-must-lead-again.

② Thomas Wright, *All Measures Short of War: The Contest for the Twenty-First Century and the Future of American Power* (New Haven & London: Yale University Press, 2017).

③ Robert D. Blackwill and Jennifer M. Harris, *War by Other Means: Geoeconomics and Statecraft* (Cambridge, MA: The Belknap Press of Harvard University Press, 2016).

一是明确提出在处理对华关系时，竞争、合作、对抗，即“三 Cs”（Competition，Cooperation，Confrontation）并行不悖。[①] 拜登政府明确提出对华策略是竞争、合作、对抗并行，即国务卿安东尼·布林肯（Antony Blinken）所表述的“该竞争时竞争、可合作时合作、须对抗时对抗”三分法。[②] 这实际上也是对奥巴马政府和特朗普政府时期对华政策进行反思的结果，强调以有原则的现实主义为指导，并进行议题分割，不再为合作而放弃竞争，害怕对抗而进行合作，竞争时担心对抗或单纯强调竞争。正如美国国家安全委员会亚洲事务前高级主任麦艾文（Evan S. Medeiros）所言，新的对华政策“不应再寻求为了合作而弱化竞争”。[③] 在强调相对收益以及竞争主导的情形下，这一“三分法”意味着在相对收益不确定的领域美国将与中国展开激烈竞争（即“趋利”型竞争），主要包括资源（能源）、贸易、投资、金融、对外援助、科技、教育、人才、国际组织、网络空间、太空、国际制度、规则、标准以及全球治理等领域；在美国损失相对更大的领域将与中国展开合作（即“避害”型合作），主要包括气候变化、全球公共卫生健康、核不扩散、反恐等领域；在无法以相对收益衡量的领域（如国家安全）将不惜与中国对抗（即“安全”型对抗或“防范”型对抗），主要包括军事安全和意识形态等领域。“三分法”有效的前提在于中美之间要建立起明晰的“护栏”，即划定红线，防止“趋利”型竞争升级为“安全”型对抗，避免“避害”型合作滑向“互害”型竞争。

二是以规则制衡为核心，打造复合型阵营。中美战略竞争的隐含前提是存在双方所认可和接受的公平规则。规则在一定程度上来源于实力。因此，

---

① The White House, “United States Strategic Approach to the People’s Republic of China,” May 2020, https://trumpwhitehouse.archives.gov/wp-content/uploads/2020/05/U.S.-Strategic-Approach-to-The-Peoples-Republic-of-China-Report-5.24v1.pdf.

② Antony J. Blinken, “A Foreign Policy for the American People,” March 3, 2022, https://www.state.gov/a-foreign-policy-for-the-american-people/.

③ Evan Medeiros, “How to Craft a Durable China Strategy: Washington Must Reconcile Interdependence and Conflict,” *Foreign Affairs*, March 17, 2021, https://www.foreignaffairs.com/articles/united-states/2021-03-17/how-craft-durable-china-strategy.

如何从实力出发，制定或引领对自己有利的国际规则，并以此制衡中国，是拜登政府地缘经济战略的核心。[①] 特朗普政府的“美国优先”政策最终沦为“美国独行”（America Alone），在对中国发起贸易争端的同时，也指责其盟友占美国的便宜，把盟友视为负担，对准盟友四处开火，让美国与盟友的关系急剧恶化。在拜登政府看来，这既破坏了美国的同盟体系，也极大地损害了美国制定国际规则的能力。拜登政府吸取这一教训，力图围绕应对“中国挑战”，修复盟友关系，加强与盟友、伙伴国之间的协调，并采取更为灵活的方式尽量扩大美国的朋友圈。拜登政府并不强求在所有议题或立场方面各国都与美国保持一致或站在美国一边，不再试图建立单一的全面反制中国的阵营，而是只要在某一议题领域能和美国一起反对中国即可，即分议题拉小群，搞小圈子。实际上，这是根据不同国家对中国的不同担忧，建立多层次的、有针对性的、灵活性的“盟伴体系”，或曰“复合型阵营”，进行所谓的“阵营驱动的竞争”（coalition-driven competition）。[②] 这些复合型阵营或小圈子以志同道合的盟友为基础，以共同认可的规则为核心，以制衡中国为目标，被认为是不同于冷战时的东西方两大阵营的，且是受制于全球经济高度一体化和中国经济影响力巨大这两大现实约束下的可行选择。在规则制衡方面，拜登政府一方面强调捍卫现有国际规则；另一方面强调掌握新规则制定的领导权，特别是引领数字贸易、健康、生物威胁、气候变化、人权和环境等领域的规则制定以及掌控新兴技术，拥有太空和网络空间的规则制定权。[③] 在打造复合型阵营方面，拜登政府一方面从议题角度重点构建经济、技术、安全、治理四大领域的国际阵营，另一方面从地区角度出发将重点集

① Kurt M. Campbell and Jake Sullivan, “Competition Without Catastrophe: How America Can Both Challenge and Coexist with China,” *Foreign Affairs*, October 2019, https://www.foreignaffairs.com/articles/china/competition-with-china-without-catastrophe.

② Cheng Li, “Biden's China Strategy: Coalition-driven Competition or Cold War-style Confrontation,” May 2021, https://www.brookings.edu/wp-content/uploads/2021/05/Bidens-China-strategy.pdf.

③ The White House, “Interim National Security Strategic Guidance,” March 3, 2021, https://www.whitehouse.gov/wp-content/uploads/2021/03/NSC-1v2.pdf.

中在印太地区。

对内为主的拜登经济学和对外为主的地缘经济战略，二者并不是截然分开的。一方面，诸如疫情、经济危机、供应链危机、气候变化等很多国内议程有国际溢出效应；另一方面，由于中美经济利益深度关联，地缘经济战略也会反作用于美国国内经济、政治和社会。在谈及将疫情救助、基础设施建设和家庭计划联系在一起的共同愿景时，时任拜登高级顾问之一的安妮塔·邓恩（Anita Dunn）指出中国是核心。① 实际上，拜登政府提出的中产阶级外交和以工人为中心的贸易政策，是拜登经济学和地缘经济战略的交汇点，反映了拜登政府奉行经济和安全不可分割、国内和国际政策不能分离的原则。拜登政府以美国利益为核心，强调国内优先，外交始于国内，服务于国内；对外从实力出发，更为强调对等原则。对华政策是拜登政府推行其国内政策的一个工具。拜登政府将中国塑造为美国最强大的竞争对手，将中美竞争定义为“斯普特尼克”（Sputnik）时刻，② 将应对中美竞争的需要作为推行其国内政策的理由和基石，从而有效克服国内极化政治对其国内议程的不利影响。国内危机的解决和美国实力的增强，有助于增强美国推行地缘经济战略的自信，提供更多可供利用的工具和手段。

三　好坏参半：拜登政府应对危机的成绩单

拜登执政一年以来，通过实施拜登经济学和回归地缘经济战略，在国会推动相关立法，发布行政令，出台相关政策，设立相关机构，积极应对六大危机。这些举措取得了好坏参半的成果，同时也引发了通货膨胀和债务激增等更为深层次的问题，加大了解决结构性危机的难度。

① David Brooks, “The Heart and Soul of the Biden Project,” April 8, 2021, https://www.nytimes.com/2021/04/08/opinion/biden-economic-plan.html.

② Evan Medeiros, “How to Craft a Durable China Strategy: Washington Must Reconcile Interdependence and Conflict,” March 17, 2021, https://www.foreignaffairs.com/articles/united-states/2021-03-17/how-craft-durable-china-strategy.

（一）好坏参半的成绩单

1. 抗击疫情成果好于特朗普政府，但仍不甚理想

在抗击疫情、应对公共健康卫生危机方面，拜登政府自认为拿得出手的成果是："制订史无前例的疫苗计划，使超过 2 亿美国人完全接种疫苗，占所有成年人的 75%左右；上百万青少年和儿童正在接种疫苗，数以千万计的美国人正在打加强针。总统还缩小了成人在新冠疫苗接种方面的种族平等差距。而且，由于总统优先考虑学校工作人员的疫苗接种，并在'美国救援计划'中优先安排资源，因此大约 96%的学校没有关闭。所有这些举措已经并将继续挽救无数生命。"[①] 白宫 2022 年 3 月强调，"美国在抗击新冠疫情方面取得了巨大进展。在过去 14 个月里，利用国会在两党基础上提供的资源，拜登政府进行了重大投资，确保美国人民能够免费和广泛获得抗疫工具：疫苗、加强针、治疗、检测和优质口罩"。[②]

按照世界卫生组织的数据，2021 年 1 月 20 日到 2022 年 1 月 20 日，即拜登执政一年间，美国累计新增感染新冠病毒人数为 4346 万人，累计新增新冠死亡人数为 43.7 万人。2021 年 1 月 20 日至 2022 年 3 月 17 日，美国累计新增感染新冠病毒人数为 5481 万人左右，累计新增新冠死亡人数为 54.5 万人左右，不仅感染人数远超特朗普执政时期（累计感染人数为 2408 万人，累计死亡人数为 41.5 万人），而且位居世界第一。从这些数据来看，拜登政府的抗疫政策并没有有效控制疫情，也没有大幅降低死亡人数，因此难说成功，也谈不上成绩突出。[③] 按世界卫生组织的数据，从每 10 万人累计感染

---

① The White House, "Fact Sheet: President Biden and Vice President Harris Delivered Results for Working Families in First Year," January 19, 2022, https://www.whitehouse.gov/briefing-room/statements-releases/2022/01/19/fact-sheet-president-biden-and-vice-president-harris-delivered-results-for-working-families-in-first-year/.

② The White House, "Fact Sheet: Consequences of Lack of Funding for Efforts to Combat COVID-19 If Congress Does Not Act," March 15, 2022, https://www.whitehouse.gov/briefing-room/statements-releases/2022/03/15/fact-sheet-consequences-of-lack-of-funding-for-efforts-to-combat-covid-19-if-congress-does-not-act/.

③ 截至 2022 年 3 月 17 日，美国累计新冠病毒感染人数为 7889 万人，累计死亡人数为 96 万人。

人数来看，全球为 5937 人，美国为 2.3834 万人。这一指标上美国要比法国和英国稍好一些，比德国、意大利略差一些，但远逊于加拿大、日本和全球平均水平，而且每 10 万人累计死亡人数远高于上述国家和全球的平均水平。作为全球公共健康卫生基础设施最发达的国家之一，以及在全球抗疫投入资金最多的国家，美国上述两个指标确实不尽如人意。从全球比较的角度而言，拜登政府的抗疫政策并未取得预期效果。根据彭博社（Bloomberg）的新冠复原力排名（Covid Resilience Ranking），截至 2022 年 2 月 24 日，美国在这一排名榜的得分为 63.2，排第 20 位，在 53 个国家中处于中等偏上的位置，落后于英国（66.8，第 9 位）、加拿大（65.2，第 13 位）、法国（64.4，第 17 位）。这也表明拜登政府在将抗疫和经济复苏相结合方面业绩一般。①

2. 供应链短期危机初步缓解，长期安全机制和制度保障仍待完善

由于疫情影响、需求激增、港口等交通基础设施陈旧、芯片供应紧张、卡车司机短缺等，美国短期供应链危机愈演愈烈，成为拜登政府必须解决的紧迫问题。拜登政府对此高度重视，一方面着手解决紧迫的供应链堵塞问题，另一方面应对长期的供应链安全问题。具体来看，拜登政府短期主要聚焦供应链脆弱性和堵塞的问题，特别是交通运输供应链中存在的问题；长期主要专注解决数十年来投资不足、外包和离岸外包对美国供应链造成的长期弱点，强调要对长期安全、可持续和具有韧性的供应链进行投资。

供应链短期危机已初步缓解。为解决疫情导致的供应链瓶颈问题，白宫专门成立了供应链中断工作组（Supply Chain Disruptions Task Force，SCDTF），汇集代表港口、劳工、货运业和受影响企业的主要利益相关者，并任命了一名港口特使，帮助推进短期行动。通过这些行动，在美国最大的两个港口——洛杉矶港和长滩港，长期滞留港口的集装箱数量减少了 70%

① Bloomberg, "The Covid Resilience Ranking: The Best and Worst Places to Be as the Omicron Threat Fades," February 24, 2022, https://www.bloomberg.com/graphics/covid-resilience-ranking/. 所谓新冠复原力，是指抗击新冠肺炎疫情使社会经济恢复正常化的能力。彭博社选择新冠疫苗接种比例、疫情封锁政策严格程度、航班运力变化、接种疫苗后国际航线数量等指标计算新冠复原力指数，并对 53 个国家进行排名。

以上，并且所处理的集装箱数量比以前的峰值水平高出13%。不包括汽车在内的实际零售库存持续超过2020年的水平，2021年底与2020年12月相比增加了5%以上。杂货店和药店的现货供应量维持在90%，仅仅略低于大流行前91%的水平。最终结果是，美国零售商在假日销售季创下新纪录，假日销售额同比增长了14%。美国排名靠前的几家快递公司的交付时间比疫情前快了26%~40%。在全球半导体短缺问题方面，与疫情相关的中断对美国汽车生产的负面影响有所缓解，工厂停工天数有所减少，半导体公司和汽车制造商之间正在形成新的供应链合作伙伴关系。①

拜登政府在解决长期供应链安全问题方面也取得了一些重大进展。第一，拜登在2021年2月签署14017号“美国供应链”行政令（Executive Order 14017），要求联邦相关部门和机构在3个月内提交对半导体制造和先进封装类、大容量电池、关键矿产和包括稀土在内的其他已确定关键原材料、药品和原料药等产品供应链的风险评估报告和政策建议，一年内提交国防工业、公共卫生和生物准备（public health and biological preparedness）、信息和通信技术、能源、交通运输以及农产品和食品六个工业基础（industrial base）或行业的供应链报告。这些报告已如期完成，报告中被选中的产品或行业实际上就是拜登政府拟重点支持的对象，也是国家经济委员会主任布赖恩·迪斯（Brian Deese）所强调的所谓拜登政府的21世纪美国产业战略具体针对的目标产业。② 私人部门已对此做出积极响应。例如，2021年初以来，半导体行业已宣布在美国投资近800亿美元。同样，汽车行业承诺投资超过1000亿美元，在美国国内生产电池和电动汽车（EV）。第二，美国参众两院都批准了为美国国内半导体制造提供500多亿美元资金

① The White House, “Executive Order on America’s Supply Chains: A Year of Action and Progress,” February 24, 2022, https://www.whitehouse.gov/wp-content/uploads/2022/02/Capstone-Report-Biden.pdf.

② 迪斯指出，拜登的产业战略由五大支柱组成，这五大支柱分别是供应链弹性、有针对性的公共投资、公共购买、气候弹性和平等。参见 Atlantic Council, “Brian Deese on Biden’s Vision for ‘a Twenty-first-century American Industrial Strategy’,” June 23, 2021, https://www.atlanticcouncil.org/commentary/transcript/the-biden-white-house-plan-for-a-new-us-industrial-policy/。

的法案，两院正在积极协调该法案以便最终交由总统签署生效。第三，拜登政府正在恢复市场活力，重振国内生产，并扩大美国生产能力，如加强肉类和家禽供应链的韧性。第四，让更多的产品在美国生产。拜登政府在管理和预算局（The Office of Management and Budget，OMB）新设“美国制造办公室”（Made in America Office），该办公室支持提高联邦采购制成品的国内含量门槛，并加大对某些关键产品的支持力度。《两党基础设施法》已将该办公室永久化，并授权管理联邦政府资助的基础设施和公共工程项目的“买美国货”规则进一步扩大适用范围。第五，与全球 136 个国家达成全球公司税收协议。这将消除对外包的激励，同时推动对美国工人、小企业和中产阶级的投资；支持实施新的 100 亿美元的州小企业信贷项目（State Small Business Credit Initiative，SSBCI）。第六，加强与盟友和伙伴在供应链方面的合作，包括在关键产品上减少对中国和其他地缘政治竞争对手的依赖，对供应链采取“在友好国生产”（“friend-shoring”）的方式。这既可以增强美国的韧性，也可以确保盟国和伙伴供应链的韧性。例如，最近美国宣布的许多半导体和新电池生产投资都有美国盟友的参与；美国-欧盟贸易和技术委员会（US-EU Trade and Technology Council，TTC）设有供应链工作组；美国在“印太经济框架”（Indo-Pacific Economic Framework）中将与主要合作伙伴和盟国聚焦供应链弹性，对世界各地的关键矿物进行联合供应链合作。①

在为供应链长期安全提供制度保障方面，拜登政府也有所进展。要使供应链安全成为企业和政府长期关注的焦点，就必须提供相应的制度保障。2022 年 3 月，美国能源部成立新的制造和能源供应链办公室（Manufacturing and Energy Supply Chains Office）；卫生部宣布成立一个新的专门的公共卫生产业基地扩建和供应链管理办公室；交通运输部将与各州合作，将供应链韧性纳入各州的货运计划（State Freight Plans）。14017 号行政令建议对工业基础每 4 年进行一次评估。能源部等 6 个部门发布的 6 项为期 1 年的工业基础

① The White House，“Executive Order on America’s Supply Chains：A Year of Action and Progress，” February 24，2022，https：//www. whitehouse. gov/wp - content/uploads/2022/02/Capstone - Report-Biden. pdf.

审查，是为长期供应链韧性提供制度保障的重要一步，有利于将供应链韧性嵌入联邦机构的日常运营，为供应链战略奠定长期基础，使供应链韧性成为持久的国家优先事项。①

3. 经济快速复苏，基本实现充分就业，但高通胀随之而来

拜登政府执政以来，美国经济快速复苏，已恢复至疫情前的水平之上。2021 年美国实际 GDP 增长 5.7%，是自 1984 年（增长 7.2%）以来增长最快的一年。相比之下，老布什政府时期（1989～1992 年）GDP 最高增速为 1989 年的 3.7%；克林顿政府时期（1993～2000 年）为 1998 年的 4.8%；小布什政府时期（2001～2008 年）为 2004 年的 3.9%；奥巴马政府时期（2009～2016 年）为 2010 年和 2015 年的 2.7%；特朗普政府时期（2017～2020 年）为 2018 年的 2.9%。2021 年第一至四季度，美国 GDP 分别增长 6.3%、6.7%、2.3%和 6.9%。第四季度 6.9%的增速是美国自 1987 年第四季度（增速 7%）以来最快的增速。总的来看，如图 1 所示，与 2020 年 12 月蓝筹共识（Blue Chip Consensus）预测相比，2021 年美国经济复苏速度是超出预期的。自 2021 年第二季度以来，美国实际 GDP 已经恢复至疫情前水平，而且正在接近潜在实际 GDP 水平。第四季度产出缺口（实际 GDP 与潜在 GDP 之间的差额）仅为-0.09 万亿美元，占潜在实际 GDP 的比例为-0.45%。②

2021 年，美国的劳动力市场也迅速恢复，已基本实现充分就业，就业人数增长了 670 万，是美国有记录以来绝对数量增长最多的一年。尽管受到奥密克戎变异毒株的影响，但 2022 年 1 月、2 月和 3 月的就业人数增长仍然强劲，分别增长了 46.7 万人、67.8 万人和 43.1 万人。失业人数从 2020 年 12 月的 1074 万人，下降到 2021 年 12 月的 630 万人，乃至 2022 年 3 月的

① The White House, "Executive Order on America's Supply Chains: A Year of Action and Progress," February 24, 2022, https://www.whitehouse.gov/wp-content/uploads/2022/02/Capstone-Report-Biden.pdf.

② 2021 年以不变美元测算的实际 GDP 为 19.43 万亿美元，按照国会预算局预测，2021 年潜在实际 GDP 为 19.75 万亿美元，产出缺口（实际 GDP 与潜在 GDP 之间的差额）为-0.32 万亿美元，占潜在实际 GDP 的比例为-1.62%。从季度数据来看，2021 年第四季度实际 GDP 为 19.81 万亿美元，国会预算局预测的该季度潜在实际 GDP 为 19.9 万亿美元。

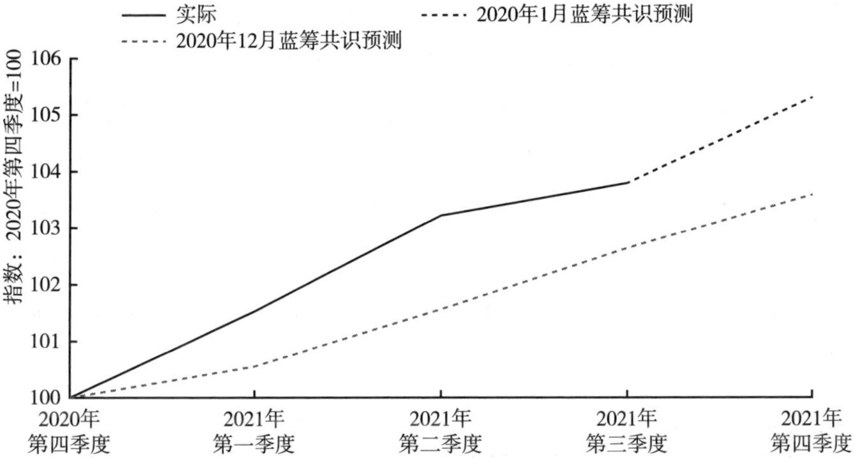

图 1　2020 年 1 月、12 月蓝筹共识预测与 2021 年第一至四季度实际 GDP 水平

资料来源：Cecilia Rouse, "Looking Back, Moving Forward: Year One of President Biden's Economic Agenda," January 20, 2022, https://www.whitehouse.gov/cea/written - materials/2022/01/20/looking-back-moving-forward-year-one-of-president-bidens-economic-agenda/。

595 万人。失业率从 2020 年底的 6.7%，下降到 2021 年 12 月的 3.9%，乃至 2022 年 3 月的 3.6%。2021 年 12 月的失业率同比下降了 2.8 个百分点（如图 2 所示），远超预期。2021 年是有记录以来失业率下降最快的一年。① 2022 年 3 月之后，美国失业率只需再下降 0.1 个百分点，失业人数只需再减少 60 万人，即意味着基本恢复至疫情前的水平（2020 年 2 月失业率为 3.5%，失业人数为 570 万人）。就业人数的恢复性增长主要集中在休闲、娱乐、餐饮、住宿业和健康护理等受疫情影响严重的行业。专业技术和企业服务（professional and business services）以及建筑业等行业的就业则持续保持较强劲的增长，早已超越疫情前的水平。劳动力市场还出现了前所未有的供不应求的紧张局面。这一方面是因为劳动力需求非常强劲，但劳动力供应受到的约束并未得到根本缓解。随着经济快速重启和反弹，劳动力需求保持了相当可观的增长。2021 年底，职位空缺数量比疫情前多出大约 60%，每

① 2020 年美国全年失业率为 8.1%（失业人口 1295 万人），2021 年为 5.3%（失业人口 862 万人），和疫情前 2019 年的 3.7%（600 万人）相比，仍多出近 262 万人。

1 名失业人员对应的职位空缺数为 2 个，是有记录以来的最高水平。劳动力供给明显赶不上需求的增长。从反映劳动力供给的劳动参与率和就业人数占总人口比例这两个指标来看，当前劳动力供给尚未完全恢复至疫情前水平，在劳动力需求远超疫情前水平的情况下，劳动力供不应求的紧张形势更加突出。2022 年 2 月的劳动参与率为 62. 3%，与 2020 年 2 月的 63. 4%相比，仍有 1. 1 个百分点的差距；2022 年 2 月就业人数占总人口的比例为 59. 9%，与 2020 年 2 月的 61. 2%相比，也有 1. 3 个百分点的差距。[①] 按照国会预算局

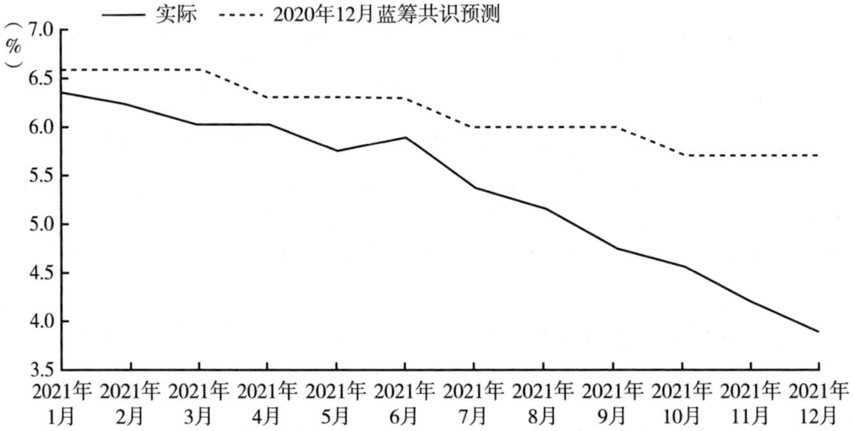

图 2　2020 年 12 月蓝筹共识预测与美国 2021 年 1~12 月失业率

资料来源：Cecilia Rouse, "Looking Back, Moving Forward: Year One of President Biden's Economic Agenda," January 20, 2022, https://www.whitehouse.gov/cea/written-materials/2022/01/20/looking-back-moving-forward-year-one-of-president-bidens-economic-agenda/。

① 2020 年 1 月的劳动参与率为 63. 4%，2020 年 4 月为 60. 2%，2022 年 2 月为 62. 3%。2022 年 1 月的劳动参与率上升了 0. 3 个百分点，主要是"当前人口调查"（Current Population Survey，CPS）人口控制（population controls）修订的结果，使 2021 年 12 月和 2022 年 1 月之间的劳动参与率出现了不连续的情况（没有对 2021 年 12 月及以前的数据进行修正）。人口控制是指用来对"当前人口调查"样本加权使其代表美国人口的非加总人口组（disaggregated demographic groups）的人口估算。以人口普查局（Census Bureau）提供的信息为基础，人口控制会每年进行更新。劳工统计局指出，劳动参与率的修正主要是因为高比例参与劳动力的年龄组（35~64 岁）人口规模增长，以及 65 岁及以上人口规模大规模下降，其参与率更低。参见 Board of Governors of the Federal Reserve System, "Monetary Policy Report," February 24, 2022, https://www.federalreserve.gov/monetarypolicy/files/20220225_mprfullreport.pdf, p. 6。

的估算，美国2022年的潜在劳动参与率为62.4%，非周期性失业率为4.4%，而2022年1~3月各月的劳动参与率分别为62.2%、62.3%和62.4%，已经接近潜在劳动参与率水平；失业率分别为4.0%、3.8%和3.6%，已经连续3个月低于非周期性失业率水平，表明美国已经基本实现充分就业。

在美国经济快速复苏和失业率快速下降的同时，通胀高企和庞大的债务已经成为严重的问题。2021年美国消费者物价指数（Consumer Price Index, CPI）增长4.69%，创下了自1990年（5.42%）以来的新高。尽管尚未达到20世纪70年代（1974年11.01%，1979年11.25%）和80年代初（1980年13.5%，1981年10.38%）两位数增长的水平，但从2020年的1.25%迅速跃升至4.69%，这么快的增速是2020年底和2021年初时美联储等机构没有预料到的。从月度数据来看，通胀水平仍在持续攀升。自2021年6月以来，CPI同比增长一直保持在5%以上；2021年12月突破7%，达到7.1%；2022年1月达到7.5%，2月达到7.9%，3月达到8.5%。尽管2022年3月的CPI增速与1980年4月的14.43%、1974年12月的12.1%尚有一定的距离，但已接近1951年4月的9.6%，是自1982年1月以来的新高。美联储关注的个人消费支出价格指数（Personal Consumption Expenditures Price Index，下文简称PCE价格指数）在2021年12月同比增长5.8%；不包括能源和食品价格在内的核心PCE价格指数，同比也增长4.9%。2022年1月的PCE价格指数和核心PCE价格指数继续上扬，分别为6.1%和5.2%，各自创下了自1982年2月和1983年4月以来的新高。

2021年，除了通胀高企之外，公众持有的联邦债务也持续攀升，[①] 从2019年末的16.8万亿美元增加到2020年末的21.02万亿美元、2021年末的22.28万亿美元、2022年3月底的23.88万亿美元；占GDP的比例也从

① 包括私人、美联储外国政府持有的联邦债务，不包括政府机构持有的联邦债务（Intragovernmental Holdings）。联邦债务总额也创下历史新高，2022年1月31日突破30万亿美元，截至2022年3月底已达30.4万亿美元，比2021年末增加2.01万亿美元。2021年末，美国联邦债务总额约为28.39万亿美元，比2020年末增加1.48万亿美元。换言之，拜登执政至今，美国联邦债务总额新增近3.5万亿美元；疫情至今，新增近7万亿美元。

2019年的78.61%上升到2020年的100.59%和2021年的96.9%，是第二次世界大战以来的新高，仅低于1946年的106.31%、1945年的103.15%。由于通胀水平已经远远超出美联储2%的通胀目标水平，为控制通胀，美联储将不得不大幅提高基准利率，进而大幅增加债务利息负担，危及财政可持续性，[①] 甚至可能导致财政危机，削弱市场对美元的信心，并抬高私营企业在国际市场的融资成本。同时，通胀可能造成严重的社会问题，产生负面的政治影响。正如白宫经济顾问委员会主席塞西莉亚·劳斯（Cecelia Rouse）所指出的，高通胀是今天美国家庭的负担，是拜登政府面临的最严重问题之一。[②] 拜登在2022年的国情咨文中也指出，鉴于通胀对普通人的影响，其首要任务是控制价格。[③]

4. 积极促进平等，但实现种族平等的目标仍任重道远

拜登政府高度重视解决社会危机，在上任第一天拜登就发布了13985号行政令，即《通过联邦政府促进种族平等和对服务欠缺社区的支持》（Advancing Racial Equity and Support for Underserved Communities Through the Federal Government）。这也是其发布的第一个行政令，力图推进全政府平等议程，促进种族平等和支持有色人种社区的发展。拜登政府还设立了白宫性别政策委员会（White House Gender Policy Council），制定了有史以来第一个“性别公平国家战略”（National Strategy on Gender Equity and Equality），对女性提供支持。同时，拜登政府还创建了有史以来首个白宫环境正义咨询委员会（White House Environmental Justice Advisory Council），体现了拜登政府对解决环境正义问题的积极性和重视程度。从实际效果来看，拜登政府采取

① The U. S. Government Accountability Office, “The Nation's Fiscal Health: After Pandemic Recovery, Focus Needed on Achieving Long-Term Fiscal Sustainability,” March 2021, https://www.gao.gov/assets/gao-21-275sp.pdf.

② Cecilia Rouse, “Looking Back, Moving Forward: Year One of President Biden's Economic Agenda,” January 20, 2022, https://www.whitehouse.gov/cea/written-materials/2022/01/20/looking-back-moving-forward-year-one-of-president-bidens-economic-agenda/.

③ The White House, “Remarks by President Biden in State of the Union Address,” March 3, 2022, https://www.whitehouse.gov/briefing-room/speeches-remarks/2022/03/02/remarks-by-president-biden-in-state-of-the-union-address/.

的举措给黑人家庭和社区增加了经济机会。例如，《美国救援计划法》实施后，黑人儿童贫困率下降 30.2 个百分点。到 2021 年 9 月，“补充营养援助计划”（Supplemental Nutrition Assistance Program，SNAP）的福利增长了 15%。随着《两党基础设施法》的实施，对有色人种社区的投资将大幅增加，也将使这些社区环境得到一定程度的改善。对少数族裔企业特别是黑人企业的资金支持和政府采购政策的倾斜，折算成资金相当于未来 5 年这些企业将获得额外的 1000 亿美元，这有利于改善这些企业的处境。值得一提的是，自 2021 年 1 月以来，拜登政府累计对传统黑人学院和大学（Historically Black Colleges and Universities，HBCUs）提供了 58 亿美元的资金支持。这也是前所未有的，将扩大黑人少数族裔接受高等教育的机会，并提高这些学院的质量。从健康公平的角度来看，拜登政府的抗疫政策有效地缩小了黑人和拉丁族裔及白人之间新冠疫苗接种率的差距，至少有 70%的黑人、73%的拉丁裔和 71%的白人接种了至少 1 剂疫苗。[①] 总的来看，“各种数据表明，2021 年，救济措施减少了贫困，帮助人们获得了医疗保险，并减少了无法负担食物或满足其他基本需求等困难”。[②] 但拜登政府的众多举措是长期性的，不可能起到立竿见影的效果，尚需时间来检验。同时，包含在《重建更美好未来法案》中的一些重大政策举措由于法案通过无望，也使拜登政府解决社会危机的努力大打折扣。

5. 气候行动大方向和原则符合预期，但具体举措仍待完善和深入

拜登政府的气候政策较为合理，基本符合气候变化规划的基本原则。从美国亚利桑那州立大学地理科学与城市规划学院学者萨拉·米罗（Sara

① The White House，“Fact Sheet：The Biden-Harris Administration Advances Equity and Opportunity for Black People and Communities Across the Country，” December 17，2021，https：//www.whitehouse.gov/briefing-room/statements-releases/2021/12/17/fact-sheet-the-biden-harris-administration-advances-equity-and-opportunity-for-black-people-and-communities-across-the-country-2/.

② Center on Budget and Policy Priorities，“Robust COVID Relief Achieved Historic Gains against Poverty and Hardship，Bolstered Economy，” February 24，2022，https：//www.cbpp.org/research/poverty-and-inequality/robust-covid-relief-achieved-historic-gains-against-poverty-and.

Meerow）等人总结的气候变化规划的七大原则来看，[①] 首先，拜登政府的气候政策强调包容性繁荣（inclusive prosperity），将其置于“重建更美好未来”议程的核心，一方面促进繁荣，另一方面特别承诺将气候行动与实现环境正义相结合，促进公平，从而满足多样化策略这一原则；其次，拜登政府的气候政策以减少碳排放为核心，提出了到2030年在2005年碳排放的基础上减排50%~52%、到2050年实现净零排放的目标，并制定了发电、交通、工业和建筑等领域的具体排放目标，符合“明确目标”这一原则；最后，建立信息透明机制，[②] 采取全政府动员、全社会参与、公共部门和私人部门紧密合作等方式，符合“强有力的事实基础”、“公众参与”和“各主体、部门与计划之间相协调”等原则。

按照荣鼎集团（Rhodium Group）的计算，2021年美国温室气体排放量同比增长了6.2%，但比2019年仍降低了5%。2021年美国温室气体的增速明显快于美国经济5.7%的增速，即温室气体的反弹速度快于整体经济的复苏步伐。这主要是由于燃煤发电量的增长（较2020年增长17%）以及公路运输（主要是货运）的快速反弹，导致美国温室气体减排在2021年发生逆转。这意味着美国进一步偏离了实现其2025年和2030年气候目标的轨道，拜登政府需要推出更大力度的减排政策才可能实现其气候目标。[③] 同时，在

---

① 这七项原则分别是：明确的目标；强有力的事实基础；多样化的策略；公众参与；各主体、部门和计划之间的协调；执行和监督过程；应对不确定性的技术。参见 Sara Meerow and Sierra C. Woodruff, “Seven Principles of Strong Climate Change Planning,” *Journal of the American Planning Association*, 2019, https://doi.org/10.1080/01944363.2019.1652108, pp. 1-9。

② The White House, “Expanding and Improving Climate Information and Services for the Public,” October 12, 2021, https://www.whitehouse.gov/ostp/news-updates/2021/10/12/expanding-and-improving-climate-information-and-services-for-the-public/; The White House, “Fact Sheet: Biden Administration Makes Climate Information and Decision Tools More Accessible,” October 12, 2021, https://www.whitehouse.gov/briefing-room/statements-releases/2021/10/12/fact-sheet-biden-administration-makes-climate-information-and-decision-tools-more-accessible/.

③ Alfredo Rivera, et al., “Preliminary US Greenhouse Gas Emissions Estimates for 2021,” January 10, 2022, https://rhg.com/research/preliminary-us-emissions-2021/.

环保界人士看来，拜登政府未能处理好能源和气候变化政策之间的关系，摇摆不定，经常是“前进两步退一步”。例如，暂停了拱心石管道（Keystone XL pipeline），却同时允许 3 号线管道（the Line 3 pipeline）继续建设等。[①] 最关键的是，美方如何解决因国内政治或领导人变更而在气候变化问题上出尔反尔、前后矛盾、失信于世界的问题；能否克服国内矛盾，持续支持构建气候变化合作的长效多边机制，最终取信于世界——这些将是拜登政府面临的最棘手的问题。

6. 中美战略竞争加速演变，地缘经济战略稳步推进

首先，美国府会同步对华强硬，“新华盛顿共识”（New Washington Consensus）[②] 基本成型。拜登政府延续特朗普政府的对华强硬立场并保持对华加征的 301 关税。府会同步无端指责中国政府“不尊重香港的民主价值”；在新疆“侵犯人权”，存在所谓的“种族灭绝”行为；“恐吓”台湾；“网络袭击”美国；经济“胁迫”美国盟友等，并将这些议题作为美国处理中美双边关系的优先事项。[③] 在对华整体不友好的民意氛围之下，[④] 发端于特朗普政府时期的“新华盛顿共识”基本成型，极端反华的《防止强迫维吾尔人劳动法》（Uyghur Forced Labor Prevention Act）等相继生效，参议院以 68∶32 的票数通过了主要针对中国的《2021 年美国创新与竞争法》（United States Innovation and Competition Act of 2021）。

---

① Lucien Bruggeman, “1 Year in, Biden's Climate Record Is a Mix of Progress and Inconsistency,” January 20, 2022, https://abcnews.go.com/US/year-bidens-climate-record-mix-progress-inconsistency/story?id=82354202.

② Zack Cooper, “The New Washington Consensus,” December 21, 2018, https://www.aei.org/articles/the-new-washington-consensus/; Yasmeen Serhan, “Consensus Isn't Always a Good Thing,” October 5, 2021, https://www.theatlantic.com/international/archive/2021/10/perils-washingtons-china-consensus/620294/.

③ Antony J. Blinken, “A Foreign Policy for the American People,” March 3, 2022, https://www.state.gov/a-foreign-policy-for-the-american-people/.

④ Laura Silver, et al., “Most Americans Support Tough Stance Toward China on Human Rights, Economic Issues,” March 4, 2021, https://www.pewresearch.org/global/2021/03/04/most-americans-support-tough-stance-toward-china-on-human-rights-economic-issues/.

其次，中美战略竞争加速演变。拜登政府并没有完全放弃特朗普政府的单边主义，而是继续使用一切可用工具并开发新工具，应对所谓的“中国威胁”，推动中美战略竞争加速演变。拜登政府一方面继续对华加征 301 关税，要求中国继续履行中美第一阶段经贸协议中的采购承诺；另一方面继续以国家安全、外交和经济利益为由，使用出口管制和金融制裁等手段，有针对性地制裁包括企业和个人在内的中国各类主体，重点集中在高科技企业，涉疆、涉港、涉藏等事务的个人和企业，以及军民融合企业、军事科研单位、军事最终用户等。2021 年 4 月，美国以涉核和其他先进军事武器为由，将中国 7 家超级计算机研发公司列入“实体清单”。2021 年 3 月 17 日，美国以香港问题为由，宣布对 24 名中国内地和香港官员进行制裁。同年 7 月 9 日，又以新疆问题为由，将 14 家中国企业列入“实体清单”。除扩大对华出口管制和相关金融制裁外，拜登政府还强化了对中国涉军企业的投资限制和中国对美投资限制，以所谓的“中国网络盗窃”和“间谍”为由加大了对通信网络和个人敏感数据的保护，以“强制劳动”为由加大对中国的进口限制，还将应对信息技术和服务供应链安全以及网络安全纳入中美战略竞争的关键领域予以加强。

最后，美国地缘经济战略稳步推进，“一二三四五”的格局初现。在地缘竞争战略实施方面，拜登政府和特朗普政府最大的不同在于，其最大限度地利用美国盟友这一“资产”，组建封闭排他的“俱乐部”，不断拉小群，搞小圈子，试图建立复合型阵营或打造适合 21 世纪目标的全球盟友伙伴网格（latticework）。① 拜登政府采取这些做法，稳步推进其地缘经济战略，遏制中国的“一二三四五”格局初现轮廓。“一”是对华地缘经济战略围绕“印太”这一区域进行，以“印太战略”和印太经济框架为指导，试图牢牢把控塑造中国外部环境的主动性。为此，拜登政府从阿富汗撤军，结束了长达 20 年的反恐战争。“二”是两大支柱，即以七国集团（G7）和跨大西洋

① Jake Sullivan, “2021 Lowy Lecture,” November 2021, https://www.lowyinstitute.org/publications/2021-lowy-lecture-jake-sullivan.

联盟（Transatlantic Alliance）为核心平台和最重要的网格节点，掌握国际规则的主导权。具体来看，美国以“重建更美好世界”（Build Back Better World，B3W）倡议和美欧贸易与技术委员会为主要抓手，推动七国集团及跨大西洋联盟与中国的竞争。前者“是一个由主要民主国家引领并且基于价值观导向、高标准和透明度的全球基础设施倡议，致力于缩小发展中国家基础设施建设的资金缺口”,① 其核心目的是对抗中国的“一带一路”倡议，为发展中国家提供替代性“选择”。美欧贸易与技术委员会则是美欧解决跨大西洋联盟内部矛盾，加强资源分享、技术合作和政策协调，共同应对中国挑战的新机制。② 通过该机制，美欧已经解决了双方在钢铝关税、飞机补贴等方面的矛盾，并在反对所谓“非市场经济行为”等方面达成共识。“三”是拼凑美英澳三边安全伙伴关系（AUKUS）。“四”是兜售美澳印日“四边机制”（QUAD）。“五”是强化美英澳加新“五眼联盟”。通过强化和巩固这些安全联盟，拜登政府与这些盟友的合作逐步从安全拓展到经济、技术、治理规则等领域，正从根本上重塑中国的外部环境。同时，拜登政府还召开所谓的“全球民主峰会”，试图以“民主”和“威权对抗”为号召力，吸引更多国家加入其朋友圈。

尽管拜登政府在协调盟友、推进地缘经济战略方面取得了一定的进展，但其正式的《国家安全战略报告》迟迟没有发布，特别是其对华战略或对

① The White House, “Fact Sheet: President Biden and G7 Leaders Launch Build Back Better World (B3W) Partnership,” June 12, 2021, https://www.whitehouse.gov/briefing-room/statements-releases/2021/06/12/fact-sheet-president-biden-and-g7-leaders-launch-build-back-better-world-b3w-partnership/.

② 美欧贸易与技术委员会下设10个工作小组，分管技术标准、气候和绿色技术、安全的供应链、信息通信技术服务的安全性和竞争力、数据治理和技术平台监管、威胁性安全和人权的技术滥用、出口管制、投资审查、促进中小企业获得和使用数字工具，以及全球贸易挑战。参见 The White House, “Fact Sheet: U.S.-EU Establish Common Principles to Update the Rules for the 21st Century Economy at Inaugural Trade and Technology Council Meeting,” September 29, 2021, https://www.whitehouse.gov/briefing-room/statements-releases/2021/09/29/fact-sheet-u-s-eu-establish-common-principles-to-update-the-rules-for-the-21st-century-economy-at-inaugural-trade-and-technology-council-meeting/。

华政策一直没有如期宣布。[①]《印太经济框架》的详细方案也还在制定过程之中。这在一定程度上反映了中美关系的复杂性和美国国内的分歧，说明美国在建立“护栏”方面进展不顺。

（二）雄心与时势：成绩单背后的拜登悖论

好坏参半的成绩背后存在弱势总统拜登的雄心与六大危机这一时势之间的悖论。对于当下，中国定义为“百年未有之变局”，拜登政府则定义为世界“拐点”（infection point）时刻；中国强调“时与势在我们一边”，拜登则强调“对美国人民下赌注从来都不是好赌注”。可以看出，对于中美战略竞争，拜登政府可谓“信心满满”。对于上述六大危机，拜登政府试图化危为机，直言“我们是地球上唯一一个将我们所面临的每一次危机转化为机遇的国家，唯一可以用一个词来定义的国家，那就是‘可能性’”，[②] 可谓雄心勃勃。但从其交出的成绩单和面临的高通胀和庞大债务等新老问题来看，其在任期内实现转危为机基本无解，其原因在于以下四点。

一是从解决这六大危机所需的政治资本来看，拜登政府严重不足。由于特朗普总统以“选举舞弊”为由拒不承认2020年败选，企图通过不断质疑甚至煽动支持者冲击国会山来推翻选举结果，结果造成美国历史上最动荡的总统过渡期，严重削弱了拜登政府的“合法性”和政治资本。同时，民主党尽管控制国会参众两院，但在参议院仅仅保持微弱多数，意味着即使依靠预算协调程序通过重大政策，也必须得到所有民主党参议员的支持。这给少数民主党参议员提供了阻止这些政策通过的可能，例如乔·曼钦参议员就凭一己之力扼杀了《重建更美好未来法案》。由共和党与民主党完全控制的州分别为23个和14个，在联邦制下前者数量远多于后者，意味着拜登政府政

① Bob Davis, “Biden Promised to Confront China. First He Has to Confront America's Bizarre Trade Politics,” January 31, 2022, https://www.politico.com/news/magazine/2022/01/31/biden-china-trade-politics-00003379.

② The White House, “Remarks of President Joe Biden-State of the Union Address as Prepared for Delivery,” March 1, 2022, https://www.whitehouse.gov/briefing-room/speeches-remarks/2022/03/01/remarks-of-president-joe-biden-state-of-the-union-address-as-delivered/.

策遭到前者反对的概率增大，如前述南达科他州和佐治亚州反对“口罩令”等例子就能反映这一点。同时，拜登就职前的支持率为58%，明显低于奥巴马（70%）、老布什（65%），与小布什的支持率（超过半数）相近，但高于特朗普（39%）。[①] 从拜登面临的六大危机来看，他所面临的挑战明显超过第二次世界大战后的任何一届美国总统，所需的政治资本不亚于罗斯福新政时期，但他的政治资本是这些总统中最少的，明显不足以应对六大危机。拜登政府推出的一些政策本身缺乏合理性，或者某些政策执行欠佳（如从阿富汗撤军），非但没有增加反而迅速消耗了其政治资本，甚至给其政治资本带来较大的负面影响。民主党在弗吉尼亚州州长改选和新泽西州议会选举中大败间接地反映了这一点。

二是拜登政府的雄心超越了美国政治和社会所能接受的程度。拜登政府想利用民主党控制国会两院的机会，借助危机一揽子解决诸多历史问题和结构性问题，“绿色新政”、“伟大社会2.0”和产业政策三大“伟业”并举，毕其功于一役，堪比罗斯福新政、约翰逊“伟大社会”计划和“斯普特尼克”时刻同时再现。和民主党极端左翼的要求相比，拜登政府的政策已经温和了很多，在某种程度上和北欧的福利国家也无法相比，只不过是在“补课”或追赶西欧的一些发达国家，在气候政策方面也是如此。[②] 但这种庞大规模的政府干预和大政府理念，仍然超出长期信奉“小政府”和以个人主义为核心的美国政治和社会所能接受的程度，所以不断遭遇挫折在所难免。

三是计划没有变化快，只能对原定政策议程不断进行调整以适应变化。六大危机的严重性、全局性、长期性和复杂性使拜登政府一开始就难以制定令各方都满意的政策，也很难证明哪一个方案更为完美或合理。为了获得民

① Carroll Doherty, et al., “Biden Begins Presidency with Positive Ratings; Trump Departs with Lowest-Ever Job Mark,” January 15, 2021, https://www.pewresearch.org/politics/wp-content/uploads/sites/4/2021/01/PP_2021.01.15_biden-trump-views_REPORT.pdf.

② Jean Pisani-Ferry, “Is Bidenomics More Than Catch-up?” June 3, 2021, https://www.bruegel.org/2021/06/is-bidenomics-more-than-catch-up/.

主党内部的一致支持，拜登政府不断调整“美国就业计划”和“美国家庭计划”。2020年民主党总统初选之后成立的拜登-桑德斯联合工作组，试图缩小民主党内部在气候变化、刑事司法改革、经济、教育、医疗保健和移民等领域的分歧，但曾经达成一致的提高最低小时工资至15美元、提高企业所得税率等核心政策，被先后从三大计划中排除。高通胀和俄乌冲突的爆发也打乱了拜登政府的计划，应对高通胀和化石燃料短缺成为更为紧迫的问题。为应对高通胀，美联储将不得不大幅加息，这将导致美国债务利息支付大幅增加，对美国财政可持续性造成负面影响，为“绿色新政”和“伟大社会2.0”提供大额支出的可能性越来越小，① 也使“重建更美好世界”的资金来源存疑。通胀、疫情、供应链、俄乌冲突等变化都远远超出了拜登政府的预想，原定政策议程也只能不断调整。

四是不仅拜登政府内部存在分歧，美国与其盟友之间也存在难以协调的矛盾。随着时间的推移，拜登政府内部在许多具体政策方面的分歧逐渐扩大，达成共识的难度增大，这对政策的实施造成了一定的困难。以贸易政策为例，拜登政府内部主要分成三派。第一派是贸易扩张主义者，以国家安全委员会印太（事务）协调员库尔特·坎贝尔（Kurt Campbell）、商务部部长吉娜·雷蒙多（Gina Raimondo）、财政部部长珍妮特·耶伦（Janet Yellen）和国务卿安东尼·布林肯等为代表，主张通过贸易协议加强亚洲国家与美国之间的联系。第二派对劳工更友好，以美国贸易代表戴琪（Katherine Tai）和白宫经济顾问委员会主席塞西莉娅·劳斯（Cecilia Rouse）、委员希瑟·布希（Heather Boushey）等为代表。她们的首要目标是确保贸易协议不会伤害已经受到中国对美出口打击的工人，并且更愿意

① 随着“伟大社会”计划的实施，1964~1969年，美国贫困率从20%下降至10%，中产阶级家庭收入增长了近1倍，新创造了近900万个工作岗位，失业率从5.2%降至3.8%。但同时，联邦政府的非军事支出额从1965年的734亿美元（占GDP的10.6%）攀升至1968年的1032亿美元（占GDP的16.6%），联邦预算赤字达到了252亿美元，为第二次世界大战后的最高水平。政府为填补赤字大量印钞，致使这一时期的通货膨胀率从2.9%上涨至5%，为20世纪70年代的“滞胀”危机埋下了隐患。参见John A. Andrew Ⅲ, *Lyndon Johnson and the Great Society*（Chicago：Ivan R. Dee Publisher，1999），pp. 3-23。

使用关税和配额来保护这些工人。第三派则从政治角度看待贸易问题，以白宫办公厅主任罗恩·克莱恩（Ron Klain）和国家经济委员会主任布赖恩·迪斯等为代表。他们担心加大打击中国经济的力度可能会搞砸政府的其他优先事项，例如缓解通胀或供应链瓶颈等。内部分歧使数字贸易协议因为必须考虑对工人的负面影响而推进缓慢。戴琪试图对中国产业补贴发起 301 调查的计划也被暂时搁置。[①] 同时，尽管美国在协调盟友一致“对付”中国方面取得了一定的进展，但在采取什么方式更有效、用多大力度等方面仍在较大分歧，这也使组建“民主十国”（D10）和“技术十二国”（T12）等小圈子或俱乐部的计划受阻。究其根源，还是部分国家对美国缺乏根本信任，或者利益方面存在不一致。美国未与盟友充分协调就从阿富汗仓促撤军、美英澳达成核潜艇购买协议从而导致澳大利亚取消与法国的潜艇交易，这些事件就是例证。

总的来看，尽管拜登经济学展现了新的理念，提出了全面系统的经济政策、主张和计划，其地缘经济战略和对华战略竞争也比特朗普时期更有章法，但美国民众对其执政第一年的业绩并不满意。皮尤研究中心 2022 年 1 月发布的民调结果显示，拜登的支持率进一步下降至 41%，反对率则上升至 56%；从执政第一年的平均支持率来看，拜登为 48.9%，仅仅高于特朗普的 38.4%，比第二次世界大战后的其他总统都低。[②] 尽管拜登政府解决危机的雄心与其能力以及美国政治、社会的接受程度不能完全匹配，但从其致力于解决美国紧迫的短期问题、长期的结构性问题以及全政府应对中国快速发展的决心来看，不能低估其对美国和全球的影响，尤其是对全球化和中美脱钩与共存的影响。

---

① Bob Davis, “Biden Promised to Confront China. First He Has to Confront America’s Bizarre Trade Politics,” January 31, 2022, https://www.politico.com/news/magazine/2022/01/31/biden-china-trade-politics-00003379.

② “Biden Starts Year Two with Diminished Public Support and a Daunting List of Challenges,” Pew Research Center, January 2022, https://www.pewresearch.org/politics/wp-content/uploads/sites/4/2022/01/PP_2022.01.25_biden-year-two_REPORT.pdf.

四　脱钩与共存：危机与全球化

冷战后波澜壮阔的全球化可谓史无前例，但在2008年全球爆发金融危机之后，这一轮全球化逐渐停滞。根据《2020年全球化报告》（Globalization Report 2020），1990年45个国家的全球化指数平均为42，在2007年达到64这一历史峰值以来，一直停滞不前，2018年略微下降至63，整体上呈现逆全球化的趋势。[①] 作为金融危机风暴眼的美国，此后民粹主义和经济民族主义逐渐抬头。在2016年总统大选中，特朗普借此获得胜选。在其执政4年间，美国对中国发起贸易和科技争端，断言要与中国全面脱钩。世界前两大经济体的脱钩，曾经是无人敢想的念头，却以20世纪30年代以来最大规模的贸易摩擦这一极端的方式呈现在世人面前，让本已停滞的全球化遭受重击。随后，新冠肺炎疫情的全球大流行引发了全球供应链危机和贸易保护主义的蔓延，全球化又被蒙上一层阴影。当拜登政府直面六大危机，用拜登经济学和地缘经济战略来解决美国国内外面临的挑战之时，“脱钩还是共存”又成为摆在其面前不得不回答的问题。在全球深度一体化的今天，人们一度认为大国之间的全面脱钩不现实。然而，俄乌冲突爆发后，美国及其他西方发达国家对俄罗斯实施了史无前例的全面制裁，终止了对俄罗斯的最惠国待遇，甚至正在讨论将俄罗斯踢出世界贸易组织的可能性。在这种情况下，没人再怀疑全面脱钩的可能性。毫无疑问，尽管在脱钩与共存之间并非非此即彼的选择，但拜登经济学和地缘经济战略正在加大美国与其他国家脱钩的可能性，全球化正面临新的方向。

如表5所示，全球化可能存在三种新的情形：“更新的全球化”（globalisation renewed）相当于当前全球化的升级版；“拼凑的全球化”（patchwork globalisation）意味着出现两个平行世界和有限的连接；“中断的全球化”（globalisation

---

① Andreas Sachs, et al., “Globalization Report 2020,” https://www.bertelsmann-stiftung.de/en/publications/publication/did/globalization-report-2020-all-1.

disrupted）意味着完全中断和冲突。具体出现哪种情形，取决于主要大国之间选择何种地缘经济战略和脱钩策略。如果采取自由一体化和原则多边主义的地缘经济战略，宏观脱钩策略实行政治上保持基于规则的调适和金融方面的稳定，贸易脱钩策略实行供应链及关键投入保持整合和对等，数字脱钩策略实行数据治理、网络设备和通信服务保持深度连接，创新脱钩策略在研发、标准和知识产权方面实行技术全球主义，那么，这些选择将导向“更新的全球化”。在这种全球化情形下，整体脱钩状态属于相互信任的开放关系。以此类推，在一些国家实行开放的战略自主、诸边和志同道合的俱乐部地缘经济战略，另一些国家实行自给自足的“双循环”和民族主义的地缘经济战略并采取相应的脱钩策略时，将导致出现“拼凑的全球化”。在此全球化情形下，整体脱钩状态为“方便的结合”（marriage of convenience），即双方必须保持联系，而且这种联系方便时才不脱钩。这种情形实际上属于保持一定限度联系的两个平行体系的全球化。如果主要大国选择获胜、占上风、本国优先或独行的地缘经济战略，并采取相应的脱钩策略，将导致出现“中断的全球化”。在此全球化情形下，整体脱钩状态为互不往来并相互指责。

表 5　全球化的三种情形和对应的地缘经济战略和脱钩程度

脱钩程度不断增强					
		更新的全球化	拼凑的全球化		中断的全球化
地缘经济战略		自由一体化主义者；原则性多边主义	开放的战略自主；诸边和志同道合的俱乐部	“双循环”和民族主义	获胜和占上风；本国优先（或独行）
宏观	政治	以规则为基础的调适；金融稳定	系统性竞争；金融不确定性	长期政治化；金融分离	冲突；金融中断
	金融				
贸易	供应链	整合和对等	战略竞争中的公平和优势；多元化和韧性	商业流动安全化；依赖、支配和控制	相互依赖武器化；重回本土和国有化
	关键投入				
数字	数据治理	深度连接	数字距离	数字分离	数字困境；数据剥削（data exploitation）和技术叠层分叉
	网络设备				
	通信服务				

续表

脱钩程度不断增强					
		更新的全球化	拼凑的全球化		中断的全球化
创新	标准和知识产权	技术全球主义	产业政策复兴	技术民族主义	技术自给自足
	研发				
脱钩状态		相互信任的开放关系	方便的结合		移出（保留在外）和指责

资料来源：European Union Chamber of Commerce in China and MERICS，“Decoupling：Severed Ties and Patchwork Globalisation，” January 14，2021，https：//merics. org/sites/default/files/2021 - 01/Decoupling_ EN. pdf。

从拜登经济学及其地缘经济战略来看，强调以领跑模式和复合型阵营（或排他性俱乐部）的方式与中国竞争，将导致局部脱钩加速，加大全球化裂变为两个平行体系的风险。具体来看，政治上拜登政府强调中美之间的制度竞争，金融上限制美国投资者投资中国涉军企业并对中国企业赴美并购投资进行严格的国家安全审查，将明显阻碍中美两国企业建立深度联系。尤为重要的是，在供应链方面，拜登政府强调保持美国供应链的多元化和韧性，降低对华依赖度，特别是在芯片和其他高技术方面保持竞争优势，降低大容量电池、稀土、太阳能光伏产品、药品和原料药等对华的依赖度，主张在美国制造这些产品，鼓励跨国公司回归美国本土或从中国转移到所谓“友好国家”，这将直接导致部分行业全球供应链的重构。拜登政府还力争数据治理的规则制定权，注重网络设备和通信的安全性，并推行争夺标准制定权、防止知识产权被盗、增加研发投入等产业复兴政策。这些政策实际上有利于增强美国的经济实力，拉大美中经济和技术方面的差距，为美国对华战略竞争增加底气。在所谓的安全领域，拜登政府在加速推进局部脱钩战略，即在涉及国家安全、人工智能和量子技术等新兴技术、药品和原料药等诸多领域采取“小院高墙”（“small-yard，high-fence”）策略，与中国进行局部脱钩；而在无关国家安全、先进技术和社会安全的领域，则保持与中国的联系。美国的对华地缘经济战略和这些局部脱钩策略，最终将会导致“拼凑的全球化”的出现，催生保持一定限度联系的两个平行世界。

实际上，在中美两国经济利益相互交织、两国经济相互依赖的现实条件下，对美方而言，中美全面脱钩的代价极其高昂，且短期内既不现实，也无实现的可能。例如，根据2021年2月美国商会（U.S. Chamber of Commerce）和荣鼎集团联合发布的报告，就贸易渠道而言，如果25%的关税扩大到中美所有双向贸易，到2025年，美国每年将损失1900亿美元；就投资渠道而言，如果脱钩导致美国出售在华直接投资存量的一半，将使美国每年丧失250亿美元的资本利得，对美国GDP造成的一次性损失将达到5000亿美元。对具体行业而言，如果完全丧失中国市场，美国飞机和商业航空服务市场将造成美国该行业产出损失额为每年380亿美元至510亿美元不等，到2038年，累计损失的市场份额影响将达到8750亿美元；美国半导体行业产出将损失540亿~1240亿美元，以及超过10万个工作岗位和120亿美元的研发费用支出，130亿美元的资本支出将受到影响；对于美国医疗器械行业而言，美国10年损失的收入将超过4790亿美元。[①] 同时，就某些行业而言，美国想短时间内完全摆脱对中国的依赖并不可行。例如，中国太阳能电池板（solar panels）占全球产量的70%，几乎垄断了太阳能电池板、电池和其他绿色技术所需的关键投入，包括化学锂（占全球产量的50%）、多晶硅（60%）、稀土金属（70%）、天然石墨（70%）、钴精炼（80%）、稀土精炼（90%）。而美国40%的锂、80%的钴和100%的石墨依靠进口。仅在原材料采购方面，美国要赶上中国就需要20~30年。[②]

在全面脱钩不可行、局部脱钩不可免的情况下，拜登经济学和对华地缘经济战略最终将造成中美两国竞争性共存的情形。在竞争主导的地缘经济战略下，竞争不一定意味着两败俱伤，也并不意味着双方不能共存。在双方都

① U.S. Chamber of Commerce and Rhodium Group, “Understanding US-China Decoupling: Macro Trends and Industry Impacts,” February 2021, https://www.uschamber.com/assets/archived/images/024001_us_china_decoupling_report_fin.pdf.

② Graham Allison, et al., “The Great Tech Rivalry: China Vs the U.S.,” December 2021, https://www.belfercenter.org/sites/default/files/GreatTechRivalry_ChinavsUS_211207.pdf.

认可规则是公平的并存在一定“护栏”的前提下，竞争可能会激发双方的活力，使双方在绝对规模意义上变得更加强大，但在相对规模方面可能会发生动态变化。当然，在美国不再寻求通过接触改变中国，转而重塑中国外部环境之时，中美双方竞争性共存有另外一个隐含前提，即双方保持各自国内的发展趋势。就这个角度而言，运用拜登经济学解决美国国内矛盾，缓解或战胜疫情，应对经济衰退、供应链瓶颈、社会问题和气候危机，实际上是竞争性共存的必要条件。也正因如此，对于世界前两大经济体且各自都拥有巨大国内市场的中美两国而言，只要不升级为全面对抗或战争，地缘经济竞争最终将回归到制度变革、国内治理和战胜各种危机的能力的比拼。

（审读　袁征）

形势报告

Respective Reviews

B.2

2021年的美国政治：始于动荡，止于对抗，乱中有进

付随鑫*

摘　要： 2021 年的美国政治始于动荡，止于对抗，乱中有进。疫情加剧、经济衰退、选举乱象以及 1 月 6 日的国会山骚乱事件，导致 2021 的美国政治在混乱中开局。拜登和民主党凭借有限的政治资本，在施政和立法上取得了一定成果，特别是通过了两个重要法案。但在通货膨胀、疫情反复、阿富汗撤军等因素的冲击下以及共和党的阻挠下，拜登政府失误连连，很快陷入困境，支持率大幅度下滑。国会山骚乱事件令世人震惊，美国民主面临破局的风险。两党对该事件的认知和处理存在巨大分歧，预示着美国民主可能进入一种危险的常态。两党的政策立场和意识形态继续向两极移动，围绕拜登执政、选举规则、选区重划、文化战争、最高法院等问题展开恶斗。极化和冲突依旧是美国政治的常态，进展只能

* 付随鑫，中国社会科学院美国研究所助理研究员，研究领域为美国政治。

在激烈的斗争中缓慢形成。进入 2022 年，通货膨胀仍旧是大多数美国人最关注的问题，乌克兰危机暂时且有限地加强了美国的团结。这两个因素将在很大程度上决定两党的中期选举结果。

关键词： 美国政治　拜登　国会山骚乱事件　政治极化　中期选举

一　拜登执政的成果与阻力

拜登和民主党在 2021 年初踌躇满志，在下半年则陷入困境。1 月 5 日，民主党出人意料地赢得佐治亚州两个联邦参议员席位。这个关键性胜利使民主党与共和党在参议院各拥有 50 个席位。同时，副总统卡玛拉·哈里斯（Kamala Harris）拥有打破参议院平局的宪法权力，民主党在众议院比共和党多出大约 10 个席位。民主党在国会获得非常微弱的优势，这让拜登对自己的执政前景的态度变得乐观和大胆。拜登上任后，全力推进三大任务：结束疫情、恢复经济、团结美国。执政第一年，这些目标远未达成。拜登的支持率在年初曾一度处于高位，但在通货膨胀、物品短缺、疫情反复、阿富汗撤军等因素的冲击下迅速下跌。

纵观自艾森豪威尔以来历任总统执政首年的表现，拜登支持率的跌幅最大，高达 13 个百分点。2021 年 10 月，拜登的支持率只剩下 42%，仅略高于特朗普执政首年的同期水平。[①] 除了支持率都保持在低水平之外，两人的相同之处还在于，强烈反对率远高于强烈支持率。这可能是政治极化环境中总统支持率的常态。拜登与特朗普的不同之处在于，一方面，他的支持者不如特朗普的支持者那么热情；另一方面，拜登在反对者中激发的敌意也没有特朗普那么强烈。另外，民众对民主党占多数的国会的支持率也呈迅速下跌

① Gallup, "Presidential Approval Ratings—Joe Biden," https://news.gallup.com/poll/329384/presidential-approval-ratings-joe-biden.aspx.

的趋势。盖洛普的民调显示，2021 年初，36%的美国人表示认可国会两院的工作，创下 12 年以来的新高，但到年底只剩下 18%，甚至民主党人对国会的支持率也从年初的 61%降到年底的 26%。[①]

（一）拜登的执政成果

拜登执政首年取得了一定的立法成就。他在上任前就提出名为“重建更美好未来计划”（Build Back Better Plan）的庞大立法倡议，涉及疫情纾困、恢复经济、投资基础设施建设、应对气候变化、扩展福利项目、减少经济不平等许多领域。经过不断修改与演变，该计划主要包含三个部分。第一部分是美国救援计划（American Rescue Plan），即应对新冠肺炎疫情的经济纾困方案，总金额高达 1.9 万亿美元，已经于 2021 年 3 月签署成为《2021 年美国救援计划法》（American Rescue Plan Act of 2021）。第二部分最初被称作“美国就业计划”（American Jobs Plan），主要涉及投资基础设施建设、促进就业和应对气候变化，最终演变成在 11 月得到签署的《基础设施投资和就业法》（Infrastructure Investment and Jobs Act），总金额达到 1.2 万亿美元。第三部分最初被称为“美国家庭计划”（American Families Plan），主要涉及儿童保育、学前教育、带薪休假、医疗保险、经济适用房等社会福利项目。这一部分与第二部分中的应对气候变化等内容被合并成《重建更美好未来法案》（Build Back Better Act），总金额达到 1.75 万亿美元，已于 11 月 19 日在众议院通过，但一直在参议院受阻，尚未变成法律。

鉴于 2020 年大选只为拜登提供了非常有限的政治资本和不够清晰的政治授权，拜登取得现有立法成就并不容易。民主党在国会中的优势远比 4 年前的共和党微弱。特朗普 2017 年上任之初，共和党在众议院比民主党多出 47 个席位，在参议院多出 4 个席位，而且当前两党的极化程度比 4 年前更

① Gallup, “Congressional Approval Sinks to 18% as Democrats Sour Further,” January 21, 2022, https://news.gallup.com/poll/389096/congressional-approval-sinks-democrats-sour-further.aspx.

高。但从法案的重要性和所涉及的资金规模看，拜登执政第一年取得的立法成就大于特朗普同期。拜登在2021年共签署了92项法律,① 其中最重要的是《美国救援计划法》和《基础设施投资和就业法》。特朗普在2017年共签署了96项法律，其中最重要的是金额为1.5万亿美元的《2017年减税与就业法》（Tax Cuts and Jobs Act of 2017）。在政治极化加剧的环境中，两人的立法效率都不及前任总统。奥巴马在执政首年签署了124项法律，卡特、老布什、克林顿三人均超过200项。②

除了立法之外，拜登在2021年共签署了77项行政令。拜登对于推进议程有很强的紧迫感，因此其行政令的数量明显多于近年来历任总统，例如比奥巴马和特朗普执政第一年分别多出39项和22项。拜登推翻了特朗普时期的许多行政令，兑现了竞选期间的部分承诺，包括重新加入《巴黎气候协定》，撤销对拱顶石（Keystone XL）石油管道项目的许可，保护阿拉斯加的北极国家野生动物保护区，接受《蒙特利尔议定书》（Montreal Protocol）的《基加利修正案》（Kigali Amendment），对美国的供应链进行审查，暂停联邦学生债务支付，撤销特朗普政府对来自某些伊斯兰国家的旅行限制，取消资助和建造美墨边境墙，帮助在边境分离的家庭团聚，保护和加强《童年入境暂缓遣返计划》（DACA），将每年接收难民的数量上限从特朗普时期的15000人提高到62500人，等等。③

（二）拜登的执政阻力

面对国内外各种困难，拜登政府失误连连，以致支持率大跌，施政严重受阻。通货膨胀是对拜登执政的最大打击。2021年，拜登政府的经济治理确实取得一定的成效，例如，超预期地创造了640万个工作岗位，失业

① LgeiScan, "US Legislation," https://legiscan.com/US/legislation?page=1&status=passed.

② Tamara Keith, "Trump Signed 96 Laws in 2017. Here Is What They Do and How They Measure up," December 27, 2017, https://www.npr.org/2017/12/27/573546883/trump-signed-96-laws-in-2017-here-is-what-they-do-and-how-they-measure-up.

③ Federal Register, "2021 Joseph R. Biden Jr. Executive Orders," https://www.federalregister.gov/presidential-documents/executive-orders/joe-biden/2021.

率从 1 月的 6.3%下降到 12 月的 3.9%，普通工人的时薪增加了 5.8%，国内生产总值（GDP）增长率达到 5.7%，创 1984 年以来的最高值。但是，这些经济复苏成绩却被飙升的通货膨胀所抵消和掩盖。[①] 2021 年美国的通货膨胀率高达 7%，是 1982 年以来的最高水平。尽管普通民众从拜登签署的法案中获得大量援助，但通货膨胀导致其周薪的购买力在 2021 年下降了 2.3%。[②]

1. 通货膨胀加剧

近 40 年后，通货膨胀在美国再次作为一个重大问题出现。拜登政府不仅没有处理好这个问题，还让多数民众感觉他并不关心此事。2021 年初，拜登和民主党在推动美国救援计划立法时，美国著名经济学家、克林顿时期的财政部部长劳伦斯·萨默斯（Lawrence Summers）就反复警告他们必须警惕通货膨胀的风险，但那时拜登和大多数民主党人不以为然。到下半年，通货膨胀越来越明显和严重，但拜登政府依旧认为它主要是由疫情引发的供应短缺所导致的，只是暂时性问题，继续将其精力集中在推进《基础设施投资和就业法》、《重建更美好未来法案》以及与选举权有关的法案上。拜登政府也缺乏应对通胀的有效手段，基本上只能被动等待通胀消退，或通过宣传寻找通胀的“替罪羊”来转移民众的注意力。

有研究表明，拜登的大规模政府支出并非导致通货膨胀的主要原因。金额高达 1.9 万亿美元的美国救援计划仅仅贡献了 0.35 个百分点的通货膨胀，[③] 但选民将通货膨胀的责任归咎于拜登政府，共和党则借机反对拜登政府的议程和立法。民调显示，65%的美国人认为拜登政府和民主党对通货膨胀的关注度不够，70%的人不认同拜登对通货膨胀的处理，67%的人认为美

① Rachel Siegel and Andrew Van Dam, “December Prices Rise 7 Percent Compared with a Year Ago, as 2021 Inflation Reaches Highest in 40 Years,” *The Washington Post*, January 12, 2022, https://www.washingtonpost.com/business/2022/01/12/december-cpi-inflation/.

② U. S. Bureau of Labor Statistics, “Real Earnings Summary,” https://www.bls.gov/news.release/realer.nr0.htm.

③ Moody's Analytics, “Global Fiscal Policy in the Pandemic,” February 24, 2022, https://www.moodysanalytics.com/-/media/article/2022/global-fiscal-policy-in-the-pandemic.pdf.

国经济正在恶化。[①] 美国选民一向不甚信任民主党的经济治理能力。拜登在上任之初能迅速制定庞大的疫情救助法案，在一定程度上提升了选民的信心，但通货膨胀、物品短缺让选民看清了拜登的无能为力，致使其支持率迅速下滑。在民主党居于关键少数的参议员乔·曼钦坚称大规模政府支出加剧了通货膨胀，也因此对增加社会项目支出的《重建更美好未来法案》犹豫不决。共和党同样宣称拜登的庞大支出引发了通胀，借此阻挠拜登的立法，还煽动选民对拜登和民主党的不满。

2. 新冠疫情反复

疫情反复让拜登执政始终无法走出困境。抗击疫情是拜登上任之初最受民众称赞的行动。2021 年 3 月，65%的美国人信任拜登对疫情的应对；相比之下，56%和 53%的美国人信任拜登的经济政策和移民政策。[②] 拜登曾在 7 月宣布疫情很快会结束，承诺在 2021 年圣诞节前恢复正常状态，结果应对新冠病毒德尔塔（Delta）变异病毒失败，致使其支持率和信誉严重受损。面对 11 月开始广泛传播的奥密克戎（Omicron）变异病毒，拜登的应对手段也有限，仍主要是鼓励民众接种疫苗和注射加强针，发放家用病毒测试盒，新建疫苗接种站，要求民众在公共场合佩戴口罩。到 2021 年结束时，美国每日新增新冠病毒感染数接近 100 万，全年因新冠疫情死亡的人数比 2020 年多出 6 万人。此时，只剩下 41%的美国人信任拜登对疫情的应对之策。[③]

拜登防疫的困境在于：既无应对疫情的有效手段，也看不到宣布抗疫胜利的前景。拜登曾在 2021 年 9 月签署行政令，要求联邦工作人员必须接种疫苗，但这只能覆盖 250 万人。他还要求美国所有雇员超过 100 人的企业强

① Anthony Salvanto, "Biden at Year One: Not Enough Focus on Inflation Leaves Many Frustrated," CBS News, January 16, 2022, https://www.cbsnews.com/news/biden-inflation-first-year-opinion-poll/.

② Pew Research Center, "Biden Viewed Positively on Many Issues, but Public Is Less Confident He Can Unify Country," March 11, 2021, https://www.pewresearch.org/politics/2021/03/11/biden-viewed-positively-on-many-issues-but-public-is-less-confident-he-can-unify-country/.

③ Pew Research Center, "Biden Starts Year Two with Diminished Public Support and a Daunting List of Challenges," January 25, 2022, https://www.pewresearch.org/politics/2022/01/25/biden-starts-year-two-with-diminished-public-support-and-a-daunting-list-of-challenges/.

制接种疫苗，估计能覆盖1亿美国人，但这项措施迅速招致共和党的反对和民众的抗议。共和党人不仅普遍反对强制接种疫苗，还一直将疫情作为使拜登执政瘫痪、打击民主党的武器，煽动民众抵制拜登的抗疫措施。大多数未接种新冠疫苗的美国人属于或倾向于共和党。11月6日，第五联邦巡回上诉法院针对多个保守州政府和企业的联合上诉，宣布暂时禁止实施拜登政府要求雇员超过100人的企业强制接种的措施，理由是其中存在严重的法律和宪法问题。由于两党及其支持者在抗疫问题上存在严重分歧，拜登只能在收紧限制和恢复正常之间摇摆。这导致应对德尔塔和奥密克戎变异病毒都出现失败，也使美国人的生活很难彻底恢复正常。到2021年底，多数美国人已对拜登的抗疫能力感到失望，也不再首先关心疫情，厌倦了接种疫苗、佩戴口罩等抗疫措施，只想尽快走出疫情，恢复正常生活。46%的美国人认为应当学会与新冠病毒共存，只有43%的人认为需要做更多的事来应对疫情；经济和通货膨胀已被视为最重要的问题，只有大约1/3的美国人认为疫情是最严重的挑战。[①]

3. 阿富汗撤军、种族与移民问题

混乱的阿富汗撤军沉重打击了民众对拜登执政能力的信任。拜登在上任之初就坚决表示，要在2021年9月11日前从阿富汗完全撤出美军。但拜登政府并未充分准备，导致撤离陷入混乱，美军遭受伤亡，塔利班迅速接管喀布尔。拜登事后竭力撇清责任，还声称撤离是非凡的成功。许多美国人原本对拜登及其团队丰富的外交经验寄予厚望，但阿富汗撤军行动证明这种信任是虚幻的。民调显示，尽管绝大多数美国人支持美军撤出阿富汗，但超过一半的美国人不赞成拜登的具体做法。撤军前后，拜登的支持率出现明显下降，并且反对率首次超过支持率。[②] 拜登的仓促撤军还损害了美国盟友对拜

① Yahoo News/YouGov Survey, https://docs.cdn.yougov.com/9yefy3kct2/20220124_yahoo_tabs.pdf.

② Dan Balz, "Americans Support Afghanistan Pullout — But Not the Way It Was Done, a Post-ABC Poll Finds," *The Washington Post*, September 3, 2021, https://www.washingtonpost.com/politics/post-abc-poll-biden-afghanistan/2021/09/02/5520cd3e-0c16-11ec-9781-07796ffb56fe_story.html.

登的国际承诺的信任，导致它们担心拜登实际上仍在延续特朗普的“美国优先”政策。撤军也削弱了美国的国际信誉，暴露了美国的脆弱性，将使美国面临更多的国际挑战。

种族问题变成共和党的催票工具。拜登在竞选时承诺缓解种族不平等，但其施政以抗疫和恢复经济为优先，并未在种族问题上投入大量精力。其主要原因是拜登一心想吸引保守的白人蓝领选民，这群摇摆选民对其当选起到了关键作用。[①] 拜登在立法和宣传中都刻意回避对少数族裔的大力援助，而强调救助中产阶级。这已激起进步派和少数族裔的不满。虽然拜登回避种族问题，但共和党成功将其武器化，攻击民主党推行批判性种族理论、纵容少数族裔犯罪。2021 年 11 月的弗吉尼亚州选举结果证明，这项武器对共和党选民具有很强的催票作用。

移民问题随时可能重创拜登执政。拜登深知移民问题在短期内毫无解决的可能，所以一直采取拖延和回避策略，在许多方面延续特朗普时期的做法，结果引发各方不满。拜登在 2021 年 3 月授权副总统哈里斯负责处理美墨边境的非法移民问题，直到 6 月哈里斯才前往中美洲处理移民危机，还警告移民不要去美国，从而引发广泛争议。7 月和 8 月有超过 20 万名非法移民越过美国边境，达到 10 年来最高水平。2021 年美国执法部门在美墨边境逮捕移民约 170 万人次，是 1960 年有记录以来的最高值。[②] 美国执法人员粗暴对待非法移民，将没有父母陪伴的非法移民儿童送进条件恶劣的收容所，引发了民众对拜登政府的强烈批评。进步派和少数族裔对拜登遣返移民感到愤怒，温和派对拜登未能阻止移民前往边境感到失望，共和党则认为拜登的放任政策导致非法越境人数激增。[③] 拜登试图在《重建更美好未来法案》中

---

① Alex Samuels, “Why Biden Is Unlikely to Talk Meaningfully about Race Anytime Soon,” https：// fivethirtyeight. com/features/why-biden-is-unlikely-to-talk-meaningfully-about-race-anytime-soon/.

② Nick Miroff, “Border Arrests Have Soared to All-time High, New CBP Data Shows,” *The Washington Post*, October 20, 2021, https：//www. washingtonpost. com/national/border-arrests-record-levels-2021/2021/10/19/289dce64-3115-11ec-a880-a9d8c009a0b1_ story. html.

③ German Lopez, “Why Biden Has Disappointed on Immigration,” November 12, 2021, https：// www. vox. com/the-weeds/2021/11/12/22778387/biden-immigration-reform-politics-backlash.

加入为非法移民提供有限帮助的条款，但在参议院三次受挫。[①] 尽管到2021年底移民问题暂时缓和，但疫情、经济衰退、政治动荡导致拉美移民持续增多，边境危机可能随时再现并重创拜登。

（三）对拜登执政的分析

在上述问题的困扰下，立法成就无法提升拜登的支持率。民调显示，多数民众支持拜登的重要立法。《美国救援计划法》在其被签署时有63%的美国人表示支持。[②] 拜登的基建法案也有类似的支持率。即使对争议较大的《重建更美好未来法案》，也有49%的人表示支持，只有38%的人表示反对。[③] 拜登的支持率处于低位，关键原因可能在于拜登远未兑现恢复正常状态的承诺。尽管美国经济在持续好转，失业率已经降到非常低的水平，但通货膨胀、商品短缺、疫情反复让民众认为美国仍然处于非正常状态。认为国家正朝着错误方向发展的美国人激增，占比从5月的49%上升到12月的63%。[④] 拜登的执政策略的确存在一定问题。他的政治资本原本非常有限，却在进步派的压力下，急于推动大规模的气候变化和社会福利议程，这让多数民众感觉他偏离了正轨，对经济问题不够重视。其经济议程又集中于解决就业问题而非最受民众关注的通货膨胀问题。此外，民主党的宣传能力也不及共和党，导致其立法成就被共和党炒作的通货膨胀、疫情阴谋论、批判性种族理论、边境危机、文化战争等话题掩盖。

---

① Daniella Diaz and Priscilla Alvarez, "Senate Parliamentarian Rejects Democrats' Third Attempt to Include Immigration in Economic Bill," CNN, December 17, 2021, https://edition.cnn.com/2021/12/16/politics/immigration - senate - democrats - parliamentarian - build - back - better/index.html.

② Gallup, "COVID-19 Aid Package Both Popular and Controversial," March 26, 2021, https://news.gallup.com/poll/342041/covid-aid-package-simultaneously-popular-controversial.aspx.

③ Eli Yokley, "House's 'Build Back Better' Legislation Backed by Roughly Half of Voters," November 22, 2021, https://morningconsult.com/2021/11/22/build-back-better-act-polling/.

④ "Direction of Country Polls," https://www.realclearpolitics.com/epolls/other/direction_of_country-902.html.

拜登执政的策略选择和所遇到的阻力，深刻暴露了政治极化环境下的治理困境。拜登政府之所以在政治资本极其有限的情况下急于推进大量的进步派议程，并且长时间忽视民众最关心的通胀问题，关键原因在于，民主党不得不充分利用中期选举前掌握白宫和国会的宝贵机会来全力推动长期累积的立法计划。在最近三四十年里，某一政党对总统和国会取得统一控制权的机会越来越少，大部分时候是分裂政府，而且失去统一控制权通常很快，恢复却很慢。在 1896～1968 年的 72 年里，有 58 年是由某一政党同时控制白宫和国会两院的，但在自 1968 年以来的 54 年时间里，只有 16 年是由某个政党统一控制政府的，而且没有任何政党连续 4 年以上保持统一控制权。自 1980 年以来，没有哪个政党在失去统一控制权后还能在不到 10 年的时间里重新获得它。民主党上次同时控制白宫和国会还是在奥巴马执政的头两年。在之后的 10 年时间里，民主党都没有获得过统一控制权，因此未能通过任何重大法案，也因此积累了大量的党内优先事项。2022 年中期选举后，民主党很可能失去对国会的掌控，从而致使拜登在执政后两年内很难继续推进本党的重大议程。民主党下次获得统一控制权，可能最早要等到 2029 年。尽管拜登和民主党很清楚，急于推进本党议程可能招致巨大反弹，但在极化的环境中，要想有所作为，就只能采取毕其功于一役的新策略。共和党的情况类似，上两次拥有统一控制权的时期分别是 2003～2007 年、2017～2019 年，下次可能最早要等到 2025 年。因此，无论民主党还是共和党，都面临巨大的压力，需要在其掌握政府所有权力的短暂且相隔甚远的时段里，尽可能地推进其立法议程。

二　国会山骚乱事件使美国民主面临破局风险

（一）国会山骚乱事件的经过和参与者

2021 年的美国政治以一种让世人震惊的方式展开。2020 年总统选举投票结束后，特朗普不愿接受结果，拒绝承诺和平移交权力，还大力宣扬“选举舞弊”论，鼓动支持者挑战选举结果。2021 年 1 月 6 日，数千名特朗普的支持者在华盛顿集会，试图阻止国会确认拜登当选，最终强行闯入国会大厦，占领了参议院会议厅，洗劫了国会领导人的办公室。该事件导致美国总统权力过渡进程中断，并造成 5 人死亡、140 多名警察受伤。这是国会大厦自 1814 年被英国军队焚烧之后所遭遇的最严重的暴力事件。美国内外许多人对此感到震惊，担心美国民主崩溃。最终，前副总统彭斯和新当选的国会议员经受住冲击，根据法律与惯例，确认拜登当选美国第 46 任总统。哈里斯成为美国首位女性副总统，也是首位拥有非裔和亚裔血统的副总统。

根据已有的调查结果，特朗普在此事件中至少起了煽风点火的作用。他提前半个多月在社交媒体上宣布将参加 2021 年 1 月 6 日在华盛顿特区举行的抗议活动，右翼激进组织从他的表态中受到鼓励。执法部门和军方因为担心引起特朗普的愤怒而不愿意采取大规模的应对行动。事发当天，特朗普在集会上发表演讲，指示其支持者前往国会山游行，以迫使议员做出正确的决定，把反对者赶出国会，拼死血战拯救国家。当国会遭到攻击时，包括众议院共和党领袖凯文·麦卡锡（Kevin McCarthy）在内的一些议员请求特朗普立即加强对国会的保护，但在长达 3 个小时的时间里，特朗普拒绝叫停其支持者的暴力活动。当天下午 4 点后，特朗普才在推特上敦促其支持者“和平地回家”，还将骚乱者描述为“非常特别的人”，表示他“爱”他们，并重申他对选举舞弊的指控。特朗普继续谴责前副总统彭斯“没有为保护我们的国家和宪法做应做的事情”，尽管后者并无权力不认证拜登的当选。

国会山骚乱的参与者中，虽有“骄傲男孩”（Proud Boys）、“誓言守护者”（Oath Keepers）等宣扬白人至上主义的极右翼组织，但大多数是只计划进行和平游行与抗议的普通民众。在人口结构上，这些参与者更可能来自 2020 年大选中拜登获胜的县，而非特朗普获胜的县。实际上，特朗普在一个县的得票率越高，当地出现骚乱参与者的概率就越低。而且，是否参与了骚乱与其家庭收入是否下降并没有显著的相关性。目前，研究只发现一个有意义的相关性：在其他条件相同的情况下，暴乱分子更可能来自白人人口比例正在下降的县。2015~2019 年，一个县的非西班牙裔白人比例每下降 1 个百分点，暴乱参与者来自该县的可能性就增加 25%。这个相关性是显著的，在每个州都能成立。[①] 冲击国会大厦在某种程度上是对感知到的白人地位日渐式微的反击。近年来，美国人口种族结构的显著变化影响了美国白人的政党倾向和意识形态。白人人口比例的下降导致美国白人（无论政治派别如何）更强烈地支持共和党与保守主义。群体地位威胁（group-status threat）是这种效应的基础机制。[②]

（二）对国会山事件的认知与处理

两党对于国会山骚乱存在巨大的认知鸿沟，仿佛共和党人与民主党人在 2021 年 1 月 6 日目睹了完全不同的事件。至少在某种程度上，52%支持特朗普的选民和 10%支持拜登的选民同意以下说法：1 月 6 日占领国会大厦的人应该受到赞扬，因为他们大多是爱国的美国人，试图纠正 2020 年总统选举被大规模舞弊不公平地从特朗普那里偷走的错误。[③] 民主党人倾向于将该事件描述为“暴乱”或“叛乱”，而大多数共和党人将其描述为“抗议”。民主党人倾向于将袭击国会大厦的人描述为“叛乱分子”、“白人民族主义者”、“暴徒”或“恐怖分子”，而大多数共和党人则称他们为“抗议者”甚至“爱国者”。大多数民主党人将该事件归咎于特朗普，而大多数共和党人则竭力淡化国会山骚乱的严重性，赞同当天参与者发表的关于选举舞弊的

① Barton Gellman, “Trump's Next Coup Has Already Begun,” *The Atlantic*, December 6, 2021, https: //www. theatlantic. com/magazine/archive/2022/01/january-6-insurrection-trump-coup-2024-election/620843/.

② Maureen A. Craig and Jennifer A. Richeson, “On the Precipice of a ‘Majority-Minority’ America: Perceived Status Threat from the Racial Demographic Shift Affects White Americans' Political Ideology,” *Psychological Science*, 2014, Vol. 25, No. 6, p. 1189.

③ Larry Schack and Mick McWilliams, “How Trump and Biden Voters View the Events of Jan. 6,” January 6, 2022, https: //centerforpolitics. org/crystalball/articles/how-trump-and-biden-voters-view-the-events-of-jan-6/.

言论，并撇清自身的责任，将其归咎于民主党、国会大厦警察或极左翼的反法西斯组织（Antifa）。[①] 右翼人士发展出许多关于该事件的阴谋论。福克斯新闻网的著名主持人塔克·卡尔森（Tucker Carlson）、共和党众议员马特·盖茨（Matt Gaetz）与参议员特德·克鲁兹（Ted Cruz）等人一直在宣称或暗示，袭击国会大厦的一些人实际上是联邦调查局的线人。还有一些人赞扬闯进国会大厦的人是爱国人士。新右翼领军网站“美国伟大”（American Greatness）发表了《论国会大厦和巴士底狱》一文，声称1月6日的事件在性质上类似于开启法国大革命的“攻占巴士底狱”事件，是热爱自由的美国民众试图推翻腐败的统治阶级和暴政集团，是美国历史的一个转折点。[②]

美国对国会山骚乱事件的反思与处理加剧了政治对立，给美国民主的后续发展埋下了隐患。该事件发生后，众议院以特朗普煽动反对美国政府的叛乱和在国会大厦采取非法行动为理由，再次通过对特朗普的弹劾案，但参议院未能对其定罪。此次弹劾暴露了两党的严重分歧。所有民主党众议员都赞成弹劾，但共和党众议员只有10人赞成；所有民主党参议员都支持定罪，但共和党参议员只有7人支持。共和党领袖最初只对该事件与特朗普发出了温和的批评，大多数共和党议员不愿公开谴责。众议院共和党领袖麦卡锡在该事件发生几天后曾说，特朗普“对暴徒袭击国会的事件负有责任”。[③] 这时的共和党似乎可能从特朗普的掌控中解脱出来，但共和党政客很快意识到特朗普依旧牢牢掌控着共和党的核心选民，于是迅速向特朗普妥协和效忠。麦卡锡亲赴海湖庄园会见特朗普，请求特朗普帮助共和党在中期选举中获

① Alexander Theodoridis, Lane Cuthbert, and Donald Snyder, “New UMass Poll Shows a GOP Still in Trump's Grip,” January 6, 2022, https://centerforpolitics.org/crystalball/articles/new-umass-poll-shows-a-gop-still-in-trumps-grip/.

② Eric Lendrum, “Of Reichstags and Bastilles,” American Greatness, December 31, 2021, https://amgreatness.com/2021/12/31/of-reichstags-and-bastilles/.

③ Nick Niedzwiadek, “McCarthy Says Trump ‘Bears Responsibility’ for Capitol Riot,” *Politico*, January 13, 2021, https://www.politico.com/news/2021/01/13/mccarthy-trump-responsibility-capitol-riot-458975.

胜。赞成弹劾的共和党议员后来遭到党内惩戒，其中众议院共和党前第三号人物利兹·切尼（Liz Cheney）被免去党内领导职务。

共和党精英与选民对国会山骚乱的危害不以为然，反对继续追查该事件。84%的民主党人认为，必须更多地了解1月6日事件的内幕，而75%的共和党人认为是时候继续前进了。几乎所有民主党人都支持执法部门追查和起诉1月6日袭击国会大厦的人，但只有28%的共和党人支持这些努力。共和党选民表示，他们会在选举中惩罚那些赞成弹劾特朗普或支持成立调查委员会的共和党候选人，并更倾向于投票给那些质疑拜登胜利合法性的共和党人，而不太可能投票给承认拜登是合法当选的候选人。55%的共和党人将特朗普列为2024年共和党总统候选人的第一选择，75%的共和党人将特朗普列入前三名人选。[①] 在民主党的推动下，众议院在2021年7月成立了由7名民主党人与2名共和党人组成的特别委员会来调查该事件，但遭到共和党与许多特朗普政府官员的抵制，所以调查进展缓慢。拜登政府的司法部一直在追查国会山骚乱事件的参与者。到2021年底，超过700名参与者被联邦政府起诉，其中包括极右翼组织“骄傲男孩”和“誓言守护者”的成员；25%的被起诉者对指控表示认罪，76名被告已经被判刑。[②]

（三）国会山事件对美国民主的冲击

对于美国民主而言，国会山骚乱事件开启了一个非常不祥的先例。权力和平交接是美国民主制度的基石之一。自内战结束以来，美国从未出现权力和平交接的中断，也没有候选人对明确的大选结果蓄意提出异议。根据已有的调查结果，特朗普及其助手可能认真考虑过用非常规措施使大选结果无

① Alexander Theodoridis, Lane Cuthbert, and Donald Snyder, “New UMass Poll Shows a GOP Still in Trump’s Grip,” January 6, 2022, https://centerforpolitics.org/crystalball/articles/new-umass-poll-shows-a-gop-still-in-trumps-grip/.

② Hannah Rabinowitz and Holmes Lybrand, “Four More US Capitol Rioters Plead Guilty,” CNN, January 10, 2022, https://www.cnn.com/2022/01/10/politics/january-6-four-defendants-plead-guilty/index.html.

效。2021 年 1 月 6 日之前，曾有一份 38 页的 PowerPoint 文档在白宫与国会共和党人中流传，其中建议特朗普宣布全国进入紧急状态，将所有电子选票作废，并让国民警卫队负责监督在关键州的纸质选票的重新清点。[①] 取消选举结果的努力一直持续到国会山骚乱之后。1 月 6 日晚，特朗普的私人律师约翰·伊斯特曼（John Eastman）告知彭斯的法律顾问：彭斯仍有时间拒绝认证拜登的胜利。这种试图废弃大选结果的行为在美国历史上是没有先例的。

近年来美国民主一直在走下坡路，而且是西方世界中民主衰退最严重的国家之一。政治极化、政府僵局、金钱政治、民粹主义、虚假信息都严重损害了美国民主的效能与合法性。有研究表明，美国民众对美国民主的信仰和支持并不牢固。在选举中，相对于党派认同和偏好的政策，只有小部分美国人会优先考虑民主原则；大部分美国选民更愿意以民主原则换取党派目的，在惩罚违反民主原则的候选人时往往采用党派的“双重标准”；政治极化加剧了这些现象，也削弱了选民制衡民主的能力。[②]

1 月 6 日的国会山骚乱事件，标志着美国民主进入了一种危险的状态。一部分美国人表现出想要反对美国民主本身，并愿意使用暴力来达到目的。共和党非但不愿谴责发起和参与骚乱的人，反而试图将骚乱合理化，并清除党内愿意说出 2020 年大选真相的人，同时接受特朗普在 2024 年寻求再次当选总统。民调显示，93%的美国受访者认为美国民主受到攻击或在经受考验，仅有 6%的受访者认为美国民主没有危险。[③] 在 18~29 岁的美国年轻人中，只有 7%的人相信美国民主制度是“健康的”，52%的人认为美国民主

① Luke Broadwater and Alan Feuer, “Jan. 6 Committee Examines PowerPoint Document Sent to Meadows,” *The New York Times*, December 10, 2021, https://www.nytimes.com/2021/12/10/us/politics/capitol-attack-meadows-powerpoint.html.

② Matthew H. Graham and Milan W. Svolik, “Democracy in America? Partisanship, Polarization, and the Robustness of Support for Democracy in the United States,” *American Political Science Review*, 2020, Vol. 114, No. 2, p. 392.

③ Jennifer Agiesta and Ariel Edwards-Levy, “CNN Poll: Most Americans Feel Democracy is Under Attack in the US,” September 15, 2021, https://edition.cnn.com/2021/09/15/politics/cnn-poll-most-americans-democracy-under-attack/index.html.

“陷入困境”或“已经失败”。① 但两党对威胁的来源有着截然不同的看法。多数民主党人认为，压制选民、否认选举结果、追求政治目的的暴力活动是美国民主面临的最大威胁；多数共和党人则认为，选举欺诈、篡改选票是最大威胁。多数共和党政客在继续宣扬或迎合特朗普的选举舞弊论，这实际上已经成为共和党候选人参与 2022 年中期选举和 2024 年总统选举的前提条件。国会山骚乱事件严重冲击了美国民主的底线，至今未能得到有效弥补，反而助长了两党分歧。长此以往，美国民主恐有破局的风险。

面对美国民主的危机，除了空洞的口号“我们必须行动”之外，拜登政府并没有采取有力的修补和预防行动。拜登的应对措施是短效的，与危机的严峻程度并不相称。他支持《为人民法案》（For the People Act）和《2021 年约翰·刘易斯投票权利促进法案》（John R. Lewis Voting Rights Advancement Act of 2021），但这些法案在参议院遭到民主党温和派与共和党议员的抵制。共和党政客要么回避党内日益增长的选举舞弊论，希望它随着时间的推移而淡化；要么极力迎合特朗普及其支持者的论调。

共和党内已经明显有一群极右翼政客和选民公开反对美国现行的自由民主体制，向往威权体制。他们试图建立一个白人主导的、体现基督教价值观的“民主”体制。卡尔森、斯蒂夫·班农（Steve Bannon）等极右翼代表人士都竭力为威权体制辩护。

三　两党政治斗争继续激化

拜登在竞选中曾承诺将团结美国人，消除特朗普时期的混乱与分裂，推动跨党派合作。美国民众对此寄予厚望，但拜登执政一年，该任务归于失败。在国内矛盾的冲击下，两党的分裂程度甚至超过特朗普时期。盖洛普的民调显示，2021 年 11 月，90%的民主党人对拜登的工作表示肯定，共和党

① Harvard Institute of Politics, “Harvard Youth Poll,” December 1, 2021, https://iop.harvard.edu/youth-poll/fall-2021-harvard-youth-poll.

人的这一比例只有6%，两党差距为84个百分点；而4年前同期两党的差距为74个百分点。[①] 两党及其支持者就像生活在两个世界，对各种问题的看法和解决方案都截然不同。民主党人最关心的是疫情、种族歧视、枪支暴力、气候变化、经济不平等、医保改革等议题。绝大多数共和党人不重视这些议题，而最在意非法移民、通货膨胀、政府赤字问题。[②] 两党的极端分子都越来越有恃无恐。在其煽动下，两党选民越来越激进，厌恶和敌视反对党。两党政客也不敢妥协和跨党合作，严格按党派界限站队投票。民众看清了联邦政府的无能，对体制的信任更加低落。皮尤研究中心的民调显示，2021年只有24%的美国人信任联邦政府，远低于20世纪60年代77%的水平。[③]

（一）民主党持续左转

拜登时期的民主党在意识形态和政策立场上明显左转。2021年，进步派对民主党的影响力大增。以伯尼·桑德斯（Bernie Sanders）、普拉米拉·贾亚帕尔（Pramila Jayapal）、亚历山德里娅·奥卡西奥-科尔特斯（Alexandria Ocasio-Cortez）为代表的进步派，虽然在2020年选举中的表现也不及预期，但其政治影响力明显超出其人数规模。国会进步党团大约有100名正式成员，他们在民主党内的角色就像自由党团在共和党内的角色一样，是民主党的坚强核心。其主要原因在于进步党团内部团结、战斗力强，能够作为单一集团就具体的立法进行谈判和投票。[④] 由于民主党在国会中只

① Gallup, "Presidential Approval Ratings—Joe Biden," https://news.gallup.com/poll/329384/presidential-approval-ratings-joe-biden.aspx; "Presidential Approval Ratings—Donald Trump", https://news.gallup.com/poll/203198/presidential-approval-ratings-donald-trump.aspx.

② Pew Research Center, "Americans' Views of the Problems Facing the Nation," April 15, 2021, https://www.pewresearch.org/politics/2021/04/15/americans-views-of-the-problems-facing-the-nation/.

③ Pew Research Center, "Public Trust in Government: 1958-2021," May 17, 2021, https://www.pewresearch.org/politics/2021/05/17/public-trust-in-government-1958-2021/.

④ Leah Greenberg and Ezra Levin, "House Progressives Are Building Something New, Exciting, and Powerful," *Roll Call*, November 20, 2020, https://www.rollcall.com/2020/11/20/house-progressives-are-building-something-new-exciting-and-powerful/.

占微弱多数，进步派更能在民主党内发挥杠杆作用。他们已经在增加政府支出、扩大福利项目、应对气候变化、解决种族歧视问题等方面深刻地影响了拜登政府。进步派在奥巴马时期不是一个受民主党欢迎的标签，但2016年大选以来，越来越多的民主党人自称进步派，进步派的许多议程已经得到多数民主党人的支持。① 尽管拜登政府比奥巴马政府明显偏左，但进步派尚未主导民主党。拜登政府的多数政策仍旧是民主党传统路线的自然延伸。

民主党内部仍存在不少矛盾，未来如何调整仍待观察。尽管绝大多数民主党议员支持拜登的立法议程，但以曼钦和克里斯滕·西内马（Kyrsten Sinema）为代表的温和派民主党议员，一直不支持大规模增加政府支出、扩展福利项目、应对气候变化以及改革投票规则。民主党的立法议程屡屡受阻，法案内容被大量修改和削减。进步派对此非常不满，要求完全废除参议院的阻挠议事规则。对于这个争议多年的选项，拜登和国会民主党领袖最初并不赞成，后在压力下最终表示支持。但由于曼钦、西内马与共和党参议员表示反对，这一规则短期内很难被完全废除。许多激进的左翼人士还在大力支持所谓的“觉醒”（Woke）运动和“取消文化”（Cancel Culture）。前者要求对与种族、性别等相关的歧视和不公正现象保持警觉，对不够警醒的人进行批评或抵制；后者则利用社会舆论对个人和企业违背政治正确或社会规范的言行进行纠正或惩罚。这两种做法激起了共和党与保守派的猛烈抨击，也在美国社会引起了广泛争议，加剧了社会分裂和政治极化。

2021年11月，民主党在弗吉尼亚州州长和州众议院选举中都遭到失败，在新泽西州州长选举中勉强获胜。拜登在2020年大选中曾分别以10%和16%的优势赢得这两个州。拜登支持率的严重下滑、基建法案的未获通过、民主党少数激进分子的偏激言论，都可能伤害民主党的选情。

① Danielle Kurtzleben, “More and More Democrats Embrace the ‘Progressive’ Label. Here’s Why,” September 13, 2021, https://www.npr.org/2021/09/13/1035971261/more-and-more-democrats-embrace-the-progressive-label-heres-why.

民主党继续打“特朗普牌”也被证明不能动员足够多的选民。[①] 选举失利为拜登的执政和民主党的路线敲响了警钟。温和派认为进步派走得太远太快；进步派则认为温和派阻碍了拜登施政，打击了选民的热情。民主党能否做出及时和有效的调整，将在很大程度上决定其 2022 年中期选举的选情。

（二）共和党大体上延续特朗普路线

特朗普在连任失败后仍旧主导着共和党。对于忠于他的共和党政客，特朗普给予帮助；对于反对他的人，特朗普施以惩罚。国会山骚乱事件发生后，支持弹劾特朗普的共和党众议员不仅遭到党内惩戒，而且面对 2022 年中期选举要么宣布退休，要么遭到特朗普所支持的候选人的挑战。多数共和党选民至今赞成特朗普的政策主张以及他所宣扬的选举舞弊论。特朗普表示，当前重点是帮助共和党赢回国会。他虽然多次强烈暗示将参加 2024 年总统竞选，但尚未做出最终决定。特朗普依旧是共和党内最受欢迎的政治人物，其他潜在竞争者的党内支持度难望其项背。

与共和党众议员普遍坚定地支持特朗普不同，许多共和党参议员与特朗普保持一定的距离。特别是参议院共和党领袖米奇·麦康奈尔（Mitch McConnell）一直在私下活动，试图挫败特朗普对共和党的掌控。尽管在特朗普执政时期，麦康奈尔努力推动特朗普的议程，但国会山骚乱事件后，麦康奈尔公开称特朗普应当对该事件负责，并认为特朗普对共和党造成了很大的损害。当前两人的争斗集中在中期选举共和党初选候选人的提名上。特朗普全力推出自己偏好的、持极端立场的候选人，并公开要求其支持的候选人承诺在其当选后将麦康奈尔赶下领导岗位。麦康奈尔则倾向于提名传统的共和党人，担心特朗普挑选的候选人太弱、太极端，可能导致共和党在 2022 年遭受类似 2010 年和 2012 年那样的损

---

① “Democrats Deny Political Reality at Their Own Peril,” *The New York Times*, November 4, 2021, https://www.nytimes.com/2021/11/04/opinion/democrats-election-results.html.

失。麦康奈尔针对特朗普的斗争只取得有限的成功。一方面，目前只有极少数共和党参议员支持特朗普推翻麦康奈尔领导地位的做法；另一方面，共和党内具有竞争力的候选人都试图争取特朗普的支持，特别是麦卡锡公开站在特朗普一边，批评麦康奈尔。① 两人在中期选举上的斗争结果可能决定特朗普是否进一步掌控共和党，以及共和党是否将继续坚定地走特朗普路线。

共和党的路线尚在微调过程中，内部争斗并未平息。根据对特朗普及其路线的支持程度，目前共和党政客大致可分为三派：一是“超级特朗普”派，例如参议员克鲁兹、乔希·霍利（Josh Hawley）、里克·斯科特（Rick Scott）和前国务卿迈克·蓬佩奥（Mike Pompeo）等人；二是“改良版”特朗普派，例如马尔科·卢比奥（Macro Rubio）、汤姆·科顿（Tom Cotton）和美国驻联合国前大使尼基·黑莉（Nikki Haley）等；还有一派以马里兰州州长拉里·霍根（Larry Hogan）和参议员本·萨斯（Ben Sasse）为代表，他们拒绝紧跟特朗普，但在党内已基本被边缘化了。② 共和党党内对于仅靠特朗普路线能否确保未来选举的胜利仍然存在争论。一方面，特朗普路线得到共和党核心选民的支持；另一方面，特朗普的极端主张和个人风格疏远了部分中间选民。因此，争论的焦点是如何在充分动员本党核心选民与尽力吸引中间选民之间保持平衡。共和党内的许多重要人物，尤其是2024年总统选举的潜在参与者，都在积极改良或发展特朗普路线。参议员科顿试图调和共和党内里根主义与特朗普主义之间的分歧。他认为，偏向任何一方都是错误的，两者具有共同的根基，即杰克逊主义。弗吉尼亚州共和党州长候选人格伦·扬金（Glenn Youngkin）的胜利可能为共和党做出了榜样。他一方面坚持特朗普的选举舞弊论，另一方面疏远特朗普本人，并把竞选重点放在教

① Manu Raju and Melanie Zanona, “McConnell-McCarthy Divide Grows as Trump Aims to Keep His Grip on GOP,” CNN, December 9, 2021, https://www.cnn.com/2021/12/09/politics/mitch-mcconnell-kevin-mccarthy-donald-trump-gop/index.html.

② 付随鑫：《特朗普能否东山再起——基于对其政治前景影响因素的分析》，《当代美国评论》2021年第2期，第106页。

育和经济议题上。①

共和党内还存在不少极端议员，共和党领袖对其缺乏约束力。他们得到特朗普与共和党核心选民的鼎力支持，宣扬极端的白人至上主义、反穆斯林、反移民、反堕胎、歧视少数族裔、煽动文化战、诉诸暴力的言论。他们不仅全力攻击拜登和民主党，而且公开批评共和党内相对温和的议员。这可能加大共和党党内的分歧，使共和党失去部分中间选民。例如，共和党众议员保罗·戈萨（Paul Gosar）曾发布一段动画视频，在其中他不仅攻击拜登，还“杀死”了民主党众议员奥卡西奥-科尔特斯。此事产生了很大的舆论影响，戈萨拒绝为此道歉。议长南希·佩洛西（Nancy Pelosi）推动众议院通过决议谴责戈萨，但只有两名共和党议员跨越党派界限支持这一决议。共和党众议员马乔丽·格林（Marjorie Greene）不时发表宣扬对民主党议员施暴、极右翼阴谋论和白人至上主义的言论，但麦卡锡拒绝对其加以约束。

（三）两党围绕选举规则、选区重划、文化战争、最高法院展开激烈斗争

特朗普连任失败后，共和党不仅支持他的选举舞弊论，还努力在各州修改选举法。2021 年，共和党在 19 个州推动州议会通过了 30 多项限制投票的法律，至少还有 13 项法案正在各州立法机构中等待通过。② 其主要内容包括限制邮寄投票和提前投票、减少投票箱、采用手工计票、加强对选民身份的核查、加大对选举违法行为的处罚力度等。③ 民主党认为共和党此举是为了压制选民投票，进步派更声称这是种族隔离结束以来最公然剥夺公民

---

① Eric Bradner, “Glenn Youngkin Wrote the GOP Playbook to Navigate the Trump Factor. Can It Be Replicated in 2022?” CNN, November 5, 2021, https://edition.cnn.com/2021/11/05/politics/2022-midterm-lessons-republicans-virginia/index.html.

② Stephen Collinson, “January 6 May Be Only a Preview of a Deeper Democratic Rupture,” CNN, January 6, 2022, https://edition.cnn.com/2022/01/06/politics/january-6-insurrection-legacy/index.html.

③ Nick Corasaniti, “Voting Battles of 2022 Take Shape as G.O.P. Crafts New Election Bills,” *The New York Times*, December 5, 2021, https://www.nytimes.com/2021/12/04/us/politics/gop-voting-rights-democrats.html.

权的企图。民主党议员在国会先后提出《为人民法案》、《2021 年约翰·刘易斯投票促进法案》、《自由投票法案》（Freedom to Vote Act），主要目的是改革选区划分程序，建立自动选民登记制度，扩大提前投票范围，确保政治捐赠的透明度。由于共和党与民主党温和派的反对，这些法案尚未通过。

有研究表明，改变投票规则可能不会对投票率产生太大的影响。至少在过去两次总统选举中，对绝大多数选民而言，投票率和投票决定是由他们对主要政党候选人的强烈偏好驱动的。是否限制缺席投票和提前投票、是否允许选民使用投票箱、是否要求带照片的身份证明等选举规则，都没有显著的影响。在 2022 年的中期选举中，特别是在 2024 年的总统选举中，这种情况很可能再次出现。因此，共和党的努力不大可能如其所愿，甚至可能适得其反，激怒民主党的支持者，提升其投票率。①

2020 年人口普查数据公布后，10 年一次的众议院选区重划成为两党激烈争斗的焦点。由于人口变化，得克萨斯州、佛罗里达州、亚利桑那州等州将增加席位，纽约州、加利福尼亚州、伊利诺伊州等州将减少席位，变化的总体结果有利于共和党。两党都在竭力推动有利于本党的选区重划。这将增加两党的安全席位，加剧政治极化。例如，在最早批准新的国会选区划分方案的 15 个州中，2020 年总统选举普选票差距在 5 个百分点以内的选区数量从 23 个减至 10 个；仅在得克萨斯州，具竞争性的选区数量就从 12 个减至 1 个。这次选区重划共和党占有一定的优势，因为它能主导 187 个选区的重划，而民主党只能主导 75 个，其他选区由独立委员会或两党共同决定。②但民主党在其主导的州里竭力取消共和党占优势的选区，并在州法院和联邦法院起诉共和党提出的选区重划方案，这可能导致选区重划的最终结果不会对民主党造成重大损害。

---

① Alan I. Abramowitz, "Why Voter Suppression Probably Won't Work," February 3, 2022, https://centerforpolitics.org/crystalball/articles/why-voter-suppression-probably-wont-work/.

② "Which Party Controls Congressional Redistricting in Your State," *The Washington Post*, December 8, 2021, https://www.washingtonpost.com/politics/interactive/2021/redistricting-faq/.

2021 年美国两党还深陷文化战争。近年来，美国的两党斗争和自由保守之争逐渐从传统的经济利益之争转变成身份认同之争。2021 年，共和党开展政治动员和政治斗争的重要手段是痛批民主党推行“取消文化”。“取消文化”的支持者认为它有利于社会平等与进步，但在共和党看来，这严重侵犯了个人的自由，还会使美国社会变得封闭。美国商界领袖也被迫卷入党派斗争。一方面，他们在左翼的压力下，不得不就国会山骚乱、种族平等、选举规则、堕胎、移民、气候变化等一系列政治与社会问题发表意见和做出改进。另一方面，他们遭到右翼民粹主义势力的猛烈攻击。原本推崇自由市场和自由贸易的共和党，在右翼民粹主义的推动下越来越支持干预市场和贸易，对大企业和科技巨头的反对率超过支持率。不少共和党政客甚至呼吁将共和党从资本家的政党改造成工人阶级的政党。以脸书、推特、谷歌为代表的科技巨头已经成为两党反垄断的目标。

两党的激烈斗争还围绕着最高法院展开，使最高法院越来越政治化。2021 年，最高法院自由派大法官和保守派大法官的数量比例是 3∶6。这不仅让自由派过去的政策主张处于危险之中，也会阻碍其未来议程的推进。2021 年在最高法院中最受关注的事件是 1973 年罗诉韦德案（Roe v. Wade）的历史性裁决是否会被削弱或推翻。尽管民调显示，60%的美国人认为，在任何情况或大多数情况下，堕胎都应该是合法的，但自从保守派大法官占绝对多数后，保守人士急于发起诉讼以推翻此裁决。2021 年 9 月，共和党主导制定的《得克萨斯州心跳法》（Texas Heartbeat Act）生效。该法禁止在孕期 6 周后堕胎。这实际上违背了罗诉韦德案所确立的原则，但最高法院大法官以 5∶4 的票数，允许该法在诉讼继续期间维持效力。最高法院在 12 月还听取了涉及密西西比州一项法律的案件，该法禁止在怀孕 15 周后堕胎。尽管正式裁决可能要等到 2022 年中期，但多数大法官可能倾向于限制堕胎权。这可能导致堕胎成为 2022 年美国政治和中期选举的一个热点问题。

拜登和民主党承受着增加自由派大法官的迫切压力。许多民主党人劝年龄最大的自由派大法官斯蒂芬·布雷耶（Stephen Breyer）退休，让拜登能够提名一位年轻的自由派大法官，以避免重蹈 2020 年鲁斯·金斯伯格

（Ruth Bader Ginsburg）大法官意外去世使特朗普获得提名保守派大法官机会的覆辙。布雷耶在犹豫后同意退休。共和党抨击这种做法使最高法院政治化和党派化。还有许多民主党人主张“填塞法院”（Court Parking），即让民主党主导的国会增加自由派大法官的人数，以使最高法院倾向于自由派。2021 年 4 月，拜登签署行政令，宣布成立一个跨党派委员会对此问题进行研究。由于曼钦、西内马与共和党参议员反对，这一做法不大可能成功。拜登也表示当前不关注此事，尽管他仍保持开放的态度。

四　2022年美国政治前景展望

（一）美国政治仍将在极化和冲突中艰难前进

拜登的后续施政可能更加困难。共和党一直将阻挠拜登执政作为要务。拜登的人事任命因为共和党的阻挠而进展缓慢。参议院在拜登执政后的前 300 天只批准了 140 项人事任命，而奥巴马和特朗普同期批准的人事任命分别达到 274 项和 158 项。[①] 随着拜登支持率低迷、通货膨胀高企和中期选举临近，共和党会更顽固地阻挠拜登执政，甚至可能在中期选举后蓄意对拜登发起弹劾。《重建更美好未来法案》未能在 2021 年获得通过。曼钦等人坚持从该法案中删除儿童税收抵免，要求法案涉及的总金额不得超过 1.75 万亿美元，但扩大社会安全网是拜登和进步派国内议程的关键。双方在 2022 年可能达成一定的妥协，通过一个“缩水版”的法案。这可能使进步派更加不满，使拜登将更无力掌控民主党。

美国政府的治理能力继续受限。由于政治极化加剧，国会立法效率低下。即使是民众普遍欢迎的法案，在国会要么基本上按党派站队投票，要么久拖不决。2022 财年预算法案不仅未能在 9 月 30 日的规定期限前通过，之

① Kathryn Dunn Tenpas, “Tracking President Joe Biden’s Cabinet and Appointees,” November 2021, https://www.brookings.edu/research/tracking-president-joe-bidens-cabinet-and-appointees/.

后还因为两党恶斗只能多次分段拨款。两党存在很强共识的《2021 年美国创新与竞争法案》（United States Innovation and Competition Act of 2021）在 2020 年 5 月就开始被提出，2021 年 6 月才在参议院通过。众议院在 2022 年 2 月又制定了自己版本的《2022 年美国竞争法》（America COMPETES Act），两院还需要时间来协调最终版本。共和党为反对而反对，无力提出有效的替代解决方案。麦康奈尔明确表示，在中期选举前不会提出共和党的政策纲领，而是将主要精力放在赢得选举上。短期内，通货膨胀仍会是多数美国民众关心的头号问题，也是拜登政府最难应对的问题。疫情、种族、移民、犯罪、控枪等重大问题无法有效处理，民众的不满和对政府的不信任都会增加，民粹主义和极端主义不会减弱。

两党仍将沿着当前路线前进，但都无法获得稳固的多数地位。拜登虽执政受阻，但党内支持率远未“崩盘”。进步派势力在民主党内不断增强。即使中期选举大败，民主党也不大可能回归中间路线。共和党自觉胜利在望，更不可能抛弃特朗普路线，只会继续右转。在势均力敌的情况下，两党都只能获得微弱且短暂的多数地位。白宫和国会要么分属两党，要么至多能被一党控制两年。在此情况下，美国内外政策要么停滞不前，要么大幅度左右摇摆。

美国短期内不大可能爆发大的动乱。近年来一些美国政治的研究者和观察人士担心美国正在走向内战。例如，研究内战的学者芭芭拉·沃尔特（Barbara F. Walter）和史蒂芬·马尔凯（Stephen Marche）认为，美国已经处于内乱状态，处于内战的边缘；很多美国极右派在幻想并计划着内战，而左翼激进主义为右翼激进化创造了条件。[①] 研究暴力冲突的学者托马斯·荷马-迪克森（Thomas Homer-Dixon）认为，“到 2025 年，美国民主可能会崩溃，导致国内政治极端不稳定，包括广泛的国内暴力”。[②] 关于内战的猜测

---

① Barbara F. Walter, *How Civil Wars Start: And How to Stop Them* (New York: Penguin Random House LLC), 2022; Stephen Marche, *The Next Civil War: Dispatches from the American Future* (New York: Avid Reader Press, 2022).

② Michelle Goldberg, "Are We Really Facing a Second Civil War?" *The New York Times*, January 6, 2022, https://cn.nytimes.com/opinion/20220110/america-civil-war/.

在几年前似乎是不可想象的，但现在已经从边缘异想进入主流。这一事实本身就标志着危机的出现，表明美国有多么四分五裂。

应当看到的是，尽管美国民主陷入了严重衰退，但尚无任何大的政党或群体不再相信可以通过选举来获得权力和保障自身的利益。正如内战前的南部奴隶主集团，只有对选举绝望时，才会诉诸暴力。由于受到人口结构变化等因素的影响，共和党在过去 8 次总统选举中，只有 1 次获得多数普选票，但它仍然可能利用有利的选举人团制度或通过修改选举规则，来赢得总统选举或国会选举。

美国当前各种问题的背后有两个主要原因：一是种族矛盾，二是经济不平等。这两者虽严重且不易缓和，但不像内战前的奴隶制问题那样僵硬。极化和冲突本是美国政治的常态，进展只能在激烈的政治斗争中缓慢实现。虽然极化在加剧，但拜登政府延续了特朗普政府的许多政策。两党在逐渐形成少量新共识，如关于经济民族主义政策和产业政策，以及保护中产阶级和工人、反对垄断、应对中国与俄罗斯的挑战，等等。联邦层面的斗争虽然最引人关注，但只是美国民众生活的一小部分。联邦政府所掌控和负责的事务本来有限，民众也不指望它解决一切。民众对地方和州的信任度要超过联邦政府，许多问题是由地方政府来解决的。社会和市场也承担很大部分的治理功能。

（二）2022年中期选举：民主党选情严峻，共和党志在必得

中期选举前，拜登的支持率很难显著回升，这将严重拖累民主党的选情。总统支持率是执政党中期选举选情的关键指标。拜登执政一年后，支持率下降幅度非常大。民主党人对他的支持率从 98%下降到 78%，中间选民对他的支持率从 61%下降到 40%，共和党人对他的支持率从 11%下降到 5%。① 拜登面临的重大挑战之一，是在少数族裔选民和年轻选民中的地位

① Gallup, "Presidential Approval Ratings—Joe Biden," https://news.gallup.com/poll/329384/presidential-approval-ratings-joe-biden.aspx.

明显减弱，而这是民主党的两个极为重要的支柱。拜登在这两个群体中的支持率原本就不及2016年时的希拉里。经过一年执政，拜登在30岁以下选民中的支持率仅为46%，比2020年大选时下降16个百分点。①

经济形势是决定拜登支持率的最重要因素。若通货膨胀有所缓解，拜登的支持率能有限回升。美联储启动加息周期，存在引发美国经济衰退的风险。基建法案的绝大部分支出将发生在中期选举之后，无法让选民及时感受到它的好处。《重建更美好未来法案》即使通过，也可能让共和党与中间选民抱怨税负变重和通胀加剧。如果新冠肺炎疫情反复，拜登可能再次收紧限制，进而打击经济和增加民怨；若放松限制，又可能无法应对病毒新变种。对于种族和移民问题，拜登也没有快速解决的手段，只会增加党内的分歧和不满，变成共和党动员选民的工具。例如，拜登提名一名非裔女性进入最高法院，这确实能满足许多非裔选民的愿望，但他们对提名的热情可能很难转化成对拜登的支持，民主党还需采取其他行动来提升非裔选民在中期选举中的投票率。若选前再次爆发严重的种族暴力或边境危机，拜登的支持率和民主党的选情可能更糟。

乌克兰危机暂时加强了美国国内的团结，但并未显著提升拜登的支持率。美国在遭受严重的外来威胁时，通常会出现“聚旗效应”，即民众将总统视为国家团结的焦点，反对党减小反对的力度，总统的支持率迅速上升。2022年3月中旬的皮尤民调显示，大多数民主党人与共和党人反对俄罗斯对乌克兰的军事行动，85%的受访者支持对俄罗斯实行严厉的经济制裁，尽管62%的受访者反对美国采取军事行动。美国民众对拜登的领导能力的信心有所恢复，47%的受访者认可拜登针对俄罗斯的反应，39%的受访者表示不认可。② 多家民调机构的数据显示，2022年2月下旬以来，拜登的支持

---

① Kyle Kondik and J. Miles Coleman, “Five Warning Signs for Biden as He Marks First Anniversary in Office,” January 20, 2022, https://centerforpolitics.org/crystalball/articles/five-warning-signs-for-biden-as-he-marks-first-anniversary-in-office/.

② Pew Research Center, “Public Expresses Mixed Views of U.S. Response to Russia’s Invasion of Ukraine,” March 15, 2022, https://www.pewresearch.org/politics/2022/03/15/public-expresses-mixed-views-of-u-s-response-to-russias-invasion-of-ukraine/.

率并未出现明显的反弹。[1] 这说明美国人对拜登处理危机的方式的支持，尚未转化为对拜登本人的更强支持。拜登和民主党趁机将油价上涨归咎于俄罗斯。这种转移焦点的效果可能无法持续太久。目前看，“聚旗效应”有利于民主党的选情，但积极作用有限，主要是挽回了一部分对拜登执政不甚满意的民主党人和中间人士。该效应能否进一步提升拜登的支持率，能否持续到中期选举前夕，仍取决于乌克兰危机的后续发展以及拜登的应对策略。

如果拜登支持率没有显著回升，民主党将很可能丢掉众议院，也不容易保住参议院。根据历史规律，执政党在中期选举中损失国会席位的概率极大。从 1946 年到 2018 年的 19 次中期选举中，执政党平均丢掉大约 26.8 个众议院席位和 3.6 个参议院席位。[2] 此次中期选举民主党只要损失 5 个众议院席位和 1 个参议院席位就会失去国会。拜登在 2021 年底的支持率只有 40%左右。历史上，支持率低于 50%的总统在中期选举中平均会失去 37 个众议院席位；相比之下，当总统的支持率高于 50%时，平均会失去 14 个席位。近几十年来的美国历史上，只有 1998 年和 2002 年两次中期选举，总统所在的政党增加了众议院的席位。前者是因为在克林顿领导下经济势头强劲，共和党弹劾克林顿失败；后者是因为美国刚遭遇“9·11”恐怖袭击，全国正团结一致。目前看，拜登不大可能具备类似的有利条件。

民主党在参议院的选情也面临困难，尽管丢掉参议院的概率要小于丢掉众议院的概率，因其面临改选的参议院席位只有 14 个，共和党则有 20 个。[3] 民主党方面，亚利桑那州的参议员马克·凯利（Mark Kelly）、佐治亚州的参议员拉斐尔·沃诺克（Raphael Warnock）、内华达州的参议员凯瑟琳·马斯托（Catherine Cortez Masto）和新罕布什尔州的参议员玛吉·哈桑

---

① “Is Biden’s Approval Rating Really Rebounding?” FiveThirtyEight, March 16, 2022, https://fivethirtyeight.com/features/is-bidens-approval-rating-really-rebounding/.

② Alan I. Abramowitz, “Forecasting the 2022 Midterm Election with the Generic Ballot,” https://centerforpolitics.org/crystalball/articles/forecasting-the-2022-midterm-election-with-the-generic-ballot/.

③ Cook Political Report, “2022 Senate Race Ratings,” https://www.cookpolitical.com/ratings/senate-race-ratings.

（Maggie Hassan）都有较大的连任失败的风险。共和党方面，威斯康星州的罗恩·约翰逊（Ron Johnson）、佛罗里达州的卢比奥有较大的连任失败风险。另外，来自宾夕法尼亚州、北卡罗来纳州、俄亥俄州的三位共和党参议员宣布退休，这不利于共和党继续保住这些席位。

共和党对中期选举志在必得。从 FiveThirtyEight 网站的综合民调数据来看，2021 年初，选民对民主党的支持率领先共和党 4~5 个百分点；进入 11 月，共和党开始领先民主党，尽管领先幅度到年底仍不超过 2 个百分点，但预计在 2022 年会扩大，况且近年来的民调通常会低估对共和党的支持率。[①]此外，民主党议员宣布退休的人数大约是共和党人的 2 倍。

乌克兰危机在一定程度上干扰了共和党的选情。危机爆发后，共和党也普遍反对俄罗斯，而且批评拜登的应对不够强硬有力。共和党力图将油价上涨的责任归于拜登，批评他不愿放开对化石能源的限制，反而求助于伊朗、委内瑞拉等敌视美国的产油国。由于特朗普及其支持者先前多次赞扬普京，共和党内部出现一定的分歧。特朗普竭力为曾经的亲普京言行辩护。他的一些最直言不讳的支持者，例如众议员格林、盖茨和麦迪逊·考索恩（Madison Cawthorn），仍在发表亲俄罗斯和反乌克兰的言论，引发共和党内的不满和谴责。共和党主流政客一方面尽力回避特朗普的亲俄言论；另一方面避免直接批评特朗普，并坚称特朗普在任期间的对俄政策比拜登更强硬。

目前看，共和党的选举策略主要包含两个方面：一是阻挠拜登执政，指责拜登政府无能，特别是未能缓解通胀和结束疫情；二是继续宣扬特朗普的选举舞弊论，继续在种族、移民、疫苗、教育、堕胎等议题上煽动文化战争。但共和党的选情仍有两个隐患：一是共和党内的极端分子可能引发党内分裂，吓走中间选民；二是特朗普可能扰乱共和党的初选。特朗普正在筹集巨额的捐款，主要是为了巩固特朗普的品牌，帮助志同道合的共和党人赢回

---

① "Do Voters Want Democrats or Republicans in Congress?" https：//projects. fivethirtyeight. com/polls/generic-ballot/.

国会控制权，同时也可能为2024年再次竞选总统做准备。尽管拜登已经宣布在健康允许的情况下竞选连任，但特朗普可能要等到中期选举后才会做出明确的决定。特朗普在中期选举中对共和党的贡献将在很大程度上决定该党对他再次竞选的接受程度，也将决定其他潜在的共和党参选者进场还是退出。

（审读人　王欢）

B.3
2021年的美国经济：强劲复苏，通胀高企

吴嵩博*

摘　要：　2021年，美国宏观经济总体形势具有三个主要特点：一是经济强劲复苏；二是通胀压力持续上升；三是各个主要市场逐步恢复。大规模的财政支持措施以及美联储的量化宽松货币政策已经对美国经济产生了持久影响。就业市场基本恢复，但总体劳动参与率依然略低于疫情之前。美国住房市场供不应求的状况日益明显。金融市场全年保持平稳。2021年的美国经济政策可以概括为三方面：抗疫政策方面，加强疫苗和疫情防护物资的供应；财政政策方面，拜登政府的"美国救援计划"与基础设施投资和就业计划，使美国的财政赤字和政府债务达到史无前例的水平；货币政策方面，美联储从宽松逐渐转向紧缩。展望2022年，美国经济可概括为四"高"：通胀水平高，财政支出高，政府债务高，短期经济增长不确定性高。

关键词：　美国经济　财政政策　货币政策　通货膨胀

一　2021年的美国宏观经济形势

2021年，美国宏观经济总体形势具有三个主要特点。一是经济强劲复

* 吴嵩博，中国社会科学院美国研究所助理研究员，主要研究领域为美国经济。

苏，从国内生产总值（GDP）的构成来看，个人消费成为复苏的重要拉动力，企业投资复苏但不平衡，存货投资波动加剧，净出口贸易逆差创历史新高；二是通胀压力持续上升；三是主要市场逐步恢复：就业市场核心年龄群体就业率基本恢复，住宅市场供小于求的状况越发明显，金融市场在全年保持平稳。具体分述如下。

（一）经济强劲复苏

2021 年美国经济呈现强劲的复苏势头。据美国经济分析局（Bureau of Economic Analysis，BEA）统计，全年美国名义 GDP 为 23.0 万亿美元，实际 GDP 为 19.8 万亿美元（以 2012 年不变价格计算），增速为 5.7%，创造了 1984 年以来的最快年度增速。2021 年 7 月，美国国家经济研究局（National Bureau of Economic Research，NBER）商业周期测定委员会（Business Cycle Dating Committee，BCDC）宣布：2020 年 3 月开始的经济衰退已经于同年 4 月结束。此次经济衰退期也成为美国截至目前历时最短的衰退期（61 天）。①

分季度来看，2021 年美国实际 GDP 同比增速在一季度和二季度分别为 6.3%和 6.7%，上半年增速已超过 2019 年四季度的水平。尽管美国经济增长自三季度开始受到疫情反弹的影响，但总体来看疫情的影响相对有限。三季度增速降至 2.3%，基本接近疫情暴发前连续五个季度的平均增长率（2.2%）。消费支出中，对交通、娱乐、食品和住宿服务的需求继续复苏，工资快速上涨和 2020 年的超额储蓄缓解了相关转移支付减少对增长的拖累。疫情影响在四季度逐渐消退，GDP 增速达到 6.9%。四季度的增长主要是由个人消费支出和国内私人投资拉动的。政府消费支出和投资是四季度中显著的拖累因素，具体见表 1。

---

① National Bureau of Economic Research，"Business Cycle Dating Committee Announcement July 19, 2021，" https：//www.nber.org/news/business-cycle-dating-committee-announcement-july-19-2021.

表 1　美国实际 GDP 增长率及 GDP 增长拉动率（2017~2021 年）

单位：%

	2017年	2018年	2019年	2020年	2021年	2021年一季度	2021年二季度	2021年三季度	2021年四季度
实际 GDP 增长率	2.3	2.9	2.3	-3.4	5.7	6.3	6.7	2.3	6.9
GDP 增长拉动率									
个人消费支出	1.7	2.0	1.5	-2.6	5.3	7.4	7.9	1.4	1.8
商品消费支出	0.8	0.8	0.7	1.0	2.7	5.7	3.0	-2.2	0.3
服务消费支出	0.8	1.1	0.8	-3.5	2.6	1.8	4.9	3.6	1.5
国内私人投资	0.7	1.0	0.6	-1.0	1.7	-0.4	-0.7	2.1	5.8
固定投资	0.7	0.8	0.6	-0.5	1.4	2.3	0.6	-0.2	0.5
非住宅	0.5	0.9	0.6	-0.7	1.0	1.7	1.2	0.2	0.4
住宅	0.2	0.0	0.0	0.3	0.4	0.6	-0.6	-0.4	0.1
私人库存变动	0.0	0.2	0.1	-0.5	0.4	-2.6	-1.3	2.2	5.3
货物和服务进出口	-0.2	-0.3	-0.2	-0.3	-1.4	-1.6	-0.2	-1.3	-0.2
出口	0.5	0.4	0.0	-1.6	0.5	-0.3	0.8	-0.6	2.2
进口	-0.7	-0.6	-0.2	1.3	-1.9	-1.3	1.0	0.7	-2.3
政府消费支出和投资	0.1	0.2	0.4	0.4	0.1	0.8	-0.4	0.2	-0.5
联邦	0.0	0.2	0.3	0.3	0.0	0.8	-0.4	-0.4	-0.3
国防	0.0	0.1	0.2	0.1	0.0	-0.3	0.0	-0.1	-0.2
非国防	0.0	0.1	0.0	0.2	0.1	1.0	-0.3	-0.3	-0.1
州和地方	0.1	0.0	0.1	0.1	0.0	0.0	0.0	0.5	-0.2

注：2021 年季度数据为上一年度同比数据，经季节调整。

资料来源：Bureau of Economic Analysis, "Gross Domestic Product (Third Estimate) Fourth Quarter and Year 2021," https://www.bea.gov/sites/default/files/2022-03/gdp4q21_3rd.pdf。

从 GDP 拉动因素来看，个人消费是 2021 年美国经济增长的主要拉动力。全年个人消费总额增速为 7.9%，拉动 GDP 增长 5.3%。国内私人投资增速为 9.8%，拉动 GDP 增长 1.7%，位列第二。政府消费支出和投资增长 0.5%，拉动 GDP 增长 0.1%。净出口继续维持负增长趋势，全年负增长 36.2%，对 GDP 的拉动率为-1.4%。而从 GDP 构成比例来看，私人消费占比自第二次世界大战结束以来首次超过 70%，上升到 70.1%，相比 2019 年上升 2.1 个百分点。私人投资占 GDP 的比重为 18.7%，相比 2019 年上升

0.3 个百分点。政府消费支出和投资占 GDP 比重为 17.4%，与 2010 年以来平均水平较为接近。贸易逆差创历史新高，净出口负值占 GDP 的份额自 2014 年以来连续 8 年上升，达到-6.6%，但 2021 年强劲的消费增长抵消了净出口负增长的不利影响。①

总体来看，美国的经济复苏具体体现在四个方面：一是个人消费快速复苏，二是企业投资复苏但不平衡，三是库存投资变动加剧，四是净出口贸易逆差创历史新高。

1. 个人消费成为复苏的重要拉动力

个人消费的快速复苏是 2021 年美国经济的最大亮点。2021 年 3 月，拜登总统签署法案，通过了总额为 1.9 万亿美元的财政救助计划。2021 年，美国实际个人消费同比增长 7.9%，拉动 GDP 增长 5.3%。受到低基数效应以及 3 月新一轮大规模救助计划的影响，上半年增速明显高于下半年。四个季度的同比增长率分别为 11.4%、12.0%、2.0%和 3.1%。从消费结构来看，服务消费同比增长 5.1%，占消费支出的比例为 65.2%，相比 2020 年下降 1.7 个百分点；耐用品同比增速 18.1%，占消费支出的比例为 12.9%，相比 2020 年上升 1.4 个百分点；非耐用消费品同比增速 9.1%，占消费支出的比例为 21.9%，相比 2020 年上升 0.3 个百分点。

美国服务消费增速由负转正，表明服务业在财政和货币政策刺激下已经逐步摆脱疫情的负面影响，疫情期间的消费需求逐步释放，服务业开始进入复苏阶段。同时，商品消费增速高于服务消费增速，耐用品增速高于非耐用品增速。耐用品消费的持续增长反映出消费者财务状况健康。此外，劳动力市场状况的改善也促使消费者信心有所增强。这些因素促使消费对美国 GDP 的增长助力有所增强，全年商品消费和服务消费支出分别拉动 GDP 增长 2.7%和 2.6%，促使全年 GDP 达到较高增速。

---

① 本部分数据为笔者根据美国经济分析局提供的 GDP 分项数据计算得出，参见 Bureau of Economic Analysis, "Gross Domestic Product (Third Estimate) Fourth Quarter and Year 2021," https://www.bea.gov/sites/default/files/2022-03/gdp4q21_ 3rd.pdf。

2. 企业投资复苏不平衡

私人固定投资（private fixed investment）包括创造新的生产性资产、改进现有资产以及更换磨损或过时资产的投资。私人固定投资可分为住宅投资和非住宅投资两大部分，其中非住宅投资衡量美国经济中私营企业及非营利机构（nonprofit institutions）在固定资产上的支出，反映了企业等部门扩大生产能力的意愿以及对房屋的需求，是对未来经济增长信心和支持力的晴雨表。从美国经济分析局发布的数据来看，2021 年美国私人非住宅固定投资全年增长率为 7.4%，告别了 2020 年的负增长。这表明企业投资有所复苏。但从具体构成增速来看，这一复苏并不均衡。构成企业投资的三大项目——结构投资、设备投资和知识产权投资——呈相反的增长方向。具体而言，结构投资增长-8.0%，设备投资增长 13.1%，知识产权投资增长 10.1%。

结构投资增长-8.0%，反映了疫情对美国企业经营的影响仍未消退。由于结构投资可以衡量企业和非营利性机构对新建筑和二手建筑的投资规模，因此，如果这一投资的增速为负，表明居家办公的生产方式依然主导着企业的投资选择，对厂房等建筑的需求持续降低。与之形成鲜明对照的是，同期住宅投资增长 9.2%。这表明企业对厂房和矿业建筑的投资需求热情远低于居民对住宅的投资热情。“疫经济”对企业投资品选择的影响依然显著。

美国企业的复苏主要体现在设备和知识产权投资方面。其中，设备投资增长 13.1%，知识产权投资增长 10.1%。两者增速均超过 10%，实现了高速反弹。以 2012 年的不变价格计算，美国企业全年设备投资 1.3048 万亿美元，知识产权投资 1.1350 万亿美元，两者差距 1698 亿美元。值得注意的是，尽管两者差距相比 2020 年的水平有所扩大，但知识产权投资规模逐渐逼近设备投资规模的大趋势没有改变。这表明知识产权投资在美国资本形成中的地位日趋重要。

3. 存货投资变动加剧

存货投资的变化在美国经济分析局的统计中被称为私人库存变动（change in private inventories，CIPI），它可以衡量企业为支持其生产和分销活动而维持的存货实物量变化的价值。库存变动在分析商业周期的起点和终点、持续时间和幅度中起着关键作用。预期之外的库存增加预示着未来可能减产。反之，库存短缺预示着未来可能出现生产回升。

2021 年的疫情对美国经济影响的一个重要体现，就是私人存货投资变动在 GDP 增长中的拉动率加剧波动。疫情带来的冲击以及不确定性对供求关系造成了负面影响。供应链的冲击和需求的波动使企业在生产和销售之间保持同步变得日益困难，生产难以跟上消费者对消费品的高需求。全球半导体短缺阻碍了汽车等消费品的生产。同时，拜登的联邦救助计划推高了对消费品的持续高需求。这些因素导致的供需缺口促使美国 2021 年上半年的私人库存大幅下降。从 2020 年第一季度到 2021 年第三季度，实际私人库存总额减少了超过 810 亿美元。从 2021 年第三季度开始，企业补货效应逐步显现，私人库存投资由负转正。第四季度，库存投资变化是实际 GDP 增长的最大贡献者，增加了 4. 9 个百分点。在新冠疫情大流行期间，私人库存已被消耗至历史最低水平。第四季度的库存涨幅只恢复到疫情前的一半左右。预计 2022 年的私人库存仍然紧张，补货效应可能会延续。私人库存变动将继续成为影响美国 GDP 增长的重要因素。

4. 贸易逆差创历史新高

2021 年，美国保持了世界上最大的贸易国（按进出口总额计算）、外国直接投资（按存量计算）来源国和目的国的地位。根据美国经济分析局公布的数据，按照国际收支平衡表法测算，美国 2021 年全年货物贸易出口 1. 76171 万亿美元，增长 23. 3%；进口 2. 85309 万亿美元，增长 21. 4%；货物贸易逆差 1. 09138 万亿美元，增长 18. 4%。服务贸易出口 7712. 5 亿美元，增长 9. 3%；进口 5412. 5 亿美元，增长 17. 6%；服务贸易顺差 2300. 0 亿美元，下降 6. 3%。全年货物与服务贸易进出口总额 59272. 9 亿美元，增长 19. 9%。货物与服务贸易进出口逆差总额 8613. 8 亿美元，增长 27. 3%。加上初次收入和二次收入项目，美国经常项目逆差扩大至 8216. 3 亿美元，较上一年度上升 33. 4%。[①]

① 笔者根据美国经济分析局数据计算得出，参见 Bureau of Economic Analysis，“U. S. International Transactions, Fourth Quarter and Year 2021,” https：//www. bea. gov/sites/default/files/2022 - 03/trans421. pdf。

2021年，美国货物贸易和服务贸易进口和出口均有所增长，反映出美国和全球贸易趋势逐步向好，国内需求和国际市场持续复苏。与此同时，美国贸易逆差史无前例地扩大：货物贸易逆差首次突破1万亿美元大关；服务贸易顺差收窄；经常项目逆差创历史新高，货物与服务贸易逆差总额首次突破8000亿美元。

美国对主要贸易伙伴的贸易逆差是一个普遍现象。近5年来，在全球224个经济体中，对美国保持贸易顺差的经济体数量平均为103.6个。2021年这一数字上升为109个，较往年有所提高。2021年美国的前十大货物贸易伙伴（按货物进出口总额计的国家或地区）分别是加拿大（6641.6亿美元）、墨西哥（6611.4亿美元）、中国（6574.3亿美元）、日本（2101.0亿美元）、德国（2004.0亿美元）、韩国（1607.3亿美元）、英国（1178.3亿美元）、中国台湾地区（1140.8亿美元）、印度（1133.9亿美元）和越南（1128.6亿美元）。在这10个贸易伙伴中，除对英国存在贸易顺差（50.9亿美元）之外，美国对其余9个经济体均保持了较高的贸易逆差，总额达7413.3亿美元，相当于当年美国货物贸易逆差总额的68.7%。其中，美国对中国的贸易逆差达3553.0亿美元，相当于货物贸易逆差总额的32.9%。平均来看，2021年美国对其贸易伙伴的进出口总额每增加1美元，贸易逆差平均增加0.23美元。

美国的贸易逆差是其宏观经济政策的产物。就2021年的情况来说，第一，在疫情期间，由于美元是事实上的全球储备货币，因此外国投资者更多地寻求以美元计价的资产作为避险资产，对这些资产的外国需求构成对美元汇率的上行压力，进而提高了美国的出口成本，降低了进口成本，导致贸易逆差扩大。第二，美国政府在新冠肺炎疫情期间出台大规模财政支出措施，推动居民收入增加，刺激消费者的超额进口需求，导致包括消费品在内的商品库存紧张，企业大举补充库存，进而推动了进口额的大幅攀升。尽管出口增速基本与进口增速保持同步，但因为此前出口规模始终低于进口，所以贸易逆差趋势被进一步放大。

（二）通胀压力持续上升

2021年美国经济的另一个关键词是“通货膨胀”。自2021年3月起，个人消费支出（personal consumption expenditures，PCE）价格指数、核心个人消费支出（Core PCE）① 价格指数以及消费者价格指数（consumer price index，CPI）同比增速快速升高，达到自1995年美联储设立通胀目标以来的最高水平（见图1）。

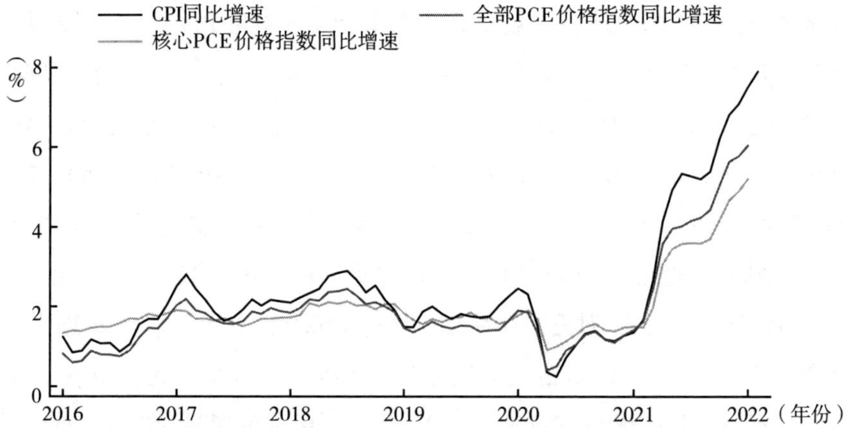

图1　2016年以来美国月度价格指数同比增速

注：图中数据均为月度数据的同比增速，经过季节调整。作者整理计算得出。

资料来源：CPI指数参见U. S. Bureau of Labor Statistics，"The Consumer Price Index for All Urban Consumers：All Items，" https：//data. bls. gov/cgi-bin/surveymost？cu；PCE价格指数以及核心PCE价格指数参见Bureau of Economic Analysis，"Personal Consumption Expenditures Price Index，" https：//apps. bea. gov/iTable/iTable. cfm？ reqid = 19&step = 3&isuri = 1&1921 = survey&1903 = 84。

2021年3月，作为美联储货币政策目标的个人消费支出价格指数自2018年12月以来首次升至2.0%以上，并在之后快速走高。截至2021年12月，个人消费支出价格指数同比增速已经达到5.8%，连续13个月上升。核心个人消费支出价格指数增速在全年基本保持上升，平均增速为3.9%，12月达到4.9%。物价指数的上涨趋势与个人消费支出价格指数接近。所有消

① 关于"核心个人消费支出价格指数"的定义，参见Bureau of Economic Analysis，"What Is the Core PCE Price Index?" https：//www. bea. gov/help/faq/518。

费支出的物价指数①同比增速在3月上升到2.7%，6月加速至5.3%，到12月则高达7.1%，全年平均增速为4.7%。食品价格增速波动较为剧烈，全年平均值为3.9%，最高值为12月的6.5%。此外，能源价格大幅上涨，自4月起维持了20%以上的增速，全年平均增速21.0%。去除食品和能源的核心物价上涨指数，其在12月为5.5%，达到1982年8月以来的最高值；全年平均增速为3.6%。②

即使与历史数据相比较，2021年的价格增速也是相当快的。美联储自1995年前后开始采用通胀目标制。笔者选择了1995年1月至2020年12月的月度核心PCE价格指数同比增速③共312个观测值，并使用正态分布对其进行拟合。拟合后的正态分布均值为0.017，标准差为0.004（见图2）。与这一统计分布相比较可以发现：12月核心PCE价格指数增速高于历史均值8个标准差，全年平均核心PCE价格指数增速高于均值5.9个标准差。这些结果表明，2021年美国已经出现了非常典型的通货膨胀。

横向比较来看，美国2021年的通货膨胀趋势与其他主要发达经济体基本一致（见图3）。2021年全年，经济合作与发展组织（Organization for Economic Co-operation and Development，OECD，下文简称“经合组织”）国家的年度CPI升至4.0%（2020年为1.4%），为2000年以来的最高年平均水平。能源价格上涨15.4%，为1981年以来的最高水平。这表明能源价格上涨以及供应链短缺助推了本轮发达国家的通货膨胀。同时需要看到，美国的核心CPI自2021年3月起始终高于主要发达经济体的平均水平——如七国集团（G7）和经合组织经济体。这表明，单纯使用能源价格上涨和疫情导致的生产受限并不能完全解释美国2021年的高通胀率。

究其原因，本轮大通胀是生产受限以及需求压力共同导致的结果。美国

① 数据为与上年同期数据的同比增速，全体项目CPI指包含食品和能源项目的CPI。一般认为，由于食品和能源价格波动较为剧烈，可能给价格变动统计带来额外的噪音，因此剔除上述两类产品的核心CPI更能反映消费者价格变动的趋势。

② CPI参见美国劳工统计局《所有城市消费者的消费者价格指数：所有项目》，https://data.bls.gov/cgi-bin/surveymost?cu。

③ 这里选择核心PCE价格指数，以避免能源和食品等价格波动剧烈的支出对价格水平的扰动。

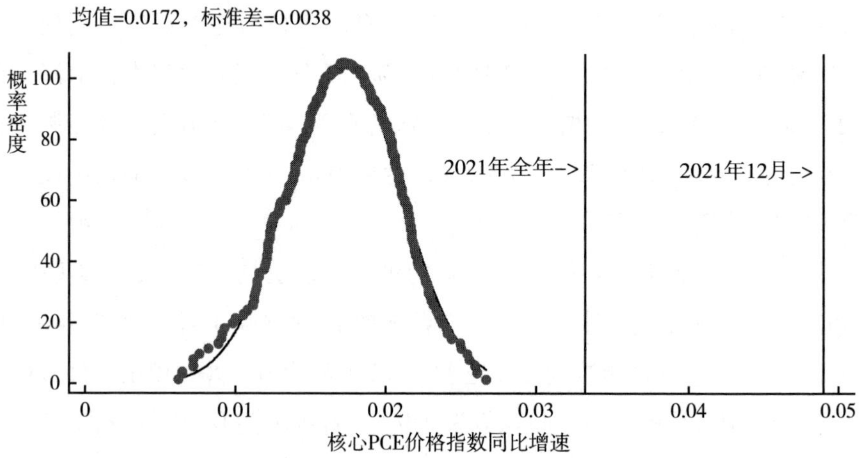

图2　1995~2020年美国月度核心PCE价格指数同比增速分布

注：图中数据均为上年同期同比增速，经过季节调整。笔者整理计算得出。

资料来源：Bureau of Economic Analysis，“Personal Consumption Expenditures Price Index，” https：//apps. bea. gov/iTable/iTable. cfm？reqid=19&step=3&isuri=1&1921=survey&1903=84。

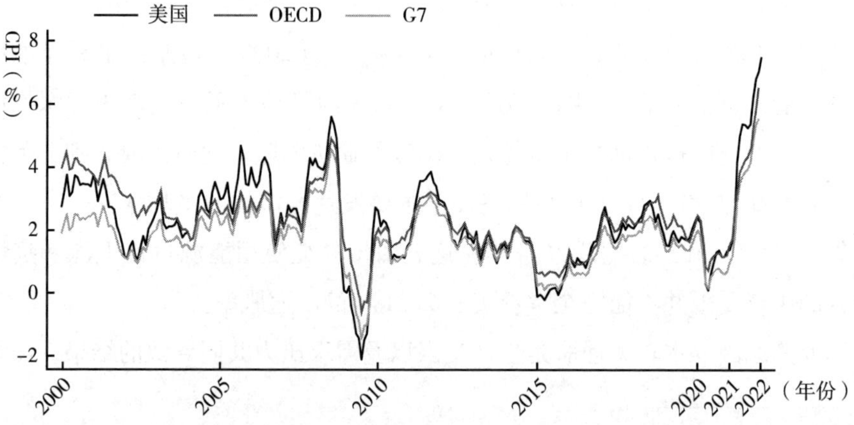

图3　2000年以来的主要发达经济体核心CPI变动

注：核心CPI为不包括食品和能源的总量消费价格指数。笔者整理得出。

资料来源：OECD iLibrary：“Inflation （CPI），” https：//www. oecd-ilibrary. org/economics/inflation-cpi/indicator/english_ eee82e6e-en。

财政和货币政策对通胀起到了推波助澜的作用。在供给层面，能源价格的回升、供应链中断使部分关键产品（如机动车、半导体等）生产受限并导致供给紧张。在需求层面，2021 年 3 月生效的《美国救援计划法》（American Rescue Plan Act）推出的联邦转移支付对家庭消费的刺激，导致需求压力进一步增大。可见，美联储为实现就业率目标而容忍通胀的宽松货币政策，并未对价格上涨起到"刹车"作用。消费、私人投资以及进口的高速增长提示美国经济在 2021 年末出现过热的迹象。这些因素共同导致了美国 2021 年的高通胀率。

（三）主要市场逐步恢复

1. 就业市场：核心年龄群体就业基本恢复

2021 年全年，美国就业市场延续了 2020 年下半年开始的复苏态势。美国劳工部劳工统计局数据显示，2021 年 12 月美国总失业率为 3.9%，相比上一年度同期下降 2.8 个百分点。失业人口 631.9 万人，相比上一年度减少 447.0 万人。2021 年全年非农业劳动力人数和就业人数分别增长 162.3 万人和 609.2 万人。从就业人口比例来看，全年龄以及 24~54 岁核心年龄群体的就业人口比例在 2021 年均保持较快的恢复性增长，全年平均水平分别为 58.4%和 77.6%，12 月数据相比上一年度同期分别上升 2.1 个和 2.8 个百分点。①

从行业与族裔来看，2021 年，美国工资和就业增长在各个行业中普遍存在，工资最低的工作在工资中位数和就业方面的增幅最大。休闲和酒店业的工资增长急剧加速，就业反弹滞后，职位空缺处于高位，表明行业可用劳动力缺乏。不同种族和族裔群体的工资中位数也有所增加，相对于 2019 年，不同群体之间的工资水平差异几乎没有变化。从疫情的影响来看，三季度新

① 劳动参与率数据参见 Bureau of Labor Statistics, "Current Population Survey (Household Survey)," https://www.bls.gov/news.release/empsit.toc.htm；失业率以及就业人口比例数据参见 Bureau of Labor Statistics, "The Current Employment Statistics (CES)," https://www.bls.gov/ces/data/employment-and-earnings/2021/home.htm。

冠病毒变异株带来的新增病例数快速上升，并未对劳动参与率产生显著的负面影响。2021 年全年，美国总体人口和核心年龄段人口的劳动参与率基本保持了持续上升的趋势（见图 4）。

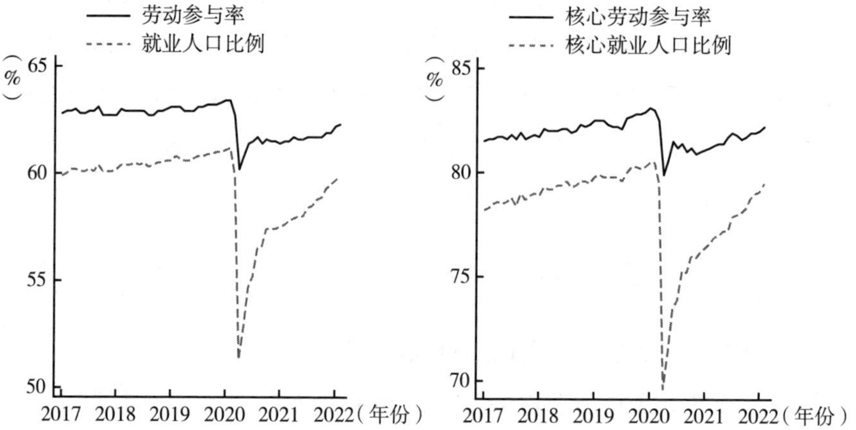

图 4　美国劳动参与率及就业人口比例

注：上述数据为月度数据，经季节调整。核心就业人口定义为 25~54 周岁的人口。笔者整理得出。

资料来源：劳动参与率数据参见 Bureau of Labor Statistics，“Current Population Survey (Household Survey)，” https：//www. bls. gov/news. release/empsit. toc. htm；就业人口比例数据参见 Bureau of Labor Statistics，“The Current Employment Statistics（CES），” https：//www. bls. gov/ces/data/employment-and-earnings/2021/home. htm。

美国劳工部劳工统计局数据显示，尽管 2021 年美国的劳动参与率和就业人口比例已经接近 2017 年的水平，但这种恢复在年龄结构上并不平均。其中，劳动参与率从 1 月的 61.4%上升到 12 月的 61.9%，全年均值为 61.7%，累计上升 0.5 个百分点。这一数字依然低于疫情暴发前特朗普政府时期平均水平 1.2 个百分点，相当于劳动力相比疫情前减少 398.7 万人。① 25~54 岁人口的劳动参与率在全年基本保持上升，从 1 月的 81.1%增长到 12 月的 81.9%，全年均值为 81.6%，已接近特朗普政府时期疫情前的平均

① 这一计算选取 2017 年 1 月至 2020 年 1 月的劳动参与率均值作为对照水平。人口数据来自美国经济分析局发布的 Personal Income and Outlays 提供的 2021 年全年美国人口统计结果。

水平。核心年龄群体劳动参与率的回升，反映出这一年龄段的人口就业已经基本摆脱了疫情的负面影响。但是，美国的总体劳动参与率并未回到疫情前的水平，这表明非核心就业群体的劳动参与依然面临一定阻碍。究其原因，一方面，持续的新冠肺炎疫情大流行影响了劳动力供应（见图 5），例如，选择提前退休的老年人、脱离劳动市场从事护理的人员有所增加；另一方面，新冠肺炎疫情大流行期间积累的储蓄和失业保障也促使部分劳动者（特别是年轻人）退出劳动市场。预计美国的总体劳动参与率需要较长时间才能回到疫情之前的水平。

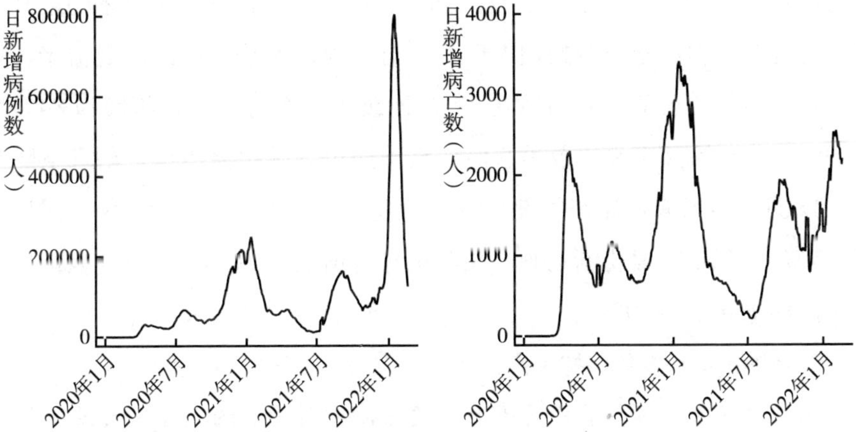

图 5　美国日新增新冠肺炎病例数和病亡数

注：图中数据为日度数据，取最近 7 日移动平均。笔者整理得出。

资料来源：WHO，“WHO Coronavirus （COVID-19） Dashboard，” 网址 https：//covid19. who. int/data。

2. 住宅市场：供小于求

2021 年美国房地产市场的特点是供需失衡。在需求侧，量化宽松等政策利好导致需求激增。2021 年上半年，现房库存相当于 2. 6 个月的销售量，比 2020 年同期减少 1. 3 个月，远低于一般认为市场平衡水平的约 7 个月销售量。截至 2021 年 12 月末，现房库存降至 91 万套的历史最低点，同比下降 14. 7%，相当于 1. 8 个月的销售量。在供给侧，自 2020 年开始连续三个季度强劲扩张之后，建筑投资开始受到材料和劳动力不足的限制。住房投资在全年出现波动，按照同比计算，2021 年四个季度住宅投资增长率分别为 13.3%、-11.7%、-7.7%和 1.0%，全年累计增长 9.1%。供小于求的市场环境导致房价快速增长。衡量全美现房销售价格的凯斯-席勒房价指数（Case-Shiller Index）在 2021 年全年月度平均增长 17.0%，远高于 2019 年的 3.4%以及 2020 年的 6.0%。[①]

从 2021 年第四季度开始，住房市场供小于求的紧张局面出现一些好转迹象。9~12 月的单户住宅开工率合计增长 9.8%，预示未来开工的单户住宅许可证同期增长了 8.4%。这表明新的供应将在 2022 年进入市场并缓解部分房价压力。[②] 2021 年底，在建房屋的数量已达到自 2007 年以来的最高水平。此外，对房屋建筑商的调查反映了对房地产市场状况的乐观情绪。全国房屋建筑商协会的信心指数在 12 月连续第四个月上升，年底为 84。与此同时，房价快速上涨以及美联储加息预期也导致房屋销售量出现下降趋势。12 月，占所有房屋销售量 90%的现房销售量环比下降 4.6%，同比下降 7.1%。尽管 12 月份新的独户住宅销售量增长了 11.9%，但销售量仍比上年同期下降了 14.0%。

3. 金融市场：全年保持平稳

2021 年全年，美国股市总体上继续保持相对平稳的上涨，大盘在 2021 年底接近历史新高。标准普尔 500 指数的回报率为 28.71%。全年消费者支出总体呈上升趋势，企业利润绝对数量及占 GDP 的比重均创下历史新高。这些因素推动美国股市在全年上升。与其他市场横向比较，美国股市的表现强于新兴经济体的同类市场。衡量美国股市大中型股表现的 MSCI 美国指数（MSCI USA Index）上涨 25.24%，而 MSCI 新兴市场指数（MSCI Emerging Markets Index）股票市场指数则下跌 4.59%（见图 6）。[③]

---

① S&P Dow Jones Indices, "S&P Core Logic Case-Shiller Home Price Indices," https://fred.stlouisfed.org/series/csushpinsa.

② 2019 年和 2020 年，新单户住宅的建设从授权到完工大约需要 8 个月。

③ 笔者使用 2021 年 12 月 31 日 MSCI 发布的上述指数数据计算得出，https://app2.msci.com/products/index-data-search。

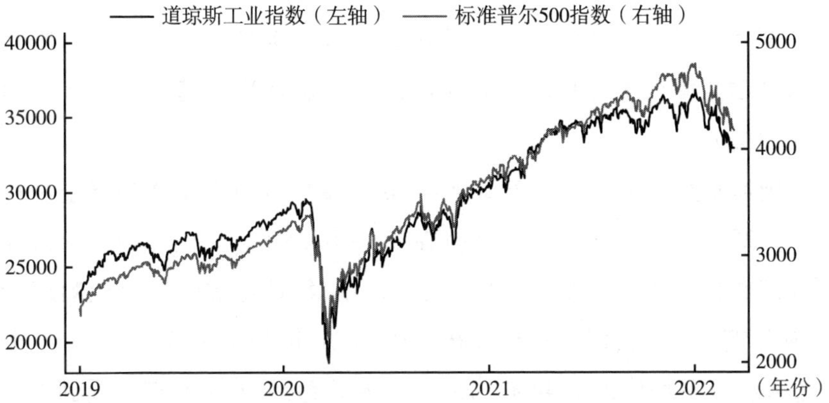

图6　道琼斯工业指数和标准普尔500指数变化

注：上述指数均为日度收盘值。笔者整理得出。

资料来源：S&P Dow Jones Indices LLC，“Dow Jones Industrial Average，” https：//fred. stlouisfed. org/series/DJIA；“S&P500，” https：//fred. stlouisfed. org/series/SP500。

一季度美国股市的上涨主要源于基础设施支出计划的提振。拜登政府确认了1.9万亿美元的财政刺激计划，随后又承诺增加2万亿美元的基础设施支出。这项举措推动能源、金融和工业类股强劲上涨，科技和消费必需品领域的股票则表现相对落后。二季度，标准普尔500指数在6月底创下历史新高。该季度股市上涨主要源于经济复苏强劲，特别是消费增长。美国综合采购经理人指数（PMI）从3月的59.7上升到6月的63.9。美联储的利率制定会议没有发出改变政策的宣示，助长了市场的乐观情绪。以苹果、Alphabet和微软等科技巨头为代表的科技龙头股在该季度录得强劲增长。能源、信息技术、通信服务和房地产在二季度表现强劲。三季度股市小幅上涨，季度末对增长和通胀的担忧导致市场在9月回落。除能源板块外，其他板块均受到影响走低。四季度股市总体保持了强劲的上涨趋势。11月，市场一度对奥密克戎变种病例的增加和美联储资产缩减的速度感到担忧。到年底，这些担忧已基本消退，而数据表明经济总体保持稳定，企业盈利强劲。科技板块是四季度表现最强劲的行业之一，其中芯片制造商尤其表现突出。房地产行业也表现良好，投资者预计电子商务将继续增长并推动对工业仓储的进一步需求。从板块来看，芯片、通信、消费、房地产等板块上涨反映了美国经济基本面走强；通胀和能源紧缺推动能源板块拉高；工业板块则受到拜登政府基建刺激计划前景的影响而提升。

从国债收益率来看，自 2020 年美联储多次紧急下调联邦基金利率区间以来，2021 年全年这一区间保持在 0%~0.25%。较低的利率导致 3 个月到期国债收益率始终维持在同一区间。随着对经济前景的预测逐渐乐观，10 年期国债收益率逐步回升，从 2021 年初的 0.93%升至年末的 1.52%，全年平均值为 1.44%，较 2020 年均值高 56 个基点。受到美联储应对通胀预期的影响，2 年期国债收益率自 2021 年 9 月开始超过联邦基金利率上限 0.25%，结束了 2020 年疫情暴发以来在联邦基金利率目标区间内运行的走势，全年平均收益率为 0.27%，四季度平均收益率为 0.46%（见图 7）。

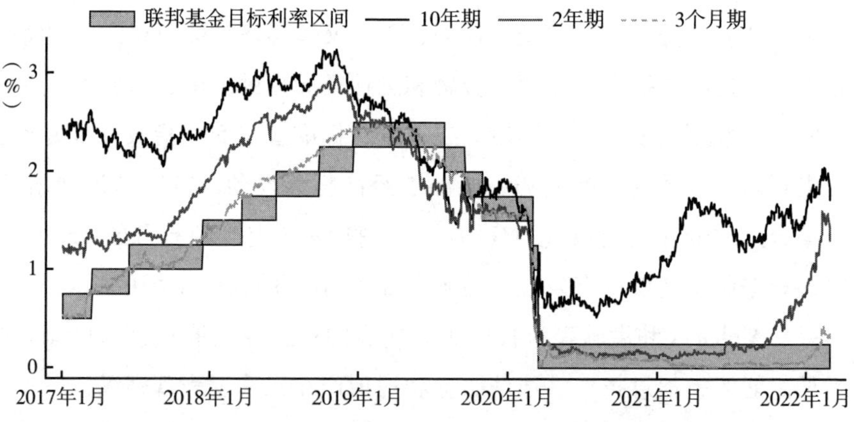

图 7　美国联邦基金目标利率区间以及国债收益率

注：笔者整理得出。

资料来源：联邦基金目标区间数据参见 Federal Reserve System，"FOMC's Target Federal Funds Rate or Range，Change（basis points）and Level，" https：//www.federalreserve.gov/monetarypolicy/openmarket.htm；国债收益率数据参见 Federal Reserve System，"Selected Interest Rates（Daily）- H.15，" https：//www.federalreserve.gov/releases/h15/。

二　拜登政府的经济政策

（一）抗疫政策：关注疫苗和防疫物资生产

2021年1月拜登政府上台时，美国新冠肺炎病例数和病亡数创历史新高，新推出的疫苗供不应求。为了加速疫苗研发、生产与分配，拜登政府和美国国会推出了一系列财政措施。下面分别从疫苗研发、生产和分配的角度介绍。

美国疫苗的研发和生产主要得到三个联邦政府机构的技术与财政支持，这三个机构是美国国立卫生研究院（National Institutes of Health，NIH）、卫生与公众服务部生物医学高级研究与发展局（Biomedical Advanced Research and Development Authority，BARDA）以及国防部曲速行动小组（U. S. Department of Defense Operation Warp Speed/Countermeasures Acceleration Group，OWS/CAG）。这三个联邦政府机构对制药企业研发疫苗给予了大量的财政资助，用于疫苗的研发、制造与采购。合作的制药企业集团主要有辉瑞（Pfizer）、赛诺菲·巴斯德（Sanofi Pasteur）、葛兰素史克（GSK）、莫德纳（Moderna）、杨森制药（Janssen Pharmaceuticals）、阿斯利康（AstraZeneca）、诺瓦瓦克斯医药（Novavax）以及默克（Merck）和国际艾滋病疫苗计划（International AIDS Vaccine Initiative，IAVI）。卫生与公众服务部生物医学高级研究与发展局与美国国防部已承诺为上述疫苗制造商提供约290亿美元。[①] 疫苗采购方面，美国联邦政府向辉瑞、赛诺菲·巴斯德、葛兰素史克、莫德纳、杨森制药、阿斯利康和诺瓦瓦克斯医药订购疫苗。截至2021年10月，美国政府已采购6亿剂辉瑞疫苗、5亿剂莫德纳疫苗

① Congressional Research Service，"Domestic Funding for COVID－19 Vaccines：An Overview，" https：//crsreports. congress. gov/product/pdf/IF/IF11951；"The U. S. Government's Role in Domestic and Global COVID－19 Vaccine Supply and Distribution：Frequently Asked Questions，" https：//crsreports. congress. gov/product/pdf/IF/IF12013.

以及1亿剂杨森制药疫苗。大批量的疫苗采购使美国疫苗接种率迅速上升。据美国疾病预防与控制中心（Centers for Disease Control and Prevention，CDC）统计，截至2021年12月31日，已有73.5%的美国人口接种至少1剂疫苗，62.1%的人口接种过2剂疫苗，33.9%的人口完成了加强免疫接种。①

在医疗物资生产方面，拜登于2021年1月签署行政令（EO14001），指示各联邦政府机构利用包括《国防生产法》（Defense Production Act）在内的所有可用法律授权采取适当行动，通过获取更多库存、改善分销系统、扩大市场容量或工业基础，尽快填补防疫物资短缺。该行政令还要求在180天内制定“（新冠疫情）大流行供应链弹性战略”，涉及公共卫生供应链的生产、制造、提供和危机响应等多个方面。

（二）财政政策：新一轮大规模财政支出

美国总统拜登在就任前就提出一项宏大的“重建更美好未来计划”（Build Back Better Plan或Build Back Better Agenda）。该计划分为三大部分，包括“美国救援计划”（American Rescue Plan）、“美国就业计划”（American Jobs Plan）和“美国家庭计划”（American Families Plan），涉及总计达6.3万亿美元的支出，是罗斯福新政以来规模最庞大的财政支出计划。其中，“美国救援计划”是一项针对美国新冠肺炎疫情的救援计划，包含1.9万亿美元的经济刺激法案，旨在加快美国从新冠疫情大流行和持续衰退的经济和健康影响中复苏。该计划已于2021年3月11日签署成为法律，即《美国救援计划法》。另外两个计划在立法过程中被重新整合为不同的法案。其中，“美国就业计划”的核心内容包括资助基础设施，支持国内就业和制造业投资以及减少气候变化的影响，计划在未来8年内支出约2.3万亿美元。该计划的基础设施支出方面的内容被纳入《基础设施投资和就业法案》

① Centers for Disease Control and Prevention, “COVID－19 Vaccinations in the United States, Jurisdiction,” https://data.cdc.gov/Vaccinations/COVID－19－Vaccinations－in－the－United－States-Jurisdi/unsk-b7fc.

(Infrastructure Investment and Jobs Act)，并于11月15日签署成法。“美国就业计划”的其他部分以及“美国家庭计划”被并入《重建更美好未来法案》(Build Back Better Act)。

据路透社、《华盛顿邮报》等多家媒体报道，[①] 民主党参议员乔·曼钦(Joe Manchin)[②] 已经在2021年底撤回了对《重建更美好未来法案》的支持。在全体共和党参议员（50票）反对的情况下，该法案难以在参议院使用预算和解程序[③]通过。因此，《重建更美好未来法案》在中期选举前通过的可能性已经比较渺茫。民主党人可能选择就削减法案的预算规模或拆分法案的方案在党内达成一致，或者推动两党共同支持的类似法案。可以预计，新法案的支出规模将小于现有版本的《重建更美好未来法案》。

《美国救援计划法》以及《基础设施投资和就业法》是2021年拜登政府财政政策中最为重要的两项内容。下面分别介绍如下。

1.《美国救援计划法》

新冠肺炎疫情大流行以来，美国不断推动立法，通过推出大规模扩张性联邦财政政策来应对疫情对经济和社会的冲击。特朗普政府时期，美国已经通过5项总额约为5.7万亿美元的新冠肺炎财政救助相关立法（见表2）。这些财政刺激计划的主要内容包括面向家户的直接救济款（亦称经济影响支付，economic impact payment)、食品住房援助以及失业保险福利，支持企业维持就业岗位的“薪资保障计划”和工资税抵免，以及提供对学生和低收入群体的财务支持等。

---

① “Mostly Dead or Slightly Alive? Democrats Don't Yet Know If Build Back Better Can Be Revived,” *The Washington Post*, https://www.washingtonpost.com/politics/2022/01/29/build-back-better-democrats/；《美国总统拜登称，〈重建更美好未来法案〉可以分解通过》，路透社网站，2022年1月20日，https://www.reuters.com/article/usa-biden-congress-idCNL6S2U000O。

② 曼钦为保守派民主党人、西弗吉尼亚州联邦参议院议员，2005~2010年任西弗吉尼亚州州长。

③ 预算和解（Budget Reconciliation）程序如果启用，则参议院需在20小时之内完成讨论、付诸表决并且以简单多数的形式（即51票通过制）进行投票。

表 2　美国应对新冠疫情财政救助立法

单位：亿美元

法律名称	签署日期	支出总规模
《2020 年新冠病毒防范和应对补充拨款法》(Coronavirus Preparedness and Response Supplemental Appropriations Act, 2020)	2020/3/6	83
《家庭优先冠状病毒应对法》(Family First Coronavirus Response Act)	2020/3/18	1920
《冠状病毒援助、救济和经济安全法》(Coronavirus Aid, Relief and Economic Security Act,CARES)	2020/3/27	22000
《薪资保护计划和医疗保健增强法》(Paycheck Protection Program and Health Care Enhancement Act)	2020/4/24	4840
《2021 年度综合拨款法》(Consolidated Appropriations Act, 2021)	2020/12/27	9000
《美国救援计划法》(American Rescue Plan Act of 2021)	2021/3/11	19000

资料来源：笔者整理得出。

《美国救援计划法》是第六项针对新冠肺炎疫情的联邦救助计划，支出总规模约 1.9 万亿美元。《美国救援计划法》包含经济影响付款、儿童税收抵免、州和地方财政复苏基金、资本项目基金、紧急租金援助以及州小企业信贷计划等大型支出项目。从内容上看，《美国救援计划法》扩大了对家户的经济影响付款的规模和范围，延长了现有的联邦援助计划的一些项目，如薪资保障计划、失业保险、食品支持和住房支持等项目。此外，《美国救援计划法》还提供了临时的儿童税收抵免政策，通过为家庭提供儿童税收抵免的方式，提高家庭的可支配收入。表 3 提供了《美国救援计划法》与特朗普政府时期同类立法的主要内容比较。

表 3　三项大规模财政救助立法内容比较

	《冠状病毒援助、救济和经济安全法》	《2021 年度综合拨款法》	《美国救援计划法》
总规模	2.2 万亿美元	0.9 万亿美元	1.9 万亿美元
直接救济款	个人每人 1200 美元；每对夫妇 2400 美元；每供养人(未满 17 岁)1200 美元； 高收入群体相应减少或无救济	个人每人 600 美元；每对夫妇 1200 美元；每供养人(未满 17 岁)600 美元； 高收入群体相应减少或无救济	个人每人 1400 美元；每对夫妇 2800 美元；每供养人(未满 19 岁，或未满 24 岁的学生)1400 美元； 高收入群体相应减少或无救济

续表

	《冠状病毒援助、救济和经济安全法》	《2021 年度综合拨款法》	《美国救援计划法》
商业援助	建立薪资保障计划(PPP)； 延迟支付雇主工资税；符合条件的企业在 2020 年 12 月 31 日前可退还作为员工工资 50%的工资税抵免；每名员工最高 10000 美元	为“薪资保障计划”提供 2480 亿美元的额外资金并扩大申请资格范围； 将工资税抵免延长至 2021 年 7 月 1 日； 将《家庭首次冠状病毒应对法》中的带薪病假和探亲假税收抵免延长至 2021 年 3 月	为“薪资保障计划”提供 72.5 亿美元的额外资金，进一步扩大受援助企业范围； 将工资税抵免延长至 2021 年 12 月； 将带薪病假和探亲假的税收抵免延长至 2021 年 9 月
失业保险福利	每周额外 600 美元；增加 13 周可获福利时间； 扩大覆盖范围，涵盖独立承包商、兼职工人和零工人员	延长左栏福利时间，金额调整为每周 300 美元；增加 11 周可获福利时间	将每周 300 美元的福利延长至 2021 年 9 月 6 日； 为 2020 纳税年度的失业补偿设立 10200 美元的免税额
食品支持	为“补充营养援助计划”(Supplemental Nutrition Assistance Program, SNAP)提供额外资金； 帮助支付新申请的预期费用； 资助学校以更灵活地为学生提供膳食	每月“补充营养援助计划”福利增加 15%(2021 年 1 月～6 月)； 将“补充营养援助计划”福利资格扩展到符合条件的大学生； 改进“补充营养援助计划”技术以及在线采购	每月“补充营养援助计划”福利增加 15%(展期至 2021 年 9 月)； 改进“补充营养援助计划”技术以及在线采购
住房支持	资助“租金援助计划”(Rental Assistance Programs)，对不支付租金的住户实行 120 天的暂停驱逐令	资助“租金援助计划”，将暂停驱逐令展期至 2021 年 1 月末	资助“租金援助计划”
学生贷款	将贷款本金和利息支付推迟到 2020 年 9 月 30 日	无	无
儿童税收抵免	无	无	税收抵免额：6 岁以下儿童从 2000 美元增加到 3600 美元，其他 18 岁以下人员从 2000 美元增加到 3000 美元，抵免可全额退还

资料来源：Schild and Garner, “Consumer Response to Economic Impact Payments during the COVID-19 Pandemic and the Role of Subjective Assessments of Well-Being: A View from the U. S. Using a Rapid Response Survey,” BLS Working Paper, 2021, https://www.bls.gov/osmr/research-papers/2021/pdf/ec210060.pdf。

与之前的新冠疫情救助法案相比，《美国救助计划法》增设对地方政府的大规模转移支付项目，亦称“州和地方财政复苏基金”。这是迄今为止联邦对地方政府的最大一笔拨款。该法计划为美国各级地方政府拨款约 3500 亿美元。其中，255 亿美元平均分配给 50 个州和哥伦比亚特区，其余金额根据各地失业情况分配。州以下地方政府资金部分约为 1302 亿美元，在市、县之间平均分配。地方将分两批收到资金。从分配方案来看，排名前十的州收到的拨款额约占转移支付总数的一半。具体分配方案见表 4。

表 4　《美国救援计划法》对地方政府的转移支付分配方案

单位：亿美元

序号	州　　名	州政府	都市区	非县地区	县	资本项目	总计
1	加利福尼亚州	260.7	70.5	13.1	76.6	5.5	426.3
2	得克萨斯州	167.0	33.7	14.0	56.7	4.8	276.2
3	纽约州	125.7	61.4	8.2	39.1	3.5	238.0
4	佛罗里达州	102.3	14.6	14.0	41.7	3.6	176.2
5	宾夕法尼亚州	72.9	23.7	9.4	28.4	2.8	137.2
6	伊利诺伊州	74.9	26.8	7.4	25.4	2.5	137.0
7	俄亥俄州	56.4	22.4	8.1	22.7	2.7	112.4
8	密歇根州	56.5	17.8	6.9	19.4	2.5	103.1
9	新泽西州	64.3	11.7	5.7	18.2	1.9	101.9
10	北卡罗来纳州	52.8	6.7	6.8	20.3	2.8	89.4
—	其他州、部落和地区	1164.5	166.3	101.7	302.5	67.2	1802.2
—	总　计	2198.0	455.6	195.3	651.0	99.8	3599.9

注：由于篇幅所限，本表列出转移支付总额排名最高的 10 个州。

资料来源：Senate Democratic Majority, “State and Local Allocation Estimates,” https://www.democrats.senate.gov/final-state-and-local-allocation-output-030821。

包含《美国救援计划法》在内，拜登政府 2021 年的大规模财政刺激计划有效地提高了家庭的可支配收入。根据美国经济分析局统计数据，2021 年的美国个人收入中，直接救济贡献了 5692 亿美元，失业保险福利贡献了 2933 亿美元，儿童税收抵免贡献了 1277 亿美元，薪资保障计划贡献了 1001

亿美元，分别相当于当年居民可支配收入的 3.0%、1.6%、0.6% 以及 0.5%。仅考虑上述项目，联邦救济项目支付已相当于个人可支配收入的 5.7%。个人可支配收入增加使个人消费支出保持在疫情之前的水平，并促使个人储蓄连续两年超过 2 万亿美元。由于这些支付主要面向需要救助的群体，因此，这些人相对较高的边际消费倾向使救助项目对消费的贡献效应较为明显。以收入法计算，2021 年美国全年个人消费支出 15.7416 万亿美元，相比 2020 年增长 12.0%，相比 2019 年增长 9.1%。此外，可支配收入的增加还推高了居民储蓄。2021 年美国全年个人储蓄为 2.2682 万亿美元，相比 2019 年增长 83.2%。[①] 可以认为，大规模财政救助计划对全年美国消费与资本市场的繁荣起到了关键性作用。

2.《基础设施投资和就业法》

拜登在竞选时提出的另一项重要财政支出，是大规模投资美国的基础设施建设。2021 年 3 月，拜登政府公布了规模为 2.25 万亿美元的“美国就业计划”，提出在未来 8 年内投资 6210 亿美元，用于包括高速公路、桥梁、道路和机场在内的交通基础设施，并在清洁饮用水、住房、宽带、学校和退伍军人医疗机构等基础设施上投资 6890 亿美元。由于受到共和党的激烈反对，国会两党就基础设施相关法案的内容进行了多次讨价还价和协商。最终，国会的民主党转而将这一计划的基础设施部分拆分为《基础设施投资和就业法案》（Infrastructure Investment and Jobs Act）表决通过，并于 2021 年 11 月 15 日经总统签署生效。这一法案主要内容集中于对交通、港口和供水设施的投资方面。

在交通基础设施方面，该法案在未来 5 年内为美国基础设施增加投资 5500 亿美元，其中 1100 亿美元用于道路、桥梁和重大项目；660 亿美元用于客运和货运铁路；110 亿美元用于运输安全；390 亿美元用于公共交通；170 亿美元用于港口和水路；250 亿美元用于机场；75 亿美元用于清洁校车

① Bureau of Economic Analysis, “Effects of Selected Federal Pandemic Response Programs on Personal Income, 2021,” https://www.bea.gov/sites/default/files/2022-03/effects-of-selected-federal-pandemic-response-programs-on-personal-income-2021q4-3rd.pdf.

和渡轮；75 亿美元用于电动汽车充电设施；10 亿美元用于社区道路网络。

在清洁用水设施方面，该法案总计提供了超过 500 亿美元的支出。其中，234 亿美元用于清洁水国家循环基金（Clean Water State Revolving Fund，CWSRF）和“安全饮用水计划”（Safe Drinking Water，SRF）；150 亿美元用于更换主要管线；100 亿美元用于应对全氟和多氟烷基物质（PFAS）带来的饮用水污染问题；35 亿美元用于支持部落社区的水利基础设施。

（三）美国货币政策：基调宽松，紧缩临近

总体来看，2021 年美国货币政策的基调是宽松，但逐步转向紧缩。2021 年，美联储维持联邦基金利率目标区间在 0%～0.25%不变。7 月 29 日，美联储修改的《存款机构的准备金要求条例》（Regulation D：Reserve Requirements of Depository Institutions）生效，将存款准备金利率（interest on required reserves，IORR）与超额存款准备金利率（interest on excess reserves，IOER）合并为单一的准备金余额利率（interest on reserve balances，IORB）。全年存款准备金利率为 0.1%～0.15%。全年货币政策基本维持了宽松的基调。

随着通胀压力不断加大，加之就业率水平已经基本恢复，2021 年 11 月，美联储宣布正式启动缩表（Tapering），每月将国债购买总额缩减 150 亿美元，从 1200 亿美元缩减至 1050 亿美元。12 月 15 日，美联储将其缩减的步伐加倍，每月减少 300 亿美元。

由于维持了宽松的货币政策，美联储 2021 年在货币政策上的“按兵不动”未能对本轮大通胀起到足够的遏制作用。这部分源于新货币框架更加强调就业，也源于美联储对通胀持续性的错误预计。具体分析如下。

1. 新货币框架更加注重充分就业

2020 年 8 月，美联储发布了修订版《长期目标和货币政策战略声明》[①]

① Board of Governors of the Federal Reserve System，“Statement on Longer-Run Goals and Monetary Policy Strategy，” https：//www.federalreserve.gov/monetarypolicy/files/FOMC_ LongerRunGoals.pdf.

（Statement on Longer-Run Goals and Monetary Policy Strategy），宣布施行新的货币政策框架。新货币框架是在后金融危机时代美国传统货币政策传导机制面临挑战的背景下酝酿的，直接成因则是新冠肺炎疫情对就业市场的冲击。美联储货币政策新框架的核心内容是加强对充分就业的支持，并采取“平均通胀目标制”。

在新版政策框架下，美联储强调“最大就业”（maximum employment）是“一个广泛而全面的目标”，但同时也避免将这一目标与单一指标锚定。美联储在2021年2月发布的《货币政策报告》① 中指出：“规定一个固定的就业目标是不合适的。相反，委员会的政策决定必须以从其最高水平对就业不足的评估为依据，并承认此类评估必然具有不确定性，并可能进行修订。委员会在进行这些评估时考虑了广泛的指标。”②

为实现这一目标，美联储新货币框架转为采用平均通胀目标制。这一框架的核心是，为了达到“最大就业”的目标，在通胀率持续低于2%的情况下，允许适当的货币政策在一段时间内实现略高于2%的通胀率。同时，美联储强调，2%的长期通胀率依然是其目标，将长期通胀预期很好地锚定在2%，有助于物价稳定与缓和长期利率，并增强委员会在面临重大经济动荡时促进最大就业的能力。需要注意的是，美联储并未明确2%的长期通胀目标的基期标准，这为美联储保持更长时间的宽松政策创造了条件，从而扩大了货币政策的灵活性。

2. 美联储对通胀持续的估计过于乐观

美联储新货币框架的平均通胀目标制甫一出台，就经受了高通胀的严峻考验。随着1.9万亿美元经济救助计划从2021年3月开始落地生效，美国面临的通胀压力逐步显现。进入夏季后物价涨幅进一步加大，但白宫和美联储官员认为，物价上涨主要集中在疫情相关行业，通胀率上升只是

---

① Board of Governors of the Federal Reserve System，“Monetary Policy Report-February2021，” https：//www. federalreserve. gov/monetarypolicy/2021-02-mpr-summary. htm.

② “Statement on Longer-Run Goals and Monetary Policy Strategy，” https：//www. federalreserve. gov/monetarypolicy/2021-02-mpr-summary. htm.

“暂时现象”，一旦供需趋于平衡，通胀水平将回落。这一观点被外界总结为“通胀暂时论”。由于平均通胀目标制提供了更大的政策灵活性，美联储并未采取行动提高联邦利率区间。然而，从 2021 年秋季到年底，美国的通胀水平并未像白宫和美联储期待的那样显著回落，物价上涨从局部向整体扩散的趋势越发明显。11 月，美国的 CPI 环比上涨 0.8%，同比上涨 6.8%，创近 40 年来最大同比涨幅。自 5 月以来，美国 CPI 同比涨幅已连续 7 个月超过 5%，在这样的局面下，11 月 30 日，美联储主席杰罗姆·鲍威尔（Jerome H. Powell）在出席美国国会参议院银行委员会举行的听证会时表示，鉴于目前美国通胀压力大，美联储应考虑提早几个月结束资产购买计划。鲍威尔指出，继续使用“暂时性”来描述美国的通胀情形已不合时宜，美联储应尽量更清楚地解释其对通胀的看法。2022 年 2 月，美联储委员会发布的最新《货币政策报告》，称“由于通胀远高于委员会 2%的长期目标以及强劲的劳动力市场，委员会预计将很快上调联邦基金利率的目标区间”。①

三　2022年美国宏观经济形势展望

展望 2022 年，美国经济可概括为四“高”，即通胀水平高、财政赤字高、政府债务高、短期经济增长不确定性高。具体简述如下。

（一）高通胀还将持续一段时间

2021 年美国的高通胀在一定程度上反映了国内供需失衡，这种失衡部分是由政策引致的。美国自 2020 年起实施的多轮经济刺激计划在推高消费需求的同时并未能有效地扩大供给，因此在俄罗斯与乌克兰爆发冲突之前就已经面临较大的通货膨胀压力。2022 年的俄乌冲突带来的地缘政治紧张进

① 该委员会于 2022 年 3 月 16 日宣布上调联邦基金利率目标区间 25 个基点到 0.25%至 0.5%之间。这是美联储 2018 年 12 月以来首次加息。

一步推高能源以及大宗商品价格，这些价格上涨的压力将逐渐传导到下游。据国际货币基金组织（International Monetary Fund，IMF）在2022年4月发布的预测，2022全年石油价格将上涨54.7%，其他大宗商品价格将上涨11.4%。发达经济体全年CPI预计上涨5.7%，美国CPI预计上涨7.7%。由于现有通胀水平以及能源价格已经处于高位，更高的通胀预期可能会变得更加普遍，进而导致价格进一步上涨。

导致高通胀的一些因素在很大程度上超出了美联储的控制范围。本轮大宗商品价格上涨将进一步推高消费品价格，并抵消美联储紧缩货币政策的实施效果。预计美国通胀回到目标水平所需的时间将长于美联储2021年的预期。这取决于美国货币政策与财政政策的共同作用，以及全球大宗商品变化的走势情况。

（二）长期财政赤字和政府债务水平继续升高

2021年5月，白宫预算管理办公室发布了拜登政府的2022财年预算和随后10年的预算提案，描述了拜登政府对投资工人和家庭、加强国家安全以及提升美国在海外的领导地位的愿景。

该预算建议在未来10年大幅增加财政支出、收入和借贷。根据拜登提出的支出计划，2022财年的年度财政支出为6.0万亿美元，较2021财年下降1.2万亿美元，相当于同期GDP的25.6%；财政收入为4.2万亿美元，较2021财年上升0.6万亿美元，相当于同期GDP的17.8%；年度预算赤字总额为1.8万亿美元，占GDP的7.8%，分别较上一财年下降1.8万亿美元和8.9个百分点。预计到2031财年，10年累计增加财政赤字14.5万亿美元，平均年度赤字占GDP的比例为5.2%，较2022财年略有下降。①

---

① 预算数据来自Office of Management and Budget，“Budget of the U.S. Government（Fiscal Year 2022），” https：//www.whitehouse.gov/wp-content/uploads/2021/05/budget_fy22.pdf；CBO基线预测数据来自Congressional Budget Office，“10-Year Budget Projections（July 2021），” https：//www.cbo.gov/system/files/2021-07/51135-2021-07-economicprojections.xlsx。

2021 财年末,[①] 美国联邦政府债务达到 29.6 亿美元，相当于同期 GDP 规模的 123%。根据这一预算，2022 财年末，美国联邦政府债务总额将达到 32.5 万亿美元，相当于 GDP 的 138.1%。而到 2031 财年末将达到 44.8 万亿美元。2022 财年至 2031 财年，联邦政府债务总额增速将超过 2009~2019 年后金融危机时期的增速。而联邦政府债务占 GDP 的比例预计也将在 2026 年升至最高点 140.5%，在 2031 财年末下降至 134.3%。无论从债务的绝对规模还是相对规模（与同期 GDP 之比）来看，大规模财政支出导致债务规模不仅远超疫情前的水平，也超出国会预算办公室 2021 年 7 月的估计值（见图 8）。

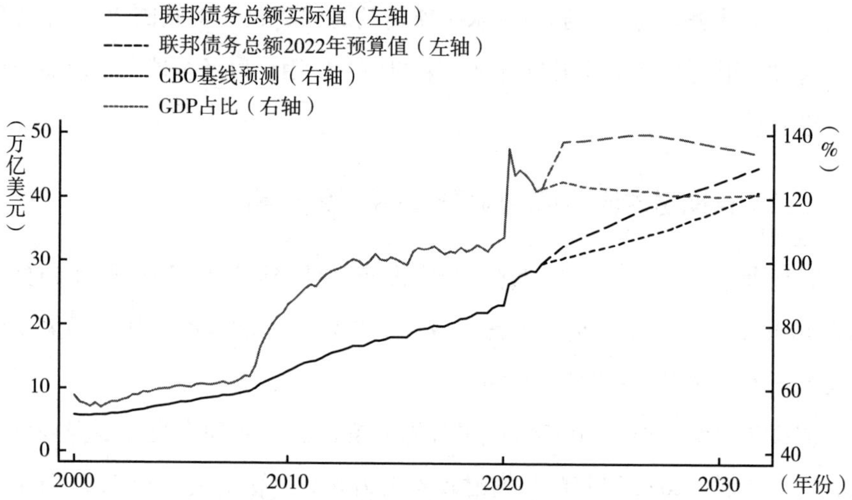

图 8　美国联邦债务总额及相对规模

注：2000 财年至 2021 财年末实际值数据未经季度调整。

资料来源：Office of Management and Budget，"Budget of the U. S. Government（Fiscal Year 2022），" https：//www. whitehouse. gov/wp－content/uploads/2021/05/budget_ fy22. pdf；CBO 基线预测数据来自 Congressional Budget Office，"10－Year Budget Projections（July 2021），" https：//www. cbo. gov/system/files/2021－07/51135－2021－07－economicprojections. xlsx。

（三）经济前景不确定性高

美国经济在 2022 年面临较大的不确定性。首先，促进经济复苏与应对

① 截至 2021 年 9 月 30 日。

高通胀存在政策上的矛盾。2022 年 4 月，国际货币基金组织预测发达经济体通胀率平均为 3.9%。能源价格上涨和供应链中断导致通货膨胀比预期更高、范围更广、恢复时间更长。加之俄乌冲突导致的地缘政治紧张以及全球能源市场波动，预计能源以及部分大宗商品价格将在相当长的时间内维持在较高水平。预计美国通胀率在 2022 年将继续维持高位。为应对数十年来的高通胀，美联储将进入加息周期，并可能提前退出量化宽松。利率上升不仅会对私人投资造成一定打压，同时也会给拜登政府的大规模财政支出计划带来额外压力。如果大规模财政救助计划逐步退出，可能导致私人消费水平下降，从而给经济增长动力带来威胁。而维持大规模支出计划会进一步加剧联邦财政压力和赤字水平，给美国经济的长期增长带来隐忧。

其次，美国对华经贸政策存在调整压力。中美经贸关系是美国面临的最具挑战性的经贸关系之一。特朗普政府推动的对华 301 关税以及“脱钩”和限制性经济政策，给双边经贸关系带来了巨大冲击。作为其“以工人为中心”贸易政策的一部分，拜登政府基本保留了特朗普政府时期的对华经贸政策和单边限制措施，并进一步关注所谓的“中国不公平贸易做法”。这些“结构性议题”可能成为 2022 年中美经贸摩擦的新热点，并给美国的供应链乃至全球贸易体系的稳定性带来新的挑战。同时，2021 年开始的高通胀以及巨额贸易逆差也给美国对华贸易政策的调整带来了一定压力。

最后，新冠病毒新变种出现的可能性给美国经济前景带来不确定性。经验表明，高致病性新冠病毒变异毒株如德尔塔变种在美流行给其短期经济增长带来负面冲击，并引发了新的经济混乱，阻碍了商品密集型消费需求转向服务业的重新平衡过程。如果未来出现新的高致病性变种，将给美国经济增长带来新的不确定性。

主流机构预测 2022 年美国经济将继续保持复苏态势。其中，国际货币基金组织和世界银行预测美国实际 GDP 增长率为 3.7%；美国国会预算办公室预测值为 5.0%。长期来看，美国经济增长预计将回归稳定水平。美国国会预算办公室预测，2021 ~ 2025 年，美国实际 GDP 年均增长率将达到 2.8%，超过实际潜在 GDP 增长率（2.0%）；2021 ~ 2025 年实际 GDP 年均增长率将达到1.6%。国际货币基金组织预测美国2023年GDP增长率为2.6%，长期GDP增长率为1.7%。

展望2022年，地缘政治紧张、全球供给失衡、供应链中断和疫情加剧风险都给美国经济增长的前景带来挑战。在政策层面，随着应对新冠疫情的财政救助计划逐步淡出，政策引致的经济增长势头将有所减弱。促进经济复苏与应对高通胀在货币政策上存在矛盾。巨额贸易逆差给贸易政策制定带来了新的压力。这些都缩小了美国经济政策的腾挪空间。

（审读　罗振兴）

B.4

2021年的美国社会：拜登的美国　特朗普的遗产

魏南枝　彭　琦　俞　凤　张佳俊*

摘　要： 2021年的美国社会并没有因为拜登政府的各项政策而团结起来。种族构成变化、出生率萎缩、老龄化加重、地区分布失衡等人口结构的变化，对美国的政治版图和经济资源分配都产生了深远影响。美国社会的不平等还在加剧。劳动力市场的“躺平”和家庭负债膨胀并存。新冠肺炎危机非但未能得到有效遏制，反而迎来又一波高潮。移民政策改革不过是用拜登的“新瓶”装特朗普的“旧酒”。围绕族群、性取向、堕胎、吸毒、控枪等问题展开的社会对立、撕裂和冲突，在美国越来越严重。

关键词： 美国社会　劳动力市场　社会不平等　社会撕裂

“让美国再次被全世界尊重，并且实现国内的团结。”这是拜登在其胜选演讲中所承诺的。他的就职演讲更是出现了12次“团结”的字眼。然而，2021年的美国社会并没有因为拜登政府的各项政策而团结起来。相反，各种分歧、撕裂和冲突越来越严重，劳动力市场的“躺平”现象就是其产物之一；同时，通货膨胀高企加剧了上述撕裂和冲突。拜登在2020年竞选

---

* 魏南枝，中国社会科学院美国研究所研究员、社会文化研究室主任；彭琦，中国社会科学院美国研究所助理研究员；俞凤，中国社会科学院美国研究所助理研究员；张佳俊，中国社会科学院美国研究所助理研究员。

时的多项承诺并未兑现，新冠肺炎疫情的危机非但未能得到有效遏制，反而迎来又一波高潮。移民政策改革不过是用拜登的“新瓶”装特朗普的“旧酒”。围绕族群、性取向、堕胎、吸毒、控枪等展开的社会对立，似乎正在将美国推向“文化内战的边缘”……其结果是，到2021年底，拜登的支持率远低于同期特朗普的支持率，不仅民意调查的党派分歧依然明显，而且拜登正在失去他的支持者。

一　人口结构之变与种族矛盾持续

白人数量在美国历史上首次出现下降，标志着美国人口结构的“革命性”变化。老龄化加剧和出生率萎缩等因素导致的美国人口优势萎缩，也从不同角度对美国政治和经济版图产生了影响。

（一）人口结构变化

2020年美国人口普查数据显示，过去10年里美国总人口的增长幅度是20世纪30年代大萧条时期以来的最低水平。2021年人口报告数据显示，与2020年相比，美国人口增加39.27万人，增幅仅为0.1%。这是自1900年美国人口普查局开始年度人口统计以来美国人口增长率的最低值，也是自18世纪美国建国以来的最低增长率。美国所有县中有一半以上出现人口减少，越来越多的美国人开始涌向大都市和附近的郊区。

美国近几年来的低人口增长率被归因于美国老龄化人口导致死亡率上升、出生率和移民人数下降以及新冠肺炎疫情等。①

美国疾病控制与预防中心（Centers for Disease Control and Prevention, CDC）的数据显示，2021年美国总死亡人数上升到创纪录的水平，超过

① Claire Rafford, “U. S. Population Growth in 2021 Slowest Since Nation’s Founding,” Politico, December 21, 2021, https://www.politico.com/news/2021/12/21/united-states-population-growth-2021-525832.

346.5 万人，比 2020 年增加了约 8 万人。[①] 新冠肺炎疫情是导致死亡人数大幅增加的罪魁祸首，也持续对人口出生率产生了消极影响，例如，加利福尼亚州的出生率下降了 10.5%，佛罗里达州则下降了 7.2%。美国 25 个州的死亡人数超过出生人数。[②]

"婴儿潮"一代的老龄化改变了美国劳动力的人口结构。目前，美国 3.28 亿人口中，65 岁以上人口占比达到 16.5%，为 5400 万人。到 2030 年，这一数字将达到 7400 万人。其中，增长最快的群体是 85 岁以上的人群。到 2035 年，美国 65 岁以上人口数将超过 18 岁以下人口数。这将导致劳动力数量不足，无法满足老龄化社会的需要。

对此，乐观分析认为，总体良好的健康状况推动了美国 55 岁以上中老年群体劳动力参与率的上升。65 岁以上的老人和 45~64 岁的专业人士是美国最富有的群体，在消费者中占相当大的比例。随着他们年龄的增长，他们对产品和服务的需求在增长，因而创造了相应就业岗位。[③]

悲观分析发现，随着多达 50 万人以上的无家可归者的规模扩大和年龄不断增长，他们越来越容易生病。洛杉矶、旧金山、奥斯汀、丹佛、印第安纳波利斯、纳什维尔和盐湖城等城市，正在经历一场"死亡流行病"。在无家可归者死亡人数中，五六十岁的男性通常占最大比例。他们往往又是致命非法药物（如芬太尼等）的上瘾者。[④]

为了解决人口萎缩问题，一方面需要"外国出生人口"群体也就是移民持续增长，而特朗普政府的政策减少了合法移民，所以拜登政府试图改变

---

① Advisory Board, "2021 Was the Deadliest Year in US History, CDC Finds," April 14, 2021, https://www.advisory.com/daily-briefing/2022/04/14/covid-19-deaths.

② Vladimir Odintsov, "A Dramatic Drop in Global Birth Rates, Where It Leads Us?" NEO, February 17, 2022, https://journal-neo.org/2022/02/17/a-dramatic-drop-in-global-birth-rates-where-it-leads-us/.

③ Rosalind Gottfried, "The Economics of an Aging Population," US Renew News, January 9, 2021, https://www.usrenewnews.org/2022/01/08/the-economics-of-an-aging-population/.

④ "Aging Homeless Population, Deadly Drugs Creating 'Epidemic of Deaths' on US Streets," Press TV, April 18, 2021, https://www.presstv.ir/Detail/2022/04/18/680547/American-cities-facing-epidemic-of-homeless-deaths.

特朗普的严控移民政策，但实际上拜登政府的移民政策一直处于摇摆之中；另一方面需要极大地提升人口出生率，但美国的结婚率处于历史最低水平，年轻一代不愿成为父母，因为他们处于失业、工作贫困、疫情、学生贷款、养育成本等多重压力之下，几乎不可能买房子和养育孩子。

以学生贷款为例，近 1/3 的美国学生必须负债才能读完大学，2021 年平均学生贷款债务达到了创纪录的 40904 美元，美国学生贷款的总额高达 1.75 万亿美元。① 今天获得一个学位，需要比上一代或两代人付出更高的经济成本。根据美国大学理事会的数据，在过去 30 年里，就读私立四年制大学的平均成本是就读公立四年制大学的 3 倍多，而就读公立四年制大学的平均成本则是 30 年前的 2 倍多。②

较长时间以来，美国的人口增长主要依赖少数族裔保持高生育率，然而近年来，美国各主要族裔群体的生育率全线下滑。其中，亚裔妇女的生育率下降了 8%，印第安人或阿拉斯加原住民妇女的生育率下降了 6%，非洲裔和白人妇女的生育率均下降了 4%，拉美裔妇女的生育率下降了 3%。③ 单亲家庭比重高、工作贫困问题④日益泛滥、与生育相关的社会服务高度市场化和缺乏产假等，都是阻碍美国育龄妇女多生育的因素。

由于托育和教育费用高昂，美国育龄妇女不得不在生育与工作之间进行抉择。对此，拜登政府的“美国家庭计划”（American Families Plan）计划投入 2000 亿美元，为所有 3~4 岁的儿童提供免费的“普及学前教育计划”（universal preschool）；还计划推动带薪休假、育儿补贴，扩大家庭减税等，

---

① Malanie Hanson, “Student Loan Debt Statistics,” Education Data Initiative, April 10, 2022, https://educationdata.org/student-loan-debt-statistics.

② College Board, “Trends in College Pricing and Student Aid 2021 Full Report,” October 2021, https://research.collegeboard.org/media/pdf/trends-college-pricing-student-aid-2021.pdf, p. 12.

③ Mike Stobbe, “US Birth Rate Falls to Lowest Point in More than a Century,” US News, May 5, 2021, https://www.usnews.com/news/us/articles/2021-05-05/us-birth-rate-falls-to-lowest-point-in-more-than-a-century.

④ “工作贫困”这一概念最初指的是 20 世纪 70 年代以来欧美劳动力市场出现的一种“即使拼命工作却依然贫困”的反常现象。由于工作贫困打破了就业与贫困的二元对立关系，所以被视为一种新型的相对贫困。

实现“平价儿童保育”（affordable child care）。免费学前教育被视为自100年前全美公立高中建立以来最大规模的普及教育扩张。① 但是，共和党与一些宗教组织的抵制使拜登的计划未能顺利地在全美推行。②

美国人口结构正在经历“从几乎是白色婴儿潮文化到全球化多民族国家的转型”。美国一直被认为是一个白人新教国家，而非洲裔、拉美裔、亚裔移民则被称为少数族裔。但是，美国“土生人口”特别是白人人口增长乏力。人口普查数据显示，非拉美裔白人仍然是美国最大的种族群体，占美国总人口的57.8%，不过也是有记录以来的最低比例。白人在2010~2020年减少了8.6%，这是自1790年美国实施人口普查以来其绝对数量首次下降。同期，拉美裔人口数量飙升至6210万，增长了23%，并且其人口的地理分布越来越广泛。③

（二）种族矛盾

拜登在2021年1月20日签署行政命令，即“通过联邦政府促进种族平等和对服务欠佳社区的支持”，以促进弱势社区的公平和种族正义。④ 此后，他又签署了一系列围绕种族平等政策的行政令，其中包括谴责与打击针对亚裔美国人与太平洋岛国民众的种族歧视与仇外心态的备忘录等。包括所有内阁部门在内的90多个机构发布了它们的计划，概述了300多项战略和行动

① Karen D'souza, "Universal Preschool and Affordable Child Care: What Survives in Biden's Spending Bill," EdSource, November 19, 2021, https://edsource.org/2021/universal-preschool-and-affordable-child-care-what-survives-in-bidens-spending-bill/663945.

② Joey Garrison, "Universal Pre-K? GOP Resistance in States Could Stop Biden's Preschool Plan from Truly Going Nationwide," *USA Today*, January 31, 2022, https://www.usatoday.com/story/news/politics/2022/01/29/biden-universal-pre-k-preschool-roadblocks/9185308002/?gnt-cfr=1.

③ Jeffrey S. Passel, Mark Hugo Lopez, and D'Vera Cohn, "U.S. Hispanic Population Continued Its Geographic Spread in the 2010s," Pew Research Center, February 3, 2022, https://www.pewtrusts.org/topics/hispanics.

④ The White House, "Executive Order on Advancing Racial Equity and Support for Underserved Communities Through the Federal Government," January 20, 2021, https://www.whitehouse.gov/briefing-room/presidential-actions/2021/01/20/executive-order-advancing-racial-equity-and-support-for-underserved-communities-through-the-federal-government/.

计划，以使联邦政策更加公平。

然而，美国的种族不平等并未因上述法令和计划而有所改善，种族矛盾也未能得到缓和，相反，美国人口结构的变化给种族矛盾增添了更大压力。美国各种族的收入不平等情况详见表 1。

表 1　2021 年美国少数族裔工人与欧洲裔白人工人的收入差距

种族	工人人数(万)	工人数占比(%)	平均周薪(美元)	每收入 1 美元(美元)
白人	9748. 4953	62. 67	1046. 52	1. 00
非洲裔	1778. 1185	11. 43	791. 02	0. 76
印第安人和阿拉斯加原住民	103. 7819	0. 67	801. 99	0. 77
亚裔	1007. 1279	6. 47	1168. 82	1. 12
拉美裔	2684. 9181	17. 26	762. 80	0. 73
多种族	231. 8129	1. 49	852. 18	0. 81

资料来源：US Department of Labor，“Earnings Disparities by Race and Ethnicity，” https：//www. dol. gov/agencies/ofccp/about/data/earnings/race-and-ethnicity。

《2021 年度美国总统经济报告》显示，该年度拉美裔和非洲裔员工的平均收入不到欧洲裔白人员工平均收入的 80%；各教育层次的非洲裔平均工资均低于白人；印第安人和阿拉斯加原住民的受教育水平是最低的，工资水平当然也显著低于白人；亚裔在各教育层次的平均工资均高于白人，但其族群内部不同教育层次之间的收入差距又是各族群中最严重的。不同族群之间和族群内部的收入差距并不仅仅归因于受教育程度和经验水平的差异，而是系统性的种族主义导致了以种族为基础的差距持续存在。①

根据美联储公布的消费者财务调查（Survey of Consumer Finances，SCF）的数据，非洲裔家庭的财富中值为 2. 41 万美元，这仅占白人家庭的财富中值（18. 91 万美元）的 12. 7%；拉美裔家庭的财富中值为 3. 61 万美元，仅

① The White House，“Economic Report of the President：2022，” April 2022，https：//www. whitehouse. gov/wp-content/uploads/2022/04/ERP-2022. pdf.

占白人家庭财富中值的 19.1%。①

有色人种如果感染新冠病毒，则更有可能患上严重疾病。印第安人、阿拉斯加原住民、非洲裔和拉美裔人感染新冠肺炎的可能性是欧洲裔白人的 1.6 倍，死于这种疾病的可能性是欧洲裔白人的 2 倍以上。② 截至 2021 年 11 月，美国疾病控制与预防中心的数据显示，各年龄组的印第安人及阿拉斯加原住民以及非洲裔和拉美裔的住院率明显高于欧洲裔白人和亚裔。每 10 万人中，约有 1500 名印第安人及阿拉斯加原住民、1106 名非洲裔和 891 名拉美裔出现需要住院治疗的严重症状，而亚裔和白人分别为 368 人和 577 人。③

根据美国国家卫生统计中心（National Center for Health Statistics）的数据，与新冠肺炎相关的健康指标的种族差异导致美国有色人种（亚裔除外）与白人的预期寿命差距扩大。美国人预期寿命继在 2020 年因新冠病毒肆虐而大幅下降后，在 2021 年延续下降势头，已经从 2019 年的 78.89 岁下降至 2021 年的 76.6 岁。但 2021 年各族群中，下降明显的是白人，其预期寿命减少了 0.33 岁；拉美裔基本持平，但曾在 2020 年减少 3.7 岁；非洲裔预期寿命在 2021 年增加了 0.42 岁，但曾在 2020 年减少 3.22 岁。④ 2020 年新冠疫情暴发以来，少数族裔损失的预期寿命更多，拉美裔损失了近 4 年，非洲裔损失了近 3 年，白人则损失了不到 2 年的寿命。⑤

美国的司法系统对少数族裔和移民存在长期和系统性的种族主义。虽然非洲裔只占美国人口的 13%，但他们占美国男性监狱人口的 40%。在美国出生的非洲裔男性被关进监狱的可能性是白人的近 6 倍。2021 财年，美国

---

① Federal Reserve, "Survey of Consumer Finances," https://www.federalreserve.gov/.

② Alon Ben-Meir, "America Faces a Fateful Crossroad in 2022," Inter Press Service, December 23, 2021, https://www.ipsnews.net/2021/12/america-faces-fateful-crossroad-2022/.

③ Inequality, "Racial Economic Inequality," https://inequality.org/facts/racial-inequality/.

④ Deidre McPhillips, "US Life Expectancy Continues Historic Decline with Another Rop in 2021, Study Finds," CNN, April 8, 2022, https://edition.cnn.com/2022/04/07/health/us-life-expectancy-drops-again-2021.

⑤ Rob Stein, "U. S. Life Expectancy Falls in 2021, Following 2020's Big Drop," NPR, April 7, 2022, https://www.npr.org/sections/health-shots/2022/04/07/1091398123/u-s-life-expectancy-falls-for-2nd-year-in-a-row.

政府拘留了多达170万名非法移民，其中80%被关押在条件恶劣的私人拘留所，包括大量移民儿童。[①]

族群人口结构的变化对美国的种族矛盾和族群政治都产生了深刻的影响，也正在改变相应的政治和经济资源配置，导致选区重划和贸易保护主义进一步加强。

2021年，美国的种族仇恨犯罪率仍在持续上升。针对亚裔的仇恨犯罪被广泛关注。2021年3月16日发生的罗伯特·亚伦·朗（Robert Aaron Long）枪击案，是美国近年来针对亚裔歧视和暴力攻击现象不断升级的缩影。2021年，旧金山针对亚裔的仇恨犯罪激增了567%，而地方检察官对此类案件的诉讼指控远远跟不上现实需求。[②] 纽约的数据显示，从2021年初到2022年初，该市仇恨犯罪率急剧上升，其中反亚裔仇恨犯罪飙升了361%，针对犹太人的仇恨犯罪也在激增，针对非洲裔的仇恨犯罪增加了2倍。[③]

保守主义群体对美国未来人口结构的变化所带来的政治走向的可能变化深感忧虑，并且更加抵制自由主义推动种族平等的改革。人口分布的变化本身意味着一场关于重划选区的激烈党派斗争的开始。为了增加胜选机会，两党在各州重新划定国会选区，而重划选区往往以牺牲少数族裔的权利为代价。例如，美国非洲裔人口最多的州是得克萨斯州，但该州的38个国会选区中没有一个以非洲裔为主。

2021年，美国有19个州通过了更严格的选民身份认证要求方面的法令。自由主义群体认为这些措施不利于非洲裔和拉美裔社区，压制了少数族裔的投票权。保守主义群体则认为，少数族裔社区搞选举舞弊，破坏了美国

---

① Alon Ben-Meir, "America Faces a Fateful Crossroad in 2022," Inter Press Service, December 23, 2021, https://www.ipsnews.net/2021/12/america-faces-fateful-crossroad-2022/.

② Stella Chan and Augie Martin, "Anti-Asian Hate Crimes Increased 567% in San Francisco as Lawsuit Accuses DA of Not Doing Enough," CNN, January 7, 2021, https://edition.cnn.com/2022/01/27/us/anti-asian-hate-crimes-san-francisco-lawsuit/index.html.

③ Laura Studley and Emma Tucker, "Hate Crimes in New York City Are up 76% This Year Compared to the Same Period in 2021," CNN, April 16, 2022, https://edition.cnn.com/2022/04/16/us/hate-crimes-rise-in-new-york-city/index.html.

的民主。[①] 上述操纵和对立是种族主义的产物，也是转移矛盾和推卸责任的政治手法，反过来进一步激化了种族矛盾。[②]

二 从“人找工作”到“工作找人”

供应链危机与高企的通货膨胀等，淹没了拜登政府2021年在经济民生领域的各种积极作为所取得的成绩。与收入不平等相比，美国人的财富不平等更为严重，背后是机会不平等性的日益恶化。社会不平等恶化、疫情救济计划和通货膨胀等多重因素共同作用之下，美国的劳动力市场出现了一个重大变化，即从2020年大面积失业下的“人找工作”，变为2021年12月的美国失业率降至3.9%，却因为大量劳动力退出劳动力市场而形成“工作找人”的新现象。

（一）社会不平等恶化

广泛接种疫苗、大规模重开学校、1.9万亿美元的第二轮经济救助计划、1万亿美元的跨党派基础设施投资法案……拜登上任后志在迅速结束疫情，而2021年以美国新冠肺炎疫情致死人数超过82万人而告终。虽然美国人的薪资普遍上涨，但并没有缓和美国社会不平等的恶化趋势。

美国的经济金融化和垄断化日益加深，外包、各行业的放松管制、自动化、贸易政策、企业减税等，决定了美国劳动力市场的非竞争性特点日益凸显：工人收入增长低于劳动生产率的增长。在过去40年里，美国的劳动生产率净值增长了近62%，而普通工人的平均小时工资仅增长了不到18%。[③]

---

① Brandon Tensley, "What 2021 Taught Us about the Fight for Racial Justice," CNN, December 16, 2021, https://edition.cnn.com/interactive/2021/12/us/race-equality-reflections-2021/.

② Edward Lempinen, "Racial Resentment: The Insidious Force That Divides America," Berkeley News, February 3, 2022, https://news.berkeley.edu/2022/02/03/racial-resentment-the-insidious-force-that-divides-america/.

③ The White House, "Economic Report of the President: 2021," April 2022, https://www.whitehouse.gov/wp-content/uploads/2022/04/ERP-2022.pdf.

二者的差异表明，劳资过度失衡导致工人收入的增长与劳动生产率“脱钩”了。最低工资的停滞不前、工人福利和保障的降低、各种就业歧视性规定、人才使用与分配的不当、集体谈判权利的形同虚设、基本劳动保护的弱化……都导致个人难以通过努力实现向上流动。

美国是发达国家中收入不平等程度最高的国家之一。20 世纪 80 年代初以来，放松管制、私有化、累进税率下降和工会覆盖面萎缩等导致各收入群体之间的差距日益扩大，详见图 1。

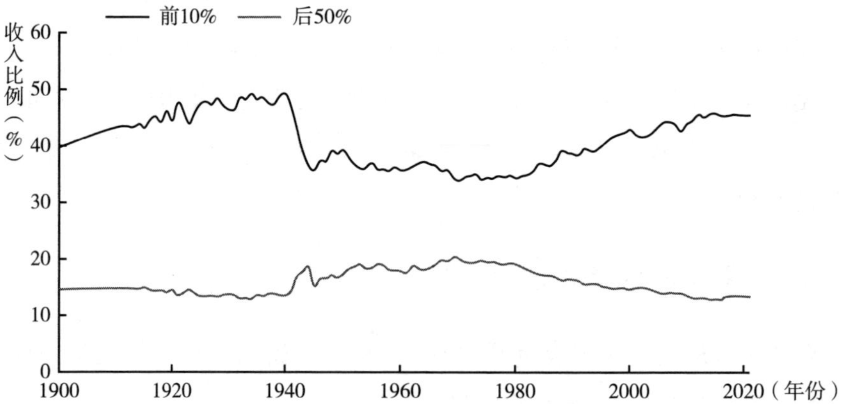

图 1　美国收入差距变化（1900~2021 年）

资料来源：World Inequality Lab，“World Inequality Report 2022，” https：//wir2022. wid. world/。

如图 1 所示，20 世纪 80 年代以来，收入最高的 10%群体的收入份额惊人地增加。2021 年，美国成年人的人均收入为 7. 709 万美元，而收入最低的 50%群体的人均收入仅为 2. 052 万美元，收入最高的前 10%群体的人均收入是收入最低的后 50%群体的 17 倍；收入最高的前 10%群体的收入占总收入的 45. 5%，而收入最低的 50%群体的收入仅占总收入的 13. 3%。[①] 因性别、种族、受教育程度等而产生的收入不平等也持续存在，详见图 2 和图 3。

① World Inequality Lab，“World Inequality Report 2022，” https：//wir2022. wid. world/.

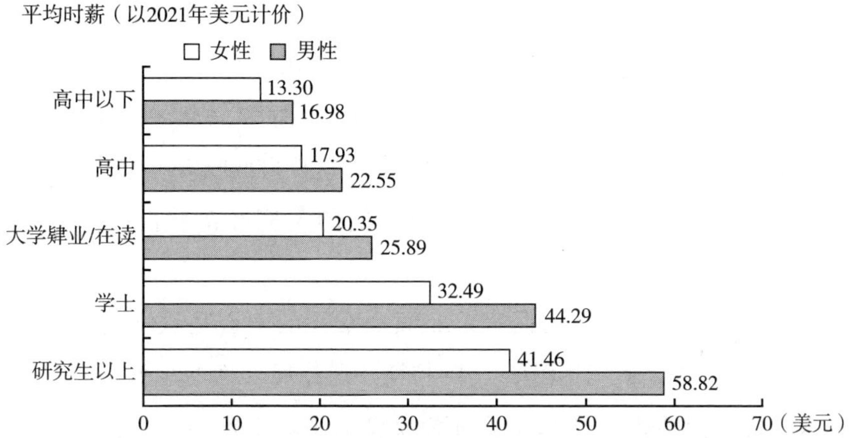

图 2　2021 年美国不同教育程度的性别收入差

资料来源：The White House, "Economic Report of the President: 2021," April 2022, https://www.whitehouse.gov/wp-content/uploads/2022/04/ERP-2022.pdf。

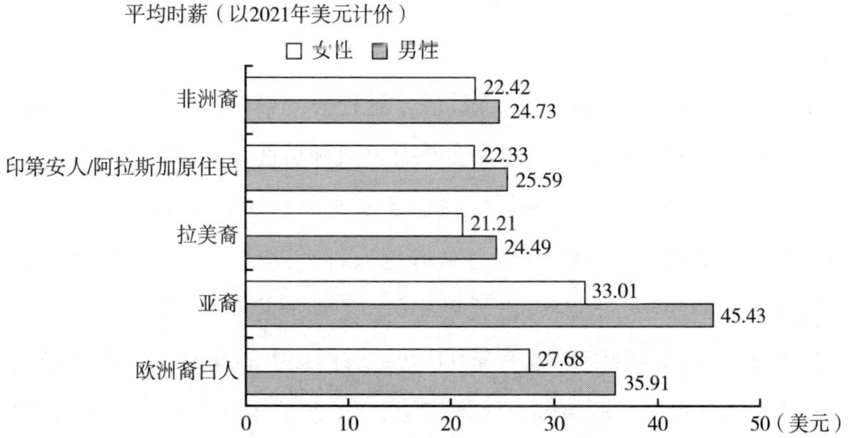

图 3　2021 年美国不同种族的性别收入差

资料来源：The White House, "Economic Report of the President: 2021," April 2022, https://www.whitehouse.gov/wp-content/uploads/2022/04/ERP-2022.pdf。

从图 2 和图 3 可以看出，性别收入差异也是明显的，即女性的平均收入低于男性。尽管男性和女性的工资都随着受教育程度的增加而增加，但从图 2 可以看出，受教育程度越高，性别工资差距就越大。在拥有高等学历的人群中，女性的平均工资是男性的 70%。并且，新冠肺炎疫情期间，由于休闲、酒店和儿童保育等行业大量关闭，学生需要在家远程学习，大量女性特别是拉美裔和非洲裔女性被迫离开就业市场，因而 2021 年的女性劳动参与率达到 1985 年以来的最低水平。这意味着大量从事低收入工作的单亲母亲承受着失业、收入减少等负面效应，她们的家庭经济状况也因而陷入困境。①

从图 3 可以看出，平均而言，非洲裔女性的工资是欧洲裔白人男性工资的 62%；拉美裔、印第安人/阿拉斯加原住民女性的工资分别是欧洲裔白人男性工资的 59%和 62%。亚裔女性的平均工资高于其他族群的女性，但仍低于白人男性。此外，与其他种族和族群的女性相比，亚裔在本族群内部的性别收入差更大，她们的收入是亚裔男性平均工资的 73%。值得注意的是，如图 3 所示，非洲裔、拉美裔、印第安人和阿拉斯加原住民的性别收入差较小，其原因主要是这些族群的男性工资本身就相对较低。

上述从多个维度分析的收入差反映了这样一个事实：在低收入部门，女性尤其是有色人种女性员工，与大多数有色人种男性员工的收入性别差并不大。例如，2021 年，有色人种男性占全美所有男性劳动力的 39%，但超过一半（51%）的低收入男性劳动力是有色人种。同样，有色人种女性占所有女性劳动力的 39%，同时也占低收入女性劳动力的 45%。②

2020 年，美国的贫困率攀升至 11.4%，为 1959 年有记录以来的最高水平。经济救助计划在一定程度上缓解了 2021 年贫困率的进一步恶化。例如，美国国会 2021 年 3 月出台了“美国救援计划”（American Rescue Plan），该计划扩大了儿童税收抵免的覆盖范围，提升了抵免额度，仅这项措施就能使每

---

① US Department of Labor, “Bearing the Cost: How Overrepresentation in Undervalued Jobs Disadvantaged Women during the Pandemic,” March 15, 2022, https://www.dol.gov/sites/dolgov/files/WB/media/BearingTheCostReportFactSheet.pdf.

② The White House, “Economic Report of the President: 2021,” April 2022, https://www.whitehouse.gov/wp-content/uploads/2022/04/ERP-2022.pdf.

月大约350万名儿童脱离贫困。2021年夏天，吃不饱饭的有孩家庭比例一度跌至9.5%的低点，到10月又因为不断上升的通货膨胀等回升至11.8%。①

然而，美国的财富差距仍在持续扩大，详见图4。

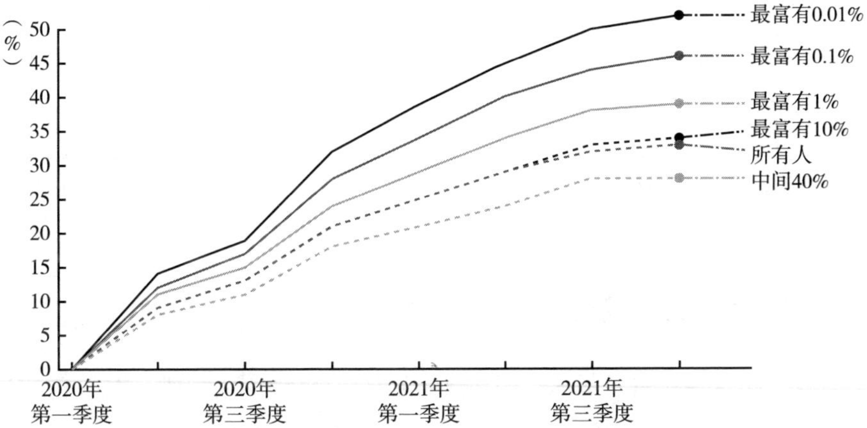

图4 2021年美国不同阶层财富增长速度

资料来源：Realtime Inequality，"Wealth Inequality，" April 2022，https：//realtimeinequality. org/。

如图4所示，美国的巨富阶层在2021年延续了其财富的急剧增长，越是财富金字塔尖的超级富豪们，其财富的增长速度越快。原本最富有的0.01%群体的财富，在疫情期间增长了50%以上。世界不平等研究机构对此的分析数据如表2所示。

从表2可以看出，美国的财富贫富差距比收入差距更为严重。疫情加剧了美国中产阶级的财富缩水。2021年6月，美国收入前1%的"超级富人"的财富，已经超过了收入在中间的60%的家庭所拥有的所有财产，这是美国历史上有统计以来的首次。②

① Spotlight on Poverty & Opportunity，"What Happened to Poverty in America in 2021，" December 22，2021，https：//spotlightonpoverty. org/.

② Alex Tanzi and Mike Dorning，"Top 1% of U. S. Earners Now Hold More Wealth than All of the Middle Class，" Bloomberg，October 11，2021，https：//www. bloombergquint. com/global economics/top-1-earners-hold-more-wealth-than-the-u-s-middle-class.

表 2　2021 年美国收入和财富差距

单位：%

	收入	财富
	占比	占比
后 50%	13.3	1.5
中间 40%	41.2	27.8
前 10%	45.5	70.7
前 1%	18.8	34.9

资料来源：World Inequality Lab，“World Inequality Report 2022，” https：//wir2022.wid.world/。

（二）劳动力市场怪相

社会不平等、通货膨胀、供应链危机、经济纾困计划、无限量化宽松……上述因素共同催生了 2021 年美国劳动力市场的怪相，即劳动力短缺危机的蔓延和家庭债务总额飙升并存。

1. “大辞职时代”

2021 年，美国经济增加了 600 多万个工作岗位，申请失业金的人数持续下降，但是，与 2020 年 3 月疫情暴发前相比，美国有数百万劳动力“消失了”。诚然，21 世纪以来的美国劳动参与率一直在低位徘徊，但 2021 年的经济反弹和工资水平上涨都未能将美国的劳动参与率提升到疫情之前的水平，详见图 5。

从图 5 可以看出，疫情暴发初期美国的劳动参与率在两个月内史无前例地下降了 3.2 个百分点，然后开始回升，但是直到 2022 年 1 月仍比疫情前低 1.1 个百分点。尽管 2021 年美国经济增长强劲，工资涨幅大，但劳动参与率一直徘徊在 20 世纪 70 年代以来的最低水平。

造成这种下降的因素较多，例如“婴儿潮”一代退出劳动力市场后，没有相同数量的年轻人填补其职位；又如疫情期间更多人需要照顾居家上学的子女，因此低学历女性从事的酒店、餐馆和儿童保育等低收入服务行业的劳动力缺口尤其严重，并进而形成服务行业价格飞涨导致部分劳动力人口选

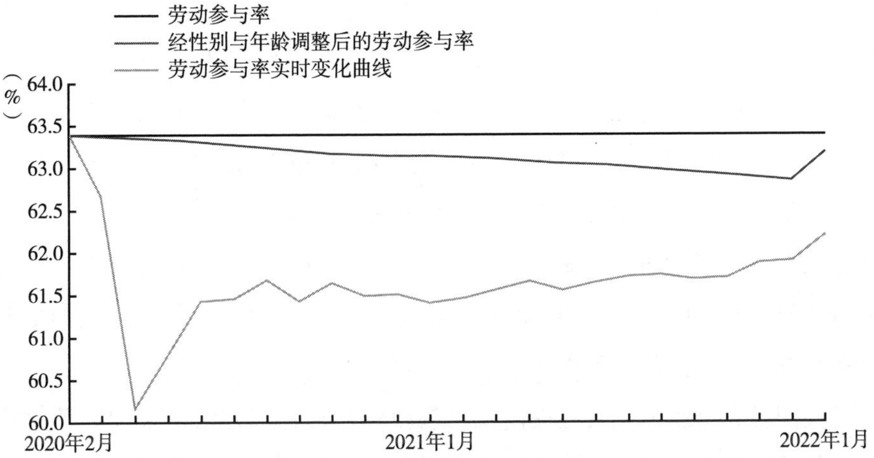

图5　2020~2021年美国劳动参与率的变化

资料来源：The White House, "Economic Report of the President: 2021," April 2022, https://www.whitehouse.gov/wp-content/uploads/2022/04/ERP-2022.pdf。

择照顾家庭、无法返回劳动力市场的恶性循环。

更重要的是，辞职和罢工两股浪潮正在全美机械、食品、医疗、娱乐等行业加速蔓延，加剧着美国劳动力短缺的危机。以2021年8月为例，全美有430万人辞职，数据创下20年来的新高；辞职率高达2.9%，更刷新了有统计以来的最高值。①

据统计，2021年共计有14万名美国工人参与了265起罢工（停工）事件。其中，2021年10~11月的罢工数量和参与罢工的人数大幅增加，非工会工人的罢工占罢工总数的32.8%且规模较小，罢工的主要行业为制造业、教育服务业、医疗和社会援助行业等。② 装卸工、卡车司机、仓储工人等的缺乏，增加了物流成本，加剧了供应链危机，推高了通货膨胀率，又进一步推动工人们通过罢工等形式要求提高待遇、改善工作环境、促进种族公平等。

① Matt Egan, "A Record Number of Americans Are Quitting Their Jobs," CNN, October 12, 2021, https://edition.cnn.com/2021/10/12/economy/jolts-job-openings/index.html.

② ILR Worker Institute, "Labor Action Tracker: Annual Report 2021," February 21, 2022, https://www.ilr.cornell.edu/worker-institute/blog/reports-and-publications/labor-action-tracker-annual-report-2021.

美国劳动力市场迅速从2020年的“人找工作”变为2021年的“工作找人”：相对于劳动力规模，劳动力人口减少了320万人。2021年6月以来，月均离职率维持在3.2%左右，职位空缺数保持在1000万个以上。12月，美国有1140万个空缺职位，这是自2000年末以来该数据的最高水平。甚至对于积极找工作的失业者来说，空缺职位也有所增加。2021年12月，每个失业人员平均对应1.81个空缺职位，这是美国职位空缺数和劳工流动调查报告（Jobs Opening and Labor Turnover Survey，JOLTS）所记录的历史上最高数据，比疫情前的2020年2月高出约48%。①

美国各大企业正在通过提高工资和投资自动化等方法来增加劳动力数量。然而，美国知名论坛Reddit的“反工作”（Antiwork）板块的成员人数已经从2020年1月的7.6万人迅速增长到超过100万人，各种有关辞职的帖子和对抗“坏老板”的故事在该板块和其他社交平台蔓延。对此，有分析认为，疫情、对自我价值的重新思考，特别是对老板的愤怒等，是造成这种现象的主要原因；而劳动力市场的短缺也给予求职者更有利的位置，使其能够借机提升待遇和工作条件等。② 但是，这种劳动力市场的异常现象本质上是长期的收入差距、贫富悬殊和机会不平等问题在疫情下的集中爆发，充分说明美国低收入群体的愤怒和不满，特别是“他们（在疫情期间）冒着生命危险工作，却无法获得相应的回报”。③

2. 家庭债务“大膨胀”时代

与劳动力市场的“大辞职”同时出现的，是家庭债务的“大膨胀”。纽约联邦储备银行的数据显示，受住房和汽车贷款激增影响，美国家庭债务总额在2021年增加了1.02万亿美元，创2007年以来的最大增幅，而这背后

---

① The White House, “Economic Report of the President: 2021,” April 2022, https://www.whitehouse.gov/wp-content/uploads/2022/04/ERP-2022.pdf.

② Connie Lin, “The Great Resignation Just Got Greater: Here Are 4 Reasons Why,” Fast Company, November 12, 2021, https://www.fastcompany.com/90696557/great-resignation-more-people-quitting-jobs-why.

③ Paul Krugman, “The Revolt of the American Worker,” *The New York Times*, October 14, 2021, https://www.nytimes.com/2021/10/14/opinion/workers-quitting-wages.html.

的原因主要是房屋与汽车价格上涨。其中，2021 年新获批的房屋抵押贷款超过 4.5 万亿美元，创下 1999 年发布该类别报告以来的历史新高。家庭债务中增幅最大的部分是抵押贷款余额，总额已达到 10.93 万亿美元，是 1999 年以来的最高水平。①

美国联邦政府的债务规模已经突破 30 万亿美元大关，较美国 2021 年的国内生产总值（约 23 万亿美元）高 7 万亿美元。这说明美国从联邦政府到家庭都面临着日渐严峻的高债务风险。

经济快速反弹的主要动力是个人消费增长，而个人消费增长的主要推动因素是超常规的救助政策。无论是金融机构还是金融市场都是歧视低收入家庭和中小企业的，只能通过财政政策为低收入家庭和中小企业提供流动性支持。美国长期以来的产业空心化导致其市场上的大量商品依赖进口。一方面是疫情下全球供应链受损，跨国运输和美国自身运输能力受限；另一方面是美元流动性泛滥，家庭消费需求在系列政策刺激下迅猛反弹，其结果是 2021 年美国日益严重的通货膨胀，详见图 6。

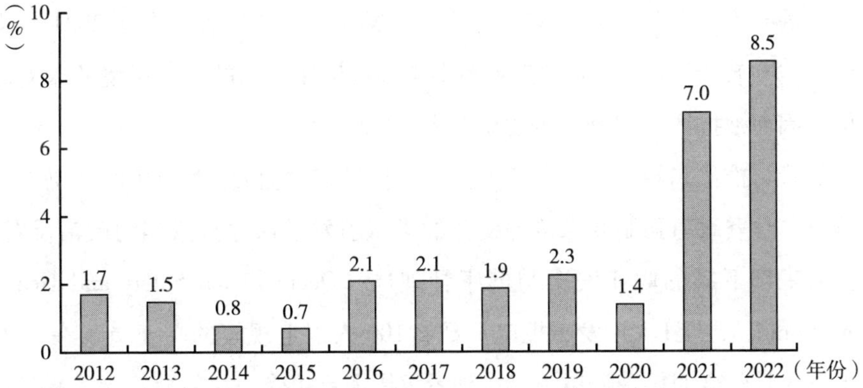

图 6　2012 年至 2022 年初美国通货膨胀率的变化

资料来源：US Inflation Calculator，“Current US Inflation Rates：2000 - 2022，” https：//www. usinflationcalculator. com/inflation/current-inflation-rates/。

① Federal Reserve Bank of New York，“Quarterly Report on Household Debt and Credit，” February 2022，https：//www. newyorkfed. org/microeconomics/hhdc. html.

从图 6 可知，2021 年度通货膨胀率急剧攀升，已经达到 1981 年以来的最高水平。食品、住房和汽油等价格的上涨，无疑增加了美国中低收入群体面临的工作和生活压力。也就是说，中低收入群体在通货膨胀下承受着收入缩水和生活质量下降的痛苦，食利阶层却因通货膨胀实现资本迅速增值，贫富分化和阶层固化等因此而愈发严重。

三　团结承诺空转，多重撕裂恶化

拜登的多项竞选承诺陷入“空转”，民主党内不团结，两党斗争更为激烈，多重维度的社会对立和社会撕裂还在恶化。

（一）竞选承诺大多陷入“空转”

拜登的总统竞选纲领要解决四大挑战：疫情危机、经济困境、气候变化、种族矛盾。同时，他承诺要补偿非洲裔，推动警务改革，改变移民政策，等等，为一个分裂的国家“疗伤”。然而，这些竞选承诺在 2021 年大多陷入“空转”。例如，通货膨胀和供应链危机让美国的经济困境并未有效缓解，因而被批评为“拜登的史诗级失败”。①

尽管力推“口罩令”和注射疫苗，美国的新冠肺炎确诊病例却仍然居高不下。拜登政府强制要求接种疫苗的尝试引发了保守派激烈的政治反对。美国劳工部下属的职业安全与健康管理局（Occupational Safety and Health Administration，OSHA）发布规定，要求 100 人以上规模的企业员工在 2022 年 1 月 4 日前全面接种疫苗，未接种者每周需要接受一次新冠检测，并佩戴口罩。② 该新规刚实施，2021 年 11 月 6 日，美国联邦上诉法院就叫停了拜

① Nate Ashworth, “Biden’s Epic Failures,” AXIOS, January 14, 2022, https: //www. axios. com/biden-agenda-failure-democrats-47947ce1-91b8-45e0-952f-4598fbda1789. html.

② The White House, “Biden Administration Announces Details of Two Major Vaccination Policies,” November 4, 2021, https: //www. whitehouse. gov/briefing-room/statements-releases/2021/11/04/fact-sheet-biden-administration-announces-details-of-two-major-vaccination-policies/.

登政府的企业疫苗强制令，认为拜登的新规存在“严重的法律和宪法”问题，因此裁定暂缓执行。①

围绕种族矛盾，拜登的种种承诺也几乎无以落实。首先，他承诺上任后100天内解决非洲裔的问题，并且补偿14万亿美元给非洲裔。但这些承诺显然并未也不可能兑现，只不过以拜登团队任命了多位非洲裔高官为回答。

其次，拜登承诺他的《乔治·弗洛伊德警察改革法案》将在2022年5月25日弗洛伊德被杀害的周年纪念日之前获得通过。但到期后，拜登甚至在民主党内都未能赢得对该法案的足够支持。② 相反，他面临着各地犯罪率普遍上升和暴力犯罪席卷全美的窘境。不仅警察被杀的案件增加，2021年至少有超过1100人死于警察暴力，例如3月的“托莱多被枪杀案”、7月的明尼苏达警察射杀平民案等，而且2021年全美主要城市的他杀案比2020年上升了5%，比2019年上升了44%。③

再次，拜登曾承诺保障少数族裔的投票权。然而，2021年全美19个州（主要是共和党主政的州）通过了34部限制投票权的州法律，例如以邮寄投票为目标，对选民身份要求实施了更严格的标准，并缩短了提前投票的时间，还限制了选票投递箱的数量等。拜登力推的《为人民法案》（For the People Act）及《2021年约翰·刘易斯投票权利促进法案》（John R. Lewis Voting Rights Advancement Act of 2021）在众议院以微弱优势获得通过后，至今未能在参议院获得通过。④

---

① Department of Labor, “COVID-19 Vaccination and Testing ETS,” January 25, 2022, https://www.osha.gov/coronavirus/ets2.

② Andrew Mark Miller, “Biden Planning Executive Orders on Police Reform,” Fox News, January 14, 2022, https://www.foxnews.com/politics/biden-planning-executive-orders-on-police-reform-report.

③ Nicole Sganga, “Homicides in Major American Cities Increased in 2021, New Study Finds,” CBS News, January 26, 2022, https://www.cbsnews.com/news/homicides-2021-increase-council-on-criminal-justice/.

④ Melissa Quinn and Kathryn Watson, “Biden Makes Push for Voting Bills and Says There is ‘No Option’ But to Kill the Filibuster,” CBS News, January 12, 2022, https://www.cbsnews.com/news/biden-voting-rights-speech-filibuster-atlanta/.

至于雄心勃勃的移民政策改革，拜登上任第一天就签署了行政令，推行移民行政改革措施，包括：加强《儿童入境暂缓遣返计划》（Deferred Action for Childhood Arrivals，DACA）；撤销特朗普政府将非公民从人口普查中排除的计划；终止所谓“穆斯林禁令”；停建美墨边境墙等。2021 年 2 月，拜登政府向国会提交综合移民改革法案，即《2021 年美国公民法案》（U. S. Citizenship Act of 2021）；2021 年 3 月，取消了特朗普颁布的《公共负担条例》（Public Charge Rule）。

但是，美国的国内政治社会现状迫使其在移民政策上出现反复变化。在得克萨斯州和密苏里州对拜登政府终止《移民保护协议》（Migrant Protection Protocols）进行起诉后，美国联邦最高法院于 2021 年 8 月 24 日裁定，《移民保护协议》必须恢复，“留在墨西哥”（Remain in Mexico）移民政策被重启。[①] 此后，在法律层面上，拜登政府实际上是推翻了 2021 年 1 月拜登上任之初做出的移民政策调整，重新回到了特朗普政府时期的做法。美国海关和边境保护局于 2020 年 10 月至 2021 年 9 月，在美国与墨西哥的南部边境逮捕了约 170 万人，创下历史新高。[②]

（二）多重撕裂持续恶化

2021 年，拜登显然未能实现其“团结”美国的愿景。美国社会的现状是日益恶化的分裂对抗，并且与政治极化和文化冲突等交错在一起。

首先，党争和宗教力量围绕性少数群体（LGBTQ+）和堕胎等议题进行角力。

宗教是美国文化的重要组成部分，对美国社会和政治的影响力都不容忽视。2021 年 7 月，美国公共宗教研究所（Public Religion Research Institute）

① 《移民保护协议》就是“留在墨西哥”政策，在特朗普任美国总统时出台，2019 年 1 月开始执行。这一政策要求试图寻求美国庇护的中美洲国家移民停留在墨西哥边境城市，等待美国法院审理其庇护申请。

② Paola Rosa-Aquino, “Arrests at the Border Hit Record High,” Forbes, October 20, 2021, https://www.forbes.com/sites/lisakim/2021/10/20/arrests-at-us-mexico-border-highest-since-1986-report-says/.

发布的《2020 年美国宗教人口普查》（2020 Census of American Religion）报告显示，美国人口总数的 70%自称为基督徒（包括福音派、主流派新教徒、天主教徒等），其中白人基督徒约占 44%，有色人种基督徒约占 26%；另有 4.5%为非基督教的其他宗教信仰者，23%为无宗教归属者，近 3%为无神论者。白人基督徒总人数急速下降至人口半数以下，30 岁以下的美国青年人当中有 36%的人自称没有宗教归属，这引发了宗教人士对于美国的立国之本的担忧。

共和党与民主党的主体成员都是基督徒：83%的共和党员自称基督徒，其中 68%为白人基督徒，8%为有色人种基督徒，13%为无宗教归属者；69%的民主党员自称基督徒，其中 39%为白人基督徒，27%为有色人种基督徒，23%为无宗教归属者。[①]

20 世纪 50 年代以来，“宗教差距”成为美国政治与宗教互动的特征之一，即对白人基督教福音派而言，越信教的越支持共和党，越不信教的越支持民主党。并且，天主教徒选票的重要性上升，甚至有“得天主教者得天下”的说法。

2021 年，拜登政府在全方位支持性少数群体和堕胎等问题上，与共和党主政州、宗教保守派等之间存在明显分歧。

2021 年 2 月，美国众议院投票通过了《平等法案》（Equality Act）。该法案修订了 1964 年的《民权法》（Civil Rights Act of 1964），旨在保护公民在就业、住房及其他服务以及进入餐馆等公共场所时不受基于性取向和性别认同的歧视，被视为对性少数群体的全面保障。但是，迄今该法案依然没有通过参议院的投票。[②] 此外，以道德与宗教自由委员会（Ethics & Religion Liberty Commission，ERLC）为代表的宗教保守力量坚决反对《平等法案》，

---

① Public Religion Research Institute，“The 2020 Census of American Religion，” July 8，2021，https：//www.prri.org/research/2020-census-of-american-religion/.

② Chris Woodward，“Equality Act Clearly Not ‘Bipartisan’ -But Certainly Unfair，” AFN，March 3，2022，https：//afn.net/legal-courts/2022/03/03/equality-act-clearly-not-bipartisan-but-certainly-unfair-says-attorney/.

认为这是对宗教自由最严重的威胁之一。①

2021 年，拜登政府在保护性少数群体方面动作频频。他在上任当天就发布了保护该群体的行政令，宣布 2021 年 6 月为“LGBTQ+骄傲月”（LGBTQ+Pride Month）。2021 年 10 月，美国国务院宣布已经发放第一本性别标注为 X 的护照。② 拜登政府以此为推进美国价值观、打造美国全球领导力的重要内容之一，甚至五角大楼都发布了《在全球范围内提升和保护 LGBTQI+群体的人权》备忘录。③ 但是，在共和党主政的州，2021 年制定了近 400 项歧视或限制 LGBTQ+群体的法令。④ 例如，佛罗里达州通过了一项被称为“不要说同性恋”（Don't Say Gay）的法案。该法案禁止佛罗里达州从幼儿园到小学三年级的早期课程包含涉及 LGBTQ+群体权利的内容，禁止在学校教授儿童有关性取向和性别认同的内容。⑤

基督教对堕胎的禁止和限制，深刻地影响着两党对于堕胎的政策差异。由堕胎问题引起的政治和社会矛盾是美国的高度“宗教性”议题，并且与党争、宗教力量博弈、司法政治化等深度捆绑。拜登努力将自己作为开明政治领袖和虔诚天主教徒的两个身份合二为一，但是，他在堕胎问题上的立场以及他对生育权利的支持，与教会的教义相冲突。

共和党主政州在 2021 年继续开展“反堕胎运动”。2021 年 5 月，得克

① Biblecal Recorder, “The ERLC's Advocacy against the Equality Act Extends into 2022,” December 21, 2021, https://www.brnow.org/news/explainer-the-erlcs-advocacy-against-the-equality-act-extends-into-2022/.

② 护照持有人没有按照惯例界定自己的性别为男性或女性。

③ The White House, “The Biden-Harris Administration Is Advancing LGBTQI+ Human Rights at Home and Across the Globe,” May 17, 2021, https://www.whitehouse.gov/briefing-room/statements-releases/2021/05/17/fact-sheet-the-biden-harris-administration-is-advancing-lgbtqi-human-rights-at-home-and-across-the-globe/.

④ Sharita Gruberg and Caroline Medina, “The 2022 Legislative Landscape for LGBTQ+ Rights,” CAP, February 1, 2022, https://www.americanprogress.org/article/the-2022-legislative-landscape-for-lgbtqi-rights/.

⑤ Kiara Alfonseca, “Florida Governor Signs Controversial ‘Don't Say Gay’ Bill into Law,” ABC News, March 29, 2022, https://abcnews.go.com/US/florida-governor-signs-controversial-dont-gay-bill-law/story?id=83719304.

萨斯州通过了全美最严苛的堕胎禁令之一，规定胎儿出现心跳（通常在怀孕 6 周）后即禁止堕胎，即便是强奸和乱伦的受害者也必须遵循这项法律。拜登政府敦促联邦法官阻止该“6 周心跳法案”，但美国最高法院裁定，得克萨斯州政府有权在境内继续推行该法案。①

其次，控枪问题也始终是两党和各种利益团体博弈的焦点，并且与“黑人的命也是命 vs. 白人至上主义”等种族矛盾交织在一起。2014～2021 年美国枪支暴力所造成的死亡人数详见图 7。

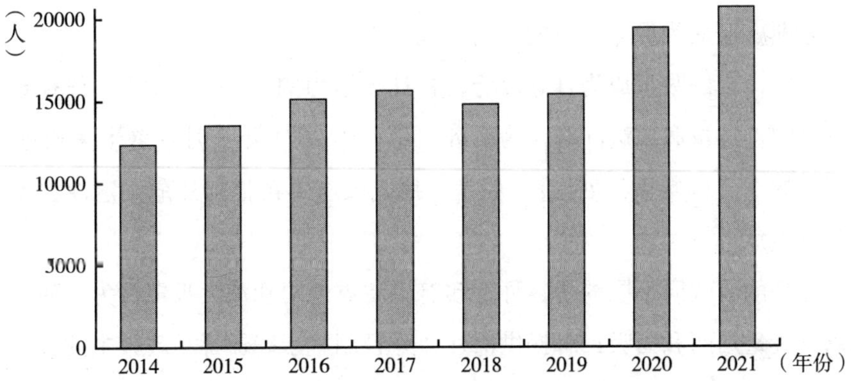

图 7　2014～2021 年美国因枪支暴力丧生的人数

资料来源：The Trace, “Gun Violence in 2021, by the Numbers,” https://www.thetrace.org/2021/12/gun-violence-data-stats-2021/。

尽管拜登一再表示对枪支暴力不再容忍，但是其《重建更美好未来法案》中计划用于干预社区暴力的部分仍困在参议院。2021 年，因枪支暴力而死亡的人数持续上升，并再创新高。全美因枪支暴力而失去生命的人超过 2 万人，其中大规模枪击案达 693 起，比 2020 年高出 13.4%。全美 1/3 的成年人拥有枪支。2021 年，全美售出的枪支总量达 1880 万支，其中包括

① Caroline Downey, “Supreme Court's Rulings in Texas Heartbeat Act Cases,” National Review, December 10, 2021, https://www.nationalreview.com/bench-memos/supreme-courts-rulings-in-texas-heartbeat-act-cases/.

1130 万支手枪和 750 万支长枪。①

2021 年 11 月，在“黑人的命也是命”示威骚乱中开枪打死两人的凯尔·里滕豪斯（Kyle Rittenhouse）在基诺沙巡回法院被判无罪，当庭获释。作为非洲裔男子弗洛伊德被白人警察杀害的余波，里滕豪斯案的判决结果引起全美多地的示威活动，而美国全国步枪协会（National Rifle Association of America，NRA）则对判决结果表示支持，因为里滕豪斯被视为美国枪支拥有者的代表，极右翼团体“骄傲男孩”（Proud Boys）等将该判决视为“这个国家还有希望”；共和党人将里滕豪斯视为美国“文化战争中的新英雄”，里滕豪斯已经成为保守力量的“吉祥物”。②

最后，合法吸毒成为拜登政府转移社会压力的“一剂良药”。拜登政府将解决吸毒过量和成瘾问题作为当务之急，于 2021 年 3 月签署了拨款近 40 亿美元的《美国救援计划法》。但是，拜登政府不再把阿片危机定性为紧急公共卫生危机。

与特朗普政府不同的是，拜登政府不注重惩罚和消灭吸毒行为，而是强调减少过量用药和为吸毒者提供治疗，并且侧重于确保毒品政策中的种族平等和促进减少伤害，试图消除与毒品相关的刑事司法系统中存在的种族、性别和经济不平等现象。③

基于减少伤害和改善治疗的思路，美国国家毒品管制政策办公室首次将“减少伤害”列为优先事项。美国毒品执法局（Drug Enforcement Administration，DEA）解除了长达 10 年的暂停阿片类药物治疗项目的禁令。2021 年 11 月，全美首家官方授权毒品注射的药物过量预防中心（Overdose Prevention

---

① Chip Brownlee, “Gun Violence in 2021, by the Numbers,” The Trace, January 5, 2022, https://www.thetrace.org/2021/12/gun-violence-data-stats-2021/.

② Sara Burnett, “In Gun Debate, Rittenhouse Verdict Unlikely to Be Last Word,” NBC, November 14, 2021, https://www.nbcbayarea.com/news/national-international/in-gun-debate-rittenhouse-verdict-unlikely-to-be-last-word/2731698/.

③ The White House, “The Biden-Harris Administration's Statement of Drug Policy Priorities for Year One,” March 2021, https://www.whitehouse.gov/wp-content/uploads/2021/03/BidenHarris-Statement-of-Drug-Policy-Priorities-April-1.pdf.

Center，OPC）在纽约开张，该中心也被称作“毒品安全注射中心”，为吸毒成瘾者提供干净的针头、医疗护理、成瘾治疗和社会服务等。

但是，吸毒合法化并未改善美国社会的毒品问题。2021 年，美国由于芬太尼和其他合成阿片类药物导致的死亡人数激增到前所未有的水平。根据美国疾病控制与预防中心下属的国家卫生统计中心发布的数据，在截至2021 年 10 月的 12 个月里，估计有 105752 人死于药物过量。与 2020 年同期相比，美国死于药物过量的人数增加了约 1.5 万人，增长了 16%；死于甲基苯丙胺和其他精神兴奋剂过量的人数比 2020 年增加了近 40%；除四个州外，其他州的服药过量死亡人数都有所上升。

吸毒合法化和过量药物致死等情况被视为“重大的、系统的问题”，因为在疫情危机之下，经济和精神层面的各种压力都会使部分美国人依赖阿片类药物，其背后的诱因是健康、贫困和住房等问题。[①] 但是，如前文所分析的，拜登政府无力解决这些问题。虽然毒品合法化变相加剧了用药致死人数增加的问题，但是可以通过加深人们对非法用药的依赖，转移甚至减少社会压力。

四 趋势与展望

拜登宣称要成为“所有美国人的总统”，但是，2021 年底的民意调查显示，多数美国人认为拜登正在分裂国家，而不是团结国家。[②]

拜登誓言力扫“特朗普的痕迹”，但是，他的多项改革和政策不得不沦为“特朗普的遗产”，还陷入通货膨胀的泥沼。

2021 年初的国会山事件彰显了美国“红与蓝”、农村与城市、保守派与

① Deidre McPhillips, “US Drug Overdose Deaths Reach Another Record High as Deaths from Fentanyl Surge,” CNN, March 16, 2022, https://edition.cnn.com/2022/03/16/health/overdose-deaths-record-high-fentanyl/index.html.

② Timothy Bowens, “Plurality of Americans Believe Biden Is Dividing the Country, Rather Than Uniting It, Poll Finds,” News Primer, January 12, 2022, https://news-primer.com/plurality-of-americans-believe-biden-is-dividing-the-country-rather-than-uniting-it-poll-finds/.

自由派之间的“战争”，这些鸿沟并未因拜登反复强调的“团结”口号和做出的相应努力而有所弥合。

2021 年美国社会的种种分裂对抗现象都表明，美国的社会结构处于自下而上和自上而下都趋于崩解的进程之中。这种崩解趋势既会深刻地影响 2022 年的美国中期选举，也将因中期选举本身而不断加速。

（审读　姬虹）

B.5

2021年的美国外交：“战略竞争”主导下的调整

刘得手*

摘　要： 2021年执政伊始，拜登政府就发布了《临时国家安全战略指南》报告和“服务于美国民众的外交政策”，宣告其以恢复美国的全球领导地位为目标的外交战略。拜登政府的全球战略延续性大于变化，其中延续性主要体现在：承袭了特朗普政府的“大国竞争”战略，不断加剧对中国和俄罗斯的“战略竞争”，特别是将中国视为“最严峻的竞争对手”；变化则体现在：更强调外交的作用，特别是重振联盟伙伴关系，与盟友及伙伴一起应对各种重大挑战。拜登政府的上述倾向也体现在其地区战略和重大外交议题的推进上。在地区层面，其战略重点是“印太”、欧洲及中东；在重大议题层面，聚焦应对新冠肺炎疫情、复兴民主、应对气候变化等。展望2022年，拜登政府的外交战略在很大程度上不会出现大幅调整。

关键词： 美国外交　拜登政府　战略竞争

2021年1月，拜登入主白宫。在执政的第一年，拜登政府的外交战略，特别是其相对于前政府所体现的延续与变化引人关注。本报告将以拜登政府发布的官方文件为主要资料来源，从美国的全球战略、印太战略及重大外交

* 刘得手，中国社会科学院美国研究所研究员，主要研究领域为美国外交、美欧关系、中美关系。

议题等角度探讨拜登政府的外交政策及其实施，并结合俄乌冲突及拜登政府的应对等，展望2022年美国外交的走向。

一 拜登政府的外交战略基调

上任仅月余，拜登政府就同时推出了《临时国家安全战略指南》（Interim National Security Strategy Guidance）和“服务于美国民众的外交政策”（A Foreign Policy for the American People），显示出美国新政府与前届政府“决裂”、不走回头路，特别是急于为其国家安全战略与外交政策定调的决心。这一政策基调就是恢复美国的全球地位，延续和加剧与中国和俄罗斯等国的“战略竞争”；在此过程中，重振美国的联盟伙伴关系体系，以发挥其作为美国“最大资产”的作用。

（一）赢得美国的全球领导地位

在新冠肺炎疫情及其导致的经济衰退背景下执政的拜登政府，将其施政重点依次列为应对新冠肺炎疫情、气候变化、种族平等、经济、医疗、移民及恢复美国的全球地位。而为恢复美国在世界的地位，拜登政府将采取如下措施：加强美国国家安全工作人员队伍建设，在全球重建民主联盟，捍卫美国价值观和人权，并为美国中产阶级在全球经济中取得成功做好准备。① 由此，拜登政府将赢得美国的全球领导地位作为美国外交政策的目标。

2021年3月3日拜登政府发布的《临时国家安全战略指南》报告声称：“通过恢复美国的信誉和重申前瞻性的全球领导地位，我们将确保美国而不是中国制定国际议程，与其他国家一道制定新的全球规范和协议，促进我们的利益并反映我们的价值观。”② 同一天，国务卿安东尼·约翰·布林肯

① The White House, “The Biden-Harris Administration Immediate Priorities,” https://www.whitehouse.gov/priorities/.

② The White House, “Interim National Security Strategy Guidance,” March 3, 2021, https://www.whitehouse.gov/wp-content/uploads/2021/03/NSC-1v2.pdf.

（Antony John Blinken）发表题为"服务于美国民众的外交政策"的演讲。他说："虽然时代变了，但一些原则仍然存在。其中之一是美国的领导力和参与至关重要。"①

事实上，全球领导地位可以说是冷战后美国历届政府的一致追求。拜登总统就职后的第一次外交政策演讲主题为"美国在世界上的地位"，可见他对这个问题的重视。在演讲中，拜登总统强调："我们将通过在国内更好地建设，与我们的盟友和伙伴合作，恢复我们在国际机构中的角色，挽回我们丧失的许多信誉和道德权威，从实力地位出发竞争。这就是为什么我们迅速采取行动，开始恢复美国在国际上的参与，重新赢得我们的领导地位，并推动全球采取行动应对共同的挑战。"② 当然，拜登政府强调恢复美国的全球地位也基于他认为上届政府的"美国优先"理念及其"退群外交"损害了美国的全球领导权。

（二）延续并加剧与中俄等国的"战略竞争"

在竞选期间，拜登曾经对特朗普政府的外交政策提出尖锐批评，但执政后，拜登总统选择承袭前政府的外交遗产，特别是其"大国竞争"战略。与前政府相同，拜登政府仍将中国视为美国最主要的竞争对手。

2021 年 2 月 4 日，在题为"美国在世界上的地位"外交政策演讲中，拜登总统重弹上届政府提出的"大国竞争"老调。他说："我们将修复我们的联盟，再次与世界接触，不是为了迎接昨天的挑战，而是为了迎接今天和明天的挑战。美国领导人必须迎接这个威权推进的新时刻，包括中国日益增长的与美国抗衡的野心，以及俄罗斯破坏、扰乱我们民主的决心。"③

---

① Antony John Blinken, "A Foreign Policy for the American People," March 3, 2021, https://au.usembassy.gov/secretary-blinken-speech-a-foreign-policy-for-the-american-people/.

② "Remarks by President Biden on America's Place in the World," February 4, 2021, https://www.whitehouse.gov/briefing-room/speeches-remarks/2021/02/04/remarks-by-president-biden-on-americas-place-in-the-world/.

③ "Remarks by President Biden on America's Place in the World," February 4, 2021, https://www.whitehouse.gov/briefing-room/speeches-remarks/2021/02/04/remarks-by-president-biden-on-americas-place-in-the-world/.

3月3日，拜登政府在其发布的《临时国家安全战略指南》报告中提出："我们面临着一个民族主义抬头、民主倒退，与中国、俄罗斯和其他威权主义国家的竞争日益激烈的世界，以及一场正在重塑我们生活方方面面的技术革命。"报告强调："这一议程将加强我们的持久优势，使我们能够在与中国或任何其他国家的战略竞争中获胜。"① 报告还强调："我们还必须面对这样一个现实，即世界各地的权力分配正在发生变化，造成新的威胁。尤其是中国，它已迅速变得更加自信。它是唯一有可能将其经济、外交、军事和技术力量结合起来，对稳定和开放的国际体系发起持续挑战的竞争对手。"②

同一天，国务卿布林肯发表其就任以来的首次外交政策演讲。在演讲中他列举了美国外交的八大优先事项，其中中国是唯一被列入优先事项的国家。布林肯说，美中关系是美国将应对的21世纪最大的地缘政治考验。他还说："中国是唯一一个拥有经济、外交、军事和技术实力，对稳定和开放的国际体系造成严重挑战的国家。"③

实际上，更早些时候，拜登总统就表达了其将中国视为主要"战略竞争"对手的观点。在2021年2月4日的演讲中，他说："我们还将直接应对我们的繁荣、安全和民主价值观带来的挑战，这些挑战来自我们最严峻的竞争对手中国。"④ 2月19日，在慕尼黑安全会议的视频会议上，拜登发表演讲时说："与中国的竞争将十分激烈。这是我所预料的，也是我所欢迎的，因为我相信欧洲和美国以及我们的印太盟友在过去70年中努力建立的

---

① "Interim National Security Strategy Guidance," March 3, 2021, https://www.whitehouse.gov/wp-content/uploads/2021/03/NSC-1v2.pdf.

② "Interim National Security Strategy Guidance," March 3, 2021, https://www.whitehouse.gov/wp-content/uploads/2021/03/NSC-1v2.pdf.

③ Secretary Blinken Speech: "A Foreign Policy for the American People," March 3, 2021, https://au.usembassy.gov/secretary-blinken-speech-a-foreign-policy-for-the-american-people/.

④ "Remarks by President Biden on America's Place in the World," February 4, 2021, https://www.whitehouse.gov/briefing-room/speeches-remarks/2021/02/04/remarks-by-president-biden-on-americas-place-in-the-world/.

全球体系。”①

不仅如此，拜登政府还将其“竞争战略”提升至赢得21世纪的高度。4月28日，拜登总统首次在国会发表演讲，他说：“我们正在与中国和其他国家竞争，以赢得21世纪的胜利。”② 由此可见，与特朗普政府一样，拜登政府也认为美国与中国的竞争是长期的。不同的是，拜登总统及其国家安全团队成员一再强调要管控中美“战略竞争”，以避免竞争演化为冲突。

（三）重振美国与盟友和伙伴的关系

众所周知，在特朗普政府时期，主要由于特朗普总统本人的言论，跨大西洋关系不时出现疏离的迹象。难怪许多欧洲人说，他们希望在2020年11月5日（预计的美国大选结果揭晓日）一觉醒来，发现过去4年是一场噩梦，在拜登总统的领导下，一切都将恢复“正常”。③

与特朗普政府不同，恢复并加强同盟与伙伴关系是拜登政府外交战略的重点之一。对于这一点，拜登总统在其就职演说中曾重点强调。随后，拜登政府又在其发布的《临时国家安全战略指南》报告中宣称：“我们将振兴我们在世界各地的联盟和伙伴关系并使之现代化。……除了核心联盟之外，我们还将加倍努力在全世界建立伙伴关系，因为当我们齐心协力应对共同挑战、分担成本和扩大合作圈时，我们的实力就会倍增。”④ 而在国务卿布林肯看来，与美国在世界上发挥领导和参与作用并行的另一个持久原则是，美

---

① “Remarks by President Biden at the 2021 Virtual Munich Security Conference,” February 19, 2021, https://www.whitehouse.gov/briefing-room/speeches-remarks/2021/02/19/remarks-by-president-biden-at-the-2021-virtual-munich-security-conference.

② The White House, “Remarks as Prepared for Delivery by President Biden — Address to a Joint Session of Congress,” April 28, 2021, https://www.whitehouse.gov/briefing-room/speeches-remarks/2021/04/28/remarks-as-prepared-for-delivery-by-president-biden-address-to-a-joint-session-of-congress/.

③ David Whineray, “Trump Has Irrevocably Changed American Relations With Europe—and Biden Probably Can't Fix It,” May 6, 2020, https://carnegieendowment.org/2020/05/06/trump-has-irrevocably-changed-american-relations-with-europe-and-biden-probably-can-t-fix-it-pub-81739.

④ “Interim National Security Strategy Guidance,” March 3, 2021, https://www.whitehouse.gov/wp-content/uploads/2021/03/NSC-1v2.pdf.

国“现在比以往任何时候都更需要各国的合作。任何一个单独行动的国家都无法应对影响你生活的任何一个全球性挑战，即使是像美国这样强大的国家，也没有足够高或足够强的墙来阻挡正在改变我们世界的变化”。因此，他认为，“我们的联盟就是军方所说的力量倍增器。它们是我们独特的资产”。他还意有所指地说：“需要从实力的角度出发与中国接触。这需要与盟友和伙伴合作，而不是诋毁它们，因为中国很难忽视我们的综合实力。”①因此，拜登政府不仅重视与同盟和伙伴的关系，而且宣布将“重振与盟友和伙伴的关系”作为美国外交的优先事项之一。

二　拜登政府的地区外交战略推进

在地区层面，拜登政府的战略重点在“印太”②、欧洲及中东。当然，这三个地区在美国战略中的重要性是存在差异的，其中“印太”地区的重要性在上升，而中东地区的重要性在下降。此外，由于地理位置的原因，美国与西半球的关系相对密切。正如拜登政府的《临时国家安全战略指南》报告所言：“美国至关重要的国家利益迫使其与印太、欧洲和西半球建立最紧密的联系。……美国在印太和欧洲的存在将是最强大的。在中东，我们将使军事存在的规模达到破坏国际恐怖主义网络、遏制伊朗侵略和保护其他重要美国利益所需的水平。”③

1.“印太”地区

拜登政府执政后，继续特朗普政府的竞争战略。在“战略竞争”理念的主导下，拜登政府迅速撤出阿富汗战争，深度介入“印太”事务，强化与广大“印太”国家的关系，加剧对华“战略竞争”，这一切增加了该地区

① Antony John Blinken, “A Foreign Policy for the American People,” March 3, 2021, https://au.usembassy.gov/secretary-blinken-speech-a-foreign-policy-for-the-american-people/.

② 2017年以来，美国政府官方文件以“印太”取代了“亚太”。

③ “Interim National Security Strategy Guidance,” March 3, 2021, https://www.whitehouse.gov/wp-content/uploads/2021/03/NSC-1v2.pdf.

的不确定性。

（1）从阿富汗撤军

拜登政府的《临时国家安全战略指南》声称："美国不应该也不会参与'永久战争'，这场战争已经造成数千人死亡和数万亿美元的损失。我们将负责任地结束美国在阿富汗持续时间最长的战争，同时确保阿富汗不再成为针对美国的恐怖袭击的避风港。"① 2021 年 4 月 14 日，拜登总统发表全国讲话，正式宣布从 5 月 1 日开始到 9 月 11 日，也就是阿富汗战争 20 周年纪念日，美国将撤出在阿富汗的全部 2500 名军人。② 7 月 8 日，拜登总统宣布，随着该地区的不稳定和暴力活动加剧，美国将在 8 月 31 日前完成从阿富汗撤军。③ 8 月 15 日，阿富汗塔利班进入首都喀布尔并占领总统府。8 月 26 日，喀布尔国际机场外发生恐怖袭击事件，袭击造成至少 169 名阿富汗人死亡和 13 名美军阵亡。8 月 30 日，美国完成从阿富汗的撤军行动。然而，拜登政府主导的从阿富汗仓促撤军及其造成的混乱饱受诟病。

（2）应对缅甸危机

2021 年 2 月 1 日，缅甸发生军事政变，宣布缅甸进入为期一年的紧急状态，国家权力移交给国防军总司令敏昂莱。缅甸总统温敏、国务资政昂山素季等缅甸全国民主联盟的高级官员于当天凌晨被缅军方扣押。2 月 10 日，拜登总统就美国政府对缅甸政变的应对发表讲话。他说："上周，美国帮助召集了联合国安理会，安理会发表了一份支持缅甸民主的强烈声明。本周，我们将利用我们在人权理事会的新参与，加强世界对缅甸人权的承诺。"他同时宣布已签署《关于封锁缅甸局势有关的财产的行政命令》

① "Interim National Security Strategy Guidance," March 3, 2021, https://www.whitehouse.gov/wp-content/uploads/2021/03/NSC-1v2.pdf.

② Terri Moon Cronk, "Biden Announces Full U.S. Troop Withdrawal from Afghanistan by Sept. 11," April 14, 2021, https://www.defense.gov/News/News-Stories/Article/Article/2573268/biden-announces-full-us-troop-withdrawal-from-afghanistan-by-sept-11/.

③ Sarah Kolinovsky and Conor Finnegan, "Biden Says Military Withdrawal from Afghanistan Will Conclude Aug. 31," July 9, 2021, https://abcnews.go.com/Politics/biden-military-withdrawal-afghanistan-conclude-aug-31/story?id=78729387.

（Executive Order on Blocking Property with Respect to the Situation in Burma），对发动军事政变的缅甸军方领导人实施制裁。[①] 12 月 15 日，国务卿布林肯在就职后的首次东南亚之行期间谈及缅甸局势。他说："我认为，在未来的几周和几个月里，研究我们可以单独、集体再采取哪些步骤和措施，向缅甸政权施压，使其回到民主轨道上来，将是非常重要的。"[②] 这表明，一年来拜登政府对缅甸军政权进行的包括经济制裁在内的各种施压并未达到预期目的。

（3）巩固与传统盟友日本和韩国的关系

2021 年 3 月 14 日，美国国务院发布题为"重申美日牢不可破的同盟关系"的简报。该简报预告国务卿布林肯和国防部部长劳埃德·奥斯汀（Lloyd Austin）将于 3 月 15～17 日出访日本，参加美日"2+2"安全会谈。这份简报还声称："拜登-哈里斯政府正在努力加强美国与盟国的关系，以及这些盟国之间的关系。没有任何关系比日本和大韩民国之间的关系更重要。美国继续推动扩大美日韩合作，以应对新冠肺炎疫情、气候变化，以及振兴三方在广泛的全球问题，包括朝鲜无核化问题上的合作。"[③]

3 月 16 日，美日在"2+2"安全会谈后发表联合声明，"重申美日联盟仍然是印太地区和平、安全与繁荣的基石。日本决心增强其加强国防的能力，并进一步加强联盟。美国强调其坚定不移地致力于通过包括核武器在内的全方位能力保卫日本。面对日益加剧的地缘政治竞争和新冠肺炎疫

① The White House, "Remarks by President Biden on the Administration's Response to the Coup in Burma," February 10, 2021, https://www.whitehouse.gov/briefing-room/speeches-remarks/2021/02/10/remarks-by-president-biden-on-theadministrations-response-to-the-coup-in-burma/.

② The Department of State, "Secretary Antony J. Blinken and Malaysian Foreign Minister Saifuddin Abdullah at a Joint Press Availability," December 15, 2021, https://www.state.gov/secretary-antony-j-blinken-and-malaysian-foreign-minister-saifuddin-abdullah-at-a-joint-press-availability/.

③ The Department of State, "Reaffirming the Unbreakable U.S.-Japan Alliance," March 14, 2021, https://www.state.gov/reaffirming-the-unbreakable-u-s-japan-alliance/.

情、气候变化及民主振兴等挑战，美国和日本再次承诺推进自由开放的印太和基于规则的国际秩序"。双方不但无端指责中国，还恶意染指台海、南海、香港及新疆等问题。① 这是历次美日"2+2"安全会谈涉华措辞最强硬的一份声明。

4月16日，美日首脑会谈后联合发布题为"美日新时代全球伙伴关系"（U. S. -Japan Global Partnership for a New Era）的联合声明，声称"美日重建同盟关系，该同盟已成为印太地区与全世界和平与安全的基石"。在涉华问题上，该声明重申3月16日美日"2+2"安全会谈后发表的联合声明中的相关内容，并强调"美国和日本认识到与中国坦诚对话的重要性"，重申它们打算"直接分享关切，并承认有必要在共同感兴趣的领域与中国合作"。② 这似乎表明美日涉华立场有所调整。

（4）加紧打造美日澳印四方安全对话机制

2021年3月12日，美国、日本、澳大利亚、印度四国领导人首次举行视频首脑峰会，并发表题为"四国机制精神"（the Spirit of the Quad）的联合声明。声明强调："我们召集此次会议旨在重申我们对澳大利亚、印度、日本和美国之间四方合作的承诺。我们带来了不同的观点，在自由开放的印太共同愿景中团结一致。我们努力建设一个自由、开放、包容、健康、以民主价值观为基础、不受胁迫限制的地区。……我们承诺在我们时代的重大挑战上加强合作。"声明还强调，"一起致力于促进自由、开放的基于规则的秩序，该秩序以国际法为根基，在印太和其他地区推动安全和繁荣并应对二者面临的威胁"。③ 声明称，四国的共同目标是应对包括新冠肺炎疫情、气

① "U. S. -Japan Joint Press Statement," March 16, 2021, https://www.state.gov/u-s-japan-joint-press-statement/.

② U. S. -Japan Joint Leaders' Statement, "U. S. -Japan Global Partnership for A New Era," April 16, 2021, https://www.whitehouse.gov/briefing-room/statements-releases/2021/04/16/u-s-japan-joint-leaders-statement-u-s-japan-global-partnership-for-a-new-era/.

③ The White House, "The Spirit of the Quad," March 12, 2021, https://www.whitehouse.gov/briefing-room/statements-releases/2021/03/12/quad-leaders-joint-statement-the-spirit-of-the-quad/.

候变化等在内的最紧迫的全球挑战。

9月24日，拜登总统在白宫主持了美日澳印四国领导人第二次首脑峰会，这也是首次面对面峰会。这次峰会发布的联合声明重申了上一次峰会的承诺，并强调："我们承诺与一系列合作伙伴共同努力。我们重申，我们坚决支持东盟的团结和中心地位，支持《东盟印太展望》（ASEAN's Outlook on the Indo-Pacific），并强调我们致力于以务实和包容的方式与作为印太区域心脏的东盟及其成员国合作。我们也对2021年9月《欧盟在印太地区合作战略》（EU Strategy for Cooperation in the Indo-Pacific）的发布表示欢迎。"声明强调："我们还认识到，我们共同的未来将在印太地区书写，我们将加倍努力，确保四方安全对话机制成为地区和平、稳定、安全和繁荣的力量。为此，我们将继续支持遵守国际法，特别是《联合国海洋法公约》所体现的国际法，以应对包括东海和南海在内的基于规则的海上秩序面临的挑战。"声明声称，"我们正在启动一个新的四方基础设施合作伙伴关系"。同时还声称启动了"四方奖学金计划"（Quad Fellowship），将加强在南亚和东亚的合作。① 这次峰会不仅强化了美日澳印四方安全对话机制，而且进一步扩展了该机制所覆盖的合作领域。

（5）建立美英澳三边安全伙伴关系

2021年9月15日，美英澳三国领导人发表声明，正式宣布建立美英澳三边安全伙伴关系（AUKUS）。声明强调："作为澳大利亚、英国和美国的领导人，在我们持久的理想和对基于规则的国际秩序的共同承诺的指引下，我们决心深化印太地区的外交、安全和防务合作，包括与合作伙伴合作，以迎接21世纪的挑战。"声明声称，"将在18个月内确定为澳大利亚提供核动力潜艇的最佳途径"。声明还表示，"认识到我们数十年来建立的深厚国防关系，今天我们开始在'奥库斯'（AUKUS）领导下开展进一步的三边合作，以增强我们的联合能力和互操作性。这些初步努力将集中于网络能力、

① The White House, "Joint Statement from Quad Leaders," September 24, 2021, https://www.whitehouse.gov/briefing-room/statements-releases/2021/09/24/joint-statement-from-quad-leaders/.

人工智能、量子技术和其他海底能力”。[1] 美英澳三边安全伙伴关系给“印太”地区增添了新的不确定性。

(6)参加美国—东盟峰会和东亚峰会

2021 年 10 月 26 日,拜登总统参加美国—东盟视频峰会并发表演讲。他说:“我希望你们都能直接从我这里听到美国对与东盟关系的重视。……我们的伙伴关系对于维持自由、开放的印太至关重要,这一伙伴关系是几十年来我们的安全与繁荣的基石。……我们打算启动一项新计划和倡议,以加强我们在总额超过 1 亿美元的一系列问题上的合作。我们的基本观点是,东盟至关重要。我想说,它对印太地区的区域结构至关重要。美国致力于东盟的中心地位。你知道,这是关键。这是维持我们共同地区的复原力、繁荣和安全的关键。”[2] 次日,拜登总统参加东亚视频峰会。在会上,拜登“重申了美国对印太地区的长期承诺,并概述了他对该地区的愿景,即寻求一个开放、互联、繁荣、有韧性和安全的地区”。[3]

(7)促进湄公河-美国伙伴关系

湄公河-美国伙伴关系(Mekong-U. S. Partnership)于 2020 年启动,是对《湄公河下游倡议》(Lower Mekong Initiative)的扩展。它推进了在美国的支持下在柬埔寨、老挝、缅甸、泰国和越南之间建立综合次区域合作的目标。2021 年 8 月,国务卿布林肯和湄公河伙伴国承诺实施一项为期 3 年的湄公河-美国伙伴关系行动计划(Mekong-U. S. Partnership Plan of Action, 2021-2023)。该行动计划及其所建立的更广泛的伙伴关系包括 50 多个项目和数百万美元的美国对外援助。澳大利亚、韩国、欧盟、日本、印度及其他

---

① The White House, “Joint Leaders Statement on AUKUS,” September 15, 2021, https://www.whitehouse.gov/briefing-room/statements-releases/2021/09/15/joint-leaders-statement-on-aukus/.

② The White House, “Remarks by President Biden at the Annual U. S. -ASEAN Summit,” October 26, 2021, https://www.whitehouse.gov/briefing-room/speeches-remarks/2021/10/26/remarks-by-president-biden-at-the-annual-u-s-asean-summit/.

③ “Readout of President Biden's Participation in the East Asia Summit,” October 27, 2021, https://www.whitehouse.gov/briefing-room/statements-releases/2021/10/27/readout-of-president-bidens-participation-in-the-east-asia-summit/.

国家也在该地区开展各种项目。布林肯在主持“湄公河之友”（Friends of the Mekong）部长级会议时召集了这些合作伙伴，并欢迎湄公河委员会（Mekong River Commission）成为该小组的最新成员。随后，布林肯还公布了四项旗舰计划，其中包括湄公河-美国伙伴关系 1.5 轨政策对话。[①] 通过这些计划，美国进一步加强了对湄公河次区域事务的介入。

（8）深化与东南亚国家的关系

在拜登的阿富汗撤军命令在国内外招致批评的时刻，2021 年 8 月 22 日，美国副总统卡玛拉·哈里斯（Kamala Harris）开启首次亚洲之旅，出访新加坡和越南，以期向“印太”盟友和伙伴重申美国的承诺。

12 月 13 日，国务卿布林肯开启其任内的首次东南亚之行。12 月 14 日，他在印度尼西亚大学发表题为“自由开放的印太”的演讲。在演讲中，他强调：“我来到这里，我们来到这里，是因为印太发生的事情将比任何其他地区更能影响 21 世纪世界的轨迹。”[②] 12 月 15 日，布林肯在访问马来西亚时重申：“美国致力于与马来西亚以及整个东南亚国家合作，推进我们对自由、开放、互联、繁荣、有韧性和安全的印太的愿景。”[③]

总体来看，在刚刚执政近一年的时间里，与往届美国政府相比，拜登政府对于“印太”地区的重视程度有增无减。美国与该地区的高层交往频繁，尽管受疫情影响，很多双边或多边会议是通过视频进行的。其中面对面访问包括：2021 年 4 月 16 日，日本首相菅义伟访问白宫，这也是拜登就任总统后接待的首位来访的外国首脑；5 月 21 日，韩国总统文在寅与拜登会面，这也是后者就职后接待的第二位外国领导人。从美方来看，除副总统哈里斯

① “Keynote Address for the Mekong-U. S. Partnership Track 1. 5 Dialogue on Infrastructure and Energy,” October 27, 2021, https://mekonguspartnership.org/2021/10/27/keynote-address-for-the-mekong-u-s-partnership-track-1-5-dialogue-on-infrastructure-and-energy/.

② Antony John Blinken, “A Free and Open Indo-Pacific,” December 14, 2021, https://au.usembassy.gov/secretary-blinken-speech-a-free-and-open-indo-pacific/.

③ The Department of State, “Secretary Antony J. Blinken and Malaysian Foreign Minister Saifuddin Abdullah at a Joint Press Availability,” December 15, 2021, https://www.state.gov/secretary-antony-j-blinken-and-malaysian-foreign-minister-saifuddin-abdullah-at-a-joint-press-availability/.

之外，国防部部长奥斯汀、商务部部长吉娜·雷蒙多（Gina Raimondo）及国务卿布林肯等多位内阁成员都曾到访"印太"地区。美方在与该地区的频繁互动中抱有对华竞争的意图，人为制造紧张对立，这可能会干扰地区局势的稳定。

2. 欧洲地区

在欧洲地区，拜登政府致力于重振跨大西洋伙伴关系，与欧盟和英国就当今时代各种决定性问题打造强有力的共同议程。① 为此，拜登政府积极开展对欧外交，甚至为了达成一致立场而不惜做出妥协。与此同时，拜登政府加紧开展对俄外交，推动与俄罗斯之间建立战略稳定关系。

拜登总统一上任就叫停了此前特朗普政府提出的从德国撤出部分美军的计划。2021 年 4 月 13 日，国防部部长奥斯汀宣布，美国将向德国增派 500 名士兵。他表示，"计划中的美国人员增加凸显了我们对德国和整个北约联盟的承诺"。②

2021 年 2 月 19 日，拜登总统在慕尼黑安全会议上发表视频演讲时宣称："美国回来了。跨大西洋联盟回来了。……跨大西洋联盟是一个坚实的基础，是我们共同安全和共同繁荣得以建立的坚实基础。在我看来，欧洲和美国之间的伙伴关系是而且必须继续是我们希望在 21 世纪实现的所有目标的基石，就像我们在 20 世纪所做的那样。"③ 由此可见拜登政府对跨大西洋联盟的重视程度之高。

3 月 5 日，美国和欧盟就世贸组织框架下大型民用飞机补贴争端发表联合声明，双方"同意共同暂停四个月与世界贸易组织飞机争端有关的关税。

---

① "Interim National Security Strategy Guidance," March 3, 2021, p. 10, https://www.whitehouse.gov/wp-content/uploads/2021/03/NSC-1v2.pdf.

② "Robert Burns, Austin: US Adds 500 Troops in Germany, Despite Trump pledge," April 14, 2021, https://apnews.com/article/joe-biden-europe-lloyd-austin-berlin-germany-201df3ddf8a2b17336c4df2cbf88ef1d.

③ "Remarks by President Biden at the 2021 Virtual Munich Security Conference," February 19, 2021, https://www.whitehouse.gov/briefing-room/speeches-remarks/2021/02/19/remarks-by-president-biden-at-the-2021-virtual-munich-security-conference/.

这项暂停将涵盖飞机和非飞机产品的所有关税，并将在双方内部程序完成后立即生效……致力于通过谈判达成全面、持久的解决飞机补贴争端的方案”。① 值得注意的是，在美欧关系开启新篇章的时候，双方联手制华的力度得到了加强。3 月 22 日，欧盟和美英加三国就所谓新疆“人权”“宗教”问题对华发起制裁。

4 月 14 日，美国国务卿布林肯在比利时布鲁塞尔会见了北约秘书长延斯·斯托尔滕贝格（Jens Stoltenberg）。双方讨论了从阿富汗撤军的问题，共同呼吁俄罗斯立即停止在乌克兰边境和被占领土克里米亚的军事集结，并一致认为，北约必须继续向乌克兰提供支持。②

5 月 19 日，布林肯宣布，放弃对负责运营北溪二号天然气管道的公司及其相关成员的制裁，称这一决定符合美国的国家利益。他还表示，今天的行动表明了政府对欧洲能源安全的承诺，符合总统重建与欧洲盟友和伙伴关系的承诺。③

6 月 9~16 日，拜登总统出访欧洲，参加七国集团（G7）峰会、北约峰会、美国-欧盟峰会及美俄峰会。这是拜登当选总统后首次出访，足见他对欧洲的重视。6 月 13 日，《G7 峰会公报》（G7 Summit Communique）发表。公报内容包括以下几个方面。G7 达成全球行动共同议程：结束新冠肺炎疫情，为未来做好准备；重振 G7 的经济；确保未来的繁荣；保护地球；加强与世界各地的伙伴关系；将共同的价值观作为在不断变化的世界中取得成功的永恒基础。④

---

① “Joint Statement of the European Union and the United States on the Large Civil Aircraft WTO Disputes,” March 5, 2021, https://ustr.gov/about-us/policy-offices/press-office/press-releases/2021/march/joint-statement-european-union-and-united-states-large-civil-aircraft-wto-disputes.

② The Department of State, “Secretary Blinken's Meeting with NATO Secretary General Stoltenberg,” April 14, 2021, https://www.state.gov/secretary-antony-j-blinken-secretary-of-defense-lloyd-j-austin-and-nato-secretary-general-jens-stoltenberg-at-a-joint-press-availability/.

③ Antony John Blinken, “Nord Stream 2 and European Energy Security,” May 19, 2021, https://www.state.gov/nord-stream-2-and-european-energy-security/.

④ “Carbis Bay G7 Summit Communique,” June 13, 2021, https://www.whitehouse.gov/briefing-room/statements-releases/2021/06/13/carbis-bay-g7-summit-communique/.

6月14日，北约发布《布鲁塞尔峰会公报》（Brussels Summit Communique）。公报强调，“我们面临着多方面的威胁：来自自信和威权主义国家的系统性竞争，以及来自各个战略方向的对我们的国家和公民日益增长的安全挑战。俄罗斯的侵略行动对欧洲-大西洋安全构成威胁；一切形式和表现的恐怖主义仍然是对我们所有人的持续威胁。国家和非国家行为者挑战基于规则的国际秩序，并试图破坏全球的民主。我们境外的不稳定也助长了非正常移民和人口贩运。……联盟的最大责任是保护和保卫我们的领土和人民免受攻击，我们将应对影响欧洲-大西洋安全的所有威胁和挑战”。① 公报显示，北约的涉华立场较之前更为强硬，对俄罗斯威胁的担忧也更为强烈。

6月15日，《美国-欧盟峰会声明》（U.S.-EU Summit Statement）宣布，将一起终结新冠肺炎疫情，为未来全球健康面临的挑战做准备，推动全球可持续复苏；保护共同的地球，促进绿色增长；加强贸易、投资和技术合作；建设一个更加民主、和平、安全的世界；共同致力于维护以联合国为核心、以规则为基础的国际秩序，在需要时振兴和改革多边机构，并与所有持有这些目标的人合作。② 美国-欧盟首脑会议标志着新的跨大西洋伙伴关系的开始，并为后疫情时代的美国-欧盟合作制定了联合议程。

此次美欧峰会还达成了三项主要成果：为双方大型民用飞机建立了合作框架，达成一项为期5年的“休战协议”，结束了一项长达17年的航空补贴争端；针对解决钢铝问题的措施产生的分歧，双方决定年底进行磋商；建立美国-欧盟贸易和技术理事会（U.S.-EU Trade and Technology Council，TTC）。

10月31日，《美国-欧盟关于钢铁和铝贸易的联合声明》（Joint US-EU Statement on Trade in Steel and Aluminum）发布，宣布“当天美国与欧盟已采取联合措施，重建历史上的跨大西洋钢铁和铝贸易流，加强伙伴关

---

① “Brussels Summit Communiqué,” June 14, 2021, https://www.nato.int/cps/en/natohq/news_185000.htm? selectedLocale=en.

② “U.S.-EU Summit Statement,” June 15, 2021, https://www.whitehouse.gov/briefing-room/statements-releases/2021/06/15/u-s-eu-summit-statement/.

系，应对钢铁和铝行业的共同挑战。作为这一伙伴关系的一部分，他们打算首次就解决碳强度和全球产能过剩的全球安排进行谈判”。该声明宣称，“美国将不对欧盟征收232关税，并将允许从欧盟以历史数量免税进口钢铁和铝，欧盟将暂停对美国产品征收相关关税。这表明信任得到了恢复，并反映了长期的安全和供应链联系。作为第一步，美国和欧盟将成立一个技术工作组，负责分享相关数据，并制定评估交易钢铁和铝嵌入式排放量（embedded emissions）的通用方法”。声明同时表示，“这项全球安排反映了一项共同承诺，即利用贸易政策应对气候变化和全球市场扭曲的威胁，将本国工人和社区置于贸易议程的中心。这项全球安排将向任何与我们一样致力于实现恢复市场导向和减少碳密集型钢和铝产品贸易目标的感兴趣的国家开放”。①

与此同时，拜登政府加紧开展对俄外交，推动美俄建立战略稳定关系。2021年1月26日，拜登总统就职后首次与俄罗斯总统普京通电话。双方讨论了延长《新削减战略武器条约》（New Strategic Arms Reduction Treaty，New START）事宜，并一致同意让各自的团队紧急开始工作，以便在2月5日之前完成条约的延长工作。双方还同意就一系列军备控制和新出现的安全问题探讨战略稳定问题。② 2月3日，美国和俄罗斯同意将《新削减战略武器条约》延长5年，这也是美俄两国之间仅存的维护核稳定的条约。2月4日，在谈及美俄关系特别是这次美俄元首通话时，拜登总统说：“我以与我的前任截然不同的方式向普京总统明确表示，美国面对俄罗斯的侵略行动——干涉我们的选举、网络攻击、毒害其公民——而辗转反侧的日子已经结束。我们将毫不犹豫地提高俄罗斯的成本，捍卫我们的切身利益，保护我们的人民。当我们与其他志同道合的伙伴合作和协调

① The White House, “Joint US-EU Statement on Trade in Steel and Aluminum,” October 31, 2021, https://www.whitehouse.gov/briefing-room/statements-releases/2021/10/31/joint-us-eu-statement-on-trade-in-steel-and-aluminum/.

② The White House, “Readout of President Joseph R. Biden, Jr. Call with President Vladimir Putin of Russia,” January 26, 2021, https://www.whitehouse.gov/briefing-room/statements-releases/2021/01/26/readout-of-president-joseph-r-biden-jr-call-with-president-vladimir-putin-of-russia/.

时，我们将更有效地应对俄罗斯。”[①] 拜登的此番言论凸显了美国对俄罗斯的强硬立场。

6月16日，拜登总统与普京总统在瑞士日内瓦举行会晤，会后发表《美俄总统关于战略稳定的联合声明》（U. S. -Russia Presidential Joint Statement on Strategic Stability）。在声明中，双方领导人认为，即使在紧张时期，他们也能够在确保战略领域可预测性、降低武装冲突风险和核战争威胁的共同目标上取得进展。他们重申了一项原则，即核战争打不赢，决不能打。声明还表示，根据这些目标，美俄两国将在不久的将来共同启动一次审慎的、富有活力的、综合的双边战略稳定对话，通过这一对话寻求为未来的军备控制和减少风险措施奠定基础。[②] 7月28日，美国副国务卿温迪·舍曼（Wendy Sherma）与俄罗斯副外长谢尔盖·里亚布科夫（Sergey Ryabkov）分别率团参加了美俄首次战略稳定对话。9月30日，双方举行第二次战略稳定对话。两国代表团同意成立两个跨部门专家工作组——未来军备控制原则和目标工作组，以及具有战略影响的能力和行动工作组。

12月7日，拜登总统与普京总统进行视频通话，讨论美俄议程上的一系列问题，包括乌克兰局势、美俄战略稳定对话、勒索软件对话以及关于伊朗的地区问题等。在乌克兰问题上，拜登总统表达了美国及其欧洲盟友对俄罗斯在乌克兰周边的军事力量升级的深切关注，并明确表示，一旦军事升级，将采取强有力的经济和其他措施予以应对。他重申支持乌克兰的主权和领土完整，并呼吁缓和局势，恢复以外交渠道解决问题。[③] 12月30日，俄

---

① “Remarks by President Biden on America’s Place in the World,” February 4, 2021, https://www. whitehouse. gov/briefing-room/speeches-remarks/2021/02/04/remarks-by-president-biden-on-americas-place-in-the-world/.

② The White House, “U. S. -Russia Presidential Joint Statement on Strategic Stability,” June 16, 2021, https://www. whitehouse. gov/briefing-room/statements-releases/2021/06/16/u-s-russia-presidential-joint-statement-on-strategic-stability/.

③ The White House, “Readout of President Biden’s Video Call with President Vladimir Putin of Russia,” December 7, 2021, https://www. whitehouse. gov/briefing-room/statements-releases/2021/12/07/readout-of-president-bidens-video-call-with-president-vladimir-putin-of-russia/.

乌两国元首再次就乌克兰局势进行通话，但仍未取得明显效果。

3. 中东地区

在中东地区，在总结以往美国中东政策往往“目标”超出“手段”的教训的基础上，拜登政府倾向于奉行更为务实的外交政策。正如一名不具姓名的高级官员所言：“我们不试图实现无法实现的目标；我们不是在试图改变中东。我们关注的是影响美国人和国家安全的利益，以及我们盟友的国家安全。我们认为，这些目标是可以实现的，威慑、降级（de-escalation）和一体化是我们追求的三个主题。”①

（1）外交介入也门危机

拜登总统执政伊始即致力于通过加强外交努力，支持联合国领导的实施停火、开放人道主义渠道和恢复长期休眠的和平谈判的倡议，以期尽早结束也门冲突。2021 年 2 月 4 日，国务卿布林肯任命职业外交官蒂姆·伦德金（Tim Lenderking）为美国也门问题特使。为了尽快结束冲突，拜登政府暂停对也门战争中进攻性行动的所有支持，包括对阿联酋和沙特的武器销售。

3 月 16 日，国务卿布林肯在“2022 年也门人道主义危机高级别认捐活动”上宣布，向也门人民提供近 5.85 亿美元的人道主义援助。自 7 年前冲突开始以来，美国提供了近 45 亿美元，是向也门提供人道主义援助的最大捐助方之一。② 11 月 8 日，美国也门问题特使伦德金和美国驻也门大使馆临时代办凯西·韦斯特利（Cathy Westley）访问了亚丁。伦德金强调，现在是所有也门人团结起来结束这场战争、实施大胆改革以重振经济、反腐和减轻痛苦的时候了。拜登政府呼吁增加对也门的经

① The White House, “Background Press Call on Broad Middle East Regional Year-End Discussion,” December 17, 2021, https://www.whitehouse.gov/briefing-room/press-briefings/2021/12/17/background-press-call-on-broad-middle-east-regional-year-end-discussion/.

② “The United States Announces Nearly $585 Million New Humanitarian Assistance for the People of Yemen as Crisis Threatens Millions of Lives,” March 16, 2022, https://ye.usembassy.gov/the-united-states-announces-nearly-585-million-in-new-humanitarian-assistance-for-the-people-of-yemen-as-crisis-threatens-millions-of-lives/.

济支持，指出改善基本服务和经济机会是建立更牢固的和平基础的重要一步。① 但是，一年来，美方促使也门交战双方停火的努力未能收到预期效果。

（2）重回伊核谈判

2018 年 5 月 8 日，特朗普总统宣布美国将退出《伊核协议》。② 此后，伊核问题再次变得严峻。拜登总统执政后致力于重新达成《伊核协议》。从 2021 年春天到夏天，相关各方在维也纳进行了 6 轮会谈，但并未能取得突破性进展。③ 伊朗核问题盘根错节，最终达成协议还需时日。

（3）斡旋加沙冲突

2021 年 4 月底，巴勒斯坦加沙地带的武装力量与以色列之间爆发严重冲突，冲突不断升级，导致严重的人员伤亡。联合国、埃及等积极进行外交斡旋，拜登政府也加入其中，并促使冲突在持续 11 天后停火。其间，拜登总统反复向时任总统内塔尼亚胡表明，“美国完全支持以色列保护自己免受哈马斯和其他加沙恐怖组织不分青红皂白的火箭弹袭击的权利，这些袭击夺走了以色列无辜平民的生命”。④ 由此可见，拜登政府的外交斡旋是以与以色列之间的充分沟通和理解为前提的。

与此相关，在巴以问题上，拜登总统支持“两国方案”（two-state solution）。他表示：“美国对以色列安全的承诺是毫无疑问的。我们对一个独立的犹太国家的支持是明确的。但我仍然相信，‘两国方案’是确保以色列未来作为一个犹太民主国家与一个切实可行、主权和民主的巴勒斯坦国和

① “Special Envoy Lenderking and Chargé Westley's Visit to Aden,” Yemen, November 8, 2021, https://ye.usembassy.gov/special-envoy-lenderking-and-charge-westleys-visit-to-aden-yemen/.

② 《伊核协议》官方称为“联合全面行动计划”（Joint Comprehensive Plan of Action）。

③ The White House, “Background Press Call on Broad Middle East Regional Year-End Discussion,” December 17, 2021, https://www.whitehouse.gov/briefing-room/press-briefings/2021/12/17/background-press-call-on-broad-middle-east-regional-year-end-discussion/.

④ The White House, “Remarks by President Biden on the Middle East,” May 20, 2021, https://www.whitehouse.gov/briefing-room/speeches-remarks/2021/05/20/remarks-by-president-biden-on-the-middle-east/.

平共处的最佳途径。”① 但是，执政一年来，拜登政府并未采取实际措施来实施“两国方案”。

（4）结束在伊拉克的作战任务

2021 年 12 月 29 日，伊拉克总理穆斯塔法·卡迪米（Mustafa Kadhemi）在社交网络上宣布：“国际联盟的作战任务结束了，所有部队和装备都离开了。”对此，美国中央司令部司令肯尼斯·麦肯齐（Kenneth McKenzie）将军解释说，来自美国的大约 2500 名士兵和联盟的 1000 名士兵将继续在伊拉克担任培训员和顾问。② 随着国际联盟作战部队的撤出，旷日持久的伊拉克战争终于画上了句号。

此外，在西半球，拜登政府的外交政策聚焦阻止移民潮。在非洲地区，则致力于解决埃塞俄比亚危机，但这两项外交努力收效甚微。

三　2021年拜登政府重大外交议题

2021 年 3 月 3 日，国务卿布林肯在其首次外交政策演讲中列举了美国外交的八个优先事项：抗击新冠肺炎疫情，加强全球卫生安全；扭转经济危机，建设更稳定、更包容的全球经济；重振民主；创建一个人性化、有效的移民制度；重振美国与盟友和伙伴的关系；应对气候变化，推动绿色能源革命；确保美国在技术方面的领先地位；应对 21 世纪最大的地缘政治考验——美国与中国的关系。

鉴于上述优先事项中有的已在上文得到较为充分的阐述，有的尚未在 2021 年取得突破性进展，有的并非本报告探讨的重点，因此，这里重点分析以下三项重大美国外交议题。

① The White House, “Remarks by President Biden before the 76th Session of the United Nations General Assembly,” September 21, 2021, https://www.whitehouse.gov/briefing-room/speeches-remarks/2021/09/21/remarks-by-president-biden-before-the-76th-session-of-the-united-nations-general-assembly/.

② Juan M. Garcia, “Iraq Announces Total Withdrawal of US Combat Troops,” December 29, 2021, https://www.plenglish.com/news/2021/12/29/iraq-announces-total-withdrawal-of-us-combat-troops/.

（一）抗击新冠肺炎疫情

拜登政府将应对新冠肺炎疫情作为首要优先事项。拜登总统一上任就签署了撤回上任总统特朗普退出世界卫生组织决定的信函。他还任命美国国家过敏症和传染病研究所所长安东尼·福奇（Anthony Fauci）代表美国参加世界卫生组织执委会会议。国务卿布林肯称："应对新冠肺炎疫情是拜登-哈里斯政府的头等大事。"美国国务院宣称，美国致力于引领全球应对新冠肺炎疫情，成为世界疫苗库，并帮助各国更好地重建。美国正在重新加入世界卫生组织，增强对疫苗的信心，支持通过"新冠肺炎疫苗实施计划"（COVID-19 Vaccines Global Access，COVAX）在全球分配安全有效的疫苗，增强国际疫苗生产能力，改革全球卫生安全架构。[①]

一年来，为应对新冠肺炎疫情，拜登政府积极加强国际合作。2021 年 3 月向"全球疫苗免疫联盟"（Global Alliance for Vaccines and Immunisation，GAVI）提供了 20 亿美元捐款，以支持"新冠肺炎疫苗实施计划"。4 月 5 日，国务卿布林肯任命盖尔·史密斯（Gayle Smith）为美国国务院全球新冠应对与卫生安全协调员（Coordinator for Global COVID Response and Health Security at the Department of State），负责监督美国在海外预防、检测和应对疾病暴发项目，就新冠疫苗开展外交工作。史密斯曾任美国国际开发署署长，并曾于 2014 年参与奥巴马政府根除埃博拉病毒的行动。4 月 15 日，美国与"全球疫苗免疫联盟"共同主办了"一个受保护的世界"（One World Protected）承诺活动。在这次活动上，各国政府和私营部门承诺为应对新冠肺炎疫情提供 3 亿多美元捐款、数百万剂安全有效的新冠疫苗以及其他实物援助。5 月 17 日，拜登总统宣布，美国将在 6 月底前向世界捐赠 8000 万剂疫苗。6 月 10 日，拜登总统宣布，美国将购买 5 亿剂辉瑞疫苗并通过"新冠肺炎疫苗实施计划"将其捐赠给 92 个中低收入国家以及非洲联盟。他表

---

① Department of State，"U. S. Leadership in Global Health，" https：//www. state. gov/covid-19-recovery/.

示，美国将继续分享美国国内供应的疫苗。①

6月15日，在美欧峰会上，双方宣布成立一个联合的应对新冠肺炎疫情的制造和供应链工作组，以深化合作，解决疫苗和治疗药物生产能力的问题。9月22日，美欧发布联合声明，宣称“通过全球合作结束新冠肺炎疫情仍然是我们的首要任务。这项合作包括为新冠疫苗和治疗提供平稳的制造和供应链。随后该工作组在华盛顿特区举行会议，以最终确定工作组的任务声明，该任务声明将侧重于以下三个优先工作环节：监测新冠疫苗和治疗药物的全球供应链；解决关键供应链瓶颈和其他破坏性因素；协调各种方案，以促进新冠疫苗、治疗药物及辅助用品的生产及供应”。②

11月29日，史密斯离任，美国国务院全球新冠应对与卫生安全协调员一职由玛丽·贝思·古德曼（Mary Beth Goodman）代理。在史密斯任职期间，美国履行了拜登总统对外捐赠12亿剂疫苗的承诺，已向全球110多个国家和经济体捐赠了2.6亿多剂疫苗。③

（二）重振民主

2021年3月3日，国务卿布林肯在其外交政策演讲中强调：“我们将恢复民主，因为它在遭受威胁。”他说：“巩固我们的民主是外交政策的当务之急，否则形势就会对……敌人和竞争对手有利。它们抓住每一个机会，对我们民主的力量散布怀疑言论。我们不应该让它们的工作更轻松。”他还说：“问题不是我们是否会支持世界各地的民主，而是如何支持。我们将利

① Department of State, “U. S. Leadership in Global Health,” https: //www. state. gov/covid-19-recovery/.

② The White House, “United States-European Commission Joint Statement,” September 22, 2021, https: //www. whitehouse. gov/briefing - room/statements - releases/2021/09/22/united - stateseuropean-commission-joint-statement/.

③ Antony John Blinken, “Gayle Smith's Service as the Coordinator for Global COVID-19 Response and Health Security,” November 30, 2021, https: //www. state. gov/gayle-smiths-service-as-the-coordinator-for-global-covid-19-response-and-health-security/.

用榜样的力量。……但我们不会通过代价高昂的军事干预或试图用武力推翻独裁政权来促进民主。"① 同一天拜登政府发布的《临时国家安全战略指南》则宣称，"威权主义正在全球大行其道，我们必须与志同道合的盟友和伙伴一道振兴世界各地的民主"。②

9 月 21 日，拜登总统在第 76 届联合国大会上讲话时表示："随着我们全面推行外交，美国将捍卫民主价值观。这些价值观，即自由、平等、机会以及对所有人普遍权利的信仰，是我们作为一个国家和一个民族的核心。"③

12 月 9~10 日，拜登政府召开"民主峰会"，邀请来自 100 多个国家和地区的领导人以及活动人士、工会成员、专家和研究人员、商界代表参会，但将中俄两国政府的代表排除在外。在"民主峰会"的开幕式上，拜登总统宣布启动"总统民主复兴倡议"（Presidential Initiative for Democratic Renewal）。该倡议将把重点放在外交和对外援助计划方面，以支持"民主复兴"。他还透露，"与国会合作，我们计划在明年投入高达 4.24 亿美元的资金来支持透明和负责任的治理，包括支持媒体自由，打击国际腐败，与民主改革者站在一起，促进推进民主的技术，以及定义什么是公平选举并捍卫之"。④ 在"民主峰会"的闭幕式上，拜登总统强调，"捍卫民主需要全社会的努力。这依靠我们所有人"。⑤ 一言以蔽之，拜登政府重振民主的一个

---

① Antony John Blinken, "A Foreign Policy for the American People," March 3, 2021, https://au.usembassy.gov/secretary-blinken-speech-a-foreign-policy-for-the-american-people/.

② The White House, "Interim National Security Strategy Guidance," March 3, 2021, https://www.whitehouse.gov/wp-content/uploads/2021/03/NSC-1v2.pdf.

③ "Remarks by President Biden before the 76th Session of the United Nations General Assembly," September 21, 2021, https://www.whitehouse.gov/briefing-room/speeches-remarks/2021/09/21/remarks-by-president-biden-before-the-76th-session-of-the-united-nations-general-assembly/.

④ "Remarks by President Biden at the Summit for Democracy Opening Session," December 9, 2021, https://www.whitehouse.gov/briefing-room/speeches-remarks/2021/12/09/remarks-by-president-biden-at-the-summit-for-democracy-opening-session/.

⑤ "Remarks by President Biden at the Summit for Democracy Closing Session," December 10, 2021, https://www.whitehouse.gov/briefing-room/speeches-remarks/2021/12/10/remarks-by-president-biden-at-the-summit-for-democracy-closing-session/.

主要目的就是最大限度地孤立中国和俄罗斯等国，以期在“战略竞争”中占得先机。

（三）应对气候变化

拜登政府非常重视气候变化问题，早在2020年11月23日，拜登甫一当选就任命约翰·福布斯·克里（John Forbes Kerry）① 为总统气候特使并在国家安全委员会任职。拜登政府的《临时国家安全战略指南》强调了气候变化问题的严重性，多次称之为“气候危机”。2021年1月20日，也即拜登总统上任的第一天，他签署了让美国重返《巴黎协定》的文书。根据协定条款，美国于2月19日再次正式成为缔约国。

3月26日，拜登总统邀请40位世界领导人参加于4月22~23日召开的“领导人气候峰会”。在4月22日的“领导人气候峰会”上，拜登总统承诺，在2030年前将美国的碳排放在2005年的基础上减少50%~52%；到2035年实现无碳发电；到2050年让美国实现净零排放。② 他还承诺，“到2024年，与我们在奥巴马-拜登政府第二任期时提供的相比，我们每年向发展中国家提供的公共气候融资将增加一倍。与此同时，我们打算到2024年将用于发展中国家气候的公共资金增加两倍”。他还宣布，“我们的开发金融公司承诺到2040年通过其投资组合实现净零排放，并从2023年开始将以气候为重点的投资增加到所有新投资的33%，美国将是所有国家中最早做到这一点的国家”。③ 同日，拜登政府还首次发布“国际气候融资计划”，该计划为美国未来的气候融资提供了战略方向，将指导美国相关政府

① 克里曾于2016年4月22日也即世界地球日代表美国签署了《巴黎协定》。

② “Fact Sheet: President Biden's Leaders Summit on Climate,” April 23, 2021, https://www.whitehouse.gov/briefing-room/statements-releases/2021/04/23/fact-sheet-president-bidens-leaders-summit-on-climate/.

③ “Remarks by President Biden at the Virtual Leaders Summit on Climate Session 2: Investing in Climate Solutions,” April 22, 2021, https://www.whitehouse.gov/briefing-room/speeches-remarks/2021/04/22/remarks-by-president-biden-at-the-virtual-leaders-summit-on-climate-session-2-investing-in-climate-solutions/.

机构的工作。

10月31日，美国和欧盟承诺在2024年之前就世界上第一个基于碳排放的钢铝贸易进行谈判。[①] 11月2日，在《联合国气候变化框架公约》第二十六次缔约方大会（COP26）召开前夕，美国总统拜登、欧盟委员会主席乌尔苏拉·冯德莱恩（Ursula von der Leyen）和英国总理约翰逊共同主持了多国领导人参加的会议。会议在2021年6月G7领导人承诺推出价值观驱动、高标准、透明的基础设施伙伴关系以满足全球基础设施发展需求的基础上，倡导在符合可持续发展目标和《巴黎协定》的前提下，推动基础设施计划，同时促进繁荣和应对气候危机。[②]

四　2022年美国外交展望

2022年，拜登政府追求美国的全球领导地位、加强对中俄等国的“战略竞争”及加强美国的同盟体系的外交战略基调很可能会延续甚至加强。2021年9月21日，在第76届联合国大会上，拜登总统演讲时说：“我知道这一点：展望未来，我们将发挥领导作用。我们将领导应对我们时代所有最大的挑战——从新冠肺炎病毒到气候、和平与安全、人类尊严和人权。但我们不会单枪匹马去应对。我们将与我们的盟友和伙伴一起领导，并与所有相信我们有能力应对这些挑战的人合作，建设一个让我们所有人振奋的、保护

① The White House, “Fact Sheet: The United States and European Union to Negotiate World’s First Carbon-Based Sectoral Arrangement on Steel and Aluminum Trade,” October 31, 2021, https://www.whitehouse.gov/briefing-room/statements-releases/2021/10/31/fact-sheet-the-united-states-and-european-union-to-negotiate-worlds-first-carbon-based-sectoral-arrangement-on-steel-and-aluminum-trade/.

② The White House, “U.S. President Biden, European Commission President Von Der Leyen, and UK Prime Minister Johnson Announce Commitment To Addressing Climate Crisis through Infrastructure Development,” November 02, 2021, https://www.whitehouse.gov/briefing-room/statements-releases/2021/11/02/u-s-president-biden-european-commission-president-von-der-leyen-and-uk-prime-minister-johnson-announce-commitment-to-addressing-climate-crisis-through-infrastructure-development/.

地球的未来。”① 值得注意的是，在这届联合国大会上，美国当选人权理事会成员，任期从 2022 年 1 月 1 日开始，为期 3 年。这也是美国在特朗普政府退出 3 年之后，再次重返联合国人权理事会。作为联合国人权理事会成员，拜登政府会加大在联合国框架内推行民主、人权的力度。

同时，拜登政府仍会将“印太”、欧洲及中东作为战略重点地区。美国全球战略重心向“印太”地区转移的态势仍会继续。2022 年 2 月 11 日，拜登政府发布《美国印太战略》（Indo-Pacific Strategy of the United States）报告。这一战略报告概述了拜登总统的愿景，即美国将更坚定地锚定（firmly anchor）在“印太”地区，并在此过程中使该地区自身更强大。其核心是与该地区内外的盟友、合作伙伴和机构进行持续的创造性合作。② 在这一地区，除中国之外，朝核问题、阿富汗严重的经济和人道主义危机等，很可能会成为美国外交关注的重点。

在欧洲地区，俄乌冲突成为一个焦点问题，美国对该地区的战略关注有所加强。2022 年 1 月 10 日，美俄举行第三轮战略稳定对话。2021 年 12 月 15 日，俄方曾向美方提交了《俄罗斯联邦和美利坚合众国之间关于安全保障的条约》（Treaty between the United States of America and the Russian Federation on Security Guarantee）草案和《关于俄罗斯联邦和北大西洋公约组织成员国安全保障措施的协议》（Agreement on Measures to Ensure the Security of the Russian Federation and Member States of the North Atlantic Treaty Organization）草案。在本轮对话会上，俄方希望美国在上述安保协议草案的基础上就稳定问题与俄罗斯进行认真谈判，但美方对于这些安全协议草案予以坚决拒绝。

2 月 12 日，拜登总统就俄罗斯在乌克兰边境不断升级的军事力量与普

① “Remarks by President Biden before the 76th Session of the United Nations General Assembly,” September 21, 2021, https://www.whitehouse.gov/briefing-room/speeches-remarks/2021/09/21/remarks-by-president-biden-before-the-76th-session-of-the-united-nations-general-assembly/.

② The White House, “Indo-Pacific Strategy of the United States,” February 2022, https://www.whitehouse.gov/wp-content/uploads/2022/02/U.S.-Indo-Pacific-Strategy.pdf.

京总统通话。他明确表示，如果俄罗斯进一步"入侵"乌克兰，美国将与其盟友和伙伴一起做出果断反应，并让俄罗斯迅速付出沉重的代价。他重申，俄罗斯进一步"入侵"乌克兰将造成广泛的人类苦难并削弱俄罗斯的地位。他还明确表示，尽管美国仍准备与盟友和伙伴充分协调，开展外交活动，但也同样准备好应对其他情况。①

2月24日，普京总统针对乌克兰局势发表紧急电视直播讲话，表示他已决定在顿巴斯地区进行特别军事行动。此后，俄乌冲突不断升级。对此，拜登政府联手盟国对俄罗斯发起一轮又一轮制裁；与此同时，对乌克兰提供经济和军事援助。美俄战略稳定对话陷入停顿，双方对抗加剧。可以设想，无论这场冲突的前景如何，美国对俄打压制裁的力度都会加大，美俄关系紧张会持续加剧。

在中东地区，伊朗核问题将是2022年拜登政府关注的重点问题。在这一地区，美国还会专注于赢得未来，在稀土矿产、基本药物、可再生能源、半导体等及非洲各地的港口、宝贵资源、健康、气候、技术等方面投资。简言之，推进"重建更美好世界"倡议（Build Back Better World Initiative）伙伴关系的建设，将是2022年美国中东外交的真正主题。② 上述趋势在很大程度上会加剧美国对华竞争，使中美关系变得更为错综复杂。

（审读　袁征）

① The White House, "Readout of President Biden's Call with President Vladimir Putin of Russia," February 12, 2022, https://www.whitehouse.gov/briefing-room/statements-releases/2022/02/12/readout-of-president-bidens-call-with-president-vladimir-putin-of-russia/.

② The White House, "Background Press Call on Broad Middle East Regional Year-End Discussion," December 17, 2021, https://www.whitehouse.gov/briefing-room/press-briefings/2021/12/17/background-press-call-on-broad-middle-east-regional-year-end-discussion/.

B.6 2021年的中美关系：战略竞争常态化

杨 楠*

摘 要： 拜登执政首年，美国对华政策的基本轮廓已较为清晰地呈现出来。拜登政府总体上延续上届政府的对华竞争战略，在多个领域全面实施对华竞争，令中美战略竞争常态化。与此同时，拜登政府的对华政策也有其新特点，表现为更强调战略运筹，更注重立法、盟友体系、规则等手段，某些政策也更具进攻性和冒险性。这些特点不同程度地体现在当前美国对华战略竞争的各个领域：在经贸领域，美国虽提出“再挂钩”，但未放弃对华“贸易争端”；在科技领域，美国沿用“小院高墙”理念，中美相互制裁升级；在地缘政治领域，美国诉诸更具冒险性和进攻性的政策，中美围绕南海和台湾问题的博弈仍在持续；在意识形态领域，中美在香港、新疆问题上的斗争仍旧持续。

关键词： 中美关系 拜登政府 战略竞争 科技脱钩 中美人文交流

拜登政府执政后，旋即将中国界定为美国“最严峻的竞争者”。① 以2021年3月初发布的《临时国家安全战略指南》（Interim National Security

---

* 杨楠，中国社会科学院美国研究所助理研究员，主要研究领域为美国网络安全与数字政策、中美关系。

① The White House, “Remarks by President Biden on America's Place in the World,” February 4, 2021, https://www.whitehouse.gov/briefing-room/speeches-remarks/2021/02/04/remarks-by-president-biden-on-americas-place-in-the-world/.

Strategic Guidance）为导向，拜登政府把中国视为“唯一有能力将自身经济、外交、军事和技术力量相结合而对稳定和开放国际体系构成持续挑战的对手”，[①] 并承诺将与中国展开“激烈竞争”。[②] 与此同时，拜登明确否认将开展“新冷战”，并承诺“不寻求改变中国的体制，不寻求通过强化同盟关系反对中国，无意同中国发生冲突”。[③] 基于这种逻辑，拜登政府谋求建立一种新的对华战略框架。然而目前来看，拜登政府在经贸科技、意识形态、地缘政治和人文交流等领域的对华政策非但没有调整，反而呈现不断强化的态势。与此同时，拜登政府的对华政策也有其新特点，如更注重立法、盟友体系和规则等；某些特定政策也更具进攻性和冒险性。这些新特点不同程度地体现在对华竞争战略的各个领域。针对拜登政府尝试将对华战略竞争常态化的趋势，中国政府坚定立场，在多个层面与美国展开了针锋相对的斗争，坚决回击来自美方的打压。

一　拜登政府的对华战略框架：竞争与合作

特朗普执政时期，中美两国原有的双边关系框架宣告终结。“大国竞争”（great-power competition）代替对华接触和中美合作，成为双边互动的主要模式。在对华政策议程的设置上，拜登政府与特朗普政府的立场相同，但模式各异。国务卿安东尼·布林肯（Antony Blinken）将其描述为“有条件的3C”，即该竞争的时候竞争（compete），能合作的时候合作（collaborate），必须对

---

① The White House, “Interim National Security Strategy Guidance,” March 2021, https://www.whitehouse.gov/wp-content/uploads/2021/03/NSC-1v2.pdf.

② Vivian Salama and Gordon Lubold, “Biden Says He Sees China as ‘Stiff Competition’,” *The Wall Street Journal*, March 25, 2021, https://www.wsj.com/livecoverage/biden-press-conference-live-updates-analysis/card/ifirn5yjOObkp0pm2Lzv.

③ The White House, “Remarks by President Biden Before the 76th Session of the United Nations General Assembly,” September 21, 2021, https://www.whitehouse.gov/briefing-room/speeches-remarks/2021/09/21/remarks-by-president-biden-before-the-76th-session-of-the-united-nations-general-assembly/.

抗的时候对抗（confront）。[1] 从具体实践看，拜登政府基本上继承了特朗普政府时期的竞争性对华政策思路，在多领域延续对中国的围堵打压。与此同时，拜登政府也尝试弱化特朗普政府末期中美关系之间的紧张态势，以“战略竞争”代替“大国竞争”的措辞，承认中国在气候、能源和抗击新冠肺炎疫情等全球议题上不可或缺的地位，并主张“避免与中国走向全面对抗”。[2] 在此基础上，拜登政府尝试构建“全面竞争”和“有限合作”相结合的新对华战略框架。

2020 年美国大选后期，中美高层对话基本中断，导致两国间的竞争领域无序扩展且缺乏管控，中美关系的战略稳定性面临重大挑战。对此，2021 年 1 月 25 日，中国国家主席习近平在世界经济论坛对话会的致辞中明确表示，国家间竞争“要提倡公平公正”，是“田径赛”而非“角斗赛”。[3] 拜登执政后，中美双方的高层互动开始缓慢恢复，“外交僵局”得以打破。其中，两国领导人之间的交流为双边关系重启奠定了重要基础。2021 年 2 月 10 日和 9 月 10 日，中国国家主席习近平与美国总统拜登先后两次通过电话进行交流。双方就各自关切的问题进行简要商讨，并表示将在此后开展正式会谈。11 月 15 日，双方承诺的线上会晤如期召开。从会后两国发表的声明看，相较前两次通话，此次会谈两国领导人就双边关系、台湾问题、新冠肺炎疫情、气候变化、能源以及伊朗和朝鲜等问题进行了更为深入的讨论。值得注意的是，尽管会谈暴露了中美两国在诸多领域的分歧，但两国领导人均表现出对这些分歧进行管控的意愿。拜登总统表示，将建立一些“常识性

① U. S. Department of State, “A Foreign Policy for the American People,” March 3, 2021, https: //www. state. gov/a-foreign-policy-for-the-american-people/.

② The White House, “Readout of President Joseph R. Biden Jr. Call with President Xi Jinping of the People's Republic of China,” September 9, 2021, https: //www. whitehouse. gov/briefing-room/statements-releases/2021/09/09/readout-of-president-joseph-r-biden-jr-call-with-president-xi-jinping-of-the-peoples-republic-of-china/.

③《习近平：开展你追我赶、共同提高的田径赛，而不是搞相互攻击、你死我活的角斗赛》，新华网，2021 年 1 月 25 日，http: //www. xinhuanet. com/politics/2021 - 01/25/c _ 1127023835. htm。

的‘护栏’（guardrails）”。[①] 习近平主席也再度呼吁，中美应共同促进经济发展，避免脱钩。[②]

中美领导人的斡旋对话，与2021年中美双方的三次高层互动紧密相关。在习近平主席与拜登总统首次通话一个月后，中美于3月18日在美国阿拉斯加州安克雷奇举行了自拜登总统就职以来的首次高层战略对话。中国中共中央政治局委员、中央外事工作委员会办公室主任杨洁篪和国务委员兼外交部部长王毅，与美国国务卿布林肯、国家安全顾问杰克·沙利文（Jake Sullivan）就新疆、香港、台湾和网络安全等两国存在分歧的重要问题展开激烈交锋。同时，双方也表示两国在气候变化、伊朗、朝鲜和阿富汗等议题上存在共同利益。尽管会后并未发表联合声明，但两国均表示此次对话是及时、有益的，加深了相互理解。[③] 7月25~26日，美国副国务卿温迪·舍曼（Wendy Sherman）到访天津，先后与中国外交部副部长谢峰、外交部部长王毅进行会晤。美国国务院网站显示，在为期两天的访问中，舍曼的工作重心在于阐释美国所谓的“对中国行动有严重关切的领域”，并探讨中美“利益一致的区域”。[④] 相比安克雷奇会晤期间展现出的激烈对峙姿态，在天津会谈中，双方从更为理性务实的角度出发，对中美关系中存在的症结进行商讨。会后，中方向美方提交了一份“纠错清单”和一份“关切清单”，前者

---

① The White House, “Readout of President Biden’s Virtual Meeting with President Xi Jinping of the People’s Republic of China,” November 16, 2021, https://www.whitehouse.gov/briefing-room/statements-releases/2021/11/16/readout-of-president-bidens-virtual-meeting-with-president-xi-jinping-of-the-peoples-republic-of-china/.

② 《习近平同美国总统拜登举行视频会晤》，新华网，2021年11月16日，http://www.news.cn/2021-11/16/c_1128068890.htm。

③ 《2021年3月22日外交部发言人华春莹主持例行记者会》，中华人民共和国外交部官网，2021年3月22日，https://www.mfa.gov.cn/web/fyrbt_673021/jzhsl_673025/202103/t20210322_9171231.shtml；U.S. Department of State, “Secretary Blinken and NSA Sullivan’s Meeting with PRC Counterparts,” March 10, 2021, https://www.state.gov/secretary-blinken-and-nsa-sullivans-meeting-with-prc-counterparts/。

④ U.S. Department of State, “Briefing with Senior Administration Officials Previewing Deputy Secretary Sherman’s Upcoming Travel to the People’s Republic of China,” July 24, 2021, https://www.state.gov/briefing-with-senior-administration-officials-previewing-deputy-secretary-shermans-upcoming-travel-to-the-peoples-republic-of-china/.

主要涉及自特朗普政府时期以来美国对中国的各类无端制裁及打压内容；后者则涵盖中国政府对美方一系列阻碍双边关系发展举措的关注。[①] 10 月 6 日，为落实中美两国元首第二次通话的精神，杨洁篪同沙利文在瑞士苏黎世会晤。此次会议期间，美方开始淡化此前由国务卿布林肯所提出的“竞争、合作、对抗”三分法，转而在会后声明中将“保证进行负责任的竞争”作为其对华施政方针。[②]

除安克雷奇会晤、天津会谈及苏黎世会晤外，中美两国的政府要员还开始就多项具体议题展开沟通和斡旋，并尝试在该过程中厘定双边关系和未来的互动模式。2021 年 4 月 16 日，美国总统气候问题特使约翰·克里（John Kerry）与中国气候变化问题特使谢振华在上海会晤，并发表联合声明。根据声明，中美双方将在气候变化问题上展开合作，“推动即将在格拉斯哥举办的第 26 届联合国气候变化大会”。[③] 这也是拜登政府的官员首次访问中国。5 月 26 日和 6 月 1 日，中国国务院副总理刘鹤先后与美国贸易代表戴琪（Katherine Tai）和财政部部长珍妮特·耶伦（Janet Yellen）就中美贸易问题及双边经济关系举行会晤。会后，中国商务部发表声明表示，“双方本着相互平等、相互尊重的精神，进行了坦诚、务实、建设性的交流，双方一致认为发展双边贸易非常重要”。[④] 美国贸易代表办公室也发布声明称，中美双方讨论了拜登政府以中产阶级为中心的贸易政策，同时就“令人担忧的问题”展开商谈，并表示美国将继续对中美贸易

---

① 《中方向美方提出两份清单》，新华网，2021 年 7 月 26 日，http：//www. xinhuanet. com/world/2021-07/26/c_ 1127696952. htm。

② The White House, “Readout of National Security Advisor Jake Sullivan’s Meeting with Politburo Member Yang Jiechi,” October 6, 2021, https：//www. whitehouse. gov/briefing - room/statements-releases/2021/10/06/readout-of-national-security-advisor-jake-sullivans-meeting-with-politburo-member-yang-jiechi/.

③ 《中美应对气候危机联合声明》，中华人民共和国生态环境部官网，2021 年 4 月 18 日，https：//www. mee. gov. cn/xxgk/hjyw/202104/t20210418_ 829133. shtml。

④ 《刘鹤与美贸易代表戴琪通话》，中华人民共和国商务部官网，2021 年 5 月 27 日，http：//www. mofcom. gov. cn/article/news/202105/20210503065343. shtml；《刘鹤与美财政部长耶伦视频通话》，中华人民共和国商务部官网，2021 年 6 月 2 日，http：//www. mofcom. gov. cn/article/news/202106/20210603067220. shtml。

关系进行审查。[1] 6 月 11 日，杨洁篪与布林肯通过电话会晤，就香港、新疆、台湾和新冠肺炎疫情等问题进行交流。针对来自美方的指责，杨洁篪敦促拜登政府遵守“一个中国”原则，并对华盛顿干涉中国内政、就新冠肺炎起源问题诽谤中国以及打造“反华同盟”的做法进行了批评。尽管在多个问题上存在分歧，但根据美国国务院发言人办公室的声明，美方同时也提出了一份扩大中美合作领域的清单，内容包括应对气候变化和朝鲜半岛无核化等。[2] 与特朗普政府时期强调对话应“以结果为导向”的姿态不同，拜登政府的对华战略框架仍将中美竞争作为内核，但也不否认中美两国存在合作的区域，并正视双方处理争议和分歧的重要性。中国在坚定自身立场的同时，同样以积极的姿态去处理双边关系。这令上述对话在双方阐明立场、增进了解、缓解分歧等方面起到了相对重要的作用。

一　中美经贸争端未见转圜

一般而言，美国新政府的政策调整过程亦即旧政策的退出过程。但拜登政府执政后，非但没有取消特朗普时期对华贸易争端相关政策，反而在之前政策的基础上原地构筑“工事”，加税政策至今未见取消，对每年约 3700 亿美元中国输美商品加征的关税依然如故。拜登政府保留这些手段，以此为在经贸领域打压中国的重要筹码。中美在这种背景下就经贸问题展开互动，主要体现在以下三个方面。

首先，拜登政府经济团队的要员均在任职之初，就中美贸易问题不同程度地释放出强硬信号。2021 年 1 月 26 日，商务部部长吉娜·雷蒙多在参议

---

① Office of the United States Trade Representative, “Readout of Ambassador Tai's Virtual Meeting with Vice Premier of China Liu He,” May 26, 2021, https://ustr.gov/about-us/policy-offices/press-office/press-releases/2021/may/readout-ambassador-tais-virtual-meeting-vice-premier-china-liu-he.

② U. S. Department of State, “Secretary Blinken's Call with Politburo Member Yang,” June 11, 2021, https://www.state.gov/secretary-blinkens-call-with-politburo-member-yang/.

院提名听证会上声称，“不能让中国进入我们的网络或用任何方式损害美国经济安全”。①财政部部长耶伦同样表示，拜登政府准备使用必要的“全套工具”来遏制中国的经济行动。②3月1日，戴琪在参议院听证会上，将关税称为“美国对外贸易特别是对华贸易政策工具箱中的‘合法工具’”，表示将致力于打击中国的一系列所谓“不公平”贸易及经济行为，寻求将中国的审查制度视作贸易壁垒，并要求中国继续履行与特朗普政府签订的美中第一阶段贸易协议。③

其次，在实践上，拜登政府的对华贸易策略仍围绕特朗普政府时期中美签订的《中华人民共和国政府和美利坚合众国政府经济贸易协议》（下文简称《第一阶段经贸协议》）展开。在入主白宫前，拜登曾对特朗普开展的对华贸易争端进行批评，称其伤害了美国的农民与消费者，同时也无法扭转美中贸易逆差，难以限制中国的经济发展。④然而，从其执政首年的表现来看，拜登政府仍致力于推进和落实美中两国于2020年1月在华盛顿签订的《第一阶段经贸协议》。根据该协议，中国将把美国商品和服务的进口额在2017年的水平的基础上增加至少2000亿美元，并承诺在农业、货币和外汇、金融服务、知识产权、技术转让等方面对其经济贸易体制进行结构性改革。作为回报，美国将部分降低或暂停此前对华征

① U. S. Senate Committee on Commerce, Science and Transportation, "Nomination Hearing: The Honorable Gina Raimondo, of Rhode Island, to Be Secretary of Department of Commerce," January 26, 2021, https://www.commerce.senate.gov/2021/1/nomination-hearing.

② U. S. Senate Committee on Finance, "Hearing to Consider the Anticipated Nomination of the Honorable Janet L. Yellen to Secretary of the Treasury," January 19, 2021, https://www.finance.senate.gov/hearings/hearing-to-consider-the-anticipated-nomination-of-to-be-the-honorable-janet-l-yellen-to-secretary-of-the-treasury.

③ U. S. Senate Committee on Finance, "Hearing to Consider the Nomination of Katherine C. Tai," February 25, 2021, https://www.finance.senate.gov/hearings/hearing-to-consider-the-nomination-of-katherine-c-tai-of-the-district-of-columbia-to-be-united-states-trade-representative-with-the-rank-of-ambassador-extraordinary-and-plenipotentiary.

④ Jacob Pramuk, "Biden Slams Trump's Trade War Even as He Calls to 'Get Tough' on China," CNBC, July 11, 2019, https://www.cnbc.com/2019/07/11/joe-biden-slams-trump-china-trade-war-in-foreign-policy-speech.html.

收的关税。[①] 10月4日，美国贸易代表戴琪在美国智库战略与国际问题研究中心（Center for Strategic and International Studies，CSIS）研讨会上指出，中美贸易和经济关系是一组具有深远影响、复杂且具竞争性的关系，拜登政府将“负责任地管理这种关系，以确保公平竞争”，并提出“再挂钩”（recoupling）和“持久共存”（durable coexistence）的概念。该讲话明确了拜登政府的对华贸易政策仍将围绕美中《第一阶段经贸协议》展开，并提出在四个方面调整美中贸易政策，包括：与中国讨论《第一阶段经贸协议》的执行情况；推进有目标的关税免除程序；对第一阶段协议未解决的中国以国家为中心和非市场化的贸易行为予以关切；继续与盟友合作，打造21世纪的公平贸易规则，帮助市场经济与民主政体力争上游。[②] 基于这种贸易策略，美方先后在10月9日和26日与中方代表、国务院副总理刘鹤进行对话和接触，强调美中经贸关系的重要性，并承诺通过协商解决关切，但并未涉及美中《第一阶段经贸协议》的核心议题。与政府层面经贸关系正常化的迟滞进程相比，中美经济层面的双边贸易呈现明显的向好势头，中国对美出口和美国跨国公司来华投资仍保持强劲的增长态势。据中国海关统计，2021年前7个月，中美双边贸易额达到4045.72亿美元，同比增长40.0%。[③] 美国统计局的数据则显示，2021年美国对华商品贸易逆差扩大450亿美元，达到3553亿美元，上涨14.5%，是自2018年以来的最大逆差。

最后，拜登曾承诺撤销违反多边规则的对华单边关税，但实际上它仍是美国政府解决美中经贸问题的首选政策工具。而针对关税本身，以沙利文为

---

① 《中华人民共和国政府和美利坚合众国政府经济贸易协议》，中华人民共和国中央人民政府官网，2020年1月15日，http：//www.gov.cn/xinwen/2020-01/16/5469650/files/0637e57d99ea4f968454206af8782dd7.pdf。

② “A Conversation with Ambassador Katherine Tai，U.S. Trade Representative，” CSIS，October 4，2021，https：//www.csis.org/analysis/conversation - ambassador - katherine - tai - us - trade - representative.

③ 《前7月中美贸易额同比增四成　凸显两国经济高度互补》，中华人民共和国中央人民政府官网，2021年8月26日，http：//www.gov.cn/xinwen/2021-08/26/content_5633573.htm。

代表的国家安全团队与以戴琪为代表的经济团队在执行手段上呈现分歧：前者主张撤销普遍关税，缓解供应链压力，并有针对性地对关键产品施加关税；后者则仍公开表示将不排除对中国发起新一轮“301 调查”，将关税作为对华施压的筹码。据美国媒体 AXIOS 报道，9 月，双方还曾为此在白宫战情室发生激烈争吵。[①] 在实践中，美国出于自身的需要，启动了有选择性的关税豁免程序。2021 年 3 月 10 日，美国贸易代表办公室在《联邦公告》（Federal Register）发布消息称，对来自中国的 99 类医疗产品的关税排除延长至 2021 年 9 月 30 日，以帮助美国应对新冠肺炎疫情。[②] 戴琪也在 10 月 4 日的演讲中表示，美国将启动“有针对性的关税排除程序”，从而确保目前的执法结构能够“以最佳方式服务于美国的经济利益”。[③] 10 月，贸易代表办公室再次公布了 549 个类别的中国产品的关税排除清单并征求公众意见，其中包括工业部件、恒温器、医疗用品、自行车和纺织品。[④] 另外，在贸易保护主义与两党对华共识的国内政治背景下，拜登政府难以放弃关税这一传统的带有鲜明贸易保护主义色彩的政策工具。10 月 28 日，拜登在以视频方式参加东盟峰会期间，宣布将与盟友共同打造一个排他性的“印太经济框架”。[⑤] 据美国商务部部长吉娜·雷蒙多表示，该经济框架将包括协调出口管制等措施，以“限制向中国出口‘敏感’产品”为主。美国贸易代表戴

① Hans Nichols, "Biden Aides Have Situation Room Fight about China Policy," AXIOS, January 30, 2022, https: //www. axios. com/biden - aides - china - spat - 85a34544 - 36d7 - 4b8e - b564 - 3da14dddabc2. html.

② Office of the United States Trade Representative, "Notice of Product Exclusion Extensions," *Federal Register*, Vol. 86, No. 45, March 10, 2021, p. 13785.

③ "A Conversation with Ambassador Katherine Tai, U. S. Trade Representative," CSIS, October 4, 2021, https: //www. csis. org/analysis/conversation - ambassador - katherine - tai - us - trade - representative.

④ Office of the United States Trade Representative, "USTR Requests Comments on Reinstatement of Targeted Potential Exclusions of Products of China Subject to Section 301 Tariffs," October 5, 2021, https: //ustr. gov/about-us/policy-offices/press-office/press-releases/2021/october/ustr-requests-comments-reinstatement-targeted-potential-exclusions-products-china-subject-section.

⑤ The White House, "Remarks by President Biden at the Annual U. S. -ASEAN Summit," October 26, 2021, https: //www. whitehouse. gov/briefing - room/speeches - remarks/2021/10/26/remarks-by-president-biden-at-the-annual-u-s-asean-summit/.

琪则公开宣称，“印太经济框架”是“独立于中国的安排”。[①] 11月2日，戴琪出席美国钢铁协会（American Iron and Steel Institute）和美国钢铁制造商协会（Steel Manufacturers Association）在华盛顿举行的大会，指出美国政府将阻止“中国钢铁产品进口对美国钢铁产业和市场造成的损害”，并提振美国钢铁产业的竞争力。[②] 在美国国内贸易保护主义思潮逐渐壮大的背景下，拜登政府对中国的“选择性关税豁免”反映出美国国内对自由贸易的立场正在发生变化。

三　中美科技竞争持续深化

拜登政府执政以来，进一步扬弃特朗普所谓的对华“全面脱钩”理念，同时顺应美国战略界近年来对华“高技术脱钩”的思路，着手制定和推行更具针对性的对华科技竞争战略。为此，拜登政府汲取美国科技和学术界近年来提倡的“小院高墙”（small yard，high fence）思想，即划定“科技战略边界”，对边界内与国家安全直接相关的特定技术及研究领域进行强化和严密封锁，并将边界外的技术对华开放。在此背景下，中美两国在高科技领域的竞争在多个层面展开。

首先，美国在前沿科技领域进行战略性部署，抢占科技创新制高点。这种部署以获得新技术领域的对华优势为前提目标，具有强烈的“排他性”。2021年1月25日，拜登签署行政命令，加强“买美国货”条款，并投入3000亿美元设立创新基金，作为美国国家科学基金会（National Science

① James Mayger and John Micklethwait，“U. S. Aims to Begin New Asia Framework in 2022，Raimondo Says，” Bloomberg，September 17，2021，https：//www. bloomberg. com/news/articles/2021-11-17/u-s-likely-to-launch-new-asia-framework-in-2022-raimondo-says.

② Office of the United States Trade Representative，“Opening Remarks of Ambassador Katherine Tai at American Iron and Steel Institute and Steel Manufacturers Association General Meeting，” November 2，2021，https：//ustr. gov/about-us/policy-offices/press-office/speeches-and-remarks/2021/november/opening-remarks-ambassador-katherine-tai-american-iron-and-steel-institute-and-steel-manufacturers.

Foundation，NSF）等部门以及高校的直接研发投入，并创立新的突破性技术研发计划，支持5G、人工智能等技术创新。[①] 5月12日，美国参议院商务委员会投票通过了由纽约州民主党参议员查克·舒默（Charles Schumer）和印第安纳州共和党参议员托德·杨（Todd Young）提出的《无尽边疆法案》（Endless Frontier Act）。该法案授权在未来5年内，投入1100亿美元用于基础和先进技术研究，包括人工智能、半导体、量子计算、高级通信、生物技术和高级能源等领域的基础和高级研究。6月8日，该法案以"美国创新和竞争法案"（U. S. Innovation and Competition Act）的新名称在参议院获得通过。对此，中国外交部发言人汪文斌批评称，该法案的涉华内容"歪曲事实，诋毁中国发展道路和内外政策，宣传中国威胁论，鼓吹开展对华战略竞争""充斥冷战思维和意识形态偏见"。[②]

其次，拜登政府仍对中国实施严格的出口管制，继续将中国高科技企业纳入美国商务部工业安全局（Bureau of Industry and Security，BIS）的"实体清单"与国防部军方关联"黑名单"，对中国的高科技龙头企业进行打压。2021年2月24日，拜登签署14017号行政令，以"保护美国供应链"为题，要求联邦机构对半导体芯片、电动汽车大容量电池、稀土矿物质和药品4种关键产品进行为期100天的审查。[③] 美国联邦通信委员会（Federal Communications Commission，FCC）以"危害美国国家安全"为由，先后于2021年3月12日、3月17日和10月26日将中国华为公司、中兴通讯公司、海能达通信公司、海康威视数字技术公司和大华技

---

① The White House, "President Biden to Sign Executive Order Strengthening Buy American Provisions, Ensuring Future of America Is Made in America by All of America's Workers," January 5, 2021, https://www.whitehouse.gov/briefing-room/statements-releases/2021/01/25/president-biden-to-sign-executive-order-strengthening-buy-american-provisions-ensuring-future-of-america-is-made-in-america-by-all-of-americas-workers/.

② 《外交部：坚决反对所谓"2021年美国创新和竞争法案"涉华内容》，中华人民共和国中央人民政府官网，2021年6月9日，http://www.gov.cn/xinwen/2021-06/09/content_5616490.htm。

③ Joseph Biden, "Executive Order 14017: America's Supply Chains," *Federal Register*, Vol. 86, No. 38, March 1, 2021, p. 11849.

术公司列入“黑名单”，并撤销中资电信企业太平洋网络（Pacific Networks）、全资子公司全美通信网（ComNet）、中国电信美国公司的本地营业执照和服务授权。美国商务部也在随后将天津飞腾信息技术等7家中国超级计算机企业列入“黑名单”，理由同样是其活动不符合美国的国家安全或外交政策利益。6月3日，拜登扩大了特朗普于2020年11月12日签署的13959号行政令的投资禁令范围，并以“与国防或监控技术有联系”为由，要求投资者禁止对名单上包括华为在内的59家中国公司进行投资。①

对于上述行为，中国政府在坚决予以批驳的同时，开始“转守为攻”，着手构建自己的反制裁法律体系。2021年6月10日，全国人民代表大会通过了《中华人民共和国反外国制裁法》。根据法律规定，对中国公民或实体实施歧视性限制措施的个人或实体，将被列入“反制裁名单”，惩罚性措施包括拒绝进入中国境内、驱逐出境、冻结或扣押资产，并禁止在中国开展业务等。② 该法律为中国应对来自美国和欧洲的各类制裁提供了法律依据。此后，中国政府依照该法律，先后于7月和12月对美国商务部前部长威尔伯·罗斯（Wilbur Ross Jr.）、美中经济与安全评估委员会（U.S.-China Economic and Security Review Commission，USCC）主席卡罗琳·巴塞洛缪（Carolyn Bartholomew）、美国国际宗教自由委员会（United States Commission on International Religious Freedom，USCIRF）主席曼札（Nadine Maenza）等人，以及雷神技术公司（Raytheon Technologies Corporation）和洛克希德·马丁公司（Lockheed Martin Corporation）等军工企业进行制裁。

① The White House, “Executive Order on Addressing the Threat from Securities Investments That Finance Certain Companies of the People’s Republic of China,” June 3, 2021, https://www.whitehouse.gov/briefing-room/presidential-actions/2021/06/03/executive-order-on-addressing-the-threat-from-securities-investments-that-finance-certain-companies-of-the-peoples-republic-of-china/.

② 《中华人民共和国反外国制裁法》，中国人大网，2021年6月10日，http://www.npc.gov.cn/npc/c30834/202106/d4a714d5813c4ad2ac54a5f0f78a5270.shtml。

再次，限制中美学术界交流，防止中国获取具有最新创新潜力的科技教育与研发资源。拜登政府执政曾一度被视为重启中美双边交流的重要契机。2021 年 2 月，包括中国外交部部长王毅在内的多名中美政要和专家学者，呼吁尽快恢复中美民间交流渠道，并表示希望美方取消各种人文交流限制。[①] 然而，由于特朗普政府时期的强制“脱钩”导致“科技分叉”(technological bifurcation)，[②] 对华科技竞争已内化为美国战略界的固有思维。受到这种思维的惯性影响，拜登政府时期的人文交流仍让位于国家安全和政治，面临诸多系统性阻碍。2021 年 1 月 14 日，美国国家工程院院士、麻省理工学院华裔教授陈刚因所谓“间谍调查案”被捕，在中美科学界引发巨大反响。6 月，美国参议院通过《美国创新和竞争法》，明确要求严格限制美国科学家与中国建立科研联系。[③] 500 多名中国理工科研究生申请赴美签证时，被美国使领馆以不符合美国《移民和国籍法》第 212 条（f）款及第 10043 号总统令为由拒签。美国哈佛大学暑期中文进修计划“哈佛北京书院”将自 2022 年起从北京转移到台北，并改名为“哈佛台北书院”。[④] 2021 年 12 月 23 日，哈佛教授查尔斯·利伯（Charles Lieber）因隐瞒与中国合作开展科研的经历而被判有罪，引发美国科学界的强烈反应。[⑤] 中国方面对美国将中美人文交

① 《王毅在“对话合作，管控分歧——推动中美关系重回正轨”蓝厅论坛上发表致辞》，中华人民共和国外交部官网，2021 年 2 月 22 日，https://www.fmprc.gov.cn/wjbzhd/202102/t20210222_9604877.shtml。

② “科技分叉”概念首次出现于美国战略界与科技界组建的非正式课题组“中国战略小组”(China Strategy Group) 于 2020 年 9 月发布的最终报告《非对称战争：一项有关中国与科技的战略》，用以主张美国应维持并扩大自特朗普政府时期以来的对华科技竞争态势，继续致力于发展与中国“差异化的科技规则”和“截然不同的技术领域”。该提议得到了美国政府的高度关注。参见 China Strategy Group, “Asymmetric Competition: A Strategy for China & Technology,” Fall 2020, http://industrialpolicy.us/resources/SpecificIndustries/IT/final-memo-china-strategy-group-axios-1.pdf。

③ U.S. Congress, “S.1260 - Endless Frontier Act,” https://www.congress.gov/bill/117th-congress/senate-bill/1260.

④ Io Gilman and Isabel Wu, “Harvard Beijing Academy's Move to Taipei,” The Harvard Crimson, October 7, 2021, https://www.thecrimson.com/article/2021/10/7/harvardbeijingacademy/.

⑤ Andrew Silver, “What Charles Lieber's Conviction Means for Science,” *Nature*, January 18, 2022, https://www.nature.com/articles/d41586-022-00107-5.

流“安全化”的做法予以反对和驳斥，而美国国内也不乏理性的声音对这种趋势进行批评。在陈刚教授被捕后不久，百余位美国政学两界人士发表联名信，要求国会尽快结束自特朗普政府时期开启的“中国行动计划”（China Initiative），恢复两国正常的科研交流关系。中国外交部发言人赵立坚也在记者会上表示，中方“反对任何将人文交流政治化的做法”。[①] 尽管恢复常规交流面临诸多阻碍，但中美两国的交往在2021年也出现了一些缓和性举动，如11月16日美国和中国先后宣布放宽对对方国家记者访问的限制，等等。

最后，在全球范围内构建针对中国的“科技联盟”，并着手制定安全规则和标准。2021年4月，拜登在会见时任日本首相菅义伟后，双方发表联合声明，称“共同应对来自中国的挑战”，并宣布在5G、人工智能、量子计算、基因组学和半导体供应链等领域共同研发和投资。[②] 中国驻美国大使馆对此联合声明表示强烈关切与坚决反对，称中国将坚定维护国家主权、安全和发展利益。[③] 6月15日，美国总统拜登与欧盟委员会主席乌尔苏拉·冯德莱恩（Ursula von der Leyen）在布鲁塞尔举行联合峰会。会上，双方共同发起成立美欧贸易与技术委员会（Trade and Technology Council，TTC）。该机制聚焦数字、科技与供应链等7个领域的具体合作，并下设包括技术标准、信息通信和数据治理等主题的10个工作小组。[④] 包括《华盛顿邮报》和《纽约时报》在内的美国主流媒体均认为，该委员会的设立具有明显的

---

① 《2021年10月13日外交部发言人赵立坚主持例行记者会》，中华人民共和国外交部官网，2021年11月25日，https：//www.mfa.gov.cn/chn/gxh/tyb/fyrbt/jzhsl/202110/t20211013_9546784.html。

② The White House，“U.S.-Japan Joint Leaders’ Statement：‘U.S.-Japan Global Partnership for a New Era’，” April 16，2021，https：//www.whitehouse.gov/briefing-room/statements-releases/2021/04/16/u-s-japan-joint-leaders-statement-u-s-japan-global-partnership-for-a-new-era/.

③ 《驻美使馆发言人就美日领导人联合声明涉华内容答记者问》，中华人民共和国驻美利坚合众国大使馆官网，2021年4月17日，http：//www.china-embassy.org/chn/zclm2013/sgzhichuang/sguandongtai/202104/t20210417_9035203.htm。

④ The White House，“U.S.-EU Summit Statement，” June 15，2021，https：//www.whitehouse.gov/briefing-room/statements-releases/2021/06/15/u-s-eu-summit-statement/.

对华指向性。[①] 美欧贸易与技术委员会于 9 月 29 日在美国宾夕法尼亚州匹兹堡市举行启动会，于 10 月 1 日发布首份联合启动声明。[②] 以该机制为基础，美国还通过多种路径进一步扩充盟友阵营，从而建立针对中国的“科技同盟”。围绕英国、法国、德国、意大利、加拿大、日本、澳大利亚、韩国、印度等一些科技领域的盟友或潜在盟友，美国已先后建立了多个“准同盟”机制，包括美日印澳“四方安全对话”（Quadrilateral Security Dialogue，QUAD）框架下的“关键和新兴技术工作组”（Critical and Emerging Technology Working Group）、“美日竞争力与弹性伙伴关系”（CoRe）、“全球数字连接伙伴关系”（Global Digital Connectivity Partnership）等。10 月 6 日，美国国务卿布林肯在经济合作与发展组织（Organisation for Economic Co-operation and Development，OECD）部长级会议致开幕辞并发表主旨演讲时表示，面对为关键和新兴技术设置规则的挑战，美国期待与民主伙伴国家进行磋商，将人权和民主价值观纳入技术的设计、开发、管理和使用中。[③]

四　中美地缘政治博弈延续

相对于特朗普政府，拜登政府执政以来的某些对华政策更具进攻性和冒险性，这在地缘战略竞争领域体现得尤为明显。拜登政府重视盟友体系的

① David Lynch, “EU and US Set to Launch New Trade and Technology Council,” *The Washington Post*, September 28, 2021, https://www.washingtonpost.com/us-policy/2021/09/28/eu-us-council-trade-technology/; Ana Swanson, “U.S. and Europe Announce New Trade Cooperation, but Disputes Linger,” *The New York Times*, October 1, 2021, https://www.nytimes.com/2021/10/01/business/economy/us-europe-trade.html.

② The White House, “Statement by NSC Spokesperson Emily Horne Announcing the Inaugural U.S.-EU Trade and Technology Council Meeting,” September 9, 2021, https://www.whitehouse.gov/briefing-room/statements-releases/2021/09/09/statement-by-nsc-spokesperson-emily-horne-announcing-the-inaugural-u-s-eu-trade-and-technology-council-meeting/.

③ U.S. Department of State, “Secretary Antony J. Blinken at OECD Opening and Keynote Address,” October 5, 2021, https://www.state.gov/secretary-antony-j-blinken-at-oecd-opening-and-keynote-address/.

“倍增器”作用，同时继续将台海和南海等中国周边地区作为战略重点，推进其“印太战略”迈向深化。这导致中美两国的外交和军事部门在该领域出现频繁的近距离互动。

在地缘政治博弈方面，拜登政府转为侧重于“联盟制华”的总体战略，试图将盟友力量纳入“印太战略”的范畴之中，从而实现对中国的约束。其中，美日印澳“四方安全对话”被拜登政府赋予推进该战略的支柱性地位。2021 年 3 月，美国推动该机制举行首次领导人线上会议。会后，四国发表联合声明，并联名在《华盛顿邮报》上发表文章，展现其对所谓“自由开放的印太战略”的所谓“坚定承诺”，以及推动“四方安全对话”持续发展的积极态度。与此同时，该会议宣布成立三个工作组。其中，“关键和新兴技术工作组”以“联手应对中国威胁”为主要目标，负责推动四国在关键数字技术、网络安全、高质量基础设施等领域的军事及安全合作。① 9 月 24 日，美日印澳四国领导人于白宫举办该机制建立以来的首次面对面会晤。会议期间，四国领导人指责中国的网络攻击令全球关键基础设施受损，商业机密、知识产权、敏感数据被盗，以及关键服务中断。会议将上述议题视为深化“四方安全对话”网络安全合作的基础。会后各方发表的联合声明称，将建立一个“高级网络小组”，吸纳四国网络安全的劳动力；未来一段时间内的主要工作是“推动印太地区网络硬件的‘去中国化’”，以及“强化印太地区国家的网络弹性”。②

拜登政府在地缘战略竞争中的冒险性还体现于帮助澳大利亚获得核潜艇。2021 年 9 月 15 日，美国、英国和澳大利亚发表联合声明，宣布建立

---

① Joe Biden, Narendra Modi, Scott Morrison, and Yoshihide Suga, “Opinion: Our Four Nations Are Committed to a Free, Open, Secure and Prosperous Indo-Pacific Region,” *The Washington Post*, March 13, 2021, https://www.washingtonpost.com/opinions/2021/03/13/biden-modi-morrison-suga-quad-nations-indo-pacific/.

② The White House, “Fact Sheet: Quad Leaders' Summit,” September 24, 2021, https://www.whitehouse.gov/briefing-room/statements-releases/2021/09/24/fact-sheet-quad-leaders-summit/.

“奥库斯”（AUKUS）① 合作机制。根据三国领导人的合作声明，美国和英国将协助澳大利亚建造至少8艘核动力潜艇，以替换澳大利亚皇家海军现役科林斯级潜艇舰队。而澳大利亚将向美国购买“战斧”巡航导弹等先进武器。同时，该声明也提到三国将在用于“网络战”的网络安全服务、人工智能、量子计算机等技术领域展开合作，同时寻求通过汇集资源和整合国防相关科学技术、工业和供应链，抗衡来自中国的军事竞争。②

在具体议题上，拜登政府继承上届政府的政策，将台海和南海等涉及中国主权与领土安全的问题纳入美国“印太战略”的轨道，推升双边紧张态势。

一方面，美国显著增加了在南海地区实施所谓“航行自由行动”的频次与力度，强化甚至炫耀自身在南海地区的军事存在。2021年1月，美国商务部将负责或参与南海陆域吹填的24家中国企业纳入“实体名单”，并对企业相关人员实施签证限制。2月，美国“罗斯福”号和“尼米兹”号两大航母战斗群同时在南海活动，开展双航母打击群作战演习。对此，中国国防部做出有针对性的回应，发言人吴谦表示对于相关行为“一是反对，二是不怕”，并奉劝美国保持理性，停止挑衅。③ 在美国国务卿布林肯首次到访欧洲后，包括英、法、德在内的北约国家在美国的动员下，声称将到南海以及“印太地区”实施所谓“航行自由行动”。10月中旬，美国参议院外委会通过《南海与东海制裁法案》（South China Sea and East China Sea Sanctions Act），再次将矛头指向中国。

另一方面，拜登政府未放弃使用“台湾牌”，力求在战争门槛以下升级、强化对台关系，朝着试探中国底线的道路继续前行，行为更具冒险性。

① AUKUS由澳大利亚（Australia）、英国（UK）和美国（US）三国缩写而来。

② The White House, “Joint Leaders Statement on AUKUS,” September 15, 2021, https: //web.archive.org/web/20210916023441/https: //www.whitehouse.gov/briefing-room/statements-releases/2021/09/15/joint-leaders-statement-on-aukus/.

③《国防部新闻发言人就美国防部发布2020年〈中国军事与安全发展报告〉发表谈话》，中华人民共和国中央人民政府官网，2020年9月13日，http: //www.gov.cn/xinwen/2020-09/13/content_ 5543140.htm。

尽管拜登执政后重申在台湾问题上的传统政策表态，多次在正式场合提及中美三个联合公报和“与台湾关系法”，但他仍提及美国对台湾的“六项保证”。2021 年 4 月 9 日，美国国务院公布新版与台交往“指南”，其中对双方往来予以大幅度放宽。① 同月，拜登政府派遣三名前政要访问台湾。6 月 6 日，美国空军国民警卫队一架 C-17 运输机搭载美国议员代表团到访台北松山机场。自 1979 年 5 月 3 日美军彻底撤离台湾以来，40 余年间，美军战机共有三次降落台湾，另外两次均属意外迫降。此次美国军机降落台湾，表面上是运送三名参议员到台湾捐赠疫苗，但其搭乘的美军负责运输的 C-17 运输机，极具象征意义和敏感性。8 月 4 日，美国国务院宣布批准向台湾出售一批武器，总价值约为 7.5 亿美元。② 10 月15 日，美国在台协会处长孙晓雅（Sandra Oudkirk）在记者招待会上重申“安全合作、拓展经济伙伴关系、维护台湾国际空间、强化人民友谊”等所谓“美台关系四大基石”，并强调供应链安全相关问题。③ 10 月 28 日，台湾地区领导人蔡英文在接受美国媒体 CNN 采访时，首次证实台湾岛内有美军存在。该表态是自 1979 年美国与台湾当局断绝所谓“官方关系”后，台湾地区领导人首次亲口证实美军协助台军训练。④ 针对上述行为，中国政府除向美方提出严正交涉外，陆续做出有针对性的回应。9 月，中国人民解放军军机在一周内 7 次飞越美国和台湾当局私自划定的所谓“海峡中线”，进入台湾西南空域。“十一”国庆节期间，中国在 3 日内共向台湾附近派出 93 架军机。10 月 9 日，中国中共中央总书记、中央军委主席习近平在“纪

① U. S. Department of State, “New Guidelines for U. S. Government Interactions with Taiwan Counterparts,” April 9, 2021, https://www.state.gov/new-guidelines-for-u-s-government-interactions-with-taiwan-counterparts/.

② Anthony Capaccio, “First Taiwan Arms Sale in Biden Administration Is Approved,” Bloomberg, August 5, 2021, https://www.bloomberg.com/news/articles/2021-08-04/first-arms-sale-to-taiwan-by-biden-administration-is-approved.

③ 《美国在台协会处长孙晓雅记者会开场致辞》，美国在台协会官网，2021 年 10 月 29 日，https://www.ait.org.tw/zhtw/remarks-by-ait-director-sandra-oudkirk-at-the-press-conference-opening-zh/。

④ 《蔡英文首次证实“有美军在台湾存在”如何解读?》，中国台湾网，2021 年 10 月 28 日，http://www.taiwan.cn/taiwan/jsxw/202110/t20211028_12387459.htm。

念辛亥革命110周年”的讲话中，重申台湾问题纯属中国内政，不容任何外来干涉，并强调“任何人都不要低估中国人民捍卫国家主权和领土完整的坚强决心、坚定意志、强大能力”。①

五 中美意识形态矛盾加剧

拜登政府执政以来，继续在意识形态领域实施对华竞争，延续上届政府在香港、新疆问题上的政策，打着“民主”和“宗教自由”的旗号，借助所谓制裁工具，干预中国内政。

拜登政府全面继承了特朗普政府的对华竞争战略，但更加注重以立法来规范、管理对华战略竞争各领域的活动。拜登就任后不久，行政当局与国会密切配合，试图以一部全面的、系统的法案统领对华战略竞争，使对华战略竞争各领域的政策有法可依，促进对华政策法制化、制度化。美国国内围绕对华战略竞争的立法活动显示，白宫与国会山对以立法推动对华战略竞争持较为一致的立场，国会两党对此保持高度一致。由参议院外交委员会主席鲍勃·梅内德斯（Bob Menendez）与共和党议员吉姆·里施（Jim Risch）共同起草、参议院于2021年4月21日高票通过的《美国创新和竞争法》，是此类对华战略竞争法案的雏形。该法强调“在每一个维度上”抗衡中国，其战略基础具有强烈的意识形态色彩。对华战略竞争法案最显著的特征是将近年来流行于美国战略界、逐步得到两党一致认可的对华战略认知及对华战略思维，以立法的形式固定下来。7月14日，美国参议院提出并通过《防止强迫维吾尔人劳动法案》（Uyghur Forced Labor Prevention Act）。该法案设立了一个“可反驳的推定”（rebuttable presumption）制度，即除非得到美国当局的无强迫劳动认证，否则会推定凡在新疆制造的产品均使用了强迫劳动，按照《1930年关税法》（1930

① 习近平：《在纪念辛亥革命110周年大会上的讲话》，人民网，2021年10月9日，http://cpc.people.com.cn/n1/2021/1010/c64094-32248718.html。

Tariff Act），禁止进口这些产品。12 月 8 日，该法案在众议院获得通过并最终由拜登签署成法。① 在上述立法动作中，美国战略界不断重申美国民主党与共和党就“中国威胁”达成的一致或共识，尝试以法律术语界定中国作为美国战略竞争对手的地位。

美国对华政策的消极姿态和强硬做法的固化和长期化，限制了未来美国政府在对华政策上的腾挪空间。拜登政府执政首年，美国政府频繁炒作新疆、香港和西藏等敏感问题，对双边关系造成较大负面影响。2021 年 3 月 17 日，在中美安克雷奇会晤前夕，美国制裁了 24 名中国内地和香港的官员，导致双方在接下来的会议中围绕该问题展开激烈交锋。② 7 月 9 日，美国商务部工业安全局再度以涉疆缘由，将 23 家中国公司列入“黑名单”。在北京冬奥会前夕，美国白宫新闻发言人珍·普萨基（Jen Psaki）宣布因所谓“人权问题”，拜登政府将不会派任何外交或官方代表参加此次冬奥会。③ 进入 12 月后，美国以同样的理由先后发动了多轮对中国的意识形态打压，包括制裁中国香港的官员、将中国商汤科技等人工智能公司纳入投资黑名单等。针对这些行为，中国采取了系统性的反制措施。9 月 24 日，中国外交部发布《美国干预香港事务、支持反中乱港势力事实清单》，对美国炮制涉港法案、抹黑中方对港政策、插手香港内部事务并大肆干涉中国内政的行为，予以公布和驳斥。④

拜登政府将意识形态因素纳入其联盟战略中，强化对华外交孤立和围堵，推进针对中国的制度模式竞争和军事遏制。2021 年 3 月 22 日，欧盟、

① U. S. Department of State, “The Signing of the Uyghur Forced Labor Prevention Act,” December 23, 2021, https://www.state.gov/the-signing-of-the-uyghur-forced-labor-prevention-act/.

② Lara Jakes, Steven Lee Myers, and Austin Ramzy, “U. S. Punishes 24 Chinese Officials on Eve of First Talks Under Biden,” *The New York Times*, March 17, 2021, https://www.nytimes.com/2021/03/17/world/asia/us-china-biden.html.

③ The White House, “Press Briefing by Press Secretary Jen Psaki, December 6, 2021,” December 6, 2021, https://www.whitehouse.gov/briefing-room/press-briefings/2021/12/06/press-briefing-by-press-secretary-jen-psaki-december-6-2021/.

④《美国干预香港事务、支持反中乱港势力事实清单》，中华人民共和国外交部官网，2021 年 9 月 24 日，https://www.fmprc.gov.cn/web/wjdt_674879/sjxw_674887/202109/t20210924_9585025.shtml。

美国和加拿大因所谓新疆“人权问题”对中国政府官员进行制裁。作为回应，中国也对 10 名欧盟公民和 4 个实体进行了反制裁。一些西方服装品牌因对中国新疆政策的无端批评而在中国国内遭到强烈抵制。6 月 13 日，在 G7 峰会上，在美国的带动下，英国等西方国家对中国的新疆政策和香港政策进行抨击，要求中国“保障《中英联合声明》和基本法赋予香港的高度自治”，同时对中国的内政进行无端指责。[①] 12 月 9~10 日，拜登政府举办线上“民主峰会”。根据美国国务院公布的名单，共有 110 个国家或地区受到邀请。峰会期间，拜登政府提出并呼吁推行互联网治理的“美国标准”，承诺将在此基础上创造一个“未来互联网联盟”，并发布系列报告。[②] 中国国务院新闻办公室于 12 月 4 日发表《中国的民主》白皮书，对中国全过程人民民主模式进行了详细介绍，并对“美式民主”向“金钱政治”和“少数精英统治”发展的趋势进行批评。[③] 12 月 5 日，中国外交部发表共 1.5 万字的《美国民主情况》报告，通过列举事实和专家的观点，梳理美国民主制度的弊端，分析美国国内民主实践的乱象和对外输出民主的危害。[④]

六　结语

综合而言，拜登政府虽以“竞合”框架统领美国对华战略，但在全面对华施压思维的预设下，竞争成为主调，合作相对乏力。这也导致中美两国难以对特朗普政府时期双边关系中的分歧领域进行修复和调整。具体来看，这种分歧在经贸和科技领域体现得尤为明显，在双边存在争议的领域以及地

---

① The White House, "Carbis Bay G7 Summit Communique," June 13, 2021, https://www.whitehouse.gov/briefing-room/statements-releases/2021/06/13/carbis-bay-g7-summit-communique/.

② U.S. Department of State, "Summit for Democracy: Invited Participants," https://www.state.gov/participant-list-the-summit-for-democracy/.

③ 《〈中国的民主〉白皮书（全文）》，中华人民共和国国务院新闻办公室官网，2021 年 12 月 4 日，http://www.scio.gov.cn/zfbps/32832/Document/1717206/1717206.htm。

④ 《美国民主情况》，中华人民共和国外交部官网，2021 年 12 月 5 日，https://www.fmprc.gov.cn/web/zyxw/202112/t20211205_10462534.shtml。

区安全问题上的博弈仍在持续。与此同时，中美战略竞争中的意识形态因素进一步增加，导致中美关系的软环境不容乐观。尽管拜登政府承诺不打“新冷战”，但两国政界和学界仍对缺乏有效管控的中美关系的发展感到担忧。2021 年 11 月 11 日，美国国家安全顾问沙利文在澳大利亚智库洛伊国际政策研究所（Lowy Institute）举办的线上论坛中指出，美国一直都是“印太常驻大国”，但他也再度重申了“中美共存”的观点，认为中美两国拥有合作空间，“激烈竞争并非一定会酿成冲突”。[①] 尽管如此，对于中美如何开展合作、合作的模式和限度是什么等问题，拜登政策团队并未在其执政首年给出明确的答案。这也令中美关系处于持续下降的“惯性”之中。

在两国之间的互动为双方矛盾和争端所主导的情形下，中美之间的战略竞争将朝“常态化”发展。考虑到中美两国在双边、地区和全球层面均存在许多共同利益，这种趋势非但不符合两国利益，反而会给国际社会带来风险及不确定性。在用以支撑双边关系发展以及分歧管控的政策框架难以重新建立的背景下，中美关系的重构与发展将面临更大的挑战。

（审读人　张帆）

① Jake Sullivan, "2021 Lowy Lecture," Lowy Institute, November 11, 2021, https://www.lowyinstitute.org/publications/2021-lowy-lecture-jake-sullivan.

B.7

2021年的美国军事：着眼大国战略竞争　加强一体化威慑

张　媛　李　喆*

摘　要： 2021年是拜登政府执政第一年。虽然面临新冠肺炎疫情和气候变化等多重威胁，但拜登政府在军事领域始终保持强势投入，以谋求在大国竞争中的绝对优势。这一年，美国着眼于大国竞争进行"一体化威慑"，加快推进联合全域能力建设，加大与盟友军事合作的力度，重返国际社会，提升重点领域能力，密集开展概念验证，发展智能化、无人化武器装备，以"太平洋威慑倡议"等方式推动"印太战略"落地生根。在对华策略上，拜登政府强调以全政府方式、联盟方式、高端战争准备方式全力构筑对华军事包围圈，这增加了中美两国之间的军事风险。

关键词： 美国军事　一体化威慑　高端战争　军事联盟

2021年是拜登政府执政第一年，美国国家安全面临新冠肺炎疫情和气候变化等多重威胁，其全球战略呈现整体收缩、局部扩张的态势。为重塑全球霸权，美国更加倚重军事力量，以做实做细对中国和俄罗斯高端战争准备为引领，加大与盟友军事合作的力度，重返国际社会，提升重点领域能力，密集开展概念验证，发展智能化、无人化武器装备。与此同时，美国不断试

* 张媛，军事科学院战争研究院副研究员，研究领域为美国军事；李喆，军事科学院战争研究院助理研究员，研究领域为美国军事。

探、挑衅、僭越对手国家的底线，推行战争边缘政策，制造了诸多热点和动荡，是世界不安定的主要根源。

一　总体战略动向

2021 年，美国不断调整全球战略，着眼于大国竞争，加紧推动高端战争准备工作。美国明确地将中俄等国作为主要威胁进行“一体化威慑”，强调以“全政府、总动员”形式开展全面对敌遏压，全面调整优化兵力结构，力求先敌一步。美国以“太平洋威慑倡议”（Pacific Deterrence Initiative）等方式推动“印太战略”落地生根，在重归联盟的同时广泛灵活地设置“议题式联盟”，全力构筑针对大国竞争对手的军事包围圈。

（一）战略指向更加明显，奉行综合威慑战略

2021 年 3 月，美国颁布《临时国家安全战略指南》（Interim National Security Strategic Guidance），认为全球安全格局发生深刻变化，美国面临新冠疫情、核扩散等全球性挑战，亟须与盟友伙伴加强合作，重塑“民主”价值，维护美国利益，特别指出中国是“唯一有潜在综合实力挑战国际秩序的竞争者”。2021 年 4 月，国家情报总监办公室发布《2021 年度威胁评估》,[①] 将中国、俄罗斯、伊朗、朝鲜作为四个重点“威胁国家”。同月，美国参议院提出《2021 年战略竞争法案》,[②] 一旦该法案通过，标志着美国将开启对华全面战略对抗。11 月，美国国防部发布《2021 年全球态势评估报告》，强调中国和俄罗斯是美国面临的最大威胁。[③] 2021 年 5 月，国防部部长

① Office of the Director of Nationla Intelligence, “Annual Threat Assessment of the U. S. Intelligence Community,” April 9, 2021, http: //www. dni. gov/files/ODNI/documents/assessments/ATA－2021－Unclassified－Report. pdf.

② Sara Hsu, “Senate’s Strategic Competition Act Will Make China-US Relations Worse, Not Better,” The Diplomat, http: //ace88gaming. com/2021/04/senates－strategic－competition－act－will－make－china－us－relations－worse－not－better/.

③ Marco Overhaus, “The Biden’s Administration’s Global Posture Review, SWP Comment,” SWP, No. 59, December 2021, http: //www. swp－berlin. org/publications/products/comments/2021C59_ US_ GPR. pdf.

劳埃德·奥斯汀（Lloyd Austin）提出“一体化威慑”战略构想，将军事技术、作战概念和行动能力三者融合起来，通过统筹调配全部国家力量，运用核、非核、科技、外交等多种手段形成综合威慑能力。[①] 美国国防部已确定将“一体化威慑”概念作为新版《国防战略》（National Defense Strategy）的主导思想，以及未来防务政策和军事战略的基石。“一体化威慑”概念的提出，最终形成针对主要竞争对手的全域作战优势，标志着美军从根本上打破了单纯依靠兵力规模取胜的固有局限，战略核心思想未来将向全体系动员、全域性竞争转变。

（二）强化全谱综合发力，进行高端战争设计

美国综合运用“硬实力”“软实力”“潜实力”多种方式，达成国家安全战略目标：采取全谱系竞争策略手段，既准备高端战争，也重视灰色地带；既强调当前战争，也面向未来冲突；既保持传统军事优势，也注重应对非传统安全威胁，强化意识形态斗争，实质性推进认知域作战，不断向深海、太空、网络、极地、无人、生物等新兴领域开展实战化准备。2022 财年，美国的国防预算达到 7530 亿美元,[②] 增加了对太空作战与核武器发展领域的资金投入，并首次将新冠肺炎疫情、气候变化、网络安全等非传统安全威胁作为独立项目拉单列表。这表明维持军事优势不再是确保美国国家安全的唯一评价指标，美国将尽可能争取全域全谱系优势。2021 年 5 月底 6 月初，美国参联会主席马克·米利（Mark Milley）、国防部部长劳埃德·奥斯汀先后签署《联合作战概念》[③]《联合全域指挥控制战略》[④] 等文件。这

① Todd Lopez, “Defense Secretary Says ‘Integrated Deterrence’ Is Cornerstone of U. S. Defense,” U. S. Department of Defense, April 30, 2021, http://www. defense. gov/Explore/News/Article/Article/2592149/defense-secretery-says-interated-deterrence-is-cornerstone-of-us-defense/.

② Office of the Under Secretary of Defense, “Fiscal Year 2022 Budget Request, Overview,” May 2021, https://comptroller. defense. gov/Portals/45/Documents/defbudget/FY2022/FY2022 _ Budget_ Request_ Overview_ Book. pdf.

③ Theresa Hitchens, “SecDef OKs Joint Warfighting Concept; Joint Requirements Due Soon,” Breaking Defense, June 16, 2021, http://breakingnews. comsecdef - oks - joint - warfighting - constrrct-joint-requirement-due-soon/.

④ Jackson Barnett, “Secretary of Defense Austin Approves JADC2 Strategy,” Fedscoop, June 4, 2021, http://www. fedscoop. com/secretary-of-defense-austin-approves-jadc2-strategy/.

些文件不仅为加速建设“联合全域作战”体系提供了顶层设计和长效牵引，也提出了具体的工作路线图和实现方法，全面推动“联合全域作战”概念落地实施。参联会首次提出“扩展机动”新型作战概念，进一步提升指控集成水平，推动实现各型装备平台与作战人员的无缝连接，加强军兵种联合打击能力及后勤保障能力。美国印度洋-太平洋司令部（United States Indo-Pacific Command）提出了新版作战概念，以应对“更加强势的中国”，经国防部审查通过后将与“联合全域作战”概念对接。

（三）兼顾欧亚大陆两端，突出动态兵力部署

美军是一支全球部署型军队，在全球有4800多个基地，随时准备实施“全球一体化作战”。为更好应对中俄带来的所谓“安全挑战”，美军不断调整全球兵力布局，力图实现对中东等地区的低成本精准控局，将更多军力资源部署在印太和欧洲，塑造“攻防兼备”“灵活机动”的军力部署态势。当前，美军在欧洲16个国家部署兵力75418人，其中德国42086人，占美军在欧洲驻军总数的56%；意大利驻军的占比为17%；英国为12%；西班牙为4%；其他国家为11%。此外，美军在欧洲地区建有48个大中型军事基地，驻有美国欧洲司令部、美国非洲司令部和特种作战司令部。美国在中东及周边国家调整分布式军事部署，与希腊、苏丹、阿联酋等国深化防务合作，以限制伊朗核能力为突破口破坏中国与俄罗斯和伊朗的合作，弱化中俄两国地区影响力。美国在科威特驻军超过13500人，分布在阿里夫詹营（Camp Arifjan）、艾哈迈德·贾比尔空军基地（Ahmad al-Jaber Air Base）和阿里·萨勒姆空军基地（Ali Al Salem Air Base）。约有3500人部署在阿联酋杰贝尔阿里港、达夫拉空军基地和富查伊拉海军基地。美国在阿曼驻军已经减少到几百人，主要来自空军；在巴林驻军约5000人，同时部署了F-16战机、F/A-18战机、P-8侦察机以及爱国者导弹防御系统；在卡塔尔驻军8000人，主要来自空军。美国在印太地区建有夏威夷、关岛、日本、韩国、阿拉斯加、新西兰、澳大利亚等很多重要军事基地。2021年美军建立了更为灵活、分散、前置的兵力部署态势，以降低对东亚军事基地的依赖，增加

在澳大利亚、新加坡等国的轮换部署兵力，并在太平洋建立新的部队集结区、后勤补给点和兵力投送转运点。美军的兵力持续东向调整集结，尤其是在中亚、南亚、东北非及南海、台海、朝鲜半岛方向，自西向东形成新的力量布局。

（四）增强印太军力存在，加速落实印太战略

美国增加"太平洋威慑倡议"，投入应对所谓的"中国挑战"。2021年1月，美国发布解密版《印太战略框架》（U. S. Indo-Pacific Strategic Framework），阐述了美国将继续增强在印太地区的军事存在，占据第一岛链外的"全领域"优势。2022财年国防预算中，"太平洋威慑倡议"年度预算超过50亿美元，远多于2021财年的22亿美元，并有望在未来5个财年内达到270亿美元。① 美军印太司令部司令约翰·阿奎诺利（John Aquilino）向拜登政府申请追加8.9亿美元拨款，其中2.31亿美元将用于在关岛加强防空和导弹防御，另有1.14亿美元用来改善阿拉斯加和夏威夷的军事设施，确保能有效应对印太地区可能发生的突发事件。美国国防部部长奥斯汀表示，"'太平洋威慑倡议'将是应对中国威胁的'有用工具'。国防部将加大对'太平洋威慑倡议'的投入力度，计划投入51亿美元用于发展'战斧'和'标准-6'导弹等，以提升美国在印太地区的打击能力"。美国将强力推进印太作战体系构建，在第一岛链部署陆基反舰火力和防空反导系统，在第二岛链建立"关岛防御圈"，增加部署陆上宙斯盾系统，并与已部署的"萨德"和"爱国者"导弹防御系统联网，构建"360度持续综合防空能力"。美国持续强化在太平洋岛国地区的军事部署，修缮或建设部分岛屿机场，选取帕劳、密克罗尼西亚等地，快速推进将该地区打造成关岛的替代与备用基地、后勤补给的枢纽地域。同时，美国还推动在日本、韩国、新加坡、澳大利亚及美国的海外领地关岛、夏威夷等地更新换代新型武器装备，部署F-35战

---

① Office of the Under Secretary of Defense, "Fiscal Year 2022 Budget Request Overview," May 2021, https://comptroller.defense.gov/Portals/45/Documents/defbudget/FY2022/FY2022_Budget_Request_Overview_Book.pdf.

机、B-21轰炸机、KC-46加油机、改进型弗吉尼亚级核潜艇、濒海战斗舰以及远征两栖登陆舰等。2021年，美军首次向印太地区增派AC-130J等特种作战力量，在横田、三泽基地部署RQ-4、MQ-4无人机等。同时，美军特种作战司令部在太平洋地区建立信息战多域特遣部队，第一特种部队司令部还专门成立了信息战中心，研发"数字弹药"，通过网络战、舆论战、心理战等手段渗透、影响和压制对手的影响力和信息战能力，进一步强化印太地区的信息作战实力。

（五）树立共同对手靶向，构筑多元联盟体系

在联盟战略上，美国全力构筑"印太盟伴体系"新框架，在政治上鼓吹"共同价值观"，在安全上渲染"中国军事威胁论"，凝聚各国防范中俄等主要对手的战略共识。在美日澳印"四方安全对话"（QUAD）机制、"五眼联盟"的基础上，成立美英澳"奥库斯"（AUKUS）军事联盟，"印太版北约"初现端倪。通过战略对接、演习训练、军售援助，美国试图巩固与日本、韩国、菲律宾、澳大利亚等传统盟友的关系，拉拢和深化与蒙古国和台湾地区的伙伴关系，以多种手段深化地区防务合作，挤压中国战略空间。2021年12月，美国以"对抗威权主义、反腐败、宣扬人权"为幌子，举办110多个国家和地区参与的所谓"世界领导人民主峰会"，着力凝聚盟友的信心和力量，树立共同的军事对手。

在联盟手段上，美国试图加大协同合作的广度与深度，打造地缘绞索链；继续对台军售，开展联合演训，鼓励盟友伙伴深化对台关系；借推动北约战略转型，试图将北约打造为实施"印太战略"、遏制中国的重要工具与平台，助推北约东向战略的调整；通过丰富演练科目的演习预案、突出实兵对抗等形式，强化与盟友的合作互动，不断扩大和深化多边军事演习的范围和参与度，进一步促进美军与盟友之间战役、战术行动的融合。美国还继续强化日本、澳大利亚在印太地区的"南北两锚"作用；重申南海"航行自由"等敏感议题，借机将东南亚打造成美国"印太战略"的棋子；帮助印度获得"大国地位"，收紧西向遏华链条；支持台湾当局持续操弄"反中谋

独”，企图从内部打破台海政治现状；施压尼泊尔、斯里兰卡等南亚小国，意图将其捆绑加入美国的印太机制；在中东及周边国家发展前哨基地，与盟友共同监视关键水域要道，构建起从中东到印太的海上封锁链。然而，美国从阿富汗仓促撤军等事件严重透支了其国际信誉；加之国内基建和社会支出法案受挫、持续的疫情和供应链危机亦削弱了美国承诺的可信度，这些令许多国家对美国心存疑虑和防范。

二　军力建设动态

（一）陆军加快推进多域化转型

2021 财年，美国陆军兵力为 48.59 万人，有装甲旅、步兵旅和斯特瑞克旅（SBCT）[①] 三种旅级战斗队。每个装甲旅约有 4700 人，其中陆军营 9 个、国民警卫队 5 个，主要装备艾布拉姆斯主战坦克和布莱德利步战车；每个步兵旅约有 4400 人，其中陆军营 14 个、国民警卫队 19 个；每个斯特瑞克旅约有 4500 人，其中陆军营 7 个、国民警卫队 2 个，主要装备 321 辆八轮斯特瑞特步战车。11 个航空旅，包括战斗航空旅、远征战斗航空旅和战区航空旅，编有攻击、运输等类型直升机以及无人机。

美国陆军将“多域作战”概念融入战略指导中，加强统筹规划指导，确立多域转型发展战略，并延伸至条令及各项流程，全面引领未来的陆军建设和现代化转型。2021 年 3 月，陆军发布《陆军多域转型：在竞争和冲突中为获胜做好准备》战略文件，阐述了在多域作战中发展跨域协同能力、瞄准中俄进行跨域联合作战准备、建设“多域化”“多能化”部队的战略。[②] 2021 年

---

① 斯特瑞克旅以 3600 名步兵为主体，并结合陆军其他兵种的优点和技术手段，能执行从低强度到高强度军事行动，比其他部队有更高的战术机动能力、更先进的战场状况获得和认知能力以及扩展到连级的各兵种联合能力。

② Headquarters, “Department of the Army, Army Multi-domain Transformation: Ready to Win in Competition and Conflict,” March 16, 2021, http://api.army.mil/e2/c/downloads/2021/03/23/eeac3d01/20210319-csa-paper-1-signed-print-version.pdf.

1 月，陆军发布 FM3-96《旅战斗队新版野战条令》。该条令是在多域作战的理论框架下，对战术层级作战条令进行的首度更新，为新环境下旅战斗队的军事训练、建设发展和战术运用提供了法规指导。[①] 2021 年 3 月，陆军发布《重获北极优势》报告，提出陆军在北极的战略目标、军事能力及作战框架，旨在加强陆军在极地、极寒、极端环境中的作战准备。[②] 2021 年 8 月，陆军发布新版 FM3-12《网络空间行动与电磁战》（Cyberspace Operations and Electromagnetic Warfare）条令，进一步协调整合陆军网络空间行动与电磁战的顶层指导与战术流程。[③] 2021 年 10 月，陆军发布《数字化转型战略》，以统筹加强网络信息优势，明确陆军数字化转型目标，支撑多域作战任务。[④] 此外，陆军还发布了《陆军未来司令部情报概念 2028》等文件，通过调整旅级以上部队的组织结构，加快发展部署"战术情报目标瞄准接入节点"等武器系统，明确 2035 年前的设施建设目标，提升多域作战能力。[⑤]

陆军夯实装备技术基础，重点装备远程巡航导弹、陆基远程高超音速系统、无线高速指挥系统、远程火炮和齐射火箭炮、近区防空系统、战术无人攻击机等，发展以下一代战车、未来垂直起降为代表的现代化装备；演练用 C-130 运输机发射高机动性炮兵火箭和导弹，摧毁敌方舰船和防御系统。陆军建立综合战争指挥系统，开展诸兵种合成作战，实施海陆空网电协同作战行动。陆军拟通过部署低轨和中轨卫星，将战术网络和军用网连接建立全球范围的"统一网络"，满足多域作战远距离精确打击火力需求。陆军增强新

---

① Headquarters，"Department of the Army（FM3－96），Brigade Combat Team，" January 2021，https：//armypubs. army. mil/epubs/DR_ pubs/DR_ a/ARN31505-FM_ 3-96-000-WEB-1. pdf.

② Headquarters，"Department of the Army，Regain Arctic Domain：The U. S. Army in the Arctic，" January 19，2021，http：//api. army. mil/e2/c/downloads/2021/03/15/9944046e/regaining－arctic-dominance-us-army-in-the-artic-19-january-2021-unclassified. pdf.

③ Headquarters，"Department of the Army，Cyberspace Operations and Electromagnetic Warfare（FM3-12），" August 2021，http：//armypubs. army. mil.

④ Office of the Army Chief Information Officer，"Army Digital Transformation Strategy，" October 2021，http：//api. army. mil/e2/c/downloads/2021/10/20/3b64248b/army-digital-transformation-strategy. pdf.

⑤ U. S. Army，"Army Futures Command Concept for Intelligence 2028，" September 18，2020，http：//api. army. mil/e2/c/downloads/2021/01/05/26b729a6/20200918-atc－pam－71－20－3－intelligence-concept-final. pdf.

兴领域建设，由规划向实战实备拓展。2021 年 4 月，陆军未来司令部启动“战术太空层”计划，计划 2022 年进行部署，连接地面力量与空中、海上和太空能力，积极发展太空联合作战能力，融入太空联合作战体系。

2021 年 3 月，陆军新建全域作战中心，设计新型作战方式，加强数据共享，提升数据分析、快速部署和精确打击能力；正式重启第 56 炮兵指挥部，作为欧洲首个战区火力司令部，负责统筹管理美国驻欧洲陆军的中远程火力，协调与欧洲盟友部队的地面协同作战，加强美国对欧洲和非洲两个方向的多域作战能力。2021 年，陆军在欧洲战区组建第二支多域特遣部队，[①] 重点提升陆军从信息获取到数据融合的一体化程度，有效提升远程火力打击的速度和精度，以重点应对俄罗斯的军事威胁。多域作战营包括四个连，可执行定位导航、信息融合、太空战、网络战、电子战等多域作战任务。美国陆军计划为每一个旅级作战部队都配备一个多域特遣营、一个电子战排以及信号/情报/网络支援小组，拟组建师级和军级电子战部队，推动多域作战的实践运用。

2021 年 10 月，陆军举行“项目融合 · 2021”演习，验证跨军种、跨作战域的一体化指挥决策能力，为联合全域作战测试新技术和作战概念。同时，陆军在西太平洋地区举行“太平洋捍卫者”演习，通过预置储备、部署多域特遣部队等，提升应对“反介入/区域拒止”能力。陆军将新组建的两个“铁穹”防空导弹连中的一个部署在关岛，作为巡航导弹防御临时解决方案，相关装备及人员于 2021 年底完成作战部署。陆军还大力推动多域化转型，全面引领未来陆军现代化建设以应对大国竞争。然而，军种快速老化以及经费不确定的客观现实，将在一定程度上影响陆军实际的转型效果。

（二）海军打造一体化海上力量

2021 年海军总兵力为 34.78 万人，比 2020 年增加 5300 人。截至 2021 年 3 月，海军拥有现役舰艇 299 艘。6 月发布的海军兵力结构文件显示，大

① Congressional Research Service, “The Army's Multi-Domain Task Force,” November 5, 2021, https://crsreports.congress.gov/product/pdf/IF/IF11797.

中型水面舰只数量有所缩减，多功能舰只和无人舰艇数量适当增加。目前拥有14艘俄亥俄级弹道导弹核潜艇，未来计划用哥伦比亚级替换俄亥俄级，将总数减少到12艘。另有50艘攻击型核潜艇，11艘核动力航母，首艘福特级航母将于2022年部署；85艘阿利·伯克级DDG-51驱逐舰，入役1艘朱姆沃尔特级DDG-1000级驱逐舰；11艘提康德罗加级CG-47巡洋舰；160架EA-18G电子战飞机；32架E-2D和50架E-2C空中预警机等。6月，海军公布新版造舰计划，① 计划未来建造321～372艘有人舰艇、77～140艘无人舰艇，舰艇总数最高可达512艘，重点包括潜艇部队、航母编队和小型水面作战部队。

2021年，美国海军积极实施未来发展规划，全面评估美国面临的海上安全风险，加紧与海军陆战队、海岸警卫队共同打造联合全域的海上力量。2021年1月，海军发布《海军作战部发展指南》，从提高部队战备水平、增强部队作战能力、优化部队规模结构、建设高素质人才队伍等方面，指导未来10年的部队发展建设。② 10月，海军发布《海军部部长战略指南：一体化海军与陆战队》，对海军及陆战队的任务愿景、面临的挑战、优先发展事项等进行阐述，称中国海军是“美国海军及陆战队至少一代人以来的首个战略竞争者”。③ 海军、海军陆战队、海岸警卫队将继续提高战备水平，扩大前沿存在，强化与盟友伙伴行动协同，强化前沿领域技术运用，建立更加一体化的全域海上力量。1月，海军部部长、海军作战部部长、海军陆战队司令联合签发《蓝色北极战略》，以进一步加强北极地区的军力部署、伙伴关系及行动能力。④ 3月，海军和海军陆战队发布《无人战役框架》

① Congressional Budget Office, “An Analysis of the Navy’s Fiscal Year 2022 Shipbuilding Plan,” September 2021, https: //www. cbo. gov/system/files/2021-09/57414-Shipbuilding_ 1. pdf.

② Chief of Naval Operation, “CNO Naval Plan,” January 2021, https: //media. defense. gov/2021/Jan/11/2002562551/-1/-1/1/CNO%20NAVPLAN%202021%20-%20FINAL. PDF.

③ 78th Secretary of the Navy, “One Navy-Marine Corps Team: Strategic Guidance from the Secretary of the Navy,” October 2021, https: //media. defense. gov/2021/Oct/07/2002870427/-1/-1/0/SECNAV%20STRATEGIC%20GUIDANCE_ 100721. PDF.

④ Department of the Navy, “A Blue Arctic: A Strategic Blueprint of the Arctic,” January 5, 2021, https: //govwhitepapers. com/whitepapers/a-blue-arctic-a-strategic-blueprint-for-the-arctic.

（Unmanned Campaign Framework），提出了无人战役的五项目标，为海军和海军陆战队无人系统发展提供战略指导。7 月，海军发布《智能自主系统战略》，作为海军《无人战役框架》战略的互补科技战略，重点关注智能自主系统。①

海军谋划关键海战科技，推动新装备发展。2021 年 3 月，海军列装新型 Block Ⅴ “战斧”巡航导弹，计划建造 10 艘弗吉尼亚级 Block Ⅴ 型攻击核潜艇。海军列装首套“刀鱼”反水雷无人潜航器系统，为濒海战斗舰及其他舰艇反水雷提供了支撑。4 月，海军完成 3 套舰载激光拦截系统的列装，5 套正在部署，提升了舰队末端防护能力。“福特”号航母 4 月完成作战系统舰艇资格试验，8 月完成全舰抗冲击试验，计划 2022 年首次部署。8 月，“游骑兵”号无人水面艇成功发射标准-6 导弹，验证无人艇的防空、反舰作战能力。F-35C 在“卡尔·文森”号航母上开始首次作战部署，成为 21 世纪海军航空兵发展的重要里程碑。阿利·伯克级换装“战斧”Ⅴ巡航导弹，升级导弹垂发系统，加装激光武器。MQ-25“黄貂鱼”无人加油机分别于 6 月、8 月和 9 月首次完成为 F/A-18E/F“超级大黄蜂”战机、E-2D“先进鹰眼”预警机、F-35C 战机实施空中加油，成为首型实战部署的舰载无人加油机。10 月，海军发布《海军航空愿景 2030～2035 年》文件，发布下一代战斗机 F/A-XX 作战概念图，取代 2030 年服役到期的 F/A-18E/F“超级大黄蜂”战斗机。② 2021 年 6 月，阿利·伯克级 Flight Ⅲ型首舰下水，未来护卫舰首舰开工、2 号舰签署建造合同，“自由”号和“独立”号濒海战斗舰正式提前退役。此外，海军加快了哥伦比亚级核潜艇建造和海基核武库升级工作，加大了无人平台采购的力度，在大型舰艇部署高超音速武器，计划在未来几年升级 30 多艘舰艇增强太空域感知能力，实现独立的太空域

① Department of the Navy, “Intelligent Autonomous Systems,” July 2021, https://www.nationaldefensemagazine.org/-/media/sites/magazine/2021-dist-a-don-st-strategy-for-intelligent-autonomous-systems-2-jul-2021.ashx.

② Naval Aviation Enterprise, “Navy Aviation Vision 2030-2035,” October 2021, http://s3.documentcloud.org/documents/21095460/navy-aviation-vision-2030-2035_fnl.pdf.

感知能力及目标跟踪能力。

2021 年 3 月，海军组建“超越计划”办公室，全面负责美国海军网络建设，构建跨域海军兵种统一网络，推动海军智能化建设，相关成果将于 2023 年应用于航母打击大队。海军为第 2 舰队成立名为“灰猎犬”的反潜特遣部队，由“哈德纳”号与“库克”号 2 艘驱逐舰组成，强化反潜作战能力应对中俄水下威胁，同时组建首支舰载无人机中队。2021 年 10 月，海军在太平洋舰队成立第 10 舰载多用途无人机中队，下设 4 支分遣队，装备 20 架 MQ-25A，以提升航母打击大队作战灵活性。

2021 年 4 月，第 3 舰队举行“无人系统综合作战-21”演习，出动无人机、无人水面艇、无人潜航器等多型无人系统，推动海军无人系统体系化发展和实战化部署，加速形成有人-无人协同作战能力。海军在“大规模演习 2021”中，首次大范围运用仿真训练技术，打造“虚实结合”战场环境，实现 2.5 万人、80 余艘舰艇“同步”参演，初步构建完成分布全球的仿真训练系统。2021 年底，4 艘独立级濒海战斗舰被部署在西太平洋海域，并与部署在新加坡的自由级濒海战斗舰协同行动。美国海岸警卫队于 2021 年派遣 1 艘国家安全炮舰至美军欧洲总部辖区，向关岛增加部署 1 艘快速反应舰，在北极地区部署“希利”号破冰船。海岸警卫队将作为一支重要力量，减轻海军在西太平洋地区行动压力。海军、海军陆战队、海岸警卫队一体化发展，将大幅提升美军的海上作战优势，在应对中俄高端战争准备中发挥重要作用，也是未来中国在第一、第二岛链面临的主要威胁。

（三）海军陆战队重返以陆制海

2021 财年，美国海军陆战队裁撤了约 5000 人的重装甲部队，削减了重型直升机、轻型攻击直升机和倾斜旋翼机的中队数量，增加了 3 个武装无人机中队、1 个 C-130 中队，同时每个中队 F-35 战机的数量从 16 架减少到 10 架，火力支援部队中“火箭炮连”升级为“导弹/火箭炮连”，数量由 7 个增加到 21 个。预计到 2022 年，将投入 36 个反舰火力系统，两栖舰队将增加 28~30 艘轻型两栖战舰（LAWs）。3 个陆战师分别开展改革试点，依托“步兵营试验计划”，对作战营的力量编配和综合战力进行重组。计划2030年前将步兵营从24个减至21个、炮兵连从21个减至5个、两栖战车连从6个减至4个，同时削减重型直升机中队、坦克营和舟桥连等。

2021年2月，海军陆战队发布《远征前进基地作战暂行手册》，作为“远征前进基地作战”临时条令，为陆战队概念的转化提供体系性指导；① 4月，发布《兵力设计2030》年度更新文件，提出重点发展远程精确火力、C^5ISRT、海军一体化作战能力以及侦察、反侦察能力；② 12月，发布《内线部队概念》文件，由小规模、隐蔽机动、后勤保障相对简单的力量、海军、海岸警卫队、特种作战部队、盟友伙伴组成，并与远征前进基地概念结合运用。③

海军陆战队强化战备，加速转型步伐。美国陆战队加快发展“海军打击导弹”（NSM），与无人版联合轻型战术车（JLTV）结合，形成“远征反舰拦截系统”（ROGUE-Fires），强化机动、反舰和以陆制海能力，并在“大规模演习2021”期间首次成功使用“远征反舰拦截系统”。2021年1月，第五支F-35B中队正式成立；7月，海军陆战队首支F-35C（第314）战斗攻击机中队形成全面作战能力。9月，第242战斗攻击中队成为第2支形成初始作战能力的驻日F-35B中队。此外，海军陆战队提出“LXX”新型船坞运输舰的概念，它将作为全域两栖作战舰艇与水面舰队编队联合作战，取代圣安东尼奥级轻型船坞运输舰。

美国海军陆战队与海军、海岸警卫队高频开展演习演训和战法研究，试验在两栖战舰上搭载F-35B、MV-22等垂直起降飞机，探讨海上力量在大国竞争时代的作战新样式；同时，正在试验“武器室概念”模式，以培养在战斗中使用多种不同系统的多面手，该模式将彻底改变海军陆战队的地面

① United States Marine Corps, “Tentative Manual for Expeditionary Advanced Base Operations,” February 2021, https://www.f-16.net/forum/download/file.php? id=35152.

② United States Marine Corps, “Force Design 2030,” https://www.marines.mil/News/News-Display/Article/2857680/force-design-2030-divesting-to-meet-the-future-threat/.

③ United States Marine Corps, “A Concept for Stand-in Forces,” December 2021, https://www.hqmc.marines.mil/Portals/142/Users/183/35/4535/211201_ A Concept for Stand-In Forces.pdf.

作战单元。2021 年 3 月，海军陆战队主导、联合多军种在冲绳、夏威夷两地，同日开展夺岛演习；派员赴澳大利亚与英、澳、日、韩等国部队开展“护身符 · 军刀”联演等。海军陆战队砍掉重型装备，重返以陆制海的模式，未来将主要配合海军实施跳岛战术和濒海作战，在海上方向对主要对手形成新的威胁和压力。同时，其转型发展受到预算掣肘和舆论非议，在推进过程中势必举步维艰，不容乐观。

（四）空军换新与转旧协同推进

根据 2021 年空军年鉴，美国空军有现役军人 335485 人（军官 64936 人，士兵 270549 人），空中国民警卫队有 10.81 万人，空军预备役有 207018 人。空军目前拥有 1391 架战斗机、140 架轰炸机、154 架特种飞机、422 架指挥控制飞机、289 架加油机和 366 架运输机。如果加上空中国民警卫队和预备役的战略储备，空军的总兵力将达到 2094 架战斗机、158 架轰炸机、491 架指挥控制飞机、526 架加油机和 825 架运输机。

2021 年 4 月，空军发布《空军条令出版物 1：空军》（AFDP-1），首次明确将任务式指挥作为空中力量指挥控制的理念，指出将通过集中指挥、分布式控制和分散执行来实施任务式指挥。这体现了聚焦联合全域指挥控制概念的重大转变。[①] 12 月，空军签发针对“敏捷作战”概念的首个条令文件《敏捷作战应用》，[②] 详细说明了“敏捷作战”的核心要素和关键术语的定义，重点阐述了其提出的背景、特点、关键因素以及作战框架，为未来采用“敏捷作战”概念以及进一步发展该概念奠定了基础。

美国空军加速主力战机迭代升级更新。空军在退役 F-15、F-16 等老旧机型的同时，强化 F-35 战机在拒止环境中的生存与行动能力，提升发展远

---

① U. S. Air Force, “Air Force Doctrine Publication 1: Air Force,” March 10, 2021, https://www.doctrine.af.mil/Portals/61/documents/AFDP_1/AFDP%201%20The%20Air%20Force%20Pocket%20Size%20Booklet.pdf.

② U. S. Air Force, “Agile Combat Employment, Air Force Doctrine Note 1-21,” December 1, 2021, https://www.doctrine.af.mil/Portals/61/documents/AFDN_1-21/AFDN 1-21 ACE.pdf.

程攻击能力，推进部署“集装箱导弹”，研发成功空投导弹发射器。目前，空军正在建造5架B-21“袭击者”隐形战略轰炸机，试飞“第六代战斗机”平台；计划替换608台B-52轰炸机发动机，将该型机服役年限延长至2050年。空军现有KC-46加油机68架，2021年底前增加了46架MQ-9“死神”无人机，将RQ-4“全球鹰”的库存从31个减少到8个。空军计划2022年采购75架轻型固定翼飞机，降低反恐成本，大幅减少短程导弹和炸弹采购，增加适合印太地区作战的先进远程武器的投入。

2021年2月，美国空军“先进作战管理系统”完成新一轮作战试验，连接多军种、多域作战单元构建“高效杀伤网”，推动美军进入联合全域作战新阶段。3月，空军举行“黑旗”演习，以“联合全域指挥控制”和“先进作战管理系统”运用为重点，探索多域数据集成融合与杀伤网构建。4月，空军公布“下一代空中优势”（NGAD）战斗机概念图，进一步突出了隐身能力，预计将于2025年前完成研发，2030年开始服役。空军在“北方利刃2021”演习中成功实现了高超声速杀伤链路闭环，探索高超声速武器在联合全域作战场景中的运用方式。目前，空军已完成AGM-183高超声速助推滑翔导弹的首次飞行测试，计划一年内实现量产；同时，正在研发“高超声速攻击巡航导弹”，两款武器都将配备B-52轰炸机。

2021年，美国空军空中作战司令部成立战役计划工作组，探索空军部队训练和部署的新模式，以提升部署灵活性和时效性。6月，空军成立常设的数字化转型办公室，该部门隶属于空军装备司令部，旨在制度化、规范化地推进空军和太空军数字化转型工作。10月，《空军杂志》报道，空军的新部署模式将在2023财年达到初始作战能力，分为待命、休整、准备、战备4个阶段，每个阶段持续6个月。① 在大国竞争背景下，美国空军面临的兵力部署等压力不断增大，新采购的飞机从列装到形成战力需较长时间，大量

① Amy Hudson, “USAF's New Deployment Plan,” *Air Force Magzine*, October 7, 2021, https: //www. airforcemag. com/article/usafs-new-deployment-plan/.

退役但仍可使用的各型飞机也在一定程度上制约了空军的战备行动与作战能力。

（五）太空军加强太空备战能力

截至2021年9月，美国太空军共有6490名现役人员和6206名文职人员。[①]

1. 战略愿景逐渐清晰，作战理论日益完善

继2020年白宫更新《国家太空政策》（National Space Policy）、美国国防部出台《国防太空战略》（Defense Space Strategy）、太空军发布首份顶层条令《太空力量》（Space Power）和《太空作战部长规划指南》（Chief of Space Operations Planning Guidance）之后，2021年1月和7月，太空司令部司令和太空防御联合特遣部队司令分别发布“指挥官战略愿景”。前者明确了为取得太空优势所需完成的5项任务：了解竞争；建设太空司令部以竞争、打赢；维持与关键盟友伙伴的关系；保持数字优势；一体化融合商业和跨机构组织。[②] 后者宣称“已准备好今天、今夜开战”。[③] 自首份顶层条令《太空力量》提出轨道战、太空网络战、太空电磁战、太空认知战等新概念以来，太空军在“太空实战分析中心”深化理论研究，开展兵力设计。10月27日，该中心召开机密“商业博览会”，向约180家公司代表分享了“迄今为止发布的最大数量的威胁模型”，寻求创新战法。

2. 机构改革深化落地，达到初始作战水平

经过2年的调整，太空军初步建成精干有效、灵活敏捷的行政管理链和作战指挥链。行政管理链从上至下分为4个层级，即太空军—野战司令部—

① Charles Pope, “Raymond Describes Space Force Achievements, Plans, Challenges Ahead,” Space War, September 21, 2021, https://www.spacewar.com/reports/Raymond_ describes_ Space_ Force_ achievements_ plans_ challenges_ ahead_ 999.html.

② United States Space Command, “Never a Day without Space: Commander's Strategic Vision,” February 22, 2021, p.7, https://www.spacecom.mil/Portals/32/Images/cc - vision/usspacecom - strategic - vision-22feb21.pdf? ver=xW4jfruY-cHS0HfWf6KN9A%3d%3d.

③ Brig. Gen. Thomas L. James, “To Protect & Defend the Space Domain: Commander's Vision,” Joint Task Force-Space Defense, July 28, 2021, p.2, https://media.defense.gov/2021/Aug/09/2002826249/-1/-1/1/JTF-SD%20CC%20VISION_ 1%20 (1). PDF.

三角洲部队/卫戍部队—中队。3 个野战司令部分别为太空作战司令部、太空训练和战备司令部、太空系统司令部，分别负责作战、训练和研发。作战指挥链顶层为太空司令部，下辖多国太空部队组成司令部和太空防御联合特遣部队。8 月 24 日，太空司令部司令、陆军上将詹姆斯·迪金森（James Dickinson）宣布该司令部已具备初始作战能力，[①] 标志性事件包括：成立 5 个军种组成司令部、2 个职能组成司令部；组建太空司令部总部；发布战略文件，规划太空司令部使命职责；在“奥林匹克卫士”行动框架下签发首份太空司令部作战命令；参加联合层级演习，测试完善太空实战指挥控制关系；设立太空司令部一级演习“太空雷霆”“太空闪电”“太空挑战”等。

3. 创新打造数字化部队，军民融合培养高端人才

2021 年 5 月，美国太空军发布《美国太空军数字化军种愿景》（U. S. Space Force Vision for a Digital Service）报告，立志建成全球首个“数字化军种”，成为整个国防部数字化转型的“变革推动者”。该报告提出，人才培养最为关键。太空军在科罗拉多斯普林斯设有软件训练营，培养“超级程序员”。从 300 名候选人中精挑细选出的首批 28 名军职和文职学员于 2021 年 1 月毕业。太空军计划培养 400 名程序员，熟悉编程语言、机器学习和数据分析等。他们将被部署至全球各地，负责太空交通控制、卫星操作和太空数据分析等。空军“数字大学”也为太空军培养数字人才，提供数字产品研发、信息技术基础设施简介、数据科学、人工智能、网络安全等课程。为鼓励学习，太空军将颁发近 6000 个学业证书。此外，太空军与多所地方院校签署“大学伙伴关系项目”备忘录，以加强基础学科培养。9 月，太空作战部部长约翰·雷蒙德（John Raymond）签发《太空卫士理想》（Guardian Ideal）文件，明确太空军核心价值观和人才发展目标。

---

① U. S. Space Command Public Affairs Office, “USSPACECOM Declares Initial Operational Capability,” U. S. Space Command Public Affairs Office, August 24, 2021, https://www.spacecom.mil/News/Article-Display/Article/2743777/usspacecom-declares-initial-operational-capability/.

4. 加紧太空能力演练，加快作战概念验证

2021 年，太空军主办年度“施里弗”演习及两次“太空旗”演习，检验在对抗、降级、行动受限的环境下，如何保护美方太空机动的自由。特别是 8 月举行的第 12 次“太空旗”演习，首次汇集了太空作战司令部所有的德尔塔部队，涵盖各种太空任务。截至 2021 年 8 月，太空军已参加其他单位举办的超过 24 次兵棋推演和演习，如空军的“红旗 21-1”、战略司令部的“全球闪电 21”、北美空天司令部的“北极防空”、澳大利亚和美国联合主办的“护身符·军刀”、印太司令部的“太平洋哨兵”等演习，以加快推进太空力量融入联合全域作战。[①] 此外，太空防御联合特遣部队每年进行 3 轮“先进概念快速训练”，以验证未来作战概念。美军加快太空实战化步伐，触动了各太空活动参与国敏感的神经，极易引发新一轮太空领域军备竞赛。

三　重点领域动态

（一）核力量小型化战术化发展

拜登政府执政伊始即发布了一系列战略文件，拒绝承诺“不首先使用核武器”，并强烈支持核武器升级计划，强调指出核武器是赢得大国竞争的战略支点，将通过进一步强化核威慑，谋求对中俄的绝对优势，并在“一体化威慑”战略构想中确定了核威慑的重要地位，使核力量形成跨域威慑能力。

2021 年，美国拥有 5550 枚核弹头，作战部署数量为 1800 枚，占据全

---

① 6 月 10~18 日，美国太空司令部参加北美空天司令部举行的“北极防空演习”（Arctic Air Defense Exercise），运用太空军新研发的战术响应发射技术“汞合金飞镖”（Amalgam Dart），迅速重构太空能力，确保持续天基导弹探测和预警。参见 U. S. Space Command Public Affairs Office, “USSPACECOM Adds Rapid Satellite Reconstitution to NORAD Exercise,” U. S. Space Command, June 14, 2021, https://www.spacecom.mil/News/Article-Display/Article/2656553/usspacecom-adds-rapid-satellite-reconstitution-to-norad-exercise/。

球“预警发射”高戒备值班状态弹头数量的绝大多数。[1] 2022 财年，陆、海、空基核力量现代化均得到资金方面的大力支持，包括 B-21 轰炸机 30 亿美元（增幅 1%）、哥伦比亚级弹道导弹核潜艇 50 亿美元（增幅 10%）、新一代陆基弹道导弹“陆基战略威慑”（GBSD）26 亿美元（增幅 42%）。[2] 根据美国国会预算办公室估算，2019~2028 年，美国核武库及其配套设施的现代化和运营将耗资约 4940 亿美元。[3] 此外，美国还积极研发低当量核弹头的战术核武器，以建立“灵活战术核打击力量”；在“三叉戟”Ⅱ/D5 潜射弹道导弹上部署 W76-2 低当量核武器；研发防区外核重力弹 B61-12，取代所有现有的重力弹；计划未来装备 B-2A、B-52H、B-21 战略轰炸机及 F-35A 战斗机，从而使战斗机具备核打击能力。下一步，美军可能将具备核能力的 F-35A 转移到印太地区的空军基地；重点发展海基核力量，研发新型哥伦比亚级战略核潜艇，取代现有的俄亥俄级；研发冷战后第一个新型潜射核弹头 W93，以及潜射巡航导弹，进行海基战略弹道导弹“三叉戟”Ⅱ/D5 升级改进，积极探索下一代海基核巡航导弹（SLCM-N）。美军适当削减陆基核力量规模，新型洲际弹道导弹“陆基战略威慑”已进入工程制造阶段，计划于 2024 年进行首飞试验。美军保持空基核力量现状，推进 AGM-181“远程防区外巡航导弹”（LRSO）项目，计划 2027 年开始部署，2030 年前后取代现役空射巡航导弹列装至 B-52H、B-2A、B-21 等型轰炸机，未来 30 年投入 1.2 万亿美元实施核力量现代化计划。[4]

2021 年 6 月，美国太平洋舰队在“敏捷匕首 21”演习（AD21）中，紧急命令舰队所属 1/3 的核潜艇在“最短时间内”完成战备，检验战略核潜

① Hans M. Kristensen and Matt Korda, “United States Nuclear Weapons 2021,” *Bulletin of the Atomic Scientist*, Vol. 77, p. 43.

② Office of the Under Secretary of Defense, “Fiscal Year 2022 Budget Request Overview,” May 2021, pp. 2.12 - 2.14, https://comptroller.defense.gov/Portals/45/Documents/defbudget/FY2022/FY2022_ Budget_ Request_ Overview_ Book.pdf.

③ Congressional Budget Office, “Projected Costs of U.S. Nuclear Force, 2021-2030,” May 2021, p. 1, https://www.cbo.gov/publication/57240.

④ Hans M. Kristensen and Matt Korda, “United States Nuclear Weapons 2021,” Bulletin of the Atomic Scientist, Vol. 77, pp. 44-47.

艇部队的快速反应和全球部署能力。10 月，美国驻欧司令部从英费尔福德空军基地出动两架 B-1B 战略轰炸机，飞抵立陶宛领空，演练对俄投掷核航弹科目。11 月，战略司令部启动“全球雷霆 22”（GT22）年度核指挥控制与野战训练演习，派出数十架战略轰炸机、核潜艇和战略核导弹模拟发射核武器，验证“核三位一体”的可靠性及核力量的战备情况。美国加速推动核武器向小型化、实战化转型，降低核武器使用门槛，或触发全球新一轮核常军备竞赛，推高核武扩散风险。

（二）网络领域增强攻防能力

在政府层面，《临时国家安全战略指南》将网络安全提升为整个美国政府的当务之急，提出采用施加重大成本的网络手段，保护国家安全和利益。在网络司令部层面，12 月发布 2021 年网络司令部工作总结，[①] 强调打击勒索软件等网络攻击活动，并加强与政府其他部门、私营企业以及盟友伙伴的网络军事合作。在军种层面，陆军发布新版 FM3-12《网络空间行动与电磁战》条令，调整网络空间行动与电磁战的战术和流程，旨在加强对统一地面作战和联合作战的支持。

美军计划在 2022 财年和 2024 财年分阶段增加 14 支网络任务部队团队，这是近十年来美军首次扩大网络任务部队。其中，2022 财年将增建 4 支网络任务部队团队，目前计划由空军提供 40%、陆军和海军分别提供 30%组成新团队。空军负责的“联合网络指挥控制”（JCC2）2022 财年研发预算为 7900 万美元，较往年的 3840 万美元增加 1 倍多，原因在于部分项目及资金转移至该项目，以及该项目的软件开发已由规划阶段过渡到执行阶段；陆军主责的“持续网络训练环境”（PCTE）2022 财年的研发预算为 5290 万美元，而 2021 财年预算中预计 2022 财年需要 4860 万美元；空军主责的“统一平台”（UP）2022 财年的研发预算为

---

① U. S. Cyber Command, “2021: A Year in Review,” January 15, 2022, http: //www.cybercom.mil/Media/News/Article/2885401/2021-a-year-in-review/.

1.13 亿美元。①

美军开展实战化演训。其一，多军种联合演习。2021 年 6 月，网络司令部举行“网络旗帜 21-2”演习，旨在加强网络作战力量跨域影响能力。美国各军种、国民警卫队、联邦机构以及英国和加拿大 17 支团队的 430 多名专业人员参加了此次演习。演习模拟了印太地区的常见威胁，同时也纳入了勒索软件攻击等场景。演习的重点是跨域效应，关注网络事件如何影响广泛行动以及网络领域融入其他领域的方式。其二，跨部门联合演习。6 月，美国国民警卫队举行第七届“网络洋基”（Cyber Yankee）演习，旨在加强军方与各州资源共享，共同应对勒索软件和黑客攻击。联邦调查局、网络安全与基础设施安全局、联邦能源监管委员会、美国网络司令部等参加此次演习。海军陆战队“防御性网络作战—内部防御措施”（DCO-IDM）连队扮演了蓝队，演练了如何应对多个模拟的网络威胁。演习参与者还与网络司令部合作使用了“网络 9 线”（网络司令部与各州建立的信息共享系统）的新工具。其三，联盟联合演习。12 月，网络司令部与以色列国防军联合网络防御局举行第六届“网络穹顶”演习，旨在“应对美国多种网络防御挑战”。演习为期一周，在网络司令部的设施中举行，参与者超过 75 人。11 月，网络司令部举行年度大型演习“网络旗帜 21-1”演习，检验美国及盟友和伙伴国参演人员的网络作战能力。来自 23 个国家的 200 多名网络作战人员在美国“国家网络靶场”执行了跨越边界的网络防御任务，实现了美国与盟国网络战的高度协同。美军不断推动网络空间实战化进程，网络作战成为美军新质非常规战略武器，网络领域的常态化作战运用将撬动地区局势新一轮动荡。

（三）展开全域电磁频谱准备

2021 年，美军着眼于大国竞争在电磁频谱领域面临的威胁，进行了全

① Office of the Under Secretary of Defense, “Fiscal Year 2022 Budget Request Overview,” May 2021, pp. 3.4 - 3.6, https://comptroller.defense.gov/Portals/45/Documents/defbudget/FY2022/FY2022_Budget_Request_Overview_Book.pdf.

要素、全过程、全系统的电磁频谱作战。

1. 电磁频谱作战理论更加体系化

2021 年 1 月，美军以联合需求监督委员会备忘录的形式发布了《联合电磁频谱作战战略指南》,[①] 作为《电磁频谱优势战略》（Electromagnetic Spectrum Superiority Strategy）的后续文件，聚焦联合电磁频谱作战四个关键领域：联合全球火力、联合全域指挥控制、对抗环境下的后勤以及信息优势，同时包含了对联合电磁频谱作战能力的需求清单。美军各军种在新的战略指导下，加快制定并落实本军种电磁频谱作战规划。2021 年 8 月，陆军发布新版 FM3-12《网络空间行动与电磁战》条令,[②] 取代了 2017 年版本的条令，整合陆军网络空间行动与电磁战的战术流程，为陆军网络电磁作战提供顶层指导。

2. 加大电子战重点型号研发力度，加快新型装备部署应用

陆军加大了对“空中大型多功能电子战系统”以及“电子战规划与管理工具”的投入；海军 P-8A 反潜巡逻机安装新型雷达干扰吊舱，升级并测试“水面电子战改进项目”Block 3 型装备，升级 EA-18G 电子战飞机，换装“下一代干扰机”吊舱；海军陆战队新型“无畏虎Ⅱ”电子战系统首次搭载 MV-22B“鱼鹰”倾转旋翼机完成试飞，在“新奥尔良”号两栖运输舰上测试无人机载电子战系统；空军 F-16 战机升级新型 ALQ-131C 电子战系统，下一代先进电子战飞机 EC-37B“罗盘呼叫”首飞成功，同时为开发 F-15 认知电子战能力，计划启动“怪兽”认知电子战项目，将人工智能（AI）和机器学习（ML）应用于未来的认知电子战（EW）系统。

3. 重构电磁频谱作战管理机构，成立新的频谱作战部队

为加强对电磁频谱作战的领导，美国国会要求国防部将电磁频谱作战业务从战略司令部移交到一个新机构，承担“电磁频谱作战的全部职责，包括倡导实施电子战，为其他作战司令部提供电子战支持，支持作战司令部电

① Headquarters, Department of the Army, “Cyberspace Operations and Electromagnetic Warfare (FM3-12),” August 2021, http://armypubs.army.mil.

② Headquarters, Department of the Army, “Cyberspace Operations and Electromagnetic Warfare (FM3-12),” August 2021, http://armypubs.army.mil.

磁频谱作战联合训练和规划”等。2021 年，空军在电磁频谱作战机构与部队建设上率先实现突破。继 2020 年 8 月空军成立电磁频谱优势局之后，2021 年 6 月宣布正式成立第 350 频谱战联队，隶属于空中作战司令部。这是全球首支专门从事频谱战的联队，包含第 350 和第 850 两个频谱战大队，下辖 7 个电子战中队和 1 个 F-35 支援机构，为空军作战部队提供了电子战相关的维护、作战和专业技能，使美军和盟军在电磁频谱中具备竞争优势。美军开始在其陆军旅级战斗队增设新的电子战编制，未来每个旅战斗队都将建立 1 个电子战排和独立的信号情报网络支援小组。这两支编队都将装备“旅战斗队地面层系统”（TLS-BCT）。

4. 加强各形式各层级演习演练，增加电子侦察频度和密度

美军为了满足联合全域作战概念的需求，进行了各种战略级及战役战术级电子战训练，同时加强了与日本和澳大利亚等盟友的电子战联合演练。2021 年 5 月，美国印太司令部在“北方利刃 2021”联合演习中，F-15 协助 F-35 突防，演练了四代机与五代机的电子攻击战术、技术和流程。5 月和 6 月，海军分别出动 EA-18G 电子战飞机参与日本和澳大利亚举行的联合电子战演习。6~7 月，战略司令部在弗吉尼亚州萨福克组织实施联合电磁频谱作战桌面演习，进一步将联合电磁频谱作战纳入作战模拟结构中，并为联合特遣部队态势感知、欺骗行动提供支持。美军加速新兴技术与全新作战概念的融合，通过开展全域电磁频谱作战，并寻求与地区盟友在网络电磁领域的合作，将其电磁频谱威慑纳入美国的战略威慑体系。

（四）无人作战系统全域发展

1. 空中方向层次衔接、梯次配置

从高空长航时无人机、中高空多用途无人机到低空、潜射、微/小型无人机，从战术侦察到察打一体、加油补给无人机，从战略战役到战术级无人机，美军无人机装备体系在结构上更趋完整。如 RQ-4B“全球鹰”、MQ-9A“死神”、MQ-25“黄貂鱼”、MQ-8B/C“火力侦察兵”等多型无人机，以多种形式分别部署在陆上部队、水面舰艇甚至是潜艇上，作战范围从全天

候广域侦察监视向循环加油、通信中继、火力打击、有人无人协同攻击进一步拓展。海上方向功能多样、谱系完整。根据2021年海军发布的“海军兵力结构评估”，未来无人水面舰艇将增加到119艘，成为海上分布式作战的重要新质力量。海军建立未来水下部队，突出核潜艇、无人潜航器与水下网络化监视系统协同作战、执行多样化任务的能力。海军发展大、中、小各型无人潜航器，用于执行海上集群式侦察监视、反水雷、战术海洋测量等任务，在深海部署水下预置无人作战系统。陆上方向无人装备主战化、仿生化、协同化发展。陆军无人系统重点在地面仿生机器人、无人集群城市运用等方面拓展，部署规模日趋扩大，支撑陆军多域转型建设。2021年，美国国防部对幻影机器人公司火力打击型四腿机器人进行了测试，如“阿特拉斯”人形机器人已完成高精度动作测试，后续将大规模部署，在城市作战、山地丛林作战及其他特种作战中发挥独特作用。

2. 推进无人系统正规化、法制化进程

2021年，美国海军与陆战队联合发布《无人战役框架》①《智能自主系统战略》②，提出将重点投资网络、接口、控制系统、基础设施、人工智能以及数据资源等领域；推动军民领域信息、技术共享，加强与盟友联合研发安全数字通信标准和通用指挥控制接口，增强联合作战中的态势信息共享和互操作性；推进无人作战系统能力验证和实战运用。2021年，空军先后完成XQ-58A“女武神”无人机与F-22、F-35协同飞行试验，并投放“阿尔蒂乌斯”小型空射无人机测试。4月，海军首次进行“无人系统作战综合-21”（UxSIBP21）演习，试验有人/无人协同作战、混合编组。11月，X-61A“小精灵”无人机成功完成空中回收试验。2022年，空军将在日本三泽部署RQ-4B“全球鹰”无人机，增加投入加强无人系统基础设施建设。此外，美军正在

---

① Department of Navy, “Unmanned Campaign Framework,” March 16, 2021, https://www.globalsecurity.org/military/library/policy/navy/unmanned-campaign-framework_us-navy_20210315.pdf.

② Department of the Navy, “Intelligent Autonomous Systems,” July 2, 2021, https://www.nationaldefensemagazine.org/-/media/sites/magazine/2021-dist-a-don-st-strategy-for-intelligent-autonomous-systems-2-jul-2021.ashx.

打造支持无人作战的智能化新型指挥控制系统，将人工智能技术嵌入有人/无人指控平台，以声控、脑控等方式代替手动操作末端武器平台，提高人机交互效率和智能化水平。美军强化智能核心技术研发，通过加快部署无人作战装备、创新有人/无人协同作战法等方式持续塑造全新战场优势，并计划未来海上作战首先使用无人作战力量，这将给主要竞争对手带来严峻挑战和更大阻力。

结　语

2021 年大国之间的战略博弈持续升温，全球治理面临的困境有增无减，世界由单极走向多极的进程不可逆转。在此背景下，拜登政府在施策发力重点上有所调整，但与特朗普政府并无实质性区别，一切都围绕着重塑美国国家实力、维护美国绝对优势这个核心战略目标：在威胁判断上，延续了近年来的总体基调，认为中国和俄罗斯是美国面临的“最大威胁”；在重心上，强调欧洲和印太两大方向是美国军备建设和兵力部署的重点区域；在战略指导上，将向“一体化威慑”全面转变。为应对中俄等大国竞争对手，美军会不断强化分布式兵力部署和弹性兵力运用，不断将各种先进武器平台和重点兵力向印太和欧洲等地区倾斜和预置，只会加强而不会削弱重点地区兵力部署。目前，拜登政府加紧落实“太平洋威慑倡议”，并以“奥库斯”合作机制为核心，积极拉拢盟友伙伴插手印太事务，联手遏制中国。通过构筑多元联盟体系，美军的力量有了延伸，其联盟体系从双边向小多边、网络化、阵营化、圈序化体系转变，映射出其加强军备的紧迫感不断上升。军事对抗仍是美国“印太战略”最鲜明的底色。印太地区始终是美国的战略重心和军事焦点。美国仍未摆脱穷兵黩武式的冷战化思维。在可预见的将来，伴随“联合全域作战”等概念牵引的高端战争设计指向性与针对性将愈发明显，冲突爆点的普遍性、易燃性将显著上升，给地区的安全稳定带来更大的不确定性，对大国关系、全球战略稳定造成的负面冲击将长期存在。

（审读　张帆）

B.8
2021年的美国科技：应对挑战 重塑优势

赵志耘 刘润生*

摘 要： 特朗普政府没有把开创美国科技发展“第二个大胆时代”的愿景转化为路线图，各界关于美国国家科技事业未来的重要讨论仍在继续。拜登政府上任后，把应对重大挑战、对标“重建更美好未来”议程和重建中产阶级作为其科技创新政策部署的关键出发点，力图以前所未有的方式加大公共投入，加强重大科技战略与政策的设计，强化美国创新引擎，重塑美国的长期竞争优势。美国国会也在推进重大创新立法进程。不过，拜登的雄心壮志也面临一些掣肘因素。

关键词： 美国科技 技术变革 战略竞争 创新立法

每位美国总统在其就职时，几乎都面临着深刻的挑战和独特的历史环境。当前的美国正处在挑战和机遇并存的特殊时期。过去70多年来，美国科技一直以强大而著称于世界。如今，国际科技竞争越发激烈，第四次工业革命进程加速，全球性重大社会挑战愈发严峻。拜登政府和美国各界认真考虑的问题是：未来75年，美国科技创新将何去何从；如何最大限度地利用科学技术的好处，促进美国人的健康、繁荣、安全、环境质量和社会正义，并与中国和其他国家竞赢21世纪。

---

* 赵志耘，中国科学技术信息研究所所长、党委书记、研究员，主要研究领域为科技、经济政策；刘润生，中国科学技术信息研究所研究员，主要研究领域为国家科技创新战略与政策分析。

一　朝野上下继续深入审视国家科技事业

当今时代，从卫生到经济发展，再到国家安全乃至社会福祉，国家和国际政策的每一个方面都与科学技术有关。特朗普的科技顾问凯尔文·德罗格迈尔（Kelvin Droegemeier）曾提出要开启“第二个大胆时代”，却没有给出具体路线图。在技术变革加速、国际竞争加剧、国内经济和社会不平等、重大疫情危机等担忧的进一步推动下，美国正经历着自第二次世界大战结束以来关于科技政策的最重要的大讨论。这场大讨论仍在不断发展中，主要涉及以下几方面的问题。

（一）新一轮技术产业变革与国际竞争问题

技术变革正在颠覆生产流程，给供应链、现代工作场所和工作带来变革。从原子到基因再到比特，科技进步对社会和经济产生的影响将比过去75年更为强烈。拜登本人也认为，这是一个有潜力释放和重塑人类方方面面的新技术和新可能的时代，在未来10年将看到比过去50年中更多的技术变革。① 从美国国家情报委员会发布的《2040年全球趋势报告》（Global Trends 2040）所揭示的美国未来20年的战略环境发展趋势来看，技术发展的速度加快和范围加大，会在社会、行业和国家层面制造新的紧张和混乱，引发技术核心要素的全球性竞争的加剧。新的创新中心正在出现，对科技领导权和主导权的争夺可能给经济、军事和社会安全带来连锁风险和影响。②美国重要智库新美国安全研究中心（Center for A New American Security，CNAS）以大国战略竞争为背景，发布了有关美国国家技术战略的系列报

① Joseph R. Biden Jr.，“Remarks by President Biden in Address to a Joint Session of Congress，” https：//www.whitehouse.gov/briefing－room/speeches－remarks/2021/04/29/remarks－by－president-biden-in-address-to-a-joint-session-of-congress/.

② The National Intelligence Council，“Global Trends 2040，” https：//www.dni.gov/files/ODNI/documents/assessments/GlobalTrends_ 2040.pdf.

告。美国人工智能国家安全委员会称，中国有望在2030年超越美国，成为全球第一大人工智能中心。修昔底德陷阱的提出者格雷厄姆·艾利森（Graham Allison）在其最新报告中声称，中国很快就会主宰未来技术。[①] 随着美国面临来自中国的前所未有的竞争，这种紧迫感也深刻地反映在拜登政府的《临时国家安全战略指南》（Interim National Security Strategic Guidance）报告中。

（二）美国科技主导地位下降与公共研发投资不足问题

美国联邦政府支持科技研发的现代制度出现于20世纪50年代。对科学发现和技术创新的大量公共支出和激励政策，推动了第二次世界大战后美国经济的崛起和美国全球超级强国地位的确立。然而，最近数十年来，美国科技研发事业在全球格局中的首要地位相对减弱，在全球科技研发支出中的份额从2000年的近40%下降到2017年的28%。虽然美国保持全球科技领先地位数十年，但美国的思想领袖和政府决策者的忧患意识仍不断加剧。联邦政府的研发支出不足，而由公司领导的私人研发和由风险投资公司推动的私人融资又有着不能着眼长远和服务于国家使命的局限性。2021年3月，拜登在其首次正式新闻发布会上表示，美国政府早在20世纪60年代就将2%的国内生产总值（GDP）用于科技研发，而今天的这一比例只有0.7%。[②] 不久之后，拜登就重大投资倡议发表讲话时再次感叹，过去25年中美国公共研发的投入力度不断减小。在首次国会联席会议上发表讲话时，拜登再次谈及研发投资问题，寓意中国正触发新的"斯普特尼克时刻"（Sputnik Moment），主张美国必须加大投资，开发和主导未来产品

---

① Graham Allison, Kevin Klyman, Karina Barbesino, and Hugo Yen, "The Great Tech Rivalry: China vs the U.S.," https://www.belfercenter.org/sites/default/files/GreatTechRivalry_ChinavsUS_211207.pdf.

② Joseph R. Biden Jr., "Remarks by President Biden in Press Conference," https://www.whitehouse.gov/briefing-room/speeches-remarks/2021/03/25/remarks-by-president-biden-in-press-conference/.

与未来技术。[①] 曾负责汇编《2018 年科学与工程指标》（2018 Science & Engineering Indicators）报告的美国能源部科学事务副部长提名人盖瑞·里士满（Geri Richmond）在其提名听证会上也明确表示，当美国自认为引领科学和工程事业时，关于中国开始超越美国的数字令人恐惧。[②] 麻省理工学院斯隆管理学院教授西蒙·约翰逊（Simon Johnson）则提出，应将联邦研发支出恢复到占 GDP 的 1.2%，在 10 年内增加 9800 亿美元。[③]

（三）国家研究事业与新时代需求问题

基础研究应独立于其他国家优先事项，是国家优先发展事项的先决基础。在“布什报告”《科学：无尽的前沿》（Science：the Endless Frontier）诞生后的 75 年里，科学及其服务对象发生了巨大的变化。科学研究事业规模更大、更加国际化、更加跨学科、更加依赖大型设施，并与私营经济和工业、军事和非营利部门相互联系。与此同时，流行病、慢性病、社会不平等、种族主义、网络安全、气候变化和两极分化等新的社会问题日益凸显。美国国家科学院 2020 年 12 月出版的《无尽的前沿：科学的下一个 75 年》（*The Endless Frontier：The Next 75 Years in Science*）会议文集，就讨论了如何应对科研事业、科学传播、政府大学伙伴关系等方面的各种变化，考察了通向科学领导地位的未来路径。[④] 这集中反映了新形势下美国科学界在认真思考“布什报告”中的线性科学发展形式能否适应当今的社会变革，是否应提出新的科学发展政策，是否需要重构为美国创新提供动力的现代科研结

---

① Joseph R. Biden Jr.，“Remarks as Prepared for Delivery by President Biden — Address to a Joint Session of Congress，” https：//www.whitehouse.gov/briefing-room/speeches-remarks/2021/04/28/remarks-as-prepared-for-delivery-by-president-biden-address-to-a-joint-session-of-congress/.

② Andrea Peterson，“Biden’s Picks for Key DOE Science Roles Face Senate Panel，” https：//www.aip.org/fyi/2021/biden%E2%80%99s-picks-key-doe-science-roles-face-senate-panel.

③ National Academies of Sciences，Engineering，and Medicine，*The Endless Frontier：The Next 75 Years in Science*，https：//doi.org/10.17226/25990.

④ National Academies of Sciences，Engineering，and Medicine，*The Endless Frontier：The Next 75 Years in Science*，https：//doi.org/10.17226/25990.

构，如何将基础研究与今后几十年的经济增长和国际竞争关联起来，如何使科学和STEM（科学、技术、工程、数学）教育更加接近社会需求。美国科学院院刊《科技问题》（*Issues in Science and Technology*）甚至开设了“未来75年科学创新政策”专栏，供科学界和政策研究界进一步深入讨论。

（四）全球关键技术产业竞争与制造业复兴问题

美国强大的制造业曾是第二次世界大战时保护“民主的兵工厂”。美苏争霸时期，美国联邦政府更是做出重大战略投资，通过联邦采购、公共研究和公私合作，发展微电子、生物技术等新兴技术和产业，引领了第三次工业革命。但是，近代新自由主义经济思想的泛滥和厌恶“产业政策”的顽固思维引发了美国制造业长期空心化的局面，尽管复兴制造业成为近几届政府的共同选择。如今，美中经济竞争、气候变化危机和世纪新冠肺炎疫情前所未有地提高了美国对产业政策的兴趣。①在拜登政府看来，供应链的结构性弱点威胁着经济安全和国家安全，疫情危机暴露了美国独特的经济脆弱性和美国工业基础的长期空心化，数十年的投资不足和公共政策选择导致了一系列行业供应链的脆弱。②私营部门和公共政策对低成本劳动力、准时制生产、经济一体化的优先考虑，以及私营部门对短期回报而非长期投资的关注，削弱了美国的工业基础和创新。而各国开展战略性公共投资、发展冠军产业已经成为21世纪经济的现实。

（五）促进国内社会公平与科技发展问题

财富和机会的极端失衡是当前美国经济的特征。美国科技创造了巨大的财富，却没有平等地使所有人受益。《启动美国：突破性科学如何重振经济增

① John P. Mello Jr.，“Think Tank Calls for US Industrial Policy to Combat China’s Quest for Tech Dominance,” https：//www.technewsworld.com/story/think-tank-calls-for-us-industrial-policy-to-combat-chinas-quest-for-tech-dominance-87078.html.

② The White House，“Building Resilient Supply Chains，Revitalizing American Manufacturing，and Fostering Broad-Based Growth，” https：//www.whitehouse.gov/wp-content/uploads/2021/06/100-day-supply-chain-review-report.pdf.

长和美国梦》（*Jump-Starting America: How Breakthrough Science Can Revive Economic Growth and the American Dream*）一书就指出，在过去15年里，美国“创新部门”创造的90%的就业机会集中在5个城市，75%的风险投资同样仅限于5个城市，这种集中正在加剧经济和政治分歧。[①] 拜登政府也深刻意识到，经济增长和复苏往往集中在沿海地区，投资往往无法满足边缘化社区的需要。[②] 持续的不平等不仅正在减缓经济增长，还有可能破坏民主和稳定。[③] 对于美国政府而言，这就需要从历史错误中吸取教训，优先考虑种族和性别平等，缩小财富差距和机会差距，增强经济边缘化地区的创新能力和财富创造能力，并改变对“创新从何而来”这个问题的思考。从包容性创新的角度看，这不仅有利于释放增长潜力，也有利于避免进一步的地域壕沟效应和两极分化。

不过，美国在知识储备、对全球人才的国际吸引力和经济实力方面，仍是无可争议的领头羊。美国10年前对疫苗研究的支持，为今天新冠疫苗的研制奠定了基础。美国围绕新冠肺炎疫情而取得的科学技术进展仍是非凡的：在1个月左右的时间里解码了病毒的基因组，通过“曲速行动”在不到1年的时间里成功研发出疫苗。从绝佳的大学和研究系统，再到充满活力的创业精神和新技术的商业化，美国仍拥有强大的创新生态系统，以及保持和加强其全球创新领导力的有利条件。

二　拜登政府加码新时代科技创新战略布局

拜登把大力支持科技发展作为总统的重要使命。他认为美国的未来前所未有地依赖于科学技术，加强美国的竞争力并创造高薪就业岗位从未像现在

---

① Adria Schwarber and Mitch Ambrose, “PCAST Examines Gaps in US Innovation Ecosystem,” https://www.aip.org/fyi/2021/pcast-examines-gaps-us-innovation-ecosystem.

② Joseph R. Biden Jr., “Remarks by President Biden on the American Jobs Plan,” https://www.whitehouse.gov/briefing-room/speeches-remarks/2021/03/31/remarks-by-president-biden-on-the-american-jobs-plan/.

③ Joseph R. Biden Jr., “Remarks by President Biden in Press Conference,” https://www.whitehouse.gov/briefing-room/speeches-remarks/2021/03/25/remarks-by-president-biden-in-press-conference/.

这样重要，需要使美国科技事业在重大挑战和机遇面前能够承担起历史使命，需要加倍向美国卓越的创新生态系统投资以重塑美国的科技事业及其竞争优势。从其上任首年来看，拜登的工作重点是加紧人事布局，框定重大问题，倡议重大投资，启动重要改革。在科技领域，随着民主党取代共和党成为执政党，美国联邦政府正从“美国优先”理念指引下的保守主义转向“重建更美好未来”下的“大政府”，从幕后转向台前。

（一）提升国家科技事业地位，以应对最严峻的挑战为使命

拜登重视联邦各部门重要科技高级职位人员的选拔任用，履行了他竞选期间的承诺。制定战略和进行协调是白宫科技政策办公室（Office of Science and Technology Policy，OSTP）使命的一部分。较特朗普就职1年半后才宣布白宫科技政策办公室主任人选，拜登在就任总统前5天时就宣布著名遗传学家埃里克·兰德（Eric Lander）为其科技顾问和白宫科技政策办公室主任，并前所未有地将该职位提升为内阁成员。这么做将会确保总统科技顾问在内阁会议中拥有更大的发言权，并表明这一角色对联邦机构、国会和公众的重要性。拜登也明确表示，科学技术将是应对国家最紧迫挑战的核心。①

值得注意的是，在提名兰德时，拜登在给兰德的一封信中概述了更有普遍性的优先事项。在这封信中，拜登援引了《科学：无尽的前沿》报告的内容。这份报告是70多年前范尼瓦尔·布什（Vannevar Bush）在罗斯福总统的指示下撰写的具有里程碑意义的报告，为第二次世界大战之后的美国科技政策绘制了蓝图。70多年后，拜登暗示另一个这样的支点已经到来。他指出，美国必须更新和重振国家科技战略，以使美国在未来75年走上强劲的道路，让美国人的子孙后代可以生活在更健康、更安全、更公正、更和

---

① The White House，“U. S. Senate Unanimously Confirms Dr. Eric Lander to Become Director of the White House Office of Science and Technology Policy，” https：//www. whitehouse. gov/ostp/news-updates/2021/05/28/u-s-senate-unanimously-confirms-dr-eric-lander-to-become-director-of-the-white-house-office-of-science-and-technology-policy/.

平、更繁荣的世界。① 拜登的这封信还表明，总统科技顾问的职位具有重要的战略意义，要为国家科技事业向总统推荐“总体战略、具体行动和新的组织结构”。与罗斯福总统向范尼瓦尔·布什提出的四个问题相呼应，拜登要求其总统科技顾问考虑五个问题：疫情对公共卫生有什么启示；科学技术如何应对气候变化；美国如何确保它是世界科技领导者；如何能让美国民众广泛共享科学技术的好处；如何确保美国科学技术事业的长期健康发展。

（二）重新赋予科学“应有之地”，布局科技循证治国理念

科学技术渗透到政府决策的许多要素中。在特朗普执政期间，科学受到贬低和破坏，这在气候和疫情问题上表现突出。相反，拜登致力于建立一个以证据为基础、以科学为依据的政府，使科学技术处于每个政策和社会问题的中心。

1. 重组并扩大总统科技顾问委员会

作为外部专家组，总统科技顾问委员会（President's Council of Advisors on Science and Technology，PCAST）原则上直接对总统负责，根据总统的要求研究问题，并在每位新总统的领导下都进行了重组。与特朗普漠视该委员会不同，拜登于 2021 年 1 月任命了总统科技顾问委员会的联合主席，随后又使其成员总数达到 30 人之多。该委员会在物理科学和生物医学以及气候、能源和信息技术等领域具有重要的代表性，其许多成员是科学界和工业界的领导者。② 与以往有所不同的是，白宫称该机构是艾森豪威尔总统在 1957 年苏联卫星发射几周后成立的科学咨询委员会的直系后裔，这似乎暗示了总

---

① Joseph R. Biden Jr.，“A Letter to Dr. Eric S. Lander, the President's Science Advisor and Nominee as Director of the Office of Science and Technology Policy,” https：//www.whitehouse.gov/briefing-room/statements-releases/2021/01/20/a-letter-to-dr-eric-s-lander-the-presidents-science-advisor-and-nominee-as-director-of-the-office-of-science-and-technology-policy/.

② The White House，“President Biden Announces Members of President's Council of Advisors on Science and Technology,” https：//www.whitehouse.gov/ostp/news-updates/2021/09/22/president-biden-announces-members-of-presidents-council-of-advisors-on-science-and-technology/.

统科技顾问委员会当今肩负的重任。

2. 对联邦政府强化科研诚信和循证决策要求

拜登承诺恢复美国政府的科学诚信，既要保护科学和科学家不受政治干扰，也要确保政府的决策最大限度地基于科学证据。为此，拜登政府发布专门备忘录，确立了在政府决策中大规模借助科学循证的思路；[①] 让社会科学发挥更大的作用，不仅用于思考科技政策的制定，而且用于制定更广泛的政策；依法任命了美国首席数据科学家（U. S. Chief Data Scientist），让数据科学家更好地支持联邦政策的设计和实施。

3. 更加依靠科技应对重大疫情和气候变化

新冠肺炎疫情对美国经济和社会造成巨大损失。为抗击疫情，并为未来的生物威胁和疫情威胁做好准备，拜登上任首日就签署行政令，设立新冠肺炎疫情响应协调员和总统顾问的职位，恢复白宫国家安全委员会全球卫生安全和生物防御局，并采取其他措施强化联邦活动的组织。[②] 拜登政府也扭转了气候政策，任命了国家气候顾问和气候特使人选，试图将气候研究和政策举措更紧密地整合到更广泛的科学和非科学机构中。拜登政府的首份年度研发优先事项清单就包括加强疫情防范和气候变化减缓工作。

（三）广泛夯实科技创新基础，实行国际竞争与国内建设并重

与特朗普政府关注早期研究不同，拜登政府以“重建更美好未来”为主轴，强调为美国自身的创新优势增加公共投资，从人才、基建、研发等多方面强化创新基础，并在整个创新链条、更大的地理范围、更多的受益群体

① David Malakoff, “Biden Orders Sweeping Review of Government Science Integrity Policies,” https: //www. science. org/content/article/new-biden-scientific-integrity-policy.

② The White House, “Executive Order on Organizing and Mobilizing the United States Government to Provide a Unified and Effective Response to Combat COVID-19 and to Provide United States Leadership on Global Health and Security,” https: //www. whitehouse. gov/briefing-room/presidential-actions/2021/01/20/executive-order-organizing-and-mobilizing-united-states-government-to-provide-unified-and-effective-response-to-combat-covid-19-and-to-provide-united-states-leadership-on-global-health-and-security/.

上强化政府的作用。

为了让美国更好地参与国际竞争并创造高薪工作，拜登政府提出投资于美国工人和科学事业，推动物质和技术方面的基础设施建设。[①] 在 2021 年 3 月底拜登公布的特别投资计划大纲中，制造业、研发和就业培训方面的投资达 5800 亿美元，其中超过 2000 亿美元以研发为重点。[②] 拜登政府宣称，这将是有史以来最大的非国防研发增长，就像州际公路、登月等过去的伟大项目一样，将动员国家力量应对当代的巨大挑战。美国民主党政府及民主党人认为，制定进步议程的最佳方式之一是利用“中国威胁论”，从而获得参与国会相关立法谈判的更多共和党人的支持。

另外，拜登政府注重包容性创新，把增加联邦资金和扩大机会公平作为解决地理不平衡、应对社会不平等和刺激美国创新的手段，提出对小企业、弱势群体和弱势地区加大创新、创业方面的支持力度，为制造业和创新广泛扩大多元化基础。例如，拜登政府提出，将 400 亿美元研究基础设施升级资金中的一半留给少数族裔服务机构；提议斥资 150 亿美元在少数族裔服务机构创建 200 个卓越中心；将 100 亿美元用于支持少数族裔服务机构的研发项目；将 200 亿美元用于创建至少 10 个“区域创新中心”和 1 个“社区振兴基金”；为“小企业信贷、风险投资和研发资金项目”提供 310 亿美元；在“劳动力发展基础设施和工人保护”上提供 480 亿美元。

从拜登政府发布的首份研发优先事项备忘录来看，它既优先考虑发展尖端科学技术，又优先考虑公平创新，力图为科技政策提出一种新型社会契约。作为联邦机构起草 2023 财年预算申请的指导性文件，该备忘录确定了政府范围内的目标，包括：加强对疫情和其他重大风险的准备；更好地了解和减轻气候变化的影响；强化政府在加强供应链安全和国内制造业方面的目

---

① Joseph R. Biden Jr., “Remarks by President Biden in Press Conference,” https://www.whitehouse.gov/briefing-room/speeches-remarks/2021/03/25/remarks-by-president-biden-in-press-conference/.

② The White House, “Fact Sheet: The American Jobs Plan,” https://www.whitehouse.gov/briefing-room/statements-releases/2021/03/31/fact-sheet-the-american-jobs-plan/.

标；延续特朗普政府对关键技术和新兴技术的关注；强调利用研发计划促进社会公平。[①]

（四）在重大改革中完善创新生态体系，大力促进研究与应用协同

政府不仅要加大公共研发投资，还需要进行有效投资，更多地填补基础研究和应用之间的缺口，促进研究成果加速从实验室向市场转移，以创造经济影响，应对社会挑战，创造高质量的就业机会。特朗普政府将人工智能、量子信息、先进制造等作为未来产业进行重点扶持，继续支持始于奥巴马时期的制造业创新研究院体系（Manufacturing USA），依法在人工智能、量子信息等领域设立了促进政、产、学合作的研究机构，并由特朗普的总统科技顾问委员会在特朗普执政最后几天提出了建立未来产业研究院（Industries of the Future Institutes）这一新模式的建议。拜登政府继续高度重视发展未来产业，却至今也没有对未来产业研究院的机制设计表现出兴趣，而是继续支持以推动产业变革和制造业复兴为己任的制造业创新研究院体系，并优先把重组国家科学基金会（National Science Foundation，NSF）、新设卫生高级研究计划局（Advanced Research Projects Agency for Health，ARPA-H）和气候高级研究计划局（Advanced Research Projects Agency for Energy，ARPA-C）等，作为政府应对市场失灵、将研究与应用更好地联系起来的重大改革举措和重要机制。

为了提高美国政府加快研究以改善民众健康的能力，在拜登政府的重大创新议程中，一项重大举措就是仿效国防高级研究计划局（Defense Advanced Research Projects Agency，DARPA）的模式，3 年内投资 65 亿美元建立卫生高级研究计划局，打造高风险、高回报能力或平台，促进传统研究或商业活动无法轻易实现的变革性突破。[②]

---

① The Executive Office of the President, "Multi-Agency Research and Development Priorities for the FY 2023 Budget," https://www.whitehouse.gov/wp-content/uploads/2021/07/M-21-32-Multi-Agency-Research-and-Development-Prioirties-for-FY-2023-Budget-.pdf.

② The Office of Science and Technology Policy, "Advanced Research Projects Agency for Health," https://www.whitehouse.gov/ostp/advanced-research-projects-agency-for-health-arpa-h/.

拜登政府的另一项重大改革计划是扩大国家科学基金会的使命和职能，促进基础研究和技术开发与挑战应对更加紧密地结合起来。拜登政府计划通过基建计划在8年内向国家科学基金会新的技术创新局投资高达500亿美元。这项重大改革的理由在于，激烈的全球竞争和快速变化的技术格局要求美国采取不同的研发投资方式，在全国范围内释放创新型经济的潜力，将好奇心驱动的研究与受应用启发的成果有机地融合，更快地将科技创新推向市场。对于知识的追求离不开新技术能力的发展，而新的技术能力反过来又会促使科学界追求新的研究课题。按照设想，拟议的技术创新局将超越国家科学基金会支持基础研究的传统使命，与政府现有的项目合作并在其基础上发展，努力把国家科学基金会和其他联邦机构支持的研究转化为实际应用。其重点将聚焦人工智能、高性能计算、灾难响应和弹性、量子信息系统、机器人技术、先进通信技术、生物技术和网络安全。[①] 更具体地说，这个新部门可采用各种新的和现有的国家科学基金会成果转化模式，例如创新团队、小企业创新研究资助和融合加速器，也可考虑借鉴国防高级研究计划局等拥有转化项目的机构。

（五）寻求整合研发和关键技术产业政策，打造韧性创新型经济

国家产业战略并不新鲜，美国历史上有过两轮大的产业战略时期。疫情暴露出的经济弱点、气候危机的紧迫性以及国际环境的巨大变化，促使拜登政府谋划国家产业战略的新方式。其愿景是加强美国供应链，重建跨部门、跨技术、跨地区的工业基础，打通从先进研究到国内先进制造的管道，打造韧性创新型经济，提供更多的好工作。[②] 较之于特朗普的涓滴经济学方式，拜登政府的政策工具更多元，旨在以更大的力度推进美国先进制造业的复兴，引领全球清洁能源革命。

---

① Sethuraman Panchanathan, “Testimony on The National Science Foundation’s Fiscal Year 2022 Budget Request,” https: //www. appropriations. senate. gov/imo/media/doc/Panchanathan%20Testimony. pdf.

② The Atlantic Council, “The Biden White House Plan for a New US Industrial Policy,” https: // www. atlanticcouncil. org/commentary/transcript/the-biden-white-house-plan-for-a-new-us-industrial-policy/.

1. 加强半导体等关键供应链的韧性

拜登政府把富有韧性的供应链摆在国家产业战略的中心位置，上任首月便启动供应链韧性审查，要求评估更安全、更具韧性的供应链对国家安全、经济安全和技术领先的重要性。供应链百日审查报告评估了半导体、大容量电池、关键矿物与材料、药品和活性药物成分四类关键产品的供应链漏洞，提出了一系列对策建议。鉴于半导体几乎支撑着国家和经济安全的各个方面，拜登政府将向半导体行业投入520亿美元巨资；此外，还要在国防、公共卫生、信息通信技术、能源、交通、农产品六大产业完成供应链审查工作。

2. 开展有针对性的高价值公共投资

在市场本身不会对有利于整个产业的技术、创新和基础设施进行投资的情况下，拜登政府拟加强能够将制造业、研究人员、工人和小企业连接起来的公共体系，为能够重塑产业或创造全新产业的突破性技术奠定基础，帮助私营投资者降低投资风险，并与高价值制造战略紧密结合。

3. 利用公共采购调动私营部门创新

美国联邦政府每年在采购合同上花费高达6000多亿美元。为契合产业战略目标，拜登要求在公共采购中收紧“买美国货”规则，以最大限度地利用美国生产的商品、产品、材料以及美国提供的服务。[①] 此举的贸易保护主义色彩浓厚。同时，拜登政府利用公共采购促进技术部署，实现重大创新目标。为拉动清洁能源产品需求，拜登提议为此投资近500亿美元。

4. 增强全球气候韧性为巨大机遇

气候挑战具有规模性、复杂性和紧迫性，需要制定相应的产业政策。拜登将气候政策定为经济复苏和创造就业机会的引擎，将美国定位为清洁能源技术和清洁能源工作的全球领导者，试图让美国像第二次世界大战时的世界

① The White House, “Executive Order on Ensuring the Future Is Made in All of America by All of America’s Workers,” https://www.whitehouse.gov/briefing-room/presidential-actions/2021/01/25/executive-order-on-ensuring-the-future-is-made-in-all-of-america-by-all-of-americas-workers/.

“兵工厂”那样，再次成为世界应对气候变化的“兵工厂”，为需要完成减排目标的其他国家提供各种清洁能源技术。为加快经济脱碳并增强气候变化抵御能力，拜登提议斥资数千亿美元升级能源和交通基础设施，将有350亿美元额外资金用于实现应对气候危机的技术突破所需的全方位解决方案的研发。发展重点是，不仅要使电力部门在2030年前脱碳，还要引领未来的清洁能源汽车行业。

三　国会两院推进新一轮重大创新立法进程

在实行“三权分立”的美国，国会在联邦科技政策议程中位高权重，不仅为联邦科技部门提供政策授权，更掌握着联邦科技部门的“钱袋子”。在国际竞争背景下，国会也曾积极更新美国的创新政策，通过了《1980年拜杜法》（Bayh-Dole Act of 1980）、《1980年专利和商标法修正案》（An Act to Amend the Patent and Trademark Laws）、《1988年综合贸易与竞争力法》（Omnibus Trade and Competitiveness Act of 1988）等法律，在应对外部竞争和挑战方面发挥了重要作用。自1980年颁布以来，《1980年拜杜法》已推动美国经济增长超过1.3万亿美元，创造了420多万个就业机会。[①] 在国际国内新形势下，美国国会正启动新一轮重大创新立法进程。目前，参众两院都强调加强目标驱动，加速成果转化，扩大创新地理范围，但在理念和方式上仍有所不同。

（一）参议院方案注重支持战略性新兴技术，以提升美国未来的国际竞争力

目前，在大力支持美国的新兴技术特别是应对中国竞争方面，国会两党的政治利益迅速增长。在特朗普时期，量子信息科学、人工智能和微电子领

① Gabrielle Athanasia, “The Legacy of Bayh-Dole's Success on U. S. Global Competitiveness Today,” https：//www. csis. org/blogs/perspectives-innovation/legacy-bayh-doles-success-us-global-competitiveness-today.

域的倡议已经成为法律。2021 年 6 月美国参议院通过的《2021 年美国创新与竞争法》（United States Innovation and Competition Act of 2021）综合了其多个委员会制定的立法内容，包括芯片和开放式无线接入网络 5G 紧急拨款部分，以及《无尽前沿法案》（Endless Frontier Act）、《2021 年战略竞争法》（Strategic Competition Act of 2021）和《2021 年应对中国挑战法》（Meeting The China Challenge Act of 2021）等。①

该法 5 年总资金授权约为 2500 亿美元，科技创新部分资金授权近 2000 亿美元。作为主体部分，《无尽前沿法案》最初计划仿效美国国防高级研究计划局，在美国国家科学基金会新设技术创新局（Directorate for Technology and Innovation），5 年投入 1000 亿美元用于关键技术研发，以促进激进性技术的进步。② 这个重大改革动议成为争论的焦点。最终，经过激烈辩论后，参议院通过的《无尽前沿法案》做出了妥协，在 5 年内授权 520 亿美元加强国家科学基金会现有学部，在以传统方式支持科学研究的同时，将其下属的技术创新局由原先的 5 年 1000 亿美元缩小到 290 亿美元，并将能源部国家实验室体系（169 亿美元）和国防高级研究计划局（175 亿美元）加入投资组合中，使整体方案均衡而不激进。其主要考虑在于：一是希望国家科学基金会继续担任基础研究的领导者，而不是改变其性质，让技术创新使命压倒科学发现使命；二是希望技术创新局在国家科学基金会已有的各种研究成果商业化促进工作的基础上，能够尽快运转起来，以加强美国的关键技术领导地位，促进科学进步转化为突破性新工艺和新产品；三是让能源部、国防高级研究计划局等特定优势部门助力，强化美国的关键技术领先地位和经济竞争力，使各部门彼此增强和互补。

总体来说，《2021 年美国创新与竞争法》是参议院提出的投资美国创新和制造业的一揽子计划。它计划提供 520 亿美元紧急拨款，以加强美国国内

① The U. S. Government Publishing Office, "S. 1260-United States Innovation and Competition Act of 2021," https://www.congress.gov/bill/117th-congress/senate-bill/1260/text.

② Patrick Windham, Christopher T. Hill, and David Cheney, "Improving the Endless Frontier Act," https://issues.org/improving-the-endless-frontier-act/.

的先进半导体生产和供应链安全，并保持芯片技术的全球领先优势。此外，它还计划加强区域创新能力建设，投资 100 亿美元建设区域技术中心，扩大“美国制造业计划”和“制造业推广伙伴关系计划”投资。它要求新设白宫首席制造官、白宫制造业和工业创新政策办公室，以及由总统任主席的制造业与工业创新联邦战略与协调委员会，制定国家制造业与工业创新战略，设立供应链韧性计划。可以说，自第二次世界大战和阿波罗登月计划以来，美国还未有过如此明确的产业政策立法提案。

（二）众议院方案侧重于应对重大社会挑战，为现实问题提供解决方案

在重大科技立法问题上，美国众议院并未直接采纳参议院的《2021 年美国创新与竞争法》，而是坚持不同的理念，提供了潜在的替代方案。

鉴于传统的科学资助方式没有优先考虑社会挑战，众议院科学委员会 2021 年提出的《国家科学基金会为未来法案》（National Science Foundation for the Future Act）未将中国视为创新政策的核心因素，而是在注重加强基础研究的同时，试图更多地关注不断滋生的国内问题。① 它提议在 5 年内将国家科学基金会的预算增加 1 倍，从 2021 年的 85 亿美元提升至 2026 年的近 180 亿美元，其 5 年总资金授权规模是 780 亿美元，与参议院的版本相近。与《无尽前沿法案》试图为整个美国创建一套创新计划不同，它只针对美国国家科学基金会重新进行全面的政策授权。《无尽前沿法案》提议在国家科学基金会内出资 290 亿美元新设一个重点应对中美竞争的“技术创新局”，而该法案提出在国家科学基金会中增设一个专注于重大社会挑战、5 年资金规模为 132.5 亿美元的“科学与工程解决方案局”（Directorate for Science and Engineering Solutions）。后者将重点关注气候变化和环境的可持续性、关键技术全球竞争力、网络安全、国家安全和社会经济不平等，将把

① The House of Representatives Committee on Science, Space, and Technology, “Two-Page Summary of H. R. 2225, The NSF for the Future Act,” https://science.house.gov/imo/media/doc/HR%202225%20NSF%20For%20the%20Future%20Act%20Fact%20Sheet.pdf.

现实问题作为科学研究的灵感，支持新型产、学、研合作，支持技术研究院推进关键技术领域的跨学科研究、开发和商业化，支持小型研究机构的技术转让能力建设，为科学家提供创业培训。

2021年，美国众议院科学委员会在其管辖范围内还引入了其他的政策立法提案。例如，《能源部科学办公室为未来法案》（Department of Energy Science for the Future Act）将首次为美国能源部科学办公室提供全面的政策授权，拟在5年内将其预算授权从2021年的70亿美元提高至2026年的110亿美元，5年授权总资金500亿美元。该办公室既是美国最大的物质科学研究支持部门，也是支持能源应用科学研究的主要联邦部门。此外，《2021年美国国家标准与技术研究院为未来法案》（National Institute of Standards and Technology for the Future Act of 2021）欲使该院在国家创新计划中发挥重要作用。① 这类法案也可能成为众议院更大的一揽子立法的一部分。

（三）增加科技投资呼声高涨，但国会现有特殊拨款力度未及预期

拜登政府的新计划提出的资金需要获得国会的批准，可通过多年度特殊拨款法或普通年度拨款法提供。虽然国会参众两院由拜登所在的民主党掌控，但是国会控制权不稳和拨款政治障碍使拜登的重大投资倡议在规模和进展上未及预期。

首先，在国会2021年批准的《基础设施投资和就业法案》（Infrastructure Investment and Jobs Act）中，有5000亿美元新资金主要用于升级电网、交通系统和宽带网络等基础设施建设项目，但研究和技术熟化是相对次要的重点，其中约250亿美元用于能源技术示范项目。②

其次，《重建更美好未来法案》（Build Back Better Act）几经波折后陷

① The House of Representatives Committee on Science, Space, and Technology, "Science Committee Members Introduce Bipartisan Legislation To Reauthorize NIST," https://science.house.gov/news/press-releases/science-committee-members-introduce-bipartisan-legislation-to-reauthorize-nist.

② The U.S. Government Publishing Office, "Infrastructure Investment and Jobs Act," https://www.congress.gov/bill/117th-congress/house-bill/3684/text.

入停滞。2021 年 9 月，美国民主党曾计划为美国国家科学基金会和能源部科学办公室等科技机构额外寻求数百亿美元的科技资金。① 众议院科学委员会最初计划提供 455 亿美元拨款。② 后因债务担忧因素，众议院在通过的缩减版中将研发计划拨款降至约 100 亿美元。③ 当参议院随后审议时，又要求增加 50 亿美元拨款用于众议院法案中没涉及的国家实验室基础设施。④ 该法案的前景仍不明朗。如果民主党人能克服内部因素，它仍可能为一些科技部门提供意外之财，并为促进清洁能源发展提供大笔资金。

最后，参众两院提案均计划较大幅度地增加年度研发拨款，但在 2022 新财年自 2021 年 10 月 1 日开始的数月内也仍未完成立法。这使拜登政府只能暂时按 2021 财年的资金水平运行，直至《2022 财年综合拨款法》（Consolidated Appropriations Act 2022）最终获得国会通过。

四　欲以科技外交塑造战略性技术格局

在应对全球性挑战和大国竞争的背景下，拜登在国际舞台上更积极地推动国家技术目标，以重建美国中产阶级，推进民主价值观，发挥盟友和伙伴的杠杆作用。气候变化、疫情和新兴技术治理是拜登政府关注的焦点问题。一系列高级别会议也为美国与其盟友和伙伴加强技术合作奠定了初步的基础。

1. 与“民主国家”构建科技伙伴网络

拜登政府热衷于鼓噪“技术民主”与“技术专利”的二元对立，在新

---

① The Senate of the United States, “Concurrent Resolution,” https://www.democrats.senate.gov/imo/media/doc/HEN21B52.pdf.

② The House Committee on Science, Space and Technology, “H. R. 5376-Build Back Better Act,” https://science.house.gov/imo/media/doc/Science%20Committee%20Print.pdf

③ The House of the United States, “Build Back Better Act,” https://www.congress.gov/117/crec/2021/11/18/167/201/CREC-2021-11-18-pt1-PgH6375-4.pdf.

④ The Senate of the United States, “Title Ⅷ-Committee on Commerce, Science, and Transportation,” https://www.democrats.senate.gov/imo/media/doc/TITLE%20VIII%20COMMITTEE%20ON%20COMMERCE%20SCIENCE%20%20AND%20TRANSPORTATION.pdf.

兴技术领域搞意识形态画线。2021 年 9 月，在联合国大会上的首次讲话中，拜登主张对新兴技术进行协调治理，呼吁各国促进人权、共同繁荣和“民主价值观”，并反对压制性政治力量。[①] 他还进一步宣称，美国将与其“民主伙伴”合作，确保从生物技术到量子计算、5G、人工智能等领域的新进展被用来提升人们的能力，解决问题，并促进人类的自由。此外，在 2021 年 7 月美国人工智能国家安全委员会举办的国际会议上，美国国务卿安东尼·布林肯（Antony Blinken）和其他政府官员纷纷登台发表讲话，概述了在“民主国家”之间建立技术伙伴关系的愿景，提出要为人工智能和其他体现所谓“民主国家价值观”的新兴技术建立替代的治理模式。

2. 加强国务院的网络和技术外交能力

美国国务院优先大幅加强其技术外交能力，并将其贯穿于美国的外交政策。[②] 为此，布林肯已要求两位副国务卿就如何提升整个外交部门的网络和技术能力提供建议。布林肯还承诺与国会就加强该部门的技术能力的措施进行协调，希望未来其继任者在国务院拥有强大的网络和技术外交能力，拥有清晰的领导层、职权范围、组织机构和各级人才。其目的是更好地预测下一波和后续创新浪潮对外交政策的影响，主动塑造战略性技术格局，而不是被动地做出反应。从国会来看，参议院情报和外交关系委员会的两党小组一起引入了《民主技术合作法案》（Democracy Technology Partnership Act）。[③] 该法案最终成为《2021 年美国创新与竞争法》的一部分。它要求在美国国务院设立一个办公室，负责协调多边研究计划、出口管制、投资筛选、标准制

① Joseph R. Biden Jr. , “Remarks by President Biden before the 76th Session of the United Nations General Assembly,” https：//www. whitehouse. gov/briefing－room/speeches－remarks/2021/09/21/remarks－by－president－biden－before－the－76th－session－of－the－united－nations－general－assembly/.

② Antony J. Blinken, “Remarks by Secretary Antony J. Blinken at the National Security Commission on Artificial Intelligence's（NSCAI）Global Emerging Technology Summit,” https：//www. state. gov/secretary－antony－j－blinken－at－the－national－security－commission－on－artificial－intelligences－nscai－global－emerging－technology－summit/.

③ The Congress of the United States, “S. 604－Democracy Technology Partnership Act,” https：//www. congress. gov/bill/117th－congress/senate－bill/604/text? r=5&s=1.

定和相关政策措施，以制衡中国的影响力。

3. 优先开展与印太地区和欧洲的科技合作

拜登政府试图通过双边和小多边协议的积累来扩大与所谓“民主国家”之间的科技合作。2021 年，美国与英国、日本、韩国和加拿大签署了科学及新兴技术合作双边协议。拜登和欧盟委员会领导人宣布启动了美欧贸易和技术委员会（Trade and Technology Council，TTC），以技术标准、出口管制、投资审查、安全供应链、数据治理等为合作重点。美欧贸易和技术委员会首次部长级会议就未来合作的计划达成了一些协议，成立了多个工作组。① 美日印澳“四方安全对话”（QUAD）机制启动了“关键和新兴技术”工作组，在首脑峰会上重点关注疫情应对、气候变化、高标准基础设施和新兴技术，还发布了一套涵盖“技术设计、开发、治理和使用”的共同原则。② 美国与澳大利亚、英国启动了一个名为“奥库斯”（AUKUS）的新合作机制，以扩大三方在军事能力以及网络、人工智能、量子技术和海底等领域关键技术方面的优势。③ 它与印太四方机制均专注于印太地区，但更似印太版的小北约。

4. 对华科技竞争采取非对称战略

美国国会和拜登政府当前对研发、技术和供应链的关注在很大程度上源于对中国科技影响力上升的担忧。特朗普政府与国会两党曾就培育和保护具有战略意义的特定领域达成一致。随着第四次工业革命的兴起，技术已经明确地被视为对华战略竞争的核心。所有美国必争必赢的新兴技术与关键技术

① The White House, “U. S. -EU Trade and Technology Council Inaugural Joint Statement,” https：//www. whitehouse. gov/briefing-room/statements-releases/2021/09/29/u-s-eu-trade-and-technology-council-inaugural-joint-statement/.

② The White House, “Fact Sheet：Quad Leaders’ Summit,” https：//www. whitehouse. gov/briefing-room/statements-releases/2021/09/24/fact-sheet-quad-leaders-summit/.

③ Joseph R. Biden Jr.，“Remarks by President Biden, Prime Minister Morrison of Australia, and Prime Minister Johnson of the United Kingdom Announcing the Creation of AUKUS,” https：//www. whitehouse. gov/briefing-room/speeches-remarks/2021/09/15/remarks-by-president-biden-prime-minister-morrison-of-australia-and-prime-minister-johnson-of-the-united-kingdom-announcing-the-creation-of-aukus/.

领域，继续成为拜登政府优先关注的重点。拜登政府既把对抗中国作为兜售其国内议程的策略，也在审视出口管制、投资审查和签证审查等工具，以确保中国难以获得军事或技术优势。拜登政府还注重利用人才吸引力、盟友网络等优势，对中国开展非对称竞争，把美欧贸易和技术委员以及美日印澳“四方安全对话”机制和“奥库斯”等小多边伙伴关系作为制衡工具。同时，拜登政府在半导体、稀土等关键供应链问题上采取“回岸化”“友岸化”“近岸化”策略，并试图与盟友共同替代中国的5G技术。①

5. 应对全球性挑战与大国竞争同步

拜登在回应大国竞争的同时，也努力表现出寻求全球合作应对气候变化和其他全球性威胁的姿态。为防范未来的大流行病，他提议建立一个新的机制来资助全球卫生安全事业，并建立一个“全球卫生威胁委员会”来识别和监测新出现的病原体。② 在气候变化方面，美国重新加入了《巴黎协定》，承诺到2050年实现温室气体净零排放。拜登个人口头上曾坚称，美国不寻求一场新冷战，将与任何国家合作应对疫情和气候变化等紧迫威胁。③ 就中美关系而言，如中国外交部部长王毅批评的那样，美方希望气候合作能够成为中美关系中的一块“绿洲”，但如果这片“绿洲”被“荒漠”包围，迟早也会变成“荒漠”。④

着眼于国际竞争，拜登还扭转了特朗普政府在“美国优先”“雇美国

---

① Jake Sullivan, “Remarks by National Security Advisor Jake Sullivan at the National Security Commission on Artificial Intelligence Global Emerging Technology Summit,” https://www.whitehouse.gov/nsc/briefing-room/2021/07/13/remarks-by-national-security-advisor-jake-sullivan-at-the-national-security-commission-on-artificial-intelligence-global-emerging-technology-summit/.

② Joseph R. Biden Jr., “Remarks by President Biden before the 76th Session of the United Nations General Assembly,” https://www.whitehouse.gov/briefing-room/speeches-remarks/2021/09/21/remarks-by-president-biden-before-the-76th-session-of-the-united-nations-general-assembly/.

③ Joseph R. Biden Jr., “Remarks by President Biden at the 2021 Virtual Munich Security Conference,” https://www.whitehouse.gov/briefing-room/speeches-remarks/2021/02/19/remarks-by-president-biden-at-the-2021-virtual-munich-security-conference/.

④ 《海外网评：要“绿洲”不要“荒漠”，美方应与中方相向而行》，光明网，2021年9月3日，https://m.gmw.cn/baijia/2021-09/03/1302549739.html。

人”理念下对外国科技人才流入的限制，支持吸引海外留学生和增加高技能移民，试图避免智力资源从美国流失，欲使美国继续成为吸引全球优秀人才的磁石。

五　拜登政府科技雄心面临的挑战

从第二次世界大战、美苏冷战、美欧竞争和美日竞争来看，美国的科技政策在历史上具有浓厚的“挑战响应”式特征。拜登发表讲话时提及罗斯福、肯尼迪等诸多有远见的创新型美国总统，并力图定位于赢得 21 世纪的大国竞争，唤起新的力量和新的决心。他将崇高的罗斯福式言辞和一连串听起来令人兴奋的行政令与进步团体和自由派评论员的共同选择相结合，意图展现大胆的新政风格。在科技问题上，他明确要求总统科技顾问回答五大问题。这些似乎拉开了推动历史性科技政策问世的序幕，但他的雄心壮志也会遇到一些重要的制约因素。

1. 能否跳出以往国会拨款缩水的路径

要想维持全面而灵活的国家科技基础，就需要制定深谋远虑的长期规划，进行持续不断的政府投资。拜登表示，他的计划不是一个在边缘修修补补的计划，而是一代人一次的投资。[①] 一些民主党人认为，让拜登的计划通过国会的最佳方式，是与共和党人敲定对华竞争的角度。但是，美国大选周期导致美国国会很难做出涉及巨额公共支出的长期承诺。预算过程的政治现实也可能会破坏立法者大幅扩大研发投资的愿望，就像 2007 年竞争法和 2010 年竞争法之后发生的那样，国会拨款并没有达到授权法授权的水平（见图 1）。[②] 目前，虽然共和党人也支持增加研发投资，但在面临巨额政府

---

① Joseph R. Biden Jr., “Remarks by President Biden on the American Jobs Plan,” https://www.whitehouse.gov/briefing-room/speeches-remarks/2021/03/31/remarks-by-president-biden-on-the-american-jobs-plan/.

② Matt Hourihan, “As Congress Considers COMPETES, How Short Are We From The Old COMPETES?” https://www.aaas.org/news/analysis-congress-considers-competes-how-short-are-we-old-competes.

债务和财政赤字的情况下，国会特殊拨款立法不如预期，有关研发的投资未出现在国会通过的《基础设施投资和就业法案》中。在大国战略竞争的形势下，有一种可能性是，国会将等到最终的创新法案通过后才调整研发支出。

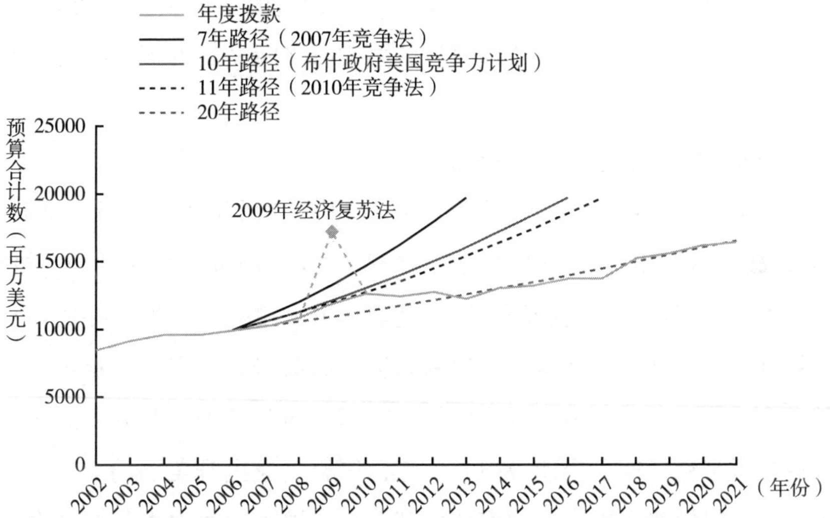

图1 美国部分联邦科学部门的预算授权与年度拨款情况

注：部分联邦科学部门包括国家科学基金会、国家标准与技术研究院和能源部科学办公室。

资料来源：American Association for the Advancement of Science，https：//www. aaas. org/news/analysis-congress-considers-competes-how-short-are-we-old-competes。

2. 如何提高美国政府的科技格局塑造能力

在联邦政府的支持下，美国于20世纪50年代迅速确立了在全球研发领域的主导地位，到20世纪60年代研发支出已占全球研发支出的69%。[①] 如今，美国创新体系依然充满活力。联邦政府仍是一个关键角色，但它的主导地位已不如以前，其对基础科学的支持资金不到全社会基础研究投入的50%。[②]

① The Congressional Research Service，“U. S. Research and Development Funding and Performance：Fact Sheet，” https：//sgp. fas. org/crs/misc/R44307. pdf.

② Jeffrey Mervis，“Data Check：U. S. Government Share of Basic Research Funding Falls below 50%，” https：//www. sciencemag. org/news/2017/03/data-check-us-government-share-basic-research-funding-falls-below-50.

为了满足21世纪的需求，美国联邦政府可能不得不接受美国分散式创新体系的现实，从根本上重构其角色。此外，它也需要面对新的全球现实，重新思考其在全球知识格局中的作用，重新配置政策，在安全与合作之间加以平衡，更多地关注、利用和受益于境外创造的知识和创新成果。① 不过，美国的盟友、伙伴和私营部门与美国政府之间又有着不同的现实利益考虑。

3. 如何通过重要机构改革提高效率

1957年，苏联成功发射世界上第一颗人造卫星"斯普尼克"（Spumik），之后美国政府成立了国家航空航天局（NASA）、国防高级研究计划局等机构，并加大了对国家科学基金会的支持力度。在重大挑战与机遇并存的新形势下，拜登将启动气候高级研究计划局和卫生高级研究计划局，重组国家科学基金会。然而，气候高级研究计划局在国会遭到冷遇。此外，有人质疑改革后的国家科学基金会能否担当大任，能否迅速提升美国的竞争力。也有重要人士倡导建立单独的国家技术基金会、国家竞争力委员会或白宫关键技术与安全办公室。还有观点认为，高度分散、复杂的联邦组织结构导致联邦政府在实施科技政策时存在根本性的组织矛盾，拜登已将白宫科技政策办公室提升至内阁级，下一步应将其提升为新的科学技术部，从而把政府各部门承担科学使命的部门和机构整合成一个内阁级部门，强化组织协同作用，响应21世纪的新形势。② 不过，这种想法在组织和政治层面都面临挑战。

4. 如何有效重构先进技术产业政策

政府可在某些关键时刻对关键技术行业进行有效干预。目前，美国政府对产业政策的兴趣前所未有，问题已不在于是否应该制定产业政策，而在于

① Bruce R. Guile and Caroline S. Wagner, "A New S&T Policy for a New Global Reality," https://issues.org/global-science-technology-policy-guile-wagner/.

② Ronald Kline, "The U. S. Needs a Federal Department of Science and Technology," https://www.scientificamerican.com/article/the-u-s-needs-a-federal-department-of-science-and-technology/.

如何制定以及该为什么目的服务。美国科技政策知名学者比尔·邦维利安（Bill Bonvillian）指出，美国目前除国防领域以外，缺乏有力的产业政策，缺乏足够的人才基础，技术劳动力培训系统薄弱，风险资本支持不能广泛地适用于硬技术或制造业，在供应链连通性方面存在一系列严重问题，还不能很好地引导《美国创新与竞争法》的数千亿美元举措和悬而未决的特别支出法案。[①] 如果没有正确的基础设施和运行机制，美国政府用于产业竞争的一整套新技术计划可能面临重大障碍。另外，从以往美国的政策来看，实施产业政策的挑战还在于政治和经济条件是否匹配。[②] 政治上最可行的产业政策未必是经济上最有效的，而经济上最可行的产业政策在政治上可能又是脆弱和难持久的。产业政策还取决于政府能力，相关责任广泛分散和政府机构的能力差异大，也是不利的因素。

5. 如何克服党派政治的不利影响

当前，由于民主党在国会中仅占微弱多数优势不强，国会决策效率较低。对于民主党而言，2022 年 11 月的国会中期选举前景不容乐观，民主党有可能失去对国会两院的掌控权。如果共和党获得国会任何一院的控制权，将会降低由特殊拨款立法为拜登政府的优先事项提供资金的可能性，尽管价值 520 亿美元的半导体激励措施具有较长的保质期。因此，国会的民主党人感到越来越紧迫，需要在 2022 年将悬而未决的立法倡议推向终点线。关于气候问题的行政令可能只是恢复到奥巴马时代的状况，未来气候立法的前景可能不及预期。此外，如果参议院的主导权易手，拜登政府部门高级职位提名人选的确认可能会放缓，这对拜登政府科技领域的人事布局和职位填补也会产生一定的压力。

6. 如何更好地平衡国内事务与国际竞争

先进的技术产业政策是实现国家竞争力的重要手段。如果没有具有国际竞

① Adria Schwarber and Mitch Ambrose, "PCAST Examines Gaps in US Innovation Ecosystem," https://www.aip.org/fyi/2021/pcast-examines-gaps-us-innovation-ecosystem.

② John Alic, "Endless Industrial Policy," https://issues.org/endless-industrial-policy-science-technology-prosperity-alic/.

争力的经济，可持续发展、社会保障和国家安全将难以得到保障。拜登强调的预算最能反映政府关注的重点，但信息技术与创新基金会（Information Technology and Innovation Foundation，ITIF）的分析认为，他向国会提交的2022财年预算仍然轻视了美国的技术竞争力。[①] 从白宫2022财年的可自由支配预算请求来看，在大约1300亿美元的增长中，新政府最重视公平、社会支出、健康和环境问题，而对国家安全和经济竞争力的重视程度要低得多。虽然目前对技术和竞争力的投资至少占联邦可自由支配预算的14%，但白宫提议将其拟议的2022财年预算增长中的不到4%（50.6亿美元）的支出用于提高美国的技术竞争力。

7. 如何进一步扩大所需的科技人才队伍

移民对美国创新至关重要。拜登扭转了特朗普对移民的大部分限制性做法，并从长远角度提出了广泛的移民改革立法。《2021年美国公民法》（U. S. Citizenship Act of 2021）号称“美国移民30年来最大的变革”，将增加职业移民绿卡的数量，取消每个国家/地区的上限，使美国大学的STEM高级学位持有者更容易获得绿卡，[②] 但它未必能够赢得保守的共和党的支持。另外，科研安全方面的政治化行动仍在对美国科研事业和国际科学合作产生负面影响。为赢得未来竞争，从长远来看，美国还应重点培养国内人才。拜登希望对教育加大投资，提供全民幼儿园2年预科教育和2年免费社区大学课程，保证每个美国人都可以再接受4年的公共教育。其大部分人力资本议程曾被民主党纳入《重建更美好未来法案》中，而拨款1090亿美元的社区大学学费免费提案在参议院投票前已经被从中删除。[③]

---

① Robert D. Atkinson, “Biden Budget Undervalues U. S. Technology Competitiveness,” https://itif.org/publications/2021/04/15/biden-budget-undervalues-us-technology-competitiveness.

② Linda T. Sánchez, “Sánchez, Menendez Introduce Bicameral U. S. Citizenship Act of 2021 to Overhaul American Immigration System,” https://lindasanchez.house.gov/media-center/press-releases/s-nchez-menendez-introduce-bicameral-us-citizenship-act-2021-overhaul.

③ Louis Jacobson, “Community College Tuition Proposal Stripped from Build Back Better Bill before Vote,” https://www.politifact.com/truth-o-meter/promises/biden-promise-tracker/promise/1601/make-2-years-community-college-or-high-quality-tra/.

总之，如今美国的政治和经济形势不同于以往，这场激烈的政策辩论和拜登政府的政治雄心能否快速转化为适应国内外复杂环境、具有历史意义的宏大科技战略，能否转化为切实有效的行动，还有待在其任期内继续观察，还需要时间的检验。

（审读 袁征）

专题报告

Special Reports

B.9

美联储货币政策新框架

马 伟*

摘 要： 拜登政府执政以来的高通胀与美联储的货币政策新框架是分不开的。由于美国的实际利率水平下降，菲利普斯曲线平坦化以及通胀预期走弱，美联储2020年8月推出了新的货币政策框架。新框架的主要特点是关注就业的“缺口”而非“偏离”，以及实行“平均通胀目标制”。新框架主导了疫情以来美联储的货币政策选择，是导致当前持续高通胀的重要原因。同时，2008年金融危机以来，美联储的货币政策实施框架从利率走廊转向了下限体系。事后来看，美联储可能在新框架下犯了过度宽松的错误，并给未来的货币政策选择埋下了隐患。

关键词： 美国经济 美联储 货币政策框架 下限体系管理 利率

* 马伟，中国社会科学院美国研究所助理研究员，主要研究领域为美国宏观经济、美国金融、美联储货币政策。

自拜登政府执政以来，通货膨胀成为美国经济面临的最重大挑战。2022年3月，美国的消费者价格指数（CPI）达到8.5%，创1981年以来的新高。共和党甚至发明出了“拜登通胀”（Bidenflation）一词来讽刺本届政府控制通胀的不力。美国国会赋予美联储促进“最大就业”和稳定物价的双重使命，高企的通胀与美联储2020年开始施行的新货币政策框架是分不开的。

一　美联储货币政策框架调整的背景和动机

（一）背景

美联储在2012年首次推出货币政策框架。美联储的货币政策经历了从模糊化到透明化的转型。1994年之前，联邦公开市场委员会在召开例会之后，无论是否调整联邦基金利率，都不会对外说明，而是由市场自己来观察。本·伯南克（Ben Bernanke）在2002年加入美联储之后，着力推动提高美联储货币政策决策的透明度，2006年接任格林斯潘出任美联储主席之后，更是大力推动“通胀目标制”（Inflation Targeting）。2011年，时任美联储副主席珍妮特·耶伦（Janet Yellen）带领一个由几个地区储备银行行长和理事组成的小组，拟定了《长期目标和货币政策策略声明》（Statement on Longer-Run Goals and Monetary Policy Strategy）（以下简称《声明》）。经过美联储内部多年的广泛讨论，2012年，美联储的委员终于达成一致，认为清晰明确的沟通比决策的灵活性更重要，在1月的议息会议上正式公布了《声明》，即美联储的首个货币政策框架。

“灵活的通胀目标制”是2012年美国货币政策框架的主要特点。《声明》明确提出将通胀目标设定在2%，同时还强调将采取“平衡方法”（balanced approach）去促进物价稳定和就业最大化，尽管“最大就业”在很大程度上是由非货币因素决定的。在美联储的这个货币政策框架下，通胀目标一旦确定下来，时间跨度往往是好几年，只要在这几年结束之际满足这个目标即可。因此，美联储在这段时间内仍然拥有较大的灵活性和自主空间去不失时机地调整货币政策，应对失业率攀升的问题。这种版本的通胀目标制被称为“灵活的通胀目标制”。

从 2018 年底开始，美联储对货币政策的策略、工具及沟通方式进行了为期 1 年多的全面评估。评估的主要内容包括：一是通过 15 场“美联储听众计划”（Fed Listens）活动，广泛听取包括商业和劳工领袖、社区人员、低收入群体和少数民族代表、退休人员以及专家学者的意见和建议；二是在 2019 年 6 月组织相关专家学者，通过会议和论文的形式进行进一步讨论和评估；三是联邦储备委员会在此基础上多次讨论表决，并最终通过对《声明》的修订。[①] 本次修订是 2012 年货币政策框架发布以后的首次大规模修订，美联储表示 5 年之后将再次对《声明》进行全面评估。

（二）动机

除了是例行的程序外，美联储对货币政策框架进行评估和修订更为重要的原因是美国经济本身发生了显著的变化，主要体现在以下三个方面。

一是实际利率水平显著下降。经济学理论认为，在长期内存在一个与实现充分就业和物价稳定相适应的利率，而且这一利率是扣除通胀之后的实际利率，而非名义利率。美联储一直对美国经济的实际利率水平进行评估。2012 年美联储估计的实际利率水平是 2. 25%，在长期通胀目标为 2%的情况下，对应的名义利率是 4. 25%。到了 2019 年底，美联储对实际利率的估计值已经变成 0. 5%，对应的名义利率下降到 2. 5%（见图 1）。实际利率下降的背后是美国经济潜在增速的下降。受到美国人口老龄化、人口增速下滑以及劳动生产率下降等因素的综合影响，联邦公开市场委员会成员对美国经济潜在增速的预期已经从 2012 年 1 月的 3%下降至 1. 8%。考虑到长期内市场利率总体向均衡利率收敛，这意味着美联储在后续经济下行周期通过降低利

① “Review of Monetary Policy Strategy, Tools, and Communications,” https://www.federalreserve.gov/monetarypolicy/review-of-monetary-policy-strategy-tools-and-communications.htm.

率支持经济的政策空间将进一步下调。反过来，这种发展使经济衰退更有可能带来更高的风险，即通胀面临更持久的下行压力，失业率面临更大的上升压力。

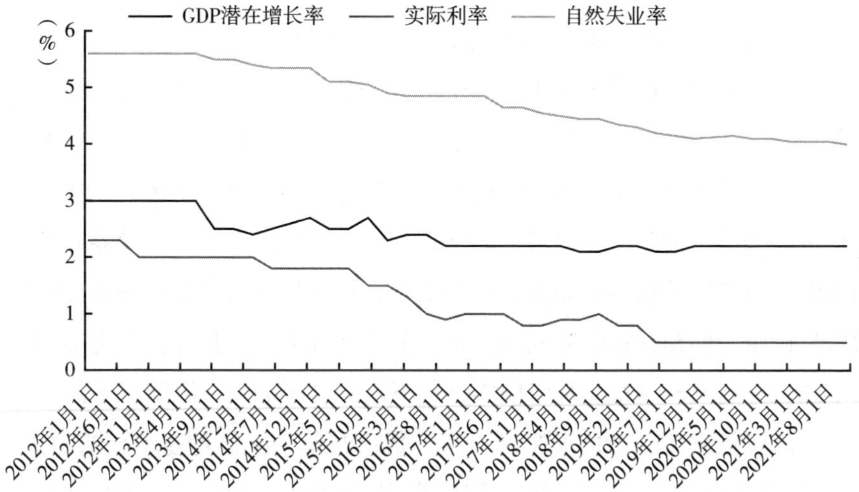

图 1　美联储对于长期 GDP 潜在增长率、实际利率和自然失业率的估计（2012 年 1 月至 2021 年 12 月）

资料来源：Federal Reserve Bank of St. Louis，“Longer Run FOMC Summary of Economic Projections for the Growth Rate of Real Gross Domestic Product，Range，High，” https：//fred. stlouisfed. org/series/GDPC1RHLR#0。

二是平坦的菲利普斯曲线（Phillips Curve），即失业率的下降并没有显著增大通胀压力。[①] 疫情前美国劳动力市场超预期繁荣。失业率已经在疫情的约前两年时间内维持在 50 年来的最低水平，劳动参与度也得到明显改善。从图 1 可以看到，美联储对自然失业率的预测中值经多次下调，从 2012 年

① 新西兰统计学家威廉·菲利普斯（William Phillips）于 1958 年根据英国近百年（1861～1957 年）的宏观经济数据，画出了一条表现通货膨胀与失业率关系的曲线，表明失业率与通货膨胀存在负相关关系，即通货膨胀率高时，失业率低；通货膨胀率低时，失业率高。20 世纪 60 年代，美国经济学家保罗·萨缪尔森（Paul A. Samuelson）和罗伯特·索洛（Robert Solow）根据美国宏观经济数据，证实了菲利普斯曲线所表示的交替关系在美国同样存在，并指出可以根据该曲线所揭示的这种关系来指导宏观经济政策。

1月的5.5%下调至2019年12月的4%。[①] 但是，失业率下降并没有对通胀造成过度的成本推动压力，也并未对美联储的2%通胀目标和通胀预期形成挑战。美联储主席杰罗姆·鲍威尔（Jerome Powell）在2020年的杰克逊维尔（Jacksonville）全球央行会议的讲话中，将上述两个原因概括为“三低一平”，即“低增长、低利率、低失业率”以及“平坦的菲利普斯曲线”。[②]

三是零利率下限（Zero Lower Bound，ZLB）下的通胀预期走弱。关于通胀预期，学术界和政策制定者普遍认为，要在可持续的基础上实现价格稳定，需要通胀预期被很好地锚定在与价格稳定目标一致的水平上。从全球金融危机前的学术文献中得出的重要结果是，在理性预期下，不受零利率下限约束的、可信的通胀目标制货币政策策略，可以使通胀预期很好地被锚定在通胀目标上。但是，在实际利率显著走低的情况下，一旦经济出现不利的总需求冲击，名义利率很容易滑向零利率下限。在零利率下限状况下的分析表明，不能再依靠“灵活的通胀目标制”货币政策来提供对通胀预期的锚定，否则通胀预期可能会低于目标。通胀预期的这种下行倾向反过来会缩小本就稀缺的政策空间——因为名义利率不只反映了实际利率，也反映了预期的通胀。这可能引发实际和预期通胀螺旋式下行的风险，在日本等其他一些主要经济体中已经观察到了这种风险。

美联储的新货币政策框架基于美国经济在疫情前就出现的一系列结构性变化，这些长期的结构性问题并没有因为疫情而消失。疫情打断了美联储此前的货币政策正常化进程，并给货币政策新框架带来了挑战。

二　美联储货币政策框架的主要变化

2020年8月27日，美联储在其官方网站公布了新的《长期目标和货币

① 根据菲利普斯曲线，不同的通胀率对应着不同的失业率。自然失业率指的是2%的通胀目标对应的失业率。

② Chair Jerome H. Powell, “New Economic Challenges and the Fed’s Monetary Policy Review,” https：//www. federalreserve. gov/newsevents/speech/powell20200827a. htm.

政策策略声明》，宣布对货币政策框架进行修订，并在9月的议息会议声明中进行了进一步明确。[①] 概括地看，本次修订主要包含两方面的内容：一是更加注重就业市场的修复，关注就业“缺口”（shortfalls），而不是相对于可持续就业水平的“偏离”（deviations）；二是平均通胀目标制，将此前“对称的”2%通胀目标修改为灵活的平均通胀目标（Flexible Average Inflation Targeting，FAIT），即将通胀目标改为在一段时间内平均值为2%，但并未对时间的长短进行明确规定。

（一）美联储货币政策新框架的要素

具体来看，2020年货币政策新框架主要包含六大要素，其中五个是关于通胀的，一个是关于就业的。

首先，关于通胀的五个要素。一是个人消费支出物价指数（Personal Consumption Expenditures Price Index，PCE）通胀率同比上升到2%是加息的充分非必要条件，在此之前美联储不考虑加息。二是关于通胀，美联储的短期目标和长期目标有所不同。短期看，美联储希望把通胀率推高至2%以上，以弥补此前的低通胀，实现“一段时间内”平均通胀2%的目标；长期看，美联储仍然把2%的通胀作为目标，同时希望将通胀预期保持在2%。三是即使达到了平均通胀2%的目标，美联储也不会立刻加息，而是会继续维持一段时间的宽松，以推动经济实现“包容性增长”。四是上述三点都是美联储在零利率下开启加息的条件，一旦开始加息并摆脱零利率限制，美联储将回归2012年框架下的2%灵活通胀目标制。五是平均2%的通货膨胀率代表了美联储的事前（ex ante）愿望，而不是事后（expost）承诺。这表明美联储在控制通胀方面可能会犯错。[②]

---

① “Federal Open Market Committee Announces Approval of Updates to Its Statement on Longer-Run Goals and Monetary Policy Strategy,” https://www.federalreserve.gov/newsevents/pressreleases/monetary20200827a.htm.

② R. H. Clarida, “The Federal Reserve's New Framework: Context and Consequences,” Finance and Economics Discussion Series, 2022.

其次，关于就业的因素。在2020年新的《声明》中，新框架将“最大就业”定义为“不会产生使价格稳定面临持续压力风险的最高就业水平”。也就是说，在经济扩张周期中，劳动力市场指标回到美联储认为与其“最大就业”任务大体一致的范围内时，货币政策将对通胀的数据做出反应；但货币政策不会仅仅因为失业率已经低于对其长期自然水平的任何特定的估计值而收紧。

（二）美联储货币政策新框架的主要特点

主导新框架制定的美联储前副主席理查德·克拉里达（Richard Clarida）将新框架的通胀目标概括为“暂时物价目标制”和“灵活通胀目标制”的结合。具体来看，当联邦基金利率在零利率区间时，通胀率超过2%并不会触发加息。由于此前美国的通胀水平一直低于2%，美联储会有意识地推高通胀率超过2%，直到通胀率在一段时间内平均通胀率达到2%，才会触发美联储的加息条件。美联储称这样的通胀目标为“暂时物价目标制”（Temporary Price-level Targeting，TPLT）。当联邦基金利率不再处于零利率区间时，美联储对于通胀的判断则回到2012年货币政策框架，重新受到2%的通胀目标限制，即回归到“灵活通胀目标制”，2%重新成为触发加息/紧缩的条件。

这样的加息条件是为了把长期通胀率稳定在2%。在美联储进行货币政策抉择时，只有在从零利率开启加息时才会使用“平均通胀目标制”。这个加息时机和平均通胀率的期限并未明确给出，而是表述为通胀率“在一段时间内（for some time）适度（moderately）超过2%”。在通胀率长期低于2%后，美联储希望通过这样的方式把长期通胀率稳定在2%。相关研究显示，通过将零利率条件下的加息条件设定为通胀率超过2%，以抵消零利率下限造成的通胀不足，并在加息1年后恢复2%的灵活通胀目标，可以提供一个长期的、与目标相同的通胀率，从而保证通胀率长期稳定在2%。①

① B. S. Bernanke, “The New Tools of Monetary Policy,” *American Economic Review*, 2020, 110 (4): 943-983; B. S. Bernanke, M. T. Kiley, and J. M. Roberts, “Monetary Policy Strategies for a Low-Rate Environment,” AEA Papers, 2019.

在通胀方面，新的货币政策框架是非对称的。在“灵活通胀目标制”的框架下，美联储的通胀目标是对称的，即认为3%的通胀率与1%的通胀率一样糟糕，并试图缩小与2%的通胀目标之间的偏差。在新框架下，当通胀不及长期目标时，美联储将目标放在2%以上；但达到提高利率的条件之后，其目标是让通胀率回到2%的长期目标，而不是把通胀率压低到2%以下。关于长期通胀向2%的回归速度，美联储的主要观察指标是通胀预期。通胀预期无法直接观察到，因此必须从调查、金融市场数据和计量经济模型中推断出来。美联储推出了一个综合的通胀预期指标（Common Inflation Expectations，CIE），如果加息开始后，通胀预期指标低于零利率下限之前的水平，就认为使通胀恢复到2%的速度将会比预想的要慢。因此，非对称的货币政策框架意味着天然的高通胀倾向。之所以采用这种非对称的框架，是因为美联储认为在利率持续走低的环境下，如果需求不足，通胀率走低，美联储调低利率的空间是受限的；而通胀率如果过高，美联储通过提高利率来抑制需求，控制通胀的手段相对丰富。但美联储并没有同时指出在控制高通胀过程中的经济衰退风险。

我们可以通过图示的方式来分析美联储货币政策新框架所导致的价格路径的不同。在2012年的货币政策框架下，如果通胀水平在一段时间内低于2%，那么货币政策的目标是将通胀水平重新拉升至2%。从图2可以看到，实线代表了2012年货币政策框架实施后的价格路径，如果不利的需求冲击导致通胀低于2%（虚线），美联储将调整政策，将实际通胀率提高到2%。因此，新的价格路径（破折线）将具有与实线相同的斜率。但是，最终的价格路径并没有回到最初2%通胀目标下的路径（实线），美联储并不会去弥补过去的价格差。图3则给出了2020年美联储货币政策新框架下的新路径。当通胀水平在一段时间内低于2%的目标时（虚线），美联储的货币政策将尝试把通胀水平在一段时间内提高到2%以上，以使价格路径回到原路径上（破折线），因此被称作“暂时物价目标制”。

美联储当前的通胀水平在迅速回归目标价格路径。图4中实线代表了

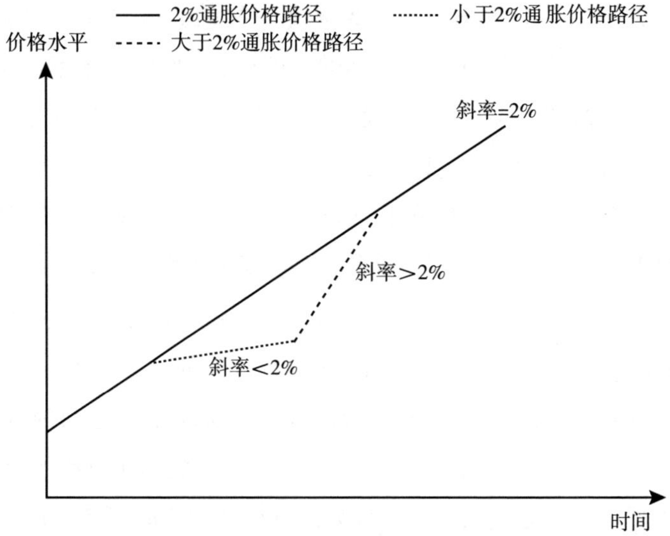

图 2　2012 年货币政策框架下的价格路径

资料来源：笔者绘制，参见 Kevin L. Kliesen，Kathryn Bokun，“Challenges to the Fed’s New Monetary Policy Strategy，” https：//www. stlouisfed. org/on-the-economy/2020/october/challenges-fed-new-monetary-policy-strategy。

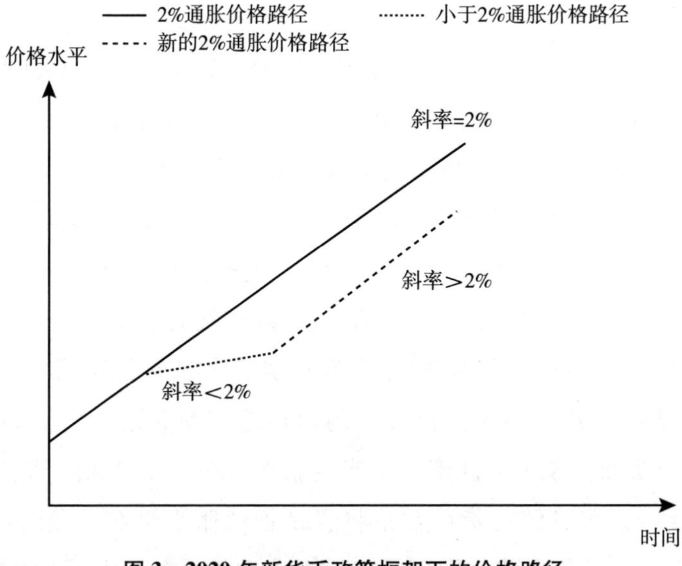

图 3　2020 年新货币政策框架下的价格路径

资料来源：笔者绘制，参见 Kevin L. Kliesen，Kathryn Bokun，“Challenges to the Fed’s New Monetary Policy Strategy，” https：//www. stlouisfed. org/on - the - economy/2020/october/challenges-fed-new-monetary-policy-strategy。

2012 年以来的实际个人消费支出（Personal Consumption Expenditures，PCE）价格指数路径，虚线则代表了 2%通胀目标下的个人消费支出价格指数路径。可以看到，2012 年以来个人消费支出价格指数持续低于目标路径，但 2021 年以来的高通胀使二者的差距已经显著收缩。未来，合意的通胀水平取决于个人消费支出价格指数回归通胀目标路径的日期选择。如果美联储选择 2022 年底，那么 2022 年的通胀水平约为 4.6%；如果选择 2025 年底，那么这期间的通胀水平约为 2.6%。依此来看，目前美联储超过 6%的通胀水平已经太高了。而且，在回归目标路径之后能否将通胀持续控制在 2%也是值得怀疑的，特别是在经济可能出现衰退的情况下。

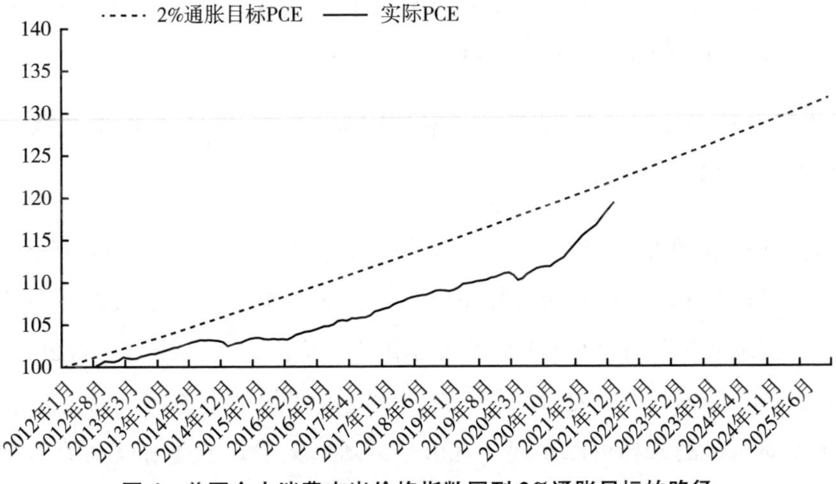

图 4　美国个人消费支出价格指数回到 2%通胀目标的路径

注：以 2012 年为基期，2012 年指数赋值为 100。

虚线为假定 PCE 指数从 2012 年开始保持 2%的年同比增长的价格路径。

资料来源：圣路易斯联储数据库及笔者计算，参见 U. S. Bureau of Economic Analysis，"Personal Consumption Expenditures：Chain－type Price Index，" https：//fred. stlouisfed. org/series/PCEPI。

美联储的货币政策新框架力图实现就业市场的均衡复苏，关注货币政策的收入分配效应。在进行评估的过程中，美联储强调，虽然货币政策作为总量工具，不能直接进行结构性调控，但经济扩张过程中较低的总体失业率依然能对容易失业的人群产生巨大影响，并导致收入不平等的扩大。要让中低收入社区人群（通常是有色人种、少数族裔）的就业机会得到恢复，就需长时间的经济扩张，而维持经济长期扩张也是货币政策的目标之一。长期以来，美联储货币政策的目标并未明确包含分配的维度，但越来越多的证据显示，分配格局的恶化直接影响“物价稳定”和“最大就业”目标的实现。贫富分化也被认为是导致经济长期停滞、压抑自然利率和物价水平的重要原因。因此，美联储将关注更广泛的就业市场，尤其是“政治正确”的中低收入群体在这个框架中被反复强调。这既是为了维护经济的长期包容性增长，也有一定程度的政治考量。2021 年以来，在失业率大幅下降的情况下，美联储迟迟没有推出宽松的货币政策。美联储更多地强调就业市场的好转是“K 形复苏”，低工资、低学历、边缘族裔或高龄人群等“弱势群体”的就业人数与疫情前相比仍有较大缺口。

（三）货币政策新框架主导了疫情以来美联储的货币政策选择，是导致当前持续高通胀的重要原因

美联储在疫情期间实施了“零利率+量化宽松”的宽松货币政策，2021 年 11 月开始缩减购债（Taper），并于 2022 年 3 月加息 0.25%。美联储本轮紧缩政策是在 2020 年货币政策新框架推出之后开始的，而 2014 年美联储的上轮紧缩则是在 2012 年的货币政策框架下实施的。对比美联储两次紧缩时机的选择可以发现，货币政策新框架主导了疫情以来的美联储货币政策选择。从图 5 可以看到，2014 年初美联储开启缩减购债时，美国的失业率水平仍为 6.9%，距离 5%的自然失业率尚有距离，个人消费支出价格指数为 1.1%，也远没有达到 2%的通胀目标。但由于美联储已经观察到就业市场的稳步复苏，担忧可能存在通胀压力，所以开启了缩表进程。反观本轮美联储的货币政策选择，美国经济在 2020 年第三季度已经实现了强力的复苏，2021 年 3 月，美国的失业率已经降至 6.0%，个人消费支出价格指数已经达到 2.5%。然而，美联储主席鲍威尔当时却表示“甚至没有开始‘讨论紧缩’”。此后，美国的通胀水平开始持续走高，美联储却坚称高通胀只是“暂时的”。到 2021 年底，美国的失业率已经

降至 3.9%的自然失业率水平，个人消费支出价格指数更是升至 5.8%的高位。即便如此，美联储仍然推迟了一个季度，直到 2022 年 3 月才开始加息。

可以说，美联储本轮的货币政策选择完全遵循新的货币政策框架，一是允许通胀超过 2%，二是不担忧失业率降至自然失业率附近带来的压力，三是在满足加息条件的情况下仍然推迟了一个季度才开始加息。然而，高通胀的持续发展恐怕还是超出了美联储的预料。这种情况主要有两个方面的原因：一是疫情反复带来的不确定性使供应链出现较大问题；二是俄乌冲突所导致的全球能源和农产品价格的大幅上涨。这些因素超出了美联储货币政策的控制范围，也反映出新货币政策框架过于理想化的弊端。可以说，当前美国经济持续的高通胀与新的货币政策框架脱不了干系，也将成为 2025 年评估时重点考虑的问题。需要额外指出的是，美联储当前已经摆脱零利率下限，之后的货币政策选择将会转向“灵活通胀目标制”，即 2012 年的货币政策框架。

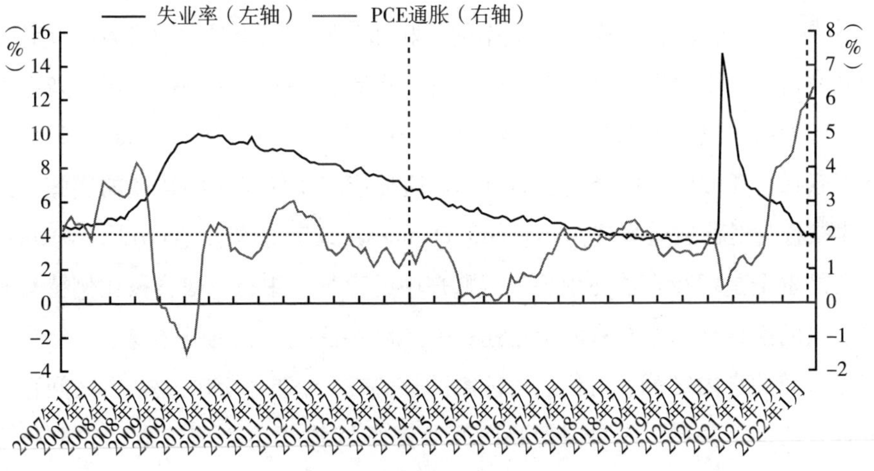

图 5　美联储两次紧缩时机选择

资料来源：圣路易斯联储数据库及笔者计算，参见 V. S. Bureau of Economic Analysis, “Personal Consumption Expenditures: Chain - type Price Index,” https://fred.stlouisfed.org/series/PCEPI。

三　美联储货币政策实施框架的变化

美联储负责制定货币政策的具体机构是联邦公开市场委员会（Federal Open Market Committee，FOMC），如果该委员会决定改变联邦基金利率的目标范围，那么将以政策指令的形式传递给纽约联储的交易台。纽约联储通过公开市场操作来调整联邦基金利率，具体实施货币政策。美联储的这套货币政策实施框架在过去20年里发生了显著变化。在2008年全球金融危机之前，美联储使用一种稀缺准备金体系，通过对准备金供给进行微调维持对利率的控制。但金融危机之后，美联储的货币政策框架转向了下限体系。美联储不再对准备金供给主动进行管理，而是通过对特定利率（称为管理利率）的调整来影响联邦基金利率，最近两年相关的工具也越来越丰富。

（一）对称通道体系

在2008年金融危机之前，美联储是通过调整银行在美联储的准备金（reserve）来间接调整联邦基金利率的。联邦公开市场委员会通过宣布联邦基金利率目标来传达货币政策立场后，纽约联储利用公开市场操作对准备金供给进行微调，以使有效联邦基金利率（Effective Federal Funds Rate，EFFR）接近联邦公开市场委员会设定的目标。这种依赖于储备金稀缺性的实施框架通常被称为对称通道体系（symmetric channel）或走廊体系（corridor system）。

准备金是银行存放在中央银行账户中的存款。银行一般会按比例持有一定数量的准备金，主要有两个用途：一是满足法定存款准备金要求；二是用于银行间的日内结算。对称通道体系的核心在于，央行和商业银行之间存在准备金的借贷关系。中央银行要向商业银行贷款（出借准备金）收取高于目标利率的贷款利率，美联储收取的是贴现窗口利率（discount window rate）。银行存放在中央银行的准备金会得到一个低于目标利率的存款利率。在金融危机之前，美联储对商业银行的准备金是不支付利息的，也即存款利率为0。贷款利率和存款利率形成了一个对称的通道。如果银行持有的准备金过少，则需要以贴现窗口利率的成本来获取额外的准备金。银行也不会持有过多的准备金，因为它们不会赚取利息，但要付出在银行间市场拆借的机会成本，即联邦市场基金利率。金融危机前，银行在美联储账户上持有的准备金余额加起来非常少。银行体系就是在总体准备金稀缺的情况下运作的。在联邦公开市场委员会公布利率决议以后，纽约联储通过调整银行间市场准备金的供应水平，使有效联邦基金利率达到联邦公开市场委员会决议的利率范围（见图6）。需要注意的是，准备金和稀缺的物理性产品不同，是中央银行可以基于风险资产无成本地无限创造的。

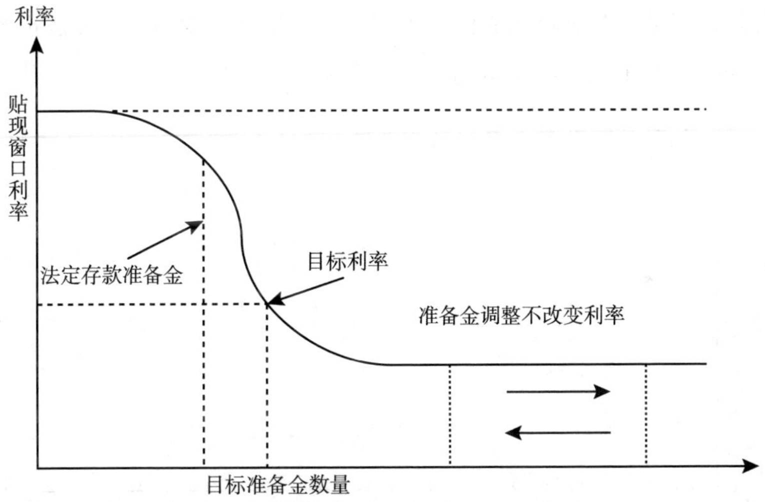

图6　准备金需求曲线

资料来源：笔者绘制，参见 T. Keister，A. Martin，and J. McAndrews，“Divorcing Money from Monetary Policy，” *Economic Policy Review*，2008，14（2）。

但准备金还有其他重要作用，对称通道体系也无法在充足的准备金下发挥作用。通过对准备金的定量调节，中央银行可以实现其政策利率目标。但是，银行准备金还要发挥其他作用，而这可能会造成与政策目标利率的冲突。银行准备金的其他重要作用主要有两个。一是银行间的清算支付。银行间结算所需的资金常常超过为调节利率所需要的准备金的数额，所以央行在日间为了给市场提供流动性，会提供日内信用（daylight overdraft）。① 美联储在金融危机之前提供的日内信用一度高达 2100 亿美元，这会造成巨大的信用风险。二是给金融市场提供流动性。在支持美国经济的信贷流动和促进宽松的金融环境方面，准备金可以缓解私人部门的资产负债表限制，并满足对市场流动性的需求。2008 年金融危机后，美联储为了稳定市场流动性和刺激经济，推出了量化宽松计划（Quantitative Easing，QE），使银行系统的准备金数额显著增加。从图 7 可以看到，银行准备金的规模从 2008 年前的几百亿美元升至 2014 年的 2.7 万亿美元，2021 年一度高达 4.3 万亿美元。准备金数额的增加与美联储的资产负债表扩张是紧密联系在一起的。从图 6 可以看到，充足准备金进入右侧平坦部分，准备金的细微调整无法再改变联邦基金利率，基于稀缺准备金的通道体系无法再发挥作用。

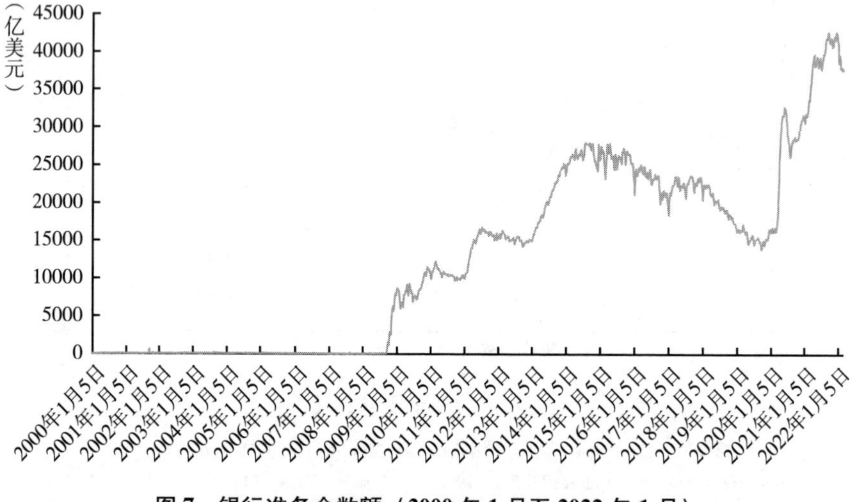

图 7　银行准备金数额（2000 年 1 月至 2022 年 1 月）

资料来源：Board of Governors of the Federal Reserve System（US），"Liabilities and Capital：Other Factors Draining Reserve Balances：Reserve Balances with Federal Reserve Banks：Week Average，" https：//fred. stlouisfed. org/series/WRESBAL。

---

① 银行在日内进行跨行支付时，如果支出金额超过其准备金，可以向央行申请日内信用，但必须在当天交易结束前进行偿还。

（二）下限体系

为了在有充足准备金的情况下继续实施货币政策，美联储开发出一套新的货币政策实施工具。如图 8 所示，由于准备金的供给非常充裕，与准备金需求曲线右侧平坦的部分相交；相应地，把对称通道的下限（存款利率）设置为政策利率，而不是借款和贷款利率通道的中间。因此，这样的体系被称为下限体系（floor system）。美联储开始对准备金支付利息，并设定隔夜拆借利率，通过管理这两个利率来控制联邦基金利率。

1. 准备金利率

在金融危机后，准备金利率（Interest Rate on Reserve Balance，IORB）成为新的有效实行货币政策的工具，被设定为目标利率区间的上限。从 2008 年 10 月 1 日起，美国国会赋予了美联储一个新工具，即向银行准备金支付利息的权力，以帮助控制联邦基金利率，设置利率下限。[①] 如图 8 所示，通过向银行支付超额准备金利率（Interest Rate on Excess Reserve，IOER），当银行拆借利率低于超额准备金利率时，银行将会把多余的资金留在准备金账户。直到拆借利率高于超额准备金利率时，银行才会以拆借利率借出资金。因此，美联储一般将超额准备金利率设定为目标利率区间的上限。自 2021 年 7 月 29 日起，美联储不再区别称呼法定准备金利率（Interest Rate on Required Reserve，IORR）和超额准备金利率，取而代之的是单一的准备金利率。[②] 因此，准备金利率从理论上来讲就充当了拆借利率的下限。

通过准备金利率，美联储将联邦基金利率有效地控制在政策目标区间内。从图 9 可以看到，伴随着准备金利率的调整，有效联邦基金利率被有效

---

① 《2006 年金融服务监管救济法》（Financial Services Regulatory Relief Act of 2006）授权美联储为符合条件的机构或代表合格机构在储备银行账户中持有的余额支付利息，但须遵守理事会的规定，自 2011 年 10 月 1 日起生效。根据《2008 年紧急经济稳定法》（Emergency Economic Stabilization Act of 2008），该授权日期提前至 2008 年 10 月 1 日。

② "Federal Reserve Board Issues Final Rule Amending Regulation D with Regard to Interest on Reserve Balances," https://www.federalreserve.gov/newsevents/pressreleases/bcreg20210602a.htm.

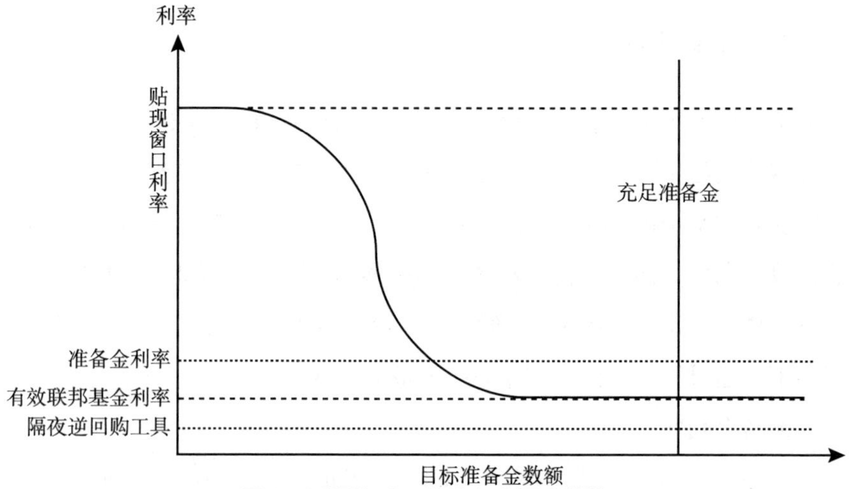

图 8　下限体系下的准备金需求曲线

资料来源：笔者绘制，Gara Afonso，Lorie Logan，Antoine Martin，William Riordan，and Patricia Zobel，"How the Federal Reserve's Monetary Policy Implementation Framework Has Evolved，" https：//libertystreeteconomics. newyorkfed. org/2022/01/how - the - federal - reserves - monetary - policy - implementation-framework-has-evolved/。

地控制在其附近，两者的变动高度一致。同时，可以观察到有效联邦基金利率在大部分时间段内在准备金利率以下。

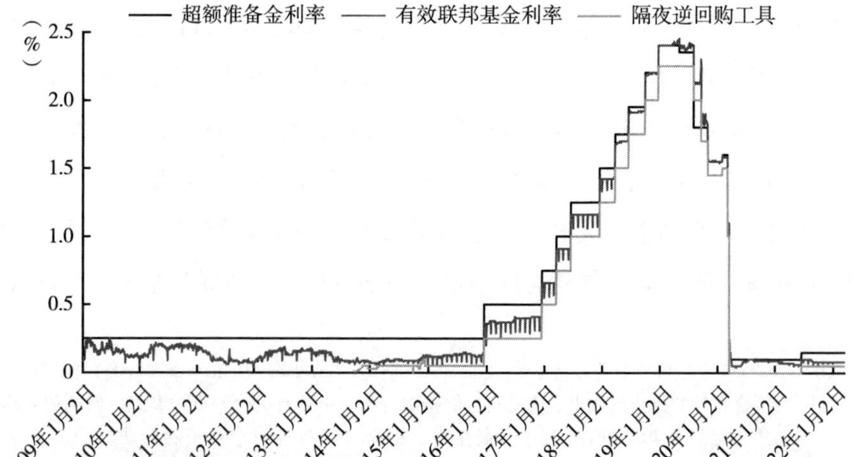

图 9　下限体系下对利率的控制（2009 年 1 月至 2022 年 2 月）

资料来源：圣路易斯联储数据库，参见 Board of Governors of the Federal Reserve System（US），"Interest Rate on Excess Reserves，" https：//fred. stlouisfed. org/series/IOER#0。

2. 隔夜逆回购工具

非银金融机构的存在使有效联邦基金利率一直低于准备金利率。银行只是货币市场生态系统中的一部分，非银金融机构在金融活动中占据了相当大的份额。随着准备金增加，银行获得准备金的意愿下降，并且会减少对存款和其他资金的付息。而在联邦基金市场上的非银行金融机构参与者，如联邦住房贷款银行（Federal Home Loan Banks），可以在隔夜市场上出借资金，但不能在美联储那里获得准备金利率。这样的非银机构愿意以低于准备金利率的利率来出借资金，从而使联邦基金利率维持在准备金利率以下。

为了不使利率持续走低，美联储推出了隔夜逆回购工具[①]，被设定为目标利率区间的下限。从概念上说，隔夜逆回购工具与准备金利率的作用类似，只是对象变成了一组非银货币市场参与者。通过隔夜逆回购工具，合格的金融机构可以通过回购协议与美联储进行隔夜投资；美联储可以通过这个工具回收市场上的流动性。[②] 通过设定隔夜逆回购工具利率，联邦公开市场委员会为这些机构向其他交易对手方放贷的利率设定了一个下限，因此被设定为目标利率区间的下限。隔夜逆回购工具的交易并不改变美联储资产负债表的规模，但是会改变美联储资产负债表的结构，负债的对手方从银行更多地扩展到非银行机构。这对美联储的刺激政策也有好处，可以将资金投放到更广泛的市场主体。

（三）下限体系的补充和完善

准备金利率和隔夜逆回购工具作为美联储货币政策实施下限体系的重要

① 隔夜逆回购工具（Overnight Reverse Repurchase，ONRRP）是美联储2014年9月17日公布的《货币政策正常化原则和计划》中正式推出新的货币政策工具。美联储的回购和逆回购概念，与中国语境的概念是相反的。美联储隔夜逆回购工具的作用是回收市场资金的流动性，而中国央行的逆回购则是用来向市场释放流动性，二者是相反的。具体参见 https://www.federalreserve.gov/monetarypolicy/overnight-reverse-repurchase-agreements.htm。

② 纽约联储交易委员会负责逆回购交易，交易对手方包括一级交易商和银行、货币市场基金、政府支持机构（GSEs）、货币市场基金等其他机构，具体名单参见 https://www.newyorkfed.org/markets/rrp_ counterparties。

工具，在大部分时间里很好地将有效联邦基金利率控制在了目标利率区间内。但是2019年以来，随着美联储货币政策的调整，有效联邦基金利率可能接近准备金利率即顶部，或者隔夜逆回购工具利率即底部，个别时候还会超出目标利率区间范围。这种压力还会进一步传导到其他市场，包括欧洲美元市场和回购市场。回购市场偶尔也会在无预警的情况下出现利率上行压力——正如2019年9月“回购波澜”和2020年3月所经历的那样。① 为此，美联储先后推出了“技术调整”和“常备回购便利工具”（Standing Repurchase Agreement Facility，SRF），② 作为下限体系的补充和完善。

1. 技术调整

技术调整是指美联储在不改变货币政策立场的情况下，对准备金利率和/或隔夜逆回购工具两个管理利率进行调整；或者和调整目标利率区间同步进行，但是对管理利率的调整幅度和目标利率区间的调整幅度并不一致。通过技术调整，可以促进有效联邦基金利率维持在目标利率区间内，来提高货币政策实施的有效性。

2018年以来，美联储总共进行了6次技术调整，都起到了很好的效果。随着美联储2017年底开始缩减资产负债表，银行的准备金减少，有效联邦基金利率升高，与准备金利率差距一度缩小至5个基点。2018年6月，美联储实施了首次技术调整，目标利率区间提升了25个基点，但准备金利率仅提高了20个基点，相当于下调了5个基点。此后直到2019年9月，美联储在缩表期间继续进行了3轮技术调整，主要是对管理利率进行了下调。从图10可以看到，这4次技术调整有效地把联邦基金利率降低了，从而把联邦基金利率更好地维持在目标区间。2020年和2021年又进行两次技术调

① 2019年9月中旬，美国市场出现了非常知名的回购市场动荡。当时，货币市场中，美联储政策利率中的两大核心利率——联邦基金利率（银行间拆借）以及担保隔夜融资利率（回购融资利率）出现了巨大的向上波动。9月17日，联邦基金利率超出了目标范围的上限，达到2.3%，担保隔夜融资利率则上升到5%以上。这迫使联储入场实施正回购，向市场提供流动性以平抑利率飙升。隔夜市场的压力通常难以预测，而且一旦压力出现就更难抑制。

② “Standing Repurchase Agreement（repo）Facility,” https：//www.federalreserve.gov/monetarypolicy/standing-overnight-repur chase-agreement-facility.htm.

整，主要是由于美联储推出了新一轮的量化宽松，银行的准备金规模大幅增加，有效联邦基金利率接近政策利率区间的底部。提高准备金利率和隔夜逆回购工具利率有效推高了有效联邦基金利率。从过往的技术调整记录来看，当有效联邦基金利率接近目标区间上下限 5 个基点内时，就会突破美联储的容忍限度，开启技术调整。

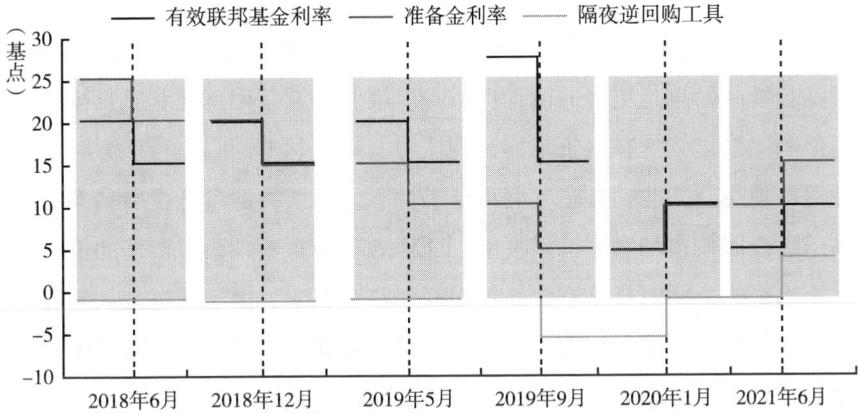

图 10　2018~2021 年美联储的技术调整及有效联邦基金利率变动

注：灰色部分代表目标利率区间，所有利率为相对于目标利率区间下限的相对水平。

资料来源：笔者绘图，参见 Gara Afonso，Lorie Logan，Antoine Martin，William Riordan，and Patricia Zobel，"How the Fed Adjusts the Fed Funds Rate within Its Target Range，" https：//liberty streeteconomics. newyorkfed. org/2022/01/how-the-fed-adjusts-the-fed-funds-rate-within-its-target-range/。

2. 常备回购便利工具

2021 年 7 月的联邦公开市场委员会会议上，美联储宣布了一项实施货币政策的新工具：常备回购便利工具。回购便利工具是指美联储和对手方以美国国债、机构债务和资产抵押证券（Mortgage-Backed Security，MBS）为抵押品进行的隔夜回购操作，属于正回购，是美联储向市场提供流动性的方式之一。美联储在 2019 年回购波澜时就曾经使用这一工具，常备回购便利工具将这一工具固定下来，每日的规模上限是 5000 亿美元。常备回购便利工具的实质是可以及时地把对手方手中久期较长的无风险资产立刻转化为隔夜的流动性，也就是准备金或存款。常备回购便利工具可以被认为是隔夜逆回购工具的反向操作，一旦出现银行体系的流动性危机，银行可以经由联储的常备回购便利工具以及贴现窗口工具获得流动性。

常备回购便利工具被定位为后备的货币政策工具，其利率通常被设定在准备金利率之上。偶然出现的隔夜利率压力会将有效联邦基金利率推至目标利率区间之上，而常备回购便利工具可以通过限制这种压力实现上述目标。将常备回购便利工具加入美联储的货币政策实施工具，对利率控制有明显的好处，但也伴随着成本。具体来说，在有常备回购便利工具的情况下，对手方可能会被鼓励承担更多的流动性风险。因此，常备回购便利工具被定位为后备便利工具，只是在融资市场出现压力、隔夜利率面临上行压力时才会间歇性地被使用。为此，在正常的市场条件下，该工具的最低投标利率被设定在高于隔夜回购市场利率的水平上，这样既不会对短期融资市场的价格发现产生不当影响，同时又能有效地控制联邦基金利率。由于准备金利率被设定为有效联邦基金利率的上限，所以常备回购便利工具的利率一般被设定在准备金利率之上。美联储自 2019 年 9 月以来在回购操作方面的经验表明，市场对回购操作的需求量对利率是敏感的，在正常市场条件下，这些操作不太可能被使用。

总结来看，准备金利率和隔夜逆回购工具利率两个管理利率是美联储实施的主要货币政策工具。但随着货币市场状况和流动性发生变化，在不改变利率目标区间的情况下，这两个利率可以进行技术调整，以有效地把有效联邦基金利率控制在目标范围内。同时，美联储还通过推出常备回购便利工具，迭代自身的利率管理框架，引入一个新的上限利率，从而丰富了利率下限体系。

四　结语

2012 年至 2019 年初，美联储原有的货币政策框架支持美国经济在全球金融危机之后率先复苏，并帮助维持了美国历史上历时最长的经济扩张，直到 2020 年被新冠肺炎疫情打断。疫情暴发以来，美联储的货币政策选择忠实地遵循货币政策新框架，这是导致拜登政府面临高通胀的重要原因。从事后的角度来看，美联储可能在新框架下犯了过度宽松的错误，并给未来的货币政策选择埋下了隐患。

通胀失控风险给美联储带来艰难抉择。2021 年初以来，美国通货膨胀水平迅速走高。5 月以来，个人消费支出价格指数同比维持在超过 4%的高位，这远高于美联储 2%的目标值。2022 年 1 月，个人消费支出价格指数已经涨至 6.2%。美国通胀的走高是供需失衡等多种因素造成的，但美联储在货币政策新框架下持续维持宽松货币政策也是重要原因，这已经招致了许多批评。新框架从来没有定义过通胀平均化的适用时期——不论是事前还是事后的。这使任何人都很难弄清楚缺口的大小，以及政策制定者打算以多快的步伐弥合缺口。这种天然的高通胀倾向使人们对于新框架的质疑不断增多。高通胀正在慢慢侵蚀美联储自沃尔克（Paul Volcker）时代以来对抗通胀的信誉，而信誉的缺失会提高美联储后续降低通胀的成本。避免代价高昂的信誉丧失的方法是迅速、果断地采取行动。政策制定者的行动越果断，长期成本就可能越低。如果通胀飙升且通胀预期失控，美联储将面临艰难选择——利用菲利普斯曲线来降低通胀，则失业率将大幅上升；反之，通胀将持续过高。历史经验证明，大多数衰退无法早早预测，尽管事后可以回顾并找出原因。而且政策制定者对降低通胀的承诺越不可靠，经济衰退就越严重。如果不能及时恢复价格稳定，与近年来的常态相比，本轮扩张几乎肯定会变得尤为“短命”。

美联储的货币政策新框架并没有带来就业的包容性增长。新框架的另一大目标是通过持续的扩张来推动弱势群体的就业。持续的经济扩张确实相对更有利于弱势群体就业，但即便在超长的经济扩张周期结束时，弱势群体与强势群体之间的失业率差距也没有降到零。而且测算显示，在 2020 年之前的周期中，当美国的劳动力市场遭遇冲击时，弱势群体平均失业率上升幅度是优势群体的 1.4 倍。[①] 同时，如果就业存在与经济需求侧管理无关的结构

① Seth Carpenter, Ethan Harris, Peter Hooper, Anil Kashyap, and Kenneth West, “Some Benefits and Risks of a Hot Economy,” 2022 US Monetary Policy Forum.

性缺口，那么美联储在实现就业公平方面的作用是有限的。正如美联储目前面临的状况，尽管劳动力市场紧张状况持续，但仍未能实现充分就业，特别是少数族裔、有色人种等弱势就业群体的失业率仍然较高。当下一轮衰退来临时，不平等可能进一步加剧。事实上，美联储积极的紧缩政策会随着时间的推移对低收入人群造成更大伤害的观点，需要进一步推敲。相反，最近几十年的经验表明，低收入人群的就业和薪资增长，与长期、相对稳定的经济扩张关系最为密切。

同时，新一轮紧缩周期也将给美联储货币政策实施框架带来挑战。美联储已经开启了新一轮的紧缩周期，2021 年 11 月开始缩减购债，2022 年 3 月美联储加息 25 个基点。相应地，美联储将隔夜逆回购工具利率和准备金利率分别提高了 25 个基点至 30 基点和 40 基点。美联储认为，合意的资产负债表规模为 GDP 的 25%。美联储本轮的缩表规模可能远超 2017~2019 年缩表周期的规模。这将带来准备金数量的大幅度减少。预计有效联邦基金利率将进一步接近目标利率区间的上限，从而给美联储的货币政策实施框架带来了新的考验。为此，美联储可能进行新一轮技术调整，下调准备金利率和隔夜逆回购工具的利率。同时，常备回购便利工具的利率可能下调至与准备金利率相同的水平，使用量也有望大幅增长。需要指出的是，美联储货币政策调整更多引发的是回购市场的使用和波动。即使在准备金规模下降的情况下，准备金仍然是相对充足的，稀缺准备金及伴随的走廊体系恐怕一去不复返了。联邦基金利率市场已经萎缩，重要性也大大下降。

（审读　宋泓）

B.10
拜登政府对俄政策的特点、实施与影响

富景筠*

摘　要： 拜登政府继承了特朗普政府时期关于大国战略竞争加剧的判断。美国外交回归“领导世界”的传统基调，对俄罗斯的政策更趋强硬并注重“系统施压”。拜登政府在恰当时机对俄释放出对话预期和意愿，同时通过加大制裁和遏制力度，试图迫使俄罗斯停止“冒险主义行动”，甚至不惜采取挑衅行动激怒俄罗斯。美俄在战略安全领域出现了一些积极的互动，但由于深受一系列深层结构性因素的制约，美俄关系难以避免彼此对峙的局面。

关键词： 美俄关系　大国竞争　制裁

美国将俄罗斯视为国际秩序的挑战者，制定了打压和遏制俄罗斯的长期政策。拜登执政以来，美国外交回归“领导世界”的传统基调，对俄罗斯的政策更趋强硬并注重“系统施压”，试图通过加大制裁和遏制力度迫使俄罗斯停止“冒险主义行动”，甚至不惜采取挑衅行动激怒俄罗斯。[①] 尽管美俄在战略安全领域出现了一些积极的互动，但美俄关系深受一系列深层结构性因素的制约，难以避免彼此对峙的局面。[②]

---

* 富景筠，中国社会科学院美国研究所副研究员，主要研究领域为国际政治经济学、能源政治、美俄关系。

① Ted Galen Carpenter, “Antagonizing Russia: A Biden Administration Specialty,” CATO Institute, October 26, 2021, https://www.cato.org/commentary/antagonizing-russia-biden-administration-specialty#main-content.

② 冯绍雷：《从特朗普到拜登：美俄关系新变化》，《当代世界》2021 年第 2 期，第 12 页。

一　拜登政府对俄政策的基本特点

拜登政府继承了特朗普政府时期关于大国战略竞争加剧的判断。拜登上台后曾对普京明确表示，“美国面对俄罗斯的侵略行动、干扰大选、网络攻击和毒害其公民的时代已经结束”。① 在预测拜登执政后的俄美关系时，普京称“俄美关系已经被摧毁，一个已经糟糕的关系无法被进一步地破坏”。由此可见，无论是美方还是俄方都预测到拜登执政后的美俄关系将不可避免地跨入“黑障时刻”。②

拜登政府公开宣布，对俄政策的总体目标是与俄建立“符合美国利益的”稳定和可预测的“务实”关系。“稳定”和“可预测”体现出拜登时期美国对俄政策的转型。这种转型以双方新定位为基础、以对双方关系低预期为特征。③

（一）美国国内达成反俄共识

与前两任政府相比，拜登政府对俄罗斯具有更加清醒的认识，对两国关系的改善不抱幻想，外交上更有章法并注重结果导向。拜登是冷战结束以来首个不将“重启”美俄关系作为外交目标的美国总统。美国国内的政治生态使“遏俄制俄”已成为政府和国会两党的共识。拜登团队对俄罗斯持强烈的负面认知，视其为美国关键且危险的敌人、潜在的反美联盟推手。在其看来，俄罗斯是对美国国际地位及全球自由主义秩序的最直接的现实威胁。拜登甚至在公开场合批评、指责俄罗斯和普京本人，声称“俄罗斯是美国最大的敌人”。④

① Alexandra Alper and Steve Holland, “Biden Tells Putin: U. S. No Longer ‘Rolling Over’,” Reuters, February 5, 2021, https://www.reuters.com/article/us-russia-usa-biden-idUSKBN2A42QZ.

② 吴大辉：《拜登执政后的俄美关系走向》，《现代国际关系》2020 年第 12 期，第 11 页。

③ 陈宇：《“拜普会”与美国对俄政策的转型》，《世界知识》2021 年第 12 期，第 36~37 页。

④ Kathy Frankovic, “America's Greatest Enemy, According to Republican and Democrats,” YouGov America, March 8, 2021, https://today.yougov.com/topics/international/articles-reports/2021/03/08/americas-greatest-enemy-poll.

在评估俄罗斯的国际地位上，面对 2014 年乌克兰危机后重启美俄关系的失败，奥巴马曾用贬低口吻称俄罗斯为“地区大国”。随着两国在综合实力上的差距越拉越大，俄罗斯在美国眼中已经不再是具有全局战略意义的大国。[①] 以 2019 年军费开支为例，美国当年的国防支出为 7320 亿美元，而俄罗斯仅为 651 亿美元，不足美国的 1/10。[②] 美俄差距随着两国综合国力差距的扩大形成难以逆转的态势。拜登执政后，美国加深了对俄罗斯加速衰落的认识。拜登认为俄罗斯已经无力与西方竞争，“实体经济差，除了核武器和油井之外一无所有”。[③] 因此，拜登政府对继续保持对俄强硬姿态甚至加大遏制力度更具信心。

关于俄罗斯的现实威胁，拜登在竞选时表示，俄罗斯是美国安全和西方联盟的主要威胁。俄罗斯正在从内部削弱西方，破坏北约、欧盟和世界秩序。[④] 奥巴马因视俄罗斯为“二流国家”而低估了俄罗斯的战略行动能力。特朗普时期，美国国内对俄罗斯的认知产生严重分歧，建制派的强烈抵制和国内政治斗争令特朗普在对俄关系上难有作为。特朗普对俄政策的杂乱无章且与国会存在的重大分歧，导致国会甚至通过立法来限制总统对俄罗斯的政策空间。与二者相对，拜登政府在对俄政策上则更加突出总统的领导力，统一共识并协调行动。

（二）强调意识形态斗争和发挥同盟的作用

特朗普政府忽视意识形态因素，放弃了支持自由国际秩序的承诺，导致

---

① Brendan Helm, Dian Smeltz, and Arik Burakovky, *US Experts Anticipate Future Decline for Russia Among the Great Powers: They Forecast Diminishing Russian Influence and Stagnating Economic and Military Strength* (Chicago: Chicago Council on Global Affairs, 2021), p. 1.

② Stockholm International Peace Research Institute, *SIPRI Yearbook 2020: Armaments, Disarmament and International Security* (Oxford: Oxford University Press, 2020).

③ “Kremlin Says Biden Is Wrong Say That Russia Only Has Nuclear Weapons and Oil,” Reuters, July 28, 2021, https://www.reuters.com/world/europe/kremlin-says-biden-is-wrong-say-that-russia-only-has-nuclear-weapons-oil-2021-07-28/.

④ Дмитрий Тренин, “Какое Место Займет Россия во Внешней Политике Байдена,” 25 ноября 2020, https://carnegie.ru/commentary/83303.

美国对外政策的临时性“脱轨”。拜登政府更加重视人权和价值观，通过加强意识形态来维持以美国为主导的全球秩序。拜登和迈克尔·卡彭特在《抗击克里姆林宫之道：捍卫民主和抗衡敌人》一文中，主张在捍卫民主的基础上对俄罗斯加大制裁力度，并加强北约的内部团结。① 拜登在美国对俄政策中贯彻“新的全球斗争就是非民主与民主斗争”的理念，联合欧洲国家发起对俄罗斯的意识形态冷战。2021 年 2 月，在 G7 峰会及慕尼黑安全会议的视频会议上，拜登强调“美国回来了”，即美国将在外交上回归并展开强力行动。12 月，拜登以视频会议形式召集“全球民主峰会”，这被视为其推动国际关系“再意识形态化”的尝试。②

在对待盟友上，奥巴马过度相信欧洲的自身力量足以遏制俄罗斯的威胁。特朗普则单打独斗，怀疑多边主义和联盟机制的价值。“美国优先”政策使美国与其盟友和伙伴国离心离德，美国同盟体系因此遭受严重冲击。拜登政府不认同特朗普政府的退出政策并修正特朗普的外交手段，更加注重团结和发动盟友的力量，加紧重塑和再造同盟体系，与盟友形成遏俄合力。在 2020 年 2 月发表的《为何美国必须再次领导：特朗普后的美国对外政策》一文中，拜登批评了特朗普贬低、破坏甚至抛弃美国盟友和伙伴国的做法。拜登认为，要恢复美国领导力，就必须修复和重振美国自己的民主体制，重新构建“民主国家联盟”，③ 基于共同的价值观来恢复美国的同盟体系，与志同道合的民主国家共同应对俄罗斯的威胁。美国将优先考虑更紧密的美欧协调来反对俄罗斯的行为并加强北约的军事能力和威胁可信性。④

① Joseph R. Biden Jr. and Michael Carpenter, “How to Stand up to the Kremlin: Defending Democracy against Its Enemies,” *Foreign Affairs*, Vol. 97, No. 1, 2018, pp. 44-50.

② 万青松：《2021 年的俄罗斯外交：再平衡中的新调适》，《俄罗斯研究》2022 年第 1 期，第 174 页。

③ Joseph Biden, “Why America Must Lead Again: Rescuing U. S. Foreign Policy after Trump,” *Foreign Affairs*, March/April 2020, pp. 64-65.

④ Tony van der Togt, “How the US and Europe Could Realign Their Russia and China Policies after the Presidential Elections,” *Atlantisch Perspectief*, Vol. 44, No. 5, 2020, p. 54.

二　拜登政府对俄政策的实施

自拜登执政以来，美俄关系大体经历了三个发展阶段。从时段上看，第一阶段是从拜登上任到 2021 年 6 月美俄日内瓦峰会召开。2021 年 1 月，拜登与普京通电话，同意继续保持透明和一致的沟通。在此期间，美俄主要是相互试探，探索博弈的新方式。第二阶段是从 2021 年 6 月美俄日内瓦峰会到 2021 年 12 月美俄视频峰会。为了寻求恢复美俄关系的可预测性和稳定性，6 月，美俄首脑峰会在日内瓦召开并讨论了所有紧迫议题。尽管此次美俄首脑会晤为双方恢复“冷静对话”提供了契机，但双方达成的实际成果非常有限。[①] 双方寻求以对话方式来探索有限的合作空间，进行了两轮战略稳定对话并建立了两个工作组。第三阶段是从 2021 年 12 月美俄视频峰会到 2022 年 2 月俄乌军事冲突爆发之前。2021 年 12 月，拜登与普京以视频形式举行了第二次“普拜会”，谈及要继续落实日内瓦会晤的成果，推进“安全保障”问题对话。在此期间，美俄围绕乌克兰、俄罗斯的安全关切和北约东扩等具有结构性矛盾的议题展开博弈。

（一）强硬回应俄罗斯的“越界行为”

拜登政府认为，美国应对俄罗斯以往的“越界”行为做出强硬回应。这些行为包括干预美国 2020 年总统选举、“太阳风”黑客攻击事件、“纳瓦尔尼被捕事件”等。

1. 涉嫌干预美国总统选举

拜登政府公开指责俄罗斯“破坏美国民主”，对美国企业和政府机构发动网络攻击。美国情报部门发布报告称，俄罗斯在 2020 年美国总统大选期

---

① Тимофей Бордачев, “Путину и Байдену Стало Все Понятно,” *Взгляд*, 17 июня 2021, https: //vz. ru/opinions/2021/6/17/1104485. html.

间支持特朗普，对拜登竞选团队进行打压。拜登甚至指责普京是“凶手”，将为干涉美国大选付出代价。[①] 拜登政府还批评俄罗斯试图通过传播“错误信息”来扰乱 2022 年美国国会中期选举。俄罗斯则声称与美国总统竞选活动无关，批评美国这一指责是毫无根据和未经证实的。

2.“太阳风”黑客攻击事件

2020 年 12 月，美国宣布有黑客利用“太阳风”软件的弱点侵入美国多个关键政府部门和商业机构的网络系统，其中包括国务院、财政部、司法部和国家航空航天局。美国国家安全局将此次黑客攻击归咎为俄罗斯政府支持的恶意网络行为。该事件爆发伊始，拜登宣称要严惩肇事者，不让“威胁美国安全的幕后黑手的阴谋得逞”。在与普京的首次谈话中，拜登就网络安全问题向俄方施压。拜登在 2021 年 2 月发表其首次外交政策讲话时表示，将采取强力措施让俄罗斯为此前的网络行动付出代价。美国对俄罗斯开展网络报复行为的打击对象，可能包括俄罗斯的关键基础设施、俄联邦对外情报局和网络技术科研机构等。俄罗斯则表示，并未参与对美国政府机构和企业的黑客攻击。美俄未来可能会在网络空间领域进行直接对抗，二者的紧张关系向其他领域外溢的风险升级。

3. 纳瓦尔尼被捕事件

2021 年 1 月，俄罗斯反对派领袖阿列克谢·纳瓦尔尼（Alexie Navalny）被捕引发俄罗斯境内大规模抗议示威活动。2 月，拜登在美国国务院演讲时公开要求俄罗斯政府释放被监禁的纳瓦尔尼。3 月，拜登政府以“纳瓦尔尼被捕事件”为由公布了上任以来的第一轮对俄制裁措施，显露出拜登政府对俄制裁的扩大趋势。拜登政府甚至把矛头直指普京，公开批评俄罗斯囚禁纳瓦尔尼，要求无条件释放他。[②]

---

① Anton Troianovki, “Russia Erupts in Fury over Biden's Calling Putin a Killer,” *The New York Times*, March 18, 2021, https://www.nytimes.com/2021/03/18/world/europe/russia-biden-putin-killer.html.

② 李冠群、任紫君：《拜登政府的俄美关系走势及其全球性影响》，《世界经济与政治论坛》2021 年第 3 期，第 134~135 页。

（二）续签《新削减战略武器条约》

美俄关系在限制战略武器领域仍有妥协的余地。为了削减俄罗斯的战略核打击力量，拜登政府通过外交途径与俄罗斯进行适度合作。拜登上任伊始，美俄就延长《新削减战略武器条约》（New Strategic Arms Reduction Treaty）5 年达成一致，此举保留了两个最大拥核国之间的最后一个重大条约。2021 年 2 月 5 日到期的《新削减战略武器条约》能否延期，引发了广泛关注。2021 年 1 月，俄罗斯外交部副部长谢尔盖·里亚布科夫（Sergei Ryabkov）表示，美方同意俄方要求，将该条约“延长 5 年，不预设条件，不附加内容”。俄罗斯国际事务理事会主任安德烈·科尔图诺夫指出，目前在俄美关系中与核领域相关的问题上，除《新削减战略武器条约》之外再无其他双边协议。拜登认为，在延长既有条约的基础上可以达成新的关于限制战略武器的协议。2010 年签署的《新削减战略武器条约》是全球军备控制的基石，它将美俄各自部署的核弹头数量限制在 1550 枚以内，并限制核导弹发射装置和可发射核武器的轰炸机等运载工具的数量，以避免核力量不受控制。尽管该条约的延长不会从根本上改变美俄关系的基本走向，但对维持全球战略平衡以及美俄关系的基本稳定而言是极为重要的。① 卡内基国际和平基金会的研究员、核问题专家詹姆斯·阿克顿（James M. Acton）认为，除了避免核战争这一整体目标外，美俄在核问题上利益的不对称性将加大双方谈判的难度。具体而言，美国对俄罗斯近年来研发的核动力巡航导弹等新式核武器表示忧虑，而俄罗斯则更加忌惮美国的反导系统和精确打击武器等常规武器系统。②

（三）气候议题

尽管美俄关系存在差异，但两国在气候议题上仍有合作的空间。气候问

---

① Андрей Кортунов, “Продление СНВ-3: На Что Можно Надеяться, и На Что-Нельзя,” РСМД, 25 января 2021, https://russiancouncil.ru/analytics-and-comments/analytics/prodlenie-snv-3-na-chto-mozhno-nadeyatsya-i-na-chto-nelzya/.

② James M. Acton, “How Will U.S.-Russia Arms Control Affect the Geneva Summit,” Carnegie Moscow Center, June 14, 2021, https://carnegiemoscow.org/commentary/84754.

题是美俄两国具有共同利益和相似立场的领域之一。拜登上台后带领美国重返《巴黎协定》，并宣布将召开一次“全球领导人气候峰会”，目的是推动世界主要经济体应对气候危机。拜登与普京的首次美俄峰会后，美俄之间就气候议题开始频繁接触。2021 年 4 月，普京以视频方式参加了拜登召集的“全球领导人气候峰会”，并阐述了俄罗斯在为应对全球气候变化后果而建立广泛国际合作问题上的立场。普京表示，作为全球重要的油气生产国，俄罗斯将尽全力对抗气候变化，在未来 30 年使碳排放总量低于欧盟。① 7 月，拜登气候特使约翰·克里（John Kerry）访问莫斯科。克里表示，美国希望在联合国气候大会之前向俄方提出在气候议题上的合作建议。克里强调，美俄应发挥重要作用，包括在未来关键 10 年内减少温室气体排放，同时努力在未来实现零排放，消除煤炭排放，努力解决与北极有关的气候问题。在克里访问俄罗斯期间，普京与克里就气候问题举行了电话会谈，同意加强国际努力以应对气候变化，并重申俄罗斯有意减少自己的排放量。普京强调，俄罗斯高度重视《巴黎协定》确定的既定目标，并主张在该领域进行非政治化的专业对话。②

普京在 2021 年俄罗斯能源安全周上表示，俄罗斯设定将在 2060 年前实现碳中和的减排目标，并表示俄罗斯已经准备好与其他国家进行密切的建设性合作。③ 7 月，俄罗斯首部气候法《2050 年前限制温室气体排放法》出台，该法引入了碳交易、碳抵消、碳排放登记和报告制度，于 2022 年生效。11 月，米哈伊尔·米舒斯京（Mikhail Mishustin）总理批准了《到 2050 年前实现温室气体低排放的社会经济发展战略》（又称《俄罗斯 2050 年前低

① Екатерина Постникова, “Климатически Сами: Путин предложил Четыре Шага для Борьбы с Потеплением,” *Известия*, 22 апреля 2021, https://iz.ru/1155511/ekaterina-postnikova/klimaticheski-sami-putin-predlozhil-chetyre-shaga-dlia-borby-s-poteepleniem.

② “Путин Обсудил с Керри Взаимодействие России и США по Климату,” *Вести*, 15 июля 2021, https://www.vesti.ru/article/2588300.

③ Дмитрий Лару и Валерий Воронов, “Климат и Контроль: РФ Хочет Стать Углеродно-нейтральной к 2060-му,” *Известия*, 13 октября 2021, https://iz.ru/1235212/dmitrii-laru-valerii-voronov/klimat-i-kontrol-rf-khochet-stat-uglerodno-neitralnoi-k-2060-mu.

碳发展战略》）。根据该战略，俄罗斯将在实现经济可持续增长的同时达到温室气体低排放目标。在 2021 年 11 月的第 26 届联合国气候变化大会（COP26）上，俄罗斯宣布加入《关于森林和土地利用的格拉斯哥领导人宣言》（Glasgow Leaders' Declaration on Forest and Land Use），承诺到 2030 年终止森林砍伐行为。

（四）战略稳定对话

在 2021 年 6 月的日内瓦美俄峰会上，拜登和普京就启动美俄双边战略稳定对话达成有限共识。在日内瓦峰会后发表的《战略稳定联合声明》（Presidential Joint Statement on Strategic Stability）中，双方表示“将在不久的将来共同着手进行综合双边战略稳定对话”，寻求“为未来的军控和降低风险奠定基础”。[①] 美俄重申“核战争没有赢家”，同意开启新的战略稳定谈判，确立了可以推进的共同利益领域和可能协作的方向。战略稳定对话为美俄双边关系的改善提供了一定的空间。美国将其称为“对话的开始”。俄罗斯副外长里布亚科夫认为，战略稳定对话展示出俄美两国拉近双方立场的潜力。目前，美俄已经进行了三次战略稳定对话，并成立了两个工作组。

2021 年 7 月，美俄代表团在 2021 年 1 月美俄首脑峰会后举行首次战略稳定对话。会期只有一天，且以闭门形式进行。根据美国国务院发表的声明，美方讨论了美国的政策重点、当前的安全环境、对战略稳定威胁的认知、新型核军控的前景，以及未来战略稳定对话的会议形式。俄罗斯外交部发表声明称，双方就维护战略稳定的方针、军控前景和降低风险的措施进行了全面讨论。此次会谈中，美俄之间既有共识也有分歧。在共识方面，两国“全面讨论了双方维护战略稳定的方式、军备控制的前景以及降低风险的举措”，并讨论了研究包括核武器和常规武器在内所有能够击中战略目标的武器种类的必要性。美俄续签《新削减战略武器条约》之后，两国就继续削

① The White House, “U. S. -Russia Presidential Joint Statement on Strategic Stability,” June 16, 2021, https://www.whitehouse.gov/briefing-room/statements-releases/2021/06/16/u-s-russia-presidential-joint-statement-on-strategic-stability/.

减战略武器达成新的共识，同时在选择达成新的具有约束力的协议上存在谈判空间。在分歧方面，美俄在战略稳定对话的成员国扩容和议题范围上存在明显分歧。美国意图将中国拉入谈判，而俄罗斯则力求拉入英国和法国。俄罗斯主张将美国的导弹防御系统纳入谈判范围，美国则表示反对。①

根据拜登和普京在6月日内瓦峰会上的承诺，2021年9月，美国常务副国务卿温迪·舍曼（Wendy Sherman）与俄罗斯副外长里亚布科夫在日内瓦举行美俄第二轮战略稳定对话。② 这是美俄代表团开启综合、审慎和有力的对话进程以来的第二轮双边战略稳定对话，双方的讨论是密集且具有实质性的。双方试图解决从核武器到网络空间等领域的诸多分歧。美国国务院表示，此次会晤寻求为未来的军备控制和降低风险措施奠定基础。根据美方设想，除裁军问题外，双方的讨论还应侧重于新技术、空间和人工智能。根据俄罗斯副外长里亚布科夫的说法，此次会谈向前推进了美俄战略稳定对话。总体而言，美俄两国仍在一系列关键问题上存在难以弥合的严重分歧。在俄方看来，美国对俄罗斯提出的暂停部署中短程导弹的提议仍然持消极态度。俄方还对英美澳三边安全伙伴关系的建立表示关切。在俄方看来，如果高浓缩铀在“奥库斯”框架下被当作核潜艇燃料提供给澳大利亚，这将可能带来核技术和核原料扩散的风险。根据双方发表的美俄战略稳定对话成果联合声明，两国代表团同意成立两个机构间专家工作组，即“未来军备控制原则和目标工作组”和“具有战略影响的能力和行动工作组”。双方还商定两个工作组将开始举行会议并随后召开第三次全体会议。

在2021年12月举行的美俄视频峰会上，俄罗斯向美国提交了《俄美安全保障条约》和《俄罗斯和北约成员国安全保障措施协议》两份草案。在俄罗斯看来，乌克兰是否加入北约攸关俄罗斯的国家安全，因此，俄方需要

---

① 崔荣伟：《美俄战略稳定第一轮会谈落幕　两国关系回暖速度或超预期》，澎湃网，2021年8月2日，https：//news. cctv. com/2021/08/02/ARTIyVDsrL760gHezqPMhD9L210802. shtml。

② The White House, “U. S. -Russia Presidential Joint Statement on Strategic Stability,” June 16, 2021, https：//www. whitehouse. gov/briefing - room/statements - releases/2021/06/16/u - s - russia-presidential-joint-statement-on-strategic-stability/.

得到“乌克兰永远不会成为北约成员”的具有法律约束力的保证。俄方在协议草案中提出：俄罗斯和北约成员国不把对方视为敌人，双方改善公海和公海上空特别是在波罗的海和黑海地区的冲突预防机制；俄罗斯和北约均不在能够攻击到其他协议签署国境内目标的地区部署陆基中程和短程导弹；北大西洋公约组织的成员国承诺北约不进行进一步扩张，不接受乌克兰和其他国家加入该组织等。俄方最核心的安全关切是北约在法律层面保证不再东扩；不在俄边境部署打击性武器；北约将军力部署恢复至 1997 年俄与北约签署基本关系文件时的状态。美国对俄方的有些提议表示不可接受。白宫发言人珍·普萨基（Jen Psaki）表示，俄罗斯试图以这份协议“误导外界”，以此为进一步破坏稳定活动的借口，美国将为这一可能性和概率做应对准备。①

2022 年 1 月，美俄第三轮战略稳定对话在日内瓦举行。美国常务副国务卿舍曼和俄罗斯副外长里亚布科夫分别率两国代表团出席。此次对话的重点是就俄罗斯草拟的安全保障协议提案进行闭门谈判和磋商。里亚布科夫在谈判中围绕安全保障协议表明立场，认为俄美仍有就协议达成一致的可能性。然而，美方对该协议持抗拒态度，坚称美方愿意推进相关谈判的前提是俄罗斯应先从靠近乌克兰边境的地区撤兵。日内瓦闭门会谈结束后，里亚布科夫表示本次谈判“艰难、深入和具体”，俄美两国在乌克兰问题上存在不同的看法，并主张继续进行对话，让外交手段服务于巩固安全和稳定。舍曼则表示，美方“坚决地回绝那些对美国而言根本不可能实现的安全提议”，不允许任何人抨击北约的开放政策，不会在没有乌克兰参与的情况下为该国做出决定。此次会谈取得的积极成果是，美俄确认没有人能够赢得核战争，而且不应当爆发这种战争。②

---

① The White House, “Press Briefing by Press Secretary Jen Psaki, February 16, 2022,” February 16, 2022, https://www.whitehouse.gov/briefing-room/press-briefings/2022/02/16/press-briefing-by-press-secretary-jen-psaki-february-16-2022/.

② Julian Borger and Andrew Roth, “US-Russia Talks over Ukraine ‘Useful’ but No Progress Made,” *The Guardian*, January 10, 2022, https://www.theguardian.com/us-news/2022/jan/10/ukraine-talks-us-russia-latest.

（五）制裁与反制裁博弈

美国将制裁工具嵌入对俄罗斯的外交，并强化与盟国的合作，以提升对俄制裁的威慑力。2021 年 4 月，拜登签署第 14024 号行政令，“封锁与俄罗斯联邦政府特定有害外国活动有关的财产”，宣称俄罗斯的恶意行为对美国国家安全和利益构成了“不同寻常和极其严重的威胁”，并宣布对俄罗斯实施新一轮制裁。① 美国国务卿安东尼·布林肯（Antony Blinken）强调，采取这些制裁行动的目的在于要求俄罗斯为自己的行动承担责任。与以往针对与俄罗斯有关的个别问题所实施的制裁不同，第 14024 号行政令授权对与各种恶意行为有关的个人和实体实施制裁，恶意行为包括试图破坏民主选举和机构、促进恶意网络活动、助长影响外国政府的跨国腐败行为、采取针对异议分子和记者的域外活动以及破坏对美国国家安全而言重要的国家和地区的安全。

美国财政部根据行政令给予的授权可以打击俄罗斯经济的任何领域，限制其获取外部资金、技术和市场，加速其经济的整体衰退。财政部对参与俄罗斯干预美国选举活动的人员和支持俄罗斯网络攻击项目的科技公司实施制裁。这具体包括对支持俄罗斯“间谍活动”的 6 家俄罗斯科技公司采取行动；宣布制裁 32 个被指“实施俄罗斯政府意图、企图影响美国 2020 年大选、散播虚假信息及干涉美国内政”的实体及个人。财政部根据其他授权，将与克里米亚的持续危机有关的 5 名个人和 3 个实体指定为制裁对象。财政部还禁止美国金融机构参与俄罗斯中央银行、国家财富基金或财政部在 2021 年 6 月 14 日之后发行的以卢布和非卢布计价的债券的一级市场，以欧元计价发行的俄罗斯国债也被纳入禁止买入范围，但允许美国企业在二级市

---

① The White House, “Executive Order on Blocking Property with Respect to Specified Harmful Foreign Activities of the Government of the Russian Federation,” April 15, 2021, https://www.whitehouse.gov/briefing-room/presidential-actions/2021/04/15/executive-order-on-blocking-property-with-respect-to-specified-harmful-foreign-activities-of-the-government-of-the-russian-federation/.

场上交易俄罗斯国债。[①] 该行政令发出的一个信号是，如果俄罗斯继续或升级其破坏稳定的国际行动，美国将以具有战略意义和经济影响的方式对俄罗斯施加制裁。

白宫正式将俄罗斯外国情报局（Sluzhba Vneshney Razvedki，SVR）列为通过网络平台进行“间谍活动”的实施者，并表示该机构有能力监视或扰乱全球 1.6 万个计算机系统。美国国务院宣布驱逐 10 名俄罗斯驻美国使馆的外交官，理由是这些人员中包含俄罗斯情报部门的人员。2021 年 8 月 2 日，美国要求 24 名俄罗斯外交官在 9 月 3 日签证到期之前离开美国。11 月 28 日，美国要求 27 名俄罗斯外交官及其家属于 2022 年 1 月 30 日之前离开美国。这些行动表明美国对俄罗斯制裁的力度明显加大了。

美国商务部工业与安全局（Bureau of Industry and Security）根据《美国出口管制条例》（US Export Administration Regulations）对俄罗斯实施管制。2021 年 10 月，美国商务部发布一项新的出口管制规定，旨在遏制俄罗斯和中国出口或转售黑客技术。该规定在发布 90 天后生效，美国各企业除非获得商务部工业与安全局的许可，否则不得向俄罗斯、中国及其他重点针对国家出售任何黑客软件及设备。2021 年 10 月，商务部在一份声明中表示，禁止出售黑客技术可以取得平衡，即在继续保持美国研究人员及网络安全公司同海外合作伙伴与客户在合作解决软件漏洞和恶意攻击的同时，可有效遏制美国的对手掌握相关的黑客技术。[②]

在北溪 2 号天然气管道[③]方面，美国财政部根据《捍卫欧洲能源安全法》（Protecting Europe's Energy Security Act），将 30 多个与北溪 2 号项目有

① U. S. Department of the Treasury, “Treasury Escalates Sanctions against the Russian Government's Attempts to Influence U. S. Elections,” April 15, 2021, https://home.treasury.gov/news/press-releases/jy0126.

② Ellen Nakashima, “Commerce Department Announces New Rule Aimed at Stemming Sale of Hacking Tools to Russia and China,” *The Washington Post*, October 20, 2021, https://www.washingtonpost.com/national-security/commerce-department-announces-new-rule-aimed-at-stemming-sale-of-hacking-tools-to-repressive-governments/2021/10/20/ecb56428-311b-11ec-93e2-dba2c2c11851_story.html.

③ 北溪 2 号天然气管道是俄罗斯天然气巨头俄气公司和 5 家欧洲公司的合作项目。

关的个人和实体指定为制裁对象，并确定了与北溪 2 号有关的受封锁船只。拜登政府因未采取更果断的行动来阻止北溪 2 号的建成，在国会受到广泛批评。2021 年 5 月，美国国务院根据《捍卫欧洲能源安全法》的要求向国会提交报告，确定了可进行“菜单式”制裁的所涉船只、实体和个人名单。但国务卿布林肯随后宣布，放弃对报告中提及的监督该项目的公司及首席执行官这一最重要实体和个人进行制裁。布林肯表示，美国反对北溪 2 号管道的决心是坚定不移的，但放弃制裁是为了“信守总统针对与欧洲盟友和伙伴重建关系所做的承诺”。① 2021 年 5 月 19 日，拜登政府宣布解除对于北溪 2 号管道的一些制裁措施。9 月，北溪 2 号管道完工。拜登反对北溪 2 号管道的原因在于，该管道将绕过穿越乌克兰的供应管道，将俄罗斯天然气直接运输到德国，从而削弱了乌克兰的地位并会加强俄罗斯对欧洲能源市场的控制权。尽管拜登政府为了修复与德国的关系而放弃了一些制裁，参议院共和党人却提出立法议案，要求拜登总统对北溪 2 号管道实施制裁。同时，众议院也通过了具有相同效力的《2022 年国防授权法案》（National Defense Authorization Act for Fiscal Year 2022）修正案。但参议院最终并未对参议院的议案进行表决，且《2022 年国防授权法案》最终版中删除了有关北溪 2 号制裁的内容。未来，美国国会的立法可能会建立新的或修改现有的与北溪 2 号开发和运营有关的制裁。2022 年 1 月初，参议员鲍勃·梅嫩德斯（Bob Menendez）提出了《2022 年捍卫乌克兰主权法案》（Defending Ukraine Sovereignty Act of 2022）。该法案是对俄罗斯在乌克兰边境集结军队做出的回应，要求将参与建成北溪 2 号的实体和公司管理人员指定为制裁对象。②

针对美国的制裁，俄罗斯进行了反制裁。俄罗斯国家杜马国际事务委员会副主席阿列克谢·切帕（Alexei Chepa）表示，俄罗斯将对美国宣布的制

---

① Andrea Shalal, Timothy Gardner, and Steve Holland, “U. S. Waives Sanctions on Nord Stream 2 as Biden Seeks to Mend Europe Ties,” Reuters, May 19, 2021, https://www.reuters.com/business/energy/us-waive-sanctions-firm-ceo-behind-russias-nord-stream-2-pipeline-source-2021-05-19/.

② “S. 3488-Defending Ukraine Sovereignty Act of 2022,” 117th Congress (2021-2022), https://www.congress.gov/bill/117th-congress/senate-bill/3488/text.

裁做出对等回应。克里姆林宫发言人德米特里·佩斯科夫（Dmitry Peskov）表示，美国的制裁行动的敌意和不可预测性迫使俄罗斯对最坏情境做好准备。在资产结构上，俄罗斯财政部部长安东·西卢安诺夫（Anton Siluanov）表示，俄罗斯财政部将会尽快改变国家财富基金的结构，将美元份额减少至零，英镑份额减持到5%，日元保持5%的比重，欧元占比提升至40%，人民币占比提升至30%，黄金占比20%。俄罗斯国家财富基金是俄罗斯联邦预算资产的重要组成部分，占俄罗斯国内生产总值（GDP）的12%。

在国际结算上，俄罗斯加快推进“去美元化”进程，包括在进出口业务中加快使用欧元、人民币或卢布等币种结算。在替代性支付系统方面，俄罗斯构建了和平（MIR）支付系统，并启动了本国金融信息传输系统（SPFS），以降低对美欧主导的环球银行金融电信协会系统（SWIFT）的依赖。

在进口替代上，自2014年以来，俄罗斯将进口替代政策上升为国家发展战略，以进口替代为导向扶持国内生产，以此来带动经济复苏和对冲西方制裁的影响。2011年，在关于落实2020年前俄罗斯创新发展战略的工作部署中，进口替代被纳入《俄罗斯2020年前创新发展战略》的框架，并作为创新发展战略的一部分来推进和落实。[①] 2015年，由普京签署第683号总统令批准新修订的《俄罗斯联邦国家安全战略》要求俄罗斯实行积极的进口替代战略，降低对国外技术和工业品的依赖，加快农业综合体和医药产业的发展；加快高技术领域的发展，巩固航空和原子能领域的既有地位，恢复传统工业的领先地位。[②]

在人员反制上，2021年4月，普京根据2018年俄罗斯国家杜马通过的《俄罗斯反制裁法》，签署了《关于对外国不友好行为采取制止措施的总统

① 徐坡岭：《俄罗斯进口替代的性质、内容与政策逻辑》，《俄罗斯东欧中亚研究》2016年第3期，第8页。

② “О Стратегии национальной безопасности Российской Федерации 2015”, Указ Президентя Российской Федерации от 31. 12. 2015 г. № 683, https://rg.ru/2015/12/31/nac-bezopasnost-site-dok.html.

令》。该总统令规定，对于针对俄罗斯、俄罗斯公民和俄罗斯法人实施不友好行为的国家（“敌对国家”）的外交使团和领事机构、国家机关和机构代表处，禁止其与俄罗斯公民签订劳动合同、劳务协议以及开展其他与劳动有关的民事合作。4 月 16 日，俄罗斯外长拉夫罗夫宣布驱逐 10 名美国驻俄外交人员。4 月 26 日，俄罗斯外交部宣布制定“不友好国家”名单。5 月 14 日，俄罗斯政府宣布将美国列入“不友好国家”名单。7 月 30 日，俄罗斯宣布禁止美国驻俄使馆保留或聘用俄籍雇员或第三国雇员。12 月 1 日，俄罗斯要求被派驻俄罗斯超过 3 年的美国使馆人员最晚于 2022 年 1 月 31 日返美。①

三 影响分析

在拜登上任之初，美俄通过相互试探力图让双边关系实现稳定发展、具有可预见性。在日内瓦峰会后，拜登政府开始努力调整对俄政策，意在遏制俄罗斯的冒进主义行动。总体而言，拜登基本掌握了对俄外交的主动权，在恰当时机对俄释放出对话预期和意愿，同时对俄罗斯采取更加精准的制裁和遏制措施。美俄关系的实质是大国政治博弈，二者在具有战略意义领域中的战略博弈具有不断加剧的趋势。

美俄长期对抗将促使拜登政府迅速修复与欧洲的关系，在遏制俄罗斯方面与欧盟达成高度一致。俄罗斯在与北约关系和独联体事务等领域面临更大的压力。② 欧洲将继续加入美国主导的对俄制裁和遏制行动，但由于俄欧在能源和经贸领域的传统密切关系，欧洲在执行对俄制裁时将会更多关注如何有效地减少制裁给自己带来的损失。

① “Russian Government Approves List of Unfriendly Countries and Territories,” TASS, March 7, 2021, https://tass.com/politics/1418197? utm_source = google.com&utm_medium = organic&utm_campaign = google.com&utm_referrer = google.com; “Russia Orders Some U.S. Diplomatic Staff to Leave as Embassy Spat Expands,” Reuters, December 2, 2021, https://www.reuters.com/world/russia-says-some-us-embassy-staff-must-leave-january-2021-12-01/.

② 柳丰华：《俄美关系的走向及其影响》，《国际问题研究》2021 年第 2 期，第 85 页。

美俄关系的发展态势加剧了全球战略局势的不稳定性。拜登政府将对俄关系更多地放在自身对全球战略利益的总体性考虑框架之中。由于美国已经将中国视为头号战略竞争对手，拜登政府不会因为对俄罗斯“现实威胁”的关注而放松对中国的遏制和打压，不再采取联俄制华的策略，而是同时遏制中俄两国。在中美全面战略竞争的背景下，中美俄三边关系的对冲效应实际上已经基本消失。

在俄乌冲突的背景下，国际格局和世界秩序将加速调整和变革。拜登政府对俄政策调整和美俄关系深度变化，既是世界秩序变化的重要内容，也将引发其他一系列后果。美俄力量对比的不对称性将进一步增强，由此会加强国际格局中美强俄弱的趋势并进一步阻碍世界多极化进程的发展。美国及其盟友体系对俄罗斯实施全方位制裁和压制，可能会导致冷战后甚至二战后的全球和地区秩序发生巨大变化。

（审读　刘得手）

B.11
中美战略竞争背景下的“东盟中心地位”与印太秩序的未来

仇朝兵*

摘　要： “东盟中心地位”一方面来自东盟自身的追求和认同，另一方面来自印太区域内其他相关国家或行为体的认可。其他国家或行为体认可东盟作为地区安全治理的关键支柱在维护地区和平与稳定方面发挥的重要作用。近20年来，中国政府一直强调支持东盟在区域合作中发挥“主导作用”，支持其“中心地位”。自奥巴马政府起，历届美国政府也都宣称支持“东盟中心地位”，但在面对中美战略竞争和印太地区国家间关系的现实时，“东盟中心地位”在美国和中国的政策及战略思维中的意涵实际上有很大差别。“东盟中心地位”能否继续为印太区域内各方所接受并对未来印太秩序的走向产生积极影响，将取决于多种因素。未来的印太秩序将在很大程度上取决于区域内各种行为体的力量对比和互动。

关键词： 美国外交　战略竞争　“东盟中心地位”

冷战结束以来，特别是21世纪以来，印太地区主要国家普遍认可“东盟中心地位”（ASEAN Centrality），支持东盟及以东盟为中心的地区

---

* 仇朝兵，中国社会科学院美国研究所副研究员，主要研究领域为美国公共外交、中美关系史及美国与东南亚国家关系。

架构，这为印太地区秩序的塑造和演进提供了一种令人期待的前景。但在特朗普政府时期，美国对华认知发生了根本变化，更加强调两国关系的竞争性，中美之间全面竞争的态势日益加剧，战略界和学术界对“东盟中心地位”作为印太地区秩序发展方向的前景提出了质疑。中美两国及相关国家在印太地区的博弈日趋加剧，使印太地区秩序的未来前景充满了不确定性。

本文拟在梳理“东盟中心地位”的历史演进、美国和中国对“东盟中心地位”之认知的基础上，探讨中美战略竞争背景下“东盟中心地位”的未来前景及其对印太秩序发展的影响。

一 “东盟中心地位”的历史演进

“东盟中心地位”或称“东盟中心主义”被视为在安全治理中发挥关键作用的一个特定的安全概念，但它又不是一个有明确界定或者具有可操作性的概念。不同人士对其界定略有不同。东盟前秘书长王景荣（Ong Keng Yong）博士在2007年表示，“中心地位”的想法，意味着该组织是地区和地区间对话与合作的首要驱动力，作为诚实的中间人发挥和平与稳定力量的作用。[①] 马来西亚战略与国际研究院（Institute of Strategic and International Studies, ISIS）执行院长玛哈尼·扎因·阿比丁（Mahani Zainal Abidin）认为，“东盟中心地位”意味着：东盟推动关键倡议并做出关于地区结构的决策；东盟国家确定和控制议程，主办和主持会议；东盟的利益、看法和偏好优先于其他国家。[②] 新加坡南洋理工大学拉惹勒南国际研究院（Rajaratnam School of International Studies）陈思诚（See Seng Tan）教授指出，“东盟中

① Ryosuke Hanada, “ASEAN's Role in the Indo-Pacific: Rules-based Order and Regional Integrity,” Sharon Stirling ed., *Mind the Gap: National Views of the Free and Open Indo-Pacific*, German Marshall Fund of the United States, April 1, 2019, p. 8, https://www.gmfus.org/sites/default/files/YSF%20Report%202019.pdf.

② Mahani Zainal Abidin, Alan Hao Yang, Lee Chyungly, and Nor Izzatina, “Regional Economic Architecture: Post Global Economic Crisis,” *ISIS Focus*, No. 4, April 2011, p. 10.

心地位”就是假定东盟应该成为亚太地区正在演进中的地区架构的中心和背后的推动力量。[①] 澳大利亚拉筹伯大学（La Trobe University）亚洲问题专家尼克·比斯利（Nick Bisley）教授认为，所谓“东盟中心地位”指的是东盟在该地区的制度性架构中保持中心地位，而且在其成员国的对外政策思想中处于中心地位。[②]

新加坡尤索夫伊萨克东南亚问题研究所（ISEAS-Yusof Ishak Institute）访问研究员、曾在东盟秘书处服务20余年的特姆萨克·查勒姆帕拉努帕（Termsak Chalermpalanupap）从狭义和广义的角度对“东盟中心地位”进行了分析。查勒姆帕拉努帕认为，从狭义的角度理解，“东盟中心地位”聚焦确保东盟在其发起的与外部的关系中的所有对话与合作过程中都发挥主要驱动力的作用。这需要通过提供建设性的、积极主动的和创造性的领导作用，使东盟的外部接触是积极的、外向型的、包容的、非意识形态的、非歧视性的，而且是既有利于东盟，也有利于其成员国以及它们外部的友邦和伙伴的；从更广泛的角度来看，“东盟中心地位”还包括至关重要的内部方面，把成员国整合成有内聚力和凝聚力（coherent and cohesive）的东盟共同体，并提升它们在新出现的地区架构中的整体的政治、外交、安全、经济、金融和社会-文化力量。成功的地区一体化和东盟共同体力量的提升将会产生更大的吸引力，吸引更多的国际注意、承认和支持。[③]

著名建构主义国际关系理论学家阿米塔夫·阿查亚（Amitav Acharya）认为，“东盟中心地位”并非完全新颖或独特的词语，它与印太地区进程和制度设计中的“领导者”（leader）、“推动者”（driver）、“架构”（architect）、“制度性中心”（institutional hub）、“先驱”（vanguard）、“核心”（nucleus）以及“支点”（fulcrum）等类似概念是相关的。在其最直接和有限的意义上，

① See Seng Tan, “ASEAN Centrality,” *CSCAP Regional Security Outlook 2013*, Council for Security Cooperation in the Asia Pacific (2012), p. 28.

② Nick Bisley, “The East Asia Summit and ASEAN: Potential and Problems,” *Contemporary Southeast Asia*, Vol. 39, No. 2 (August 2017), pp. 270-271.

③ Termsak Chalermpalanupap, “ASEAN: Managing External Political and Security Relations,” *Southeast Asian Affairs*, 2014, p. 68.

“东盟中心地位”意味着东盟处于而且必须保持其在亚洲（或亚太）地区机制中，特别是在“东盟+3”、“东盟地区论坛”和“东亚峰会”中的中心位置。东盟提供了制度性“平台”，更广泛的亚太和东亚地区机制是植根其中的。换句话说，没有东盟，构建这些更广泛的地区组织是不可能的。另外，“东盟中心地位”还意味着，东盟是亚洲第一个可行的地区集团的“起源”，东南亚处于“亚洲区域主义”（Asian Regionalism）争论与亚洲不断变化的区域合作规范和机制的互动的“核心”（hub）。最后，在东盟最坚定的支持者看来，东盟中心地位还意味着，东盟为亚太甚至更广泛地区的其他次区域集团提供了一个“范例”。无论如何解读，“东盟中心地位”都是一个次区域实体对更广泛地区和全球舞台最雄心勃勃和复杂的投射（projection）。这与其缔造者设想的方式无疑具有很大差别。①

整体来看，“东盟中心地位”一方面来自东盟自身的追求和认同；另一方面来自印太区域内其他相关国家的认可，以及与东盟相关的各种多边机制的认可。其他国家或行为体认可东盟作为地区安全治理的关键支柱，认可其在维护地区和平与稳定方面发挥的重要作用。这些国家或行为体在与东盟的互动中，也接受了东盟的原则和规范，包括“中心地位”（centrality）的概念。阿查亚认为，“东盟中心地位”既是东盟也是外部行为体的产物。

（一）东盟发展的历史进程与“东盟中心地位”

“东盟中心地位”之形成首先源于东盟自身发展的历史进程，或者说“东盟中心地位”是在东盟发展的历史进程中水到渠成地形成的。

第二次世界大战之后的非殖民化运动和美苏两大阵营的冷战对峙，构成了东盟成立和发展的历史背景。在这种背景下，新独立的东南亚国家开始寻求联合自保或自强。1967 年 8 月，泰国、马来西亚、菲律宾、印度尼西亚

① Amitav Acharya, “The Myth of ASEAN Centrality?” *Contemporary Southeast Asia*, Vol. 39, No. 2 (August 2017), pp. 273-274.

和新加坡五国代表在曼谷举行会议，发表了《东南亚国家联盟成立宣言》，即《曼谷宣言》，成立了东南亚国家联盟（简称“东盟”）。

东南亚地区是一个多文化、多种族/民族、多宗教并存的地区，各国的政治制度、政治传统和历史经验也有很大差异，而且有些国家之间也存在领土主权争端。但即便如此，东盟在其发展过程中还是确立了以“磋商和共识”为地区合作的原则，形成了所谓的“东盟方式”（ASEAN way）。在这一原则引领之下，东盟展示出其吸引力，逐步实现了扩容，文莱（1984年）、越南（1995年）、老挝（1997年）、缅甸（1997年）、柬埔寨（1995年）先后加入东盟。

扩容的过程也伴随着东盟一体化进程的深化。2003年10月，在印尼巴厘岛举行的第九届东盟首脑会议发表了《东盟协调一致第二宣言》（Declaration of ASEAN Concord Ⅱ, Bali Concord Ⅱ），明确要求以东盟安全共同体、东盟经济共同体和东盟社会文化共同体为基础，在2020年建立东盟共同体。2004年11月，东盟峰会通过了为期6年的《万象行动纲领》（Vientiane Action Programme，VAP），签署并发表《东盟一体化建设重点领域框架协议》《东盟安全共同体行动计划》；决定起草《东南亚国家联盟宪章》。2007年11月，东盟十国领导人在新加坡举行第13届首脑会议并签署《东盟宪章》（ASEAN Charter）。这是东盟成立以来第一份具有普遍法律意义的文件，确立了东盟的目标、原则和地位。这意味着东盟的一体化进一步走向深入，东盟的机制化建设进一步发展。

按照其计划，东盟将会建成三个层次的共同体：东盟政治-安全共同体、东盟经济共同体和东盟社会文化共同体。

其一，东盟政治-安全共同体。在2009年3月的第14次东盟峰会上，东盟各国领导人采纳了《东盟政治-安全共同体蓝图》，确立了建立东盟政治与安全共同体的路线图和时间表。建立东盟政治与安全共同体，目的是确保该地区各国在公正、民主与和谐的环境中和平相处，并与世界其他国家及地区和平相处。

其二，东盟经济共同体。在2003年10月举行的巴厘峰会上，东盟国家领导人宣布，到2020年建立东盟经济共同体将会成为地区经济一体化的目标。在2007年11月的第13次东盟峰会上，各方签署了《东盟宪章》和《东盟经济共同体蓝图宣言》。

在2015年11月举行的第27次东盟峰会上，东盟领导人采纳了《东盟经济共同体蓝图2025》，确定了东盟经济共同体到2025年应该达成的目标和愿景。到2025年，东盟经济共同体将具有五个相互联系、相互强化的特征：第一，高度一体化和有凝聚力的经济体；第二，竞争力强、创新水平高、充满活力的东盟；第三，互联互通和各领域合作进一步加强；第四，韧性强、包容度高、人民导向和以人民为中心的东盟；第五，全球性的东盟。① 2016年8月，第48次东盟经济部长会议同意建立“东盟经济共同体2025监督和评估框架”。

其三，东盟社会文化共同体。2015年11月，在第27次东盟峰会上，东盟国家领导人采纳了《东盟社会文化共同体蓝图2025》。东盟社会文化共同体的目标是建成致力于东盟人民的利益、参与性和承担社会责任的共同体；推动高质量生活、所有人机会平等以及促进和尊重人权的包容性的共同体；提升对社会和经济脆弱点、灾难、气候变化及其他新挑战的适应和应对能力的共同体；意识到并以其身份、文化和遗产为傲的有活力且和谐的共同体。② 为实现这一目标，东盟成员国在包括文化与艺术、信息与媒体、教育、青年、体育、社会福利与发展、性别、妇女与儿童权利、农业发展与减贫、劳工、公民服务、环境、雾霾、灾害管理以及人道主义援助和卫生等非常广泛的领域进行了合作。

经过50多年的发展，东盟共同体建设逐步走向深入，在政治与安全、经济、社会与文化各个方面的一体化都已取得积极进展。东盟在地区事务中的影响力也大大提升。东盟一体化的发展及其在地区事务中影响力的提升是

① The ASEAN Secretariat, “ASEAN Economic Community Blueprint 2025,” https://aseandse.org/wp-content/uploads/2021/02/AEC-Blueprint-2025-FINAL.pdf.

② “ASEAN Socio-Cultural Community Blueprint 2025,” p. 3, https://aseandse.org/wp-content/uploads/2021/02/8.-March-2016-ASCC-Blueprint-2025.pdf.

其在更广泛的亚太（印太）地区事务中发挥“中心作用”的前提和基础。正是在这一基础上，美国、日本、澳大利亚、新西兰、加拿大、欧盟、韩国、中国、俄罗斯和印度等都与东盟形成了对话伙伴关系，建立了一系列以东盟为中心的区域合作机制。

实际上，从其建立之日起，东盟就一直寻求把自己置于东南亚安全架构的中心。《东盟宪章》规定，东盟的目的之一是在开放、透明和包容的地区架构中处理与其外部伙伴的关系及合作时，维持东盟的中心地位及其作为主要驱动力的积极角色。《东盟宪章》还强调，东盟及其成员国在与外部发展政治、经济、社会和文化关系时应该坚持东盟的中心地位，同时保持积极、外向型、包容性和非歧视性的接触。① 《东盟共同体愿景 2025》明确指出，东盟设想建立一个和平、稳定和有弹性的共同体，提升有效应对挑战的能力，使其成为全球国家共同体当中的一个外向型的地区，同时保持“东盟中心地位”。《东盟共同体愿景 2025》还强调加强东盟的团结、凝聚力和“东盟中心地位”，并继续作为主要驱动力量，塑造以东盟领导机制为基础的演进中的地区架构；加强与外部的接触，深化与对话伙伴的合作，接触潜在的伙伴，对全球发展和共同关注的问题做出集体的和建设性的反应。②《东盟政治-安全共同体蓝图》强调，通过加速建立东盟共同体，加强东盟的一体化，将会强化东盟的中心地位及其作为构建演进中的地区架构的推动力量发挥的作用。为维持和提升该地区的和平与稳定，东盟政治-安全共同体寻求加强东盟与其对话伙伴及朋友之间的互利关系，维持东盟在开放、透明和具包容性的地区架构中的中心地位和积极作用。③ 《东盟经济共同体蓝图 2025》中设想：通过维持东盟作为东亚地区经济一体化中心和促进者的作

① “The ASEAN Charter,” May 2012, https://www.asean.org/wp-content/uploads/images/2013/resources/publication/2012%20-%20The%20ASEAN%20Charter%20in%20English%20and%20ASEAN%20Languages%20（May）.pdf.

② “ASEAN Community Vision 2025,” https://asean.org/wp-content/uploads/images/2015/November/aec-page/ASEAN-Community-Vision-2025.pdf.

③ “ASEAN Political-Security Community Blueprint,” June 2009, https://www.asean.org/wp-content/uploads/images/archive/5187-18.pdf.

用，强化东盟在新兴地区经济架构中的中心地位；东盟将通过自由贸易协定以及与中国、日本、韩国、印度、澳大利亚和新西兰等国的全面经济伙伴关系协定，继续稳步推动该地区融入全球经济。① 2010 年 10 月，第 17 次东盟峰会发布主席声明，各方重申，决定采取双管齐下的方式——一方面优先加速东盟一体化，另一方面加强东盟与外部的关系——确保东盟在演进中的地区架构中的中心地位；各方同意采取积极行动，通过“东盟+1”框架，深化与对话伙伴的关系，并强化东盟推动的“东盟 10+3”（ASEAN 10+3）、“东亚峰会”（EAS）、“东盟地区论坛”（ARF）和“东盟防长扩大会议”（ADMM+）等地区论坛。②

在 1994 年创建的“东盟地区论坛”、1997 年创建的“东盟 10+3”、2005 年创建的“东亚峰会”、2010 年创建的“东盟防长扩大会议”和 2012 年创建的“东盟扩大海事论坛”（Expanded ASEAN Maritime Forum）等多边对话机制中，东盟一直处于中心地位。“东盟中心地位”可以说是历史形成的，是东盟一体化历史发展的水到渠成的结果，同时，也是东盟自身主动的追求。

（二）印太地区大国互动与“东盟中心地位”

新加坡南洋理工大学拉惹勒南国际研究院多边主义研究中心研究员乔尔·额（Joel Ng）评论道，历史上，“东盟中心地位”的传统概念来自这样的想法：东盟是亚太地区“受到反对最少的”行为体，这使它成为更广泛地区安全事务默认的对话者。大国相互之间信任不足，不愿接受对方的提议，于是就诉诸东盟，经过东盟修订成为各方都能接受的版本。③ 马来西亚战略与国际研究院执行院长阿比丁认为，东盟有最广泛和数量最多的业已存在的正式协定，以及在各个层次上实施这些协定的最成熟的制度。没有经济和政治的

① “ASEAN Economic Community Blueprint 2025,” November 2015, https://asean.org/wp-content/uploads/2021/08/AEC-Blueprint-2025.pdf.

② “Chairman’s Statement of the 17th ASEAN Summit,” October 28, 2010, https://asean.org/?static_post=chairman-s-statement-of-the-17th-asean-summit.

③ Joel Ng, “ASEAN as Pivotal Actor: Balancing Centrality & the Indo-Pacific,” *RSIS Commentary*, No. 158, August 17, 2020.

历史包袱，也有助于东盟处理东亚最大的经济体之间存在的相互不信任和怀疑。这意味着，东盟的中心地位实际上是默认的。[①] 从冷战期间及冷战结束以来大国在亚太和印太地区的互动历史来看，上述评论是中肯的。可以说，是亚太（印太）地区大国之间的竞争和信任不足，造就了“东盟中心地位”。

日本在第二次世界大战中失败后，法国、荷兰等传统殖民帝国曾经试图恢复在东南亚的殖民统治，但这不可能得到当地人民的认可。随着第二次世界大战后“非殖民化”运动的发展，东南亚国家纷纷实现独立。冷战期间，旷日持久的越南战争和动荡的地区安全形势，严重恶化了东南亚诸国的生存环境。为在两大阵营对抗中谋生存、谋发展，“联合自强”成为东南亚国家现实的选择，于是东盟应运而生。亚洲的冷战和热战催生了东盟，但同时，冷战也对东盟进一步的深入发展构成了制约，使其不可能在更广泛的地区中充分发挥作用。

随着中美开启两国关系正常化的历程，中日恢复邦交，越南战争结束，中国与周边国家的关系得到整体改善，亚太地区的安全形势得到极大改善。特别是在冷战结束之后，各国间关系普遍走向缓和，经济相互依赖日益加深，人员交流日益频繁。亚太地区安全形势缓和，东盟一体化发展的潜力得到进一步释放。

但与欧盟及北美相比，从更大范围来看，印太地区一体化的程度还比较低。其核心原因就在于本地区各大国之间在社会制度和意识形态方面存在根本差异，加之领土和领海主权争端，导致相互间信任缺失，历史遗留的问题大多没有解决。这限制了大国之间合作，阻碍着国家间关系发展和地区一体化走向深入。冷战在亚洲结束了，但冷战的遗产却被保留下来。美国在冷战期间建立的同盟体系得以延续，有时甚至进一步被强化，“冷战思维”依然存在。中日之间的历史问题和领土主权争端，严重阻碍了中日关系的发展和深化，也阻碍了中日韩三方合作及中日两国在地区和全球事务中的合作。中

---

① Mahani Zainal Abidin, Alan Hao Yang, Lee Chyungly, and Nor Izzatina, “Regional Economic Architecture: Post Global Economic Crisis,” *ISIS Focus*, No. 4, April 2011, p. 10.

美之间在意识形态、人权等众多双边问题及地区和全球议题上存在不同看法，这使两国很难建立互信，而且经常在一些议题上发生摩擦或冲突。

尽管相关国家之间存在种种矛盾和根本性差异，但推动区域内各国的发展，维护地区和平、稳定与繁荣，都需要建立稳定、开放、基于规则的地区秩序。各国还是要在现实的国际政治中找到现实的办法。亚太地区相关国家也已经为推动地区安全、稳定和繁荣进行了积极努力。东盟一体化的历史经验为印太地区各主要国家之间的协调与合作提供了一种现实的参照。在印太地区主要大国信任严重缺失、大国竞争日趋激烈、地区秩序走向充满不确定性的情况下，东盟发展过程中形成的一系列原则成为能够为各方所接受的基本共识。于是，在印太区域内各主要国家及东盟的互动过程中，形成了多个制度化的机制，构成了以东盟为中心的印太地区架构，由此确立了“东盟中心地位”。区域内大国接受或认可“东盟中心地位”，既体现了它们之间的竞争，也体现了它们一定程度上的妥协。

“东盟中心地位”能够普遍为各方所接受，至少展示了印太地区秩序发展和塑造的一种现实的可能前景。东盟及以东盟为中心的地区架构未来能否进一步在印太地区秩序的演进中发挥“中心作用”，可能会在很大程度上受印太地区政治与安全形势和经济一体化发展状态，特别是中美互动的影响。

在特朗普政府时期，美国把中国定义为“修正主义国家”，并开始在政治、安全、经济、意识形态等领域对华采取全面竞争战略。拜登政府延续了特朗普政府对中国的基本认知，强化了美国对华竞争的态势。有些学者对东盟能否继续在印太地区架构演进中处于“中心地位”产生了怀疑。在中美陷入全面战略竞争的态势下，两国对待“东盟中心地位”的态度将会影响它在印太地区秩序塑造中发挥作用的限度。

二　中国对东盟的认知：从“主导作用”到“中心地位”

中国是第一个明确支持东盟在区域合作中“中心地位”的国家。近 20 年来，中国政府对“东盟中心地位”的认知和界定有不同的表达方式——

有时是“主要推动作用”，有时是“主导作用”或“主导地位”，有时是“中心地位”。整体来看，2015年之前，中国对“东盟中心地位”的界定更多是“主导作用”，2015年之后则是“中心地位”。

（一）支持东盟发挥主导作用

2003年10月，中国和东盟国家领导人在印尼巴厘岛签署了《中华人民共和国与东盟国家领导人联合宣言》，宣布建立“面向和平与繁荣的战略伙伴关系”。双方决定，“在东盟地区论坛框架内保持紧密的协调与合作，促进论坛健康发展。中国支持东盟在东盟地区论坛中发挥主要推动作用，支持东盟根据各方舒适程度，循序渐进地推动东盟地区论坛重叠阶段向前发展”。①

2004年6月，中国、日本、韩国三方委员会在青岛举行首次会议。三国外长结合当时“东亚区域合作进展情况，讨论了与本地区其他合作伙伴的关系，强调继续推进与东盟合作的重要性，并且认为三国有必要就10+3合作加强协调，重申尊重东盟在10+3合作中的主导作用”。② 2004年11月中日韩三方委员会通过的《中日韩合作进展报告》指出，三国一致认为“东亚共同体是未来目标，应以10+3为核心框架，尊重东盟的主导地位，以透明和开放的方式推动建立东亚共同体”。③ 中国和东盟在2004年12月制定的《落实中国-东盟面向和平与繁荣的战略伙伴关系联合宣言的行动计划》，也包含“中国支持东盟在东盟地区论坛中发挥主导作用及其以适宜的速度推进东盟地区论坛进程的努力”等内容。④

① 《中华人民共和国与东盟国家领导人联合宣言——面向和平与繁荣的战略伙伴关系》，中华人民共和国外交部官网，https://www.fmprc.gov.cn/web/ziliao_ 674904/1179_ 674909/200310/t20031010_ 9867098.shtml。

② 《中日韩三方委员会首次会议联合新闻声明》，中华人民共和国外交部官网，https://www.fmprc.gov.cn/web/ziliao_ 674904/1179_ 674909/200406/t20040622_ 9867178.shtml。

③ 《中日韩合作进展报告》于2004年11月27日由中日韩三方委员会在老挝万象通过，https://www.fmprc.gov.cn/web/ziliao_ 674904/1179_ 674909/200412/t20041221_ 7946941.shtml。

④ 《落实中国-东盟面向和平与繁荣的战略伙伴关系联合宣言的行动计划》，中华人民共和国外交部官网，https://www.fmprc.gov.cn/web/ziliao_ 674904/1179_ 674909/200412/t20041221_ 9867246.shtml。

2005年12月12日，第9次东盟与中日韩领导人会议召开，发表《关于东盟与中日韩领导人会议的吉隆坡宣言》，重申各方共同致力于实现东亚共同体这一长远目标，并“确信在实现这一目标的过程中，将继续以东盟与中日韩进程为主渠道，由东盟发挥主导作用，通过东盟与中日韩的积极参与，增强共同的主人翁意识”。[①] 2005年12月14日，首届东亚峰会召开并发布《关于东亚峰会的吉隆坡宣言》，表示“东亚峰会在努力推进本地区共同体建设时，应与东盟共同体建设保持一致，并有助于这一目标的实现，成为不断发展的地区架构的有机组成部分”。“东亚峰会将是一个开放、包容、透明和外向型的论坛，东盟将在其中发挥主导作用，并与其他参加国携手合作，推动加强全球性的规范和国际公认的价值观。”“东亚峰会的参加范围将依据东盟制订的参与标准”，“东亚峰会将由东盟主席国主办并担任主席，与东盟年度首脑会议同期举行”。[②]

2006年10月，中国与东盟成员国举行纪念中国-东盟建立对话关系15周年纪念峰会。双方重申，“建立东亚共同体是一个长远目标”，中国“支持东盟在东盟地区论坛、东盟与中日韩（10+3）合作以及东亚峰会等区域进程中发挥主导作用”。[③] 2007年1月，中日韩三国领导人举行第七次领导人会议，会后发表联合声明，重申“将加强与东盟的合作，继续致力于东亚合作，尊重东盟在东亚合作中的主导作用”。[④] 2009年10月，第12次东盟与中日韩领导人会议（10+3）发表主席声明，各国领导人重申将“10+3”机制作为实现东亚共同体长期目标的主要载体，由东盟在其中发挥主导

① 《关于东盟与中日韩领导人会议的吉隆坡宣言》，中华人民共和国外交部官网，https://www.fmprc.gov.cn/web/ziliao_674904/1179_674909/200601/t20060109_9867409.shtml.

② 《关于东亚峰会的吉隆坡宣言》，中华人民共和国外交部官网，https://www.fmprc.gov.cn/web/ziliao_674904/1179_674909/200601/t20060109_9867421.shtml。

③ 《中国-东盟纪念峰会联合声明——致力于加强中国-东盟战略伙伴关系》，中华人民共和国外交部官网，https://www.fmprc.gov.cn/web/ziliao_674904/1179_674909/200610/t20061030_9867594.shtml。

④ 《第七次中日韩领导人会议联合新闻声明》，中华人民共和国外交部官网，https://www.fmprc.gov.cn/web/ziliao_674904/1179_674909/200701/t20070114_9867628.shtml.

作用，并强调支持东盟共同体建设。[①]

2011 年 11 月，第 14 次中国-东盟领导人会议就纪念中国-东盟对话关系 20 周年发表联合声明。双方重申，“致力于进一步加强东亚区域合作，建立一个公开、透明和包容的区域架构”。中方重申，“在不断演变的区域架构中，包括东盟与中日韩、东亚峰会、东盟地区论坛、东盟防长扩大会议和其他区域合作进程中，继续支持东盟的主导地位”。双方重申，“由东盟主导的东盟与中日韩合作将继续作为建立东亚共同体这一长期目标的主渠道”；“中国支持东盟决定建立应对全球性问题共同平台，提高其应对全球与区域重大问题的能力，支持东盟主席国定期参加二十国集团峰会，并将与东盟在这方面保持协调”。[②]

2013 年 10 月，中国与东盟成员国领导人发布《纪念中国-东盟建立战略伙伴关系 10 周年联合声明》，中方再次承诺愿在“东盟与中日韩”（10+3）、“东亚峰会”、“东盟地区论坛”和“东盟防长扩大会议”等东盟主导机制框架内，与东盟紧密合作，支持东亚共同体建设的长远目标，并重申继续支持东盟在不断演变的区域架构中发挥主导作用。[③]

（二）支持东盟“中心地位”

2016 年 9 月，中国和东盟成员国举行第 19 次中国-东盟领导人会议暨中国-东盟建立对话关系 25 周年纪念峰会。中国表示“欢迎东盟共同体建成，重申支持东盟一体化进程，支持东盟在区域架构中的中心地位”。[④] 李克强总理在演讲时表示，“作为域外国家，中国第一个加入《东南亚友好合

① 《东盟与中日韩领导人会议发表主席声明》，中华人民共和国外交部官网，https：//www. fmprc. gov. cn/web/ziliao_ 674904/1179_ 674909/200910/t20091025_ 7947250. shtml。

② 《第 14 次中国-东盟领导人会议联合声明》，中华人民共和国外交部官网，https：//www. fmprc. gov. cn/web/ziliao_ 674904/1179_ 674909/201111/t20111120_ 7947342. shtml。

③ 《中国-东盟发表建立战略伙伴关系 10 周年联合声明》，中华人民共和国外交部官网，https：//www. fmprc. gov. cn/web/ziliao_ 674904/1179_ 674909/201310/t20131010_ 9868327. shtml。

④ 《第 19 次中国-东盟领导人会议暨中国-东盟建立对话关系 25 周年纪念峰会联合声明》，中华人民共和国外交部官网，https：//www. fmprc. gov. cn/web/ziliao_ 674904/1179_ 674909/201609/t20160908_ 7947714. shtml。

作条约》，第一个明确支持东盟在区域合作中的中心地位，第一个同东盟建立战略伙伴关系，第一个公开表示愿同东盟签署《东南亚无核武器区条约》议定书，第一个同东盟启动自贸区谈判进程”。“中方始终视东盟为维护地区和平稳定、促进区域一体化和世界多极化发展的重要力量，将继续把东盟作为周边外交优先方向，继续坚定支持东盟共同体建设，支持东盟在区域合作中的中心地位，支持东盟在国际地区事务中发挥更大作用。”① 在2016年9月举行的第11届东亚峰会上，李克强总理也呼吁各方继续坚持东亚峰会作为“领导人引领的战略论坛”定位，支持东盟中心地位，奉行协商一致、照顾各方舒适度等“东盟方式”，积极务实地推动对话合作。②

2018年11月14日，第21次中国-东盟领导人会议暨中国-东盟建立面向和平与繁荣的战略伙伴关系15周年纪念峰会在新加坡举行。双方在《中国-东盟战略伙伴关系2030年愿景》中重申，“维护东盟在不断演变的区域架构中的中心地位的重要性，在东盟与中日韩、东亚峰会、东盟地区论坛、东盟防长扩大会等东盟主导的各机制中继续加强对话与协调，深化区域安全合作，维护开放、透明、包容和基于规则的区域架构”。③ 李克强总理在演讲中强调，“中国坚定支持东盟共同体建设，坚定支持东盟在区域合作中的中心地位”。④ 在次日举行的第13届东亚峰会上，李克强总理呼吁东亚峰会各方坚持“领导人引领的战略论坛”定位，坚持东盟中心地位，坚持经济发展和政治安全合作“双轮驱动”，持续推进重点领域合作，为东亚合作注入新动能。⑤

① 《李克强在第19次中国-东盟（10+1）领导人会议暨中国-东盟建立对话关系25周年纪念峰会上的讲话》，中华人民共和国外交部官网，https：//www.fmprc.gov.cn/web/ziliao_674904/zyjh_674906/201609/t20160908_9869938.shtml。

② 《李克强在第11届东亚峰会上的讲话》，中华人民共和国外交部官网，https：//www.fmprc.gov.cn/web/ziliao_674904/zyjh_674906/201609/t20160909_7945701.shtml。

③ 《中国-东盟战略伙伴关系2030年愿景》，中华人民共和国外交部官网，https：//www.fmprc.gov.cn/web/ziliao_674904/1179_674909/201811/t20181115_7947869.shtml。

④ 《李克强在第21次中国-东盟领导人会议上的讲话》，中华人民共和国外交部官网，https：//www.fmprc.gov.cn/web/ziliao_674904/zyjh_674906/201811/t20181115_9870339.shtml。

⑤ 《李克强在第13届东亚峰会上的讲话》，中华人民共和国外交部官网，https：//www.fmprc.gov.cn/web/ziliao_674904/zyjh_674906/201811/t20181116_7946030.shtml。

2019年11月，李克强总理出席第22次中国-东盟领导人会议并再次强调，“中方始终视东盟为周边外交的优先方向和共建‘一带一路’的重点地区，支持东盟共同体建设，支持东盟在东亚合作中的中心地位，支持东盟在构建开放包容的地区架构中发挥更大作用”。① 在第14届东亚峰会上，李克强总理又表示，东亚峰会应该坚持成立之初的“领导人引领的战略论坛”定位，“继续平衡推进政治安全合作与社会经济发展、战略沟通与务实合作，坚持东盟中心地位，坚持聚焦东亚和亚太，维护好现有区域合作架构，防止合作偏离正确轨道”。②

2020年11月，李克强总理出席第23次中国-东盟领导人会议时再次重申，“中国始终视东盟为周边外交优先方向，坚定支持东盟共同体建设，坚定支持东盟加强在区域合作中的中心地位，坚定支持东盟在构建开放包容的地区架构中发挥更大作用”。③ 在第15届东亚峰会上，李克强总理指出，东亚峰会作为“领导人引领的战略论坛”，始终“坚持东盟中心地位，坚持不干涉内政、协商一致、照顾各方舒适度等基本原则，平衡推进政治安全合作与经济社会发展，为促进各成员间互信，保持东亚合作势头做出积极贡献”，“东盟中心地位是维护地区和平稳定的关键要素和重要基础。各方广泛参与，共同维护以东盟为主导的区域架构，符合地区根本利益”。进而，李克强总理表示，“中方主张加强东盟中心地位，主张强化东盟主导的地区合作机制，主张区域架构保持开放性，对所有各方平等包容，不搞小圈子，维护东亚合作正确方向”。④

2021年10月，李克强总理在第24次中国-东盟领导人会议上指出，双

① 《李克强在第22次中国-东盟领导人会议上的讲话》，中华人民共和国外交部官网，https://www.fmprc.gov.cn/web/ziliao_674904/zyjh_674906/201911/t20191104_9870515.shtml。

② 《李克强在第14届东亚峰会上的讲话》中华人民共和国外交部官网，https://www.fmprc.gov.cn/web/ziliao_674904/zyjh_674906/201911/t20191105_9870520.shtml。

③ 《李克强在第23次中国-东盟领导人会议上的讲话》，中华人民共和国外交部官网，https://www.fmprc.gov.cn/web/ziliao_674904/zyjh_674906/202011/t20201113_7946285.shtml。

④ 《李克强在第15届东亚峰会上的讲话》，中华人民共和国外交部官网，https://www.fmprc.gov.cn/web/ziliao_674904/zyjh_674906/202011/t20201115_7946290.shtml。

方“秉持协商一致、照顾彼此舒适度的东亚方式，坚持多边主义，共同维护以东盟为中心、开放包容的地区架构，成为守护地区和平安宁的关键力量”。李克强总理再次重申，“中方始终视东盟为周边外交优先方向，将一如既往坚定支持东盟团结，坚定支持东盟共同体建设，坚定支持东盟在区域架构中的中心地位，坚定支持东盟在地区和国际事务中发挥更大作用”。[①] 2021 年 11 月，中国与东盟成员国举行中国-东盟建立对话关系 30 周年纪念峰会。习近平主席强调并重申，“中国过去是、现在是、将来也永远是东盟的好邻居、好朋友、好伙伴”。“中方将坚定不移以东盟为周边外交优先方向，坚定不移支持东盟团结和东盟共同体建设，坚定不移支持东盟在区域架构中的中心地位，坚定不移支持东盟在地区和国际事务中发挥更大作用。”[②]

虽然中国政府关于东盟地位的表述前后略有不同，但其精神基本上是一致的。无论是“主导作用”还是“中心地位”，都体现着中国对东盟在地区架构中重要作用的重视。

三　美国对“东盟中心地位”的认知

从奥巴马到拜登，美国政府对“东盟中心地位”的认知是一贯的，对以东盟为中心的地区架构的看法保持着高度的延续性。

（一）奥巴马时期美国开始强调“东盟中心地位”

在奥巴马政府时期，美国提出“重返亚洲”和“亚太再平衡”战略，开始强调支持“东盟中心地位”。2011 年 11 月，奥巴马总统参加了在印度尼西亚举行的第 6 次东亚峰会，这是美国总统首次参加东亚峰会，也意味着

① 《李克强在第 24 次中国-东盟领导人会议上的讲话》，中华人民共和国外交部官网，https：//www.fmprc.gov.cn/web/ziliao_ 674904/zyjh_ 674906/202110/t20211027_ 10174325.shtml。

② 习近平：《命运与共，共建家园——在中国-东盟建立对话关系 30 周年纪念峰会上的讲话》，中华人民共和国外交部官网，https：//www.fmprc.gov.cn/web/ziliao_ 674904/zyjh_ 674906/202111/t20211122_ 10451226.shtml。

美国开始接受“东盟中心地位”。2012 年 6 月，美国和泰国举行第四次美泰战略对话。美国重申，支持东盟在亚太地区由东盟领导的演进中的地区架构中发挥中心作用，并强调继续支持东盟共同体建设进程。①

2012 年 7 月，美国国务卿希拉里 · 克林顿在柬埔寨首都金边举行的东亚峰会上演讲时表示，“东盟中心地位”需要东盟的团结。它需要发挥领导作用，能够寻求共识和平衡。这对东盟是好的，对东亚峰会也是好的。② 2012 年 9 月，国务卿克林顿在会见东盟秘书长素林（Surin Pitsuwan）时又表示，美国认为东盟在亚太地区的地区稳定和经济进步中发挥着中心作用，因而，美国支持东盟的经济和政治一体化目标，并努力发展美国与东盟之间持久和多面向的关系，以加强东盟以高效和全面方式解决地区挑战的能力。她强调，美国需要东盟发挥领导作用，支持一种基于规则和责任的体系，维护地区稳定并引导该地区实现更大的政治和经济进步。美国相信东盟的中心地位，东盟的中心地位对于东盟的团结也至关重要。③

2014 年 8 月，国务卿克里在东亚峰会部长级会议上表示，美国相信东亚峰会应该成为领导人讨论东亚政治和安全问题的主要论坛，它有助于为“东盟防长扩大会议”和“东盟扩大海事论坛”等其他多边论坛提供战略指南。美国“必须继续支持‘东盟中心地位’。东盟在确保所有地区性看法得到倾听方面发挥着重要作用——大国和小国合作支持基于规则的秩序”。④ 2014 年 9 月，国务卿克里在美国-东盟部长级会议上又表示，“东盟及其中心地位对于支持整个亚太地区基于规则的制度至关重要。这是我们合作应对

---

① “Joint Statement of the Fourth United States-Thailand Strategic Dialogue,” June 14, 2012, https: //2009-2017. state. gov/r/pa/prs/ps/2012/06/192397. htm.

② Hillary Rodham Clinton, “Intervention at East Asia Summit,” July 12, 2012, https: //2009-2017. state. gov/secretary/20092013clinton/rm/2012/07/194988. htm.

③ Hillary Rodham Clinton, “Meeting with ASEAN Secretary General Surin,” September 4, 2012, https: //2009-2017. state. gov/secretary/20092013clinton/rm/2012/09/197295. htm.

④ John Kerry, “Remarks at the East Asia Summit Ministerial Intervention,” August 10, 2014, https: //2009-2017. state. gov/secretary/remarks/2014/08/230471. htm.

挑战和抓住机遇时确保所有大小国家都有发言权的最佳途径”。①

2015年5月，东盟和美国举行了第28次东盟-美国对话（ASEAN-U. S. Dialogue）。美国反复强调了东盟的团结和东盟在地区安全架构中发挥中心作用的重要性。双方强调，东亚峰会作为总理级领导人领导的论坛，对于解决战略性、高层次政治和安全问题非常重要。② 2015年11月，东盟与美国举行第三次东盟-美国峰会，把双边关系提升为“东盟-美国战略伙伴关系”。双方强调，“致力于支持东盟在亚太地区基于规则的地区架构发展中发挥中心作用”，合作维持亚太地区的和平与稳定。③

2016年2月，美国国务院助理国务卿丹尼尔·拉塞尔（Daniel Russel）说，在很多方面，东盟都是该地区规则的推动者。东盟十国大多是小国，历史上曾有过战争、边界争端、殖民经历、在湄公河地区及其他地方争夺共同资源的争端、种族分裂、宗教分裂、不同的政治制度等。这些国家被中国和印度等大国包围着，而该地区却没有处于混乱状态，很大一部分原因是东盟的凝聚力，这对稳定至关重要。这是以对规则和公正的共同承诺为基础的，而不是以大国势力范围为基础的。换句话说，“东盟中心地位”是实现稳定的方案，是一种促进增长的方案，使美国及其他国家能够作为伙伴与东盟进行接触。④

（二）特朗普政府“印太战略”下的“东盟中心地位”

特朗普政府延续了奥巴马政府对“东盟中心地位”的看法。在与东盟的对话中以及在相关地区多边机制的会议上，特朗普政府的官员反复强调支持“东盟中心地位”，重视东亚峰会、东盟防长扩大会议、亚太经济合作组

① John Kerry, “Remarks at U. S. -ASEAN Ministerial Meeting,” September 26, 2014, https://2009-2017. state. gov/secretary/remarks/2014/09/232229. htm.

② “Readout of the ASEAN-U. S. Dialogue,” May 16, 2015, https://2009-2017. state. gov/r/pa/prs/ps/2015/05/242503. htm.

③ “Joint Statement on the ASEAN-U. S. Strategic Partnership,” November 21, 2015, https://obamawhitehouse. archives. gov/the-press-office/2015/11/21/joint-statement-asean-us-strategic-partnership.

④ “Telephonic Media Briefing with Dan Kritenbrink,” February 10, 2016, https://2009-2017. state. gov/r/pa/ime/eapmediahub/252392. htm.

织（Asia-Pacific Economic Cooperation，APEC）等以东盟为中心的多边机制，并把坚持“东盟中心地位”放在其“印太战略”的重要位置。

2017年11月13日，特朗普总统在出席第5次美国-东盟峰会时强调，美国将继续致力于支持东盟作为一个地区论坛在整体合作中发挥中心作用。① 2018年7月30日，美国国务卿蓬佩奥在美国商会主办的“印太商业论坛”中发表演讲时说，东盟确实是印太地区的中心，在美国的印太愿景中发挥着中心作用。② 8月3日，蓬佩奥在新加坡参加美国-东盟部长级会议时又表示，美国是一个太平洋国家，将在其“印太战略”下坚持东盟的中心地位。③ 在11月举行的第6次美国-东盟峰会④、第13次东亚峰会（新加坡）⑤ 及亚太经济合作组织工商领导人峰会⑥上，美国副总统彭斯在演讲中表示，东盟是美国不可或缺和无法取代的战略伙伴，在美国的“印太战略”中处于中心地位，美国与东盟国家的利益相互交织，而且愿景也完全相同。在2019年3月举行的第32次美国-东盟对话⑦和2020年8月举行的第33次美国-东盟对话⑧中，美国都重申致力于与东盟合作，维护基于清晰和透明规则的地区安全，

① “Remarks by President Trump at 5th U.S.-ASEAN Summit,” November 13, 2017, https://www.whitehouse.gov/briefings-statements/remarks-president-trump-5th-u-s-asean-summit/.

② Michael R. Pompeo, “Remarks on ‘America's Indo-Pacific Economic Vision’,” July 30, 2018, https://uz.usembassy.gov/remarks-on-americas-indo-pacific-economic-vision/.

③ Michael R. Pompeo, “Remarks at the U.S.-ASEAN Ministerial,” August 3, 2018, https://www.state.gov/remarks-at-the-u-s-asean-ministerial/.

④ “Remarks by Vice President Pence at the 6th U.S.-ASEAN Summit,” November 14, 2018, https://www.whitehouse.gov/briefings-statements/remarks-vice-president-pence-6th-u-s-asean-summit/.

⑤ “Prepared Remarks for Vice President Pence at the East Asia Summit Plenary Session,” November 15, 2018, https://trumpwhitehouse.archives.gov/briefings-statements/prepared-remarks-vice-president-pence-east-asia-summit-plenary-session/.

⑥ “Remarks by Vice President Pence at the 6th U.S.-ASEAN Summit,” November 16, 2018, https://asean.usmission.gov/remarks-by-vice-president-pence-at-the-6th-u-s-asean-summit/.

⑦ “32nd U.S.-ASEAN Dialogue,” March 28, 2019, https://www.state.gov/32nd-u-s-asean-dialogue/.

⑧ “33rd U.S.-ASEAN Dialogue: Strengthening U.S.-ASEAN Relations,” August 5, 2020, https://2017-2021.state.gov/33rd-u-s-asean-dialogue-strengthening-u-s-asean-relations/index.html.

并加强以东盟为中心的地区架构。在 2019 年 6 月 23 日东盟十国领导人发布《东盟印太展望》（ASEAN Outlook on the Indo-Pacific）文件后，美国国务院发言人发表声明说，体现在《东盟印太展望》中的原则——包容、开放、基于法治的秩序、善治和尊重国际法——与美国关于自由和开放的印太地区的愿景及其盟国、伙伴和朋友的地区愿景都是高度融合的，美国继续把“东盟中心地位”放在其“印太战略”的中心位置。东盟是这个地区的中心，是美国不可或缺和不可取代的战略伙伴。①

在与印太盟国及伙伴的双边及多边互动中，特朗普政府的官员也反复强调支持“东盟中心地位”。

在 2018 年 7 月②和 2019 年 8 月③美国与澳大利亚举行的“2+2”磋商中，两国都重申坚定支持“东盟中心地位”和东盟领导的地区架构，重视东亚峰会作为该地区主要领导人领导的论坛对于解决政治与安全挑战的重要性。在 2019 年 4 月举行的美日“2+2”磋商中，美日双方“反复强调支持东盟中心地位和东盟的团结，并承诺在东南亚进行多边合作，包括通过联合训练和演习、能力建设、国防装备与技术合作，支持与东盟有关的架构，包括东亚峰会、东盟地区论坛、东盟防长扩大会议等”。④ 在 2018 年 9 月⑤、2019 年 12 月⑥和

---

① “The United States Welcomes the ‘ASEAN Outlook on the Indo-Pacific’,” July 2, 2019, https://2017-2021. state. gov/the-united-states-welcomes-the-asean-outlook-on-the-indo-pacific/index. html.

② “Joint Statement Australia-U. S. Ministerial Consultations 2018,” July 24, 2018, https://2017-2021. state. gov/joint-statement-australia-u-s-ministerial-consultations-2018/index. html.

③ Michael R. Pompeo, “Joint Statement on Australia-U. S. Ministerial Consultations (AUSMIN) 2019,” August 5, 2019, https://2017-2021. state. gov/joint-statement-on-australia-u-s-ministerial-consultations-ausmin-2019/index. html.

④ “U. S. -Japan Security Consultative Committee 2019 Fact Sheet,” April 19, 2019, https://2017-2021. state. gov/u-s-japan-security-consultative-committee-2019-fact-sheet/index. html.

⑤ “Joint Statement on the Inaugural U. S. -India 2+2 Ministerial Dialogue,” September 7, 2018, https://in. usembassy. gov/joint-statement-on-the-inaugural-u-s-india-22-ministerial-dialogue/.

⑥ “Joint Statement on the Second U. S. -India 2+2 Ministerial Dialogue,” December 19, 2019, https://2017-2021. state. gov/joint-statement-on-the-second-u-s-india-22-ministerial-dialogue/index. html.

2020年10月举行的美印"2+2"对话①中，双方都强调致力于塑造一个以承认东盟的中心地位，尊重主权、领土完整、法治、善治、自由和公平的贸易以及航行、飞越安全与自由为基础的，自由、开放和包容的印太地区。美国和印度在2020年2月25日发表的联合声明《美印全面全球战略伙伴关系愿景与原则》也强调，"美国和印度之间紧密的伙伴关系对于自由、开放、包容、和平和繁荣的印太地区具有核心意义。这种合作是以承认东盟中心地位，遵守国际法和善治，支持航行、飞越安全与自由，海洋的合法使用，不受限制的合法商业获得，以及支持根据国际法和平解决海上争端等为基础的"。②

2019年6月，特朗普总统访问韩国并与韩国总统文在寅举行会谈。双方表示，两国都支持通过有原则的方式，支持东盟的中心地位及相关地区组织。③ 在2019年11月的东亚峰会④和2020年11月的东亚峰会⑤期间举行的美韩双边磋商中，双方都强调两国将以开放、包容、透明、尊重国际规范和"东盟中心地位"等为基础，通过韩国"新南向政策"和美国"印太战略"

① "Joint Statement on the Third U. S. -India 2+2 Ministerial Dialogue," October 27, 2020, https://2017-2021. state. gov/joint-statement-on-the-third-u-s-india-22-ministerial-dialogue/index. html.

② "Joint Statement: Vision and Principles for the United States-India Comprehensive Global Strategic Partnership," February 25, 2020, https://trumpwhitehouse. archives. gov/briefings-statements/joint-statement-vision-principles-united-states-india-comprehensive-global-strategic-partnership/.

③ "President Donald J. Trump and President Moon Jae-in Reaffirm the United States' and Republic of Korea's Ironclad Alliance," July 2, 2019, https://2017-2021. state. gov/president-donald-j-trump-and-president-moon-jae-in-reaffirm-the-united-states-and-republic-of-koreas-ironclad-alliance/index. html.

④ "Joint Fact Sheet by the United States and the Republic of Korea on Cooperation between the New Southern Policy and the Indo-Pacific Strategy," November 2, 2019, https://2017-2021. state. gov/joint-statement-by-the-united-states-and-the-republic-of-korea-on-cooperation-between-the-new-southern-policy-and-the-indo-pacific-strategy/index. html.

⑤ "The United States of America and the Republic of Korea on Working Together to Promote Cooperation between the Indo-Pacific Strategy and the New Southern Policy," November 13, 2020, https://2017-2021. state. gov/the-united-states-of-america-and-the-republic-of-korea-on-working-together-to-promote-cooperation-between-the-indo-pacific-strategy-and-the-new-southern-policy/index. html.

的合作，共同为印太地区创造安全、繁荣和富有活力的未来。

美国在与东盟成员国之间的双边外交活动中，也反复强调支持“东盟中心地位”。2018 年 11 月，美国副总统彭斯会见印尼总统佐科 · 维多多（Joko Widodo），双方同意加强在安全和经济议题上的合作，推动基于“东盟中心地位”的自由和开放的印太地区共同的原则、价值和规范。2019 年 3 月，美国和老挝举行第 9 次年度“全面双边对话”，美方重申了“东盟中心地位”的重要性。① 2019 年 7 月，美国和菲律宾举行第 8 次“双边战略对话”，美国表示承认《东盟印太展望》的重要性，视“东盟中心地位”为其“印太战略”的有机组成部分。②

在 2017 年 8 月举行的美日澳第 7 次部长级三边战略对话③和 2018 年 8 月举行的美日澳第 8 次部长级三边战略对话中，三方外长都强调支持基于规则的秩序，重申支持东盟的团结及其在印太地区架构的发展及地区稳定和繁荣中发挥的中心作用，并强调东亚峰会及其他印太地区论坛（环印度洋地区合作联盟和太平洋岛国论坛）为促进地区议题对话发挥了重要作用。④ 在 2019 年 8 月举行的第 9 次美日澳部长级三边战略对话中，三方强调了东盟在推动地区和平与稳定方面取得的成就，包括通过其作为地区安全架构召集者所发挥的作用。三方重申坚定地支持“东盟中心地位”和东盟的团结，并强调了东亚峰会作为地区主要领导人领导的论坛在解决战略、政治和安全挑战方面的价值。⑤

① “Ninth U. S. -Laos Comprehensive Bilateral Dialogue,” March 27, 2019, https: //2017-2021. state. gov/ninth-u-s-laos-comprehensive-bilateral-dialogue/index. html.

② “Joint Statement from the 8th Philippines-United States Bilateral Strategic Dialogue (BSD),” July 17, 2019, https: //2017-2021. state. gov/joint-statement-from-the-8th-philippines-united-states-bilateral-strategic-dialogue-bsd/index. html.

③ “Australia-Japan-United States Trilateral Strategic Dialogue Ministerial Joint Statement,” August 6, 2017, https: //www. state. gov/r/pa/prs/ps/2017/08/273216. htm.

④ “Australia-Japan-United States Trilateral Strategic Dialogue Joint Ministerial Statement,” August 5, 2018, https: //www. globalsecurity. org/military/library/news/2018/08/mil-180805-state01. htm.

⑤ “Trilateral Strategic Dialogue Joint Ministerial Statement,” August 1, 2019, August 2, 2019, https: //2017-2021. state. gov/trilateral-strategic-dialogue-joint-ministerial-statement-august-1-2019/index. html.

美国、日本、印度、澳大利亚四国在2018年6月举行的第二次安全对话[①]、2018年11月举行的第三次关于印太地区的磋商[②]、2019年9月举行的四国外长会议[③]、2020年10月举行的四国外长会议[④]，以及2020年12月举行的四国高级官员线上会议[⑤]中都重申，坚定地支持“东盟中心地位”和东盟领导的地区架构，重申东盟领导的东亚峰会和东盟地区论坛等机制在该地区发挥着必不可少的作用。

特朗普政府发布的一些报告甚至美国国会通过的一些法案，也都明确表示支持“东盟中心地位”。2017年12月特朗普政府发布的《美国国家安全战略》（National Security Strategy of the United States of America）报告指出，“东盟和亚太经济合作组织依然是印太地区架构的中心和推动基于自由的秩序的平台”。[⑥] 2019年2月，美国国务院通过美国驻东盟使团主办了“美国-东盟伙伴关系论坛”。会后发布的会议报告强调了东盟对美国的重要性，认为其“在美国‘印太战略’中的重要地位怎么强调都不为过。作为该地区的召集者，东盟作为华盛顿阐明其自由和开放的印太愿景的平台发挥着不可或缺的作用。东盟的机制还确保美国在人道主义援助和灾难救援、安全部

---

① Ministry of Foreign Affairs of Japan, “Japan-Australia-India-U. S. Consultations,” June 7, 2018, https://www.mofa.go.jp/press/release/press4e_002062.html.

② Ministry of Foreign Affairs of Japan, “Japan-Australia-India-U. S. Consultations,” November 15, 2018, https://www.mofa.go.jp/press/release/press1e_000099.html.

③ “Secretary Pompeo’s Meeting with Quad Foreign Ministers of Australia, India, and Japan,” September 27, 2019, https://2017-2021.state.gov/secretary-pompeos-meeting-with-quad-foreign-ministers-of-australia-india-and-japan/index.html.

④ “Secretary Pompeo’s Quad Meeting with Japanese Foreign Minister Motegi, Indian Foreign Minister Jaishankar, and Australian Foreign Minister Payne,” October 6, 2020, https://2017-2021.state.gov/secretary-pompeos-quad-meeting-with-japanese-foreign-minister-motegi-indian-foreign-minister-jaishankar-and-australian-foreign-minister-payne/index.html.

⑤ “U. S. -Australia-India-Japan Consultations (‘The Quad’) Senior Officials Meeting,” December 18, 2020, https://2017-2021.state.gov/u-s-australia-india-japan-consultations-the-quad-senior-officials-meeting/index.html.

⑥ The White House, “National Security Strategy of the United States of America,” December 2017, p.46, https://trumpwhitehouse.archives.gov/wp-content/uploads/2017/12/NSS-Final-12-18-2017-0905.pdf.

门能力建设以及治理改革等方面的接触是有效的，而且与国家和地区倡议是互补的”。① 2019 年 11 月，美国国务院发布的《自由和开放的印太地区：促进共同的愿景》报告指出，“东盟处于印太地区地理上的中心位置，在美国的愿景中也处于中心位置”。② 美国国会通过的《亚洲再保证倡议法》也强调，美国应该支持和重申把美国-东盟关系提升到战略伙伴关系；重新提出东盟的中心地位，要帮助其建立一个强大、稳定、政治上有凝聚力、经济上一体化和在社会层面上负责任的国家共同体；敦促东盟继续支持其成员之间更大程度的一体化。③

（三）拜登政府对“东盟中心地位”的认知

在对待“东盟中心地位”的问题上，拜登政府延续了前任政府的政策。在与日本、澳大利亚、韩国、菲律宾等印太盟国的双边外交活动中，拜登政府的官员几乎在每个互动场合都会强调美国对“东盟中心地位”的支持。

2021 年 3 月，美国与韩国举行“2+2”对话。双方表示在致力于支持“东盟中心地位”及其他努力方面是一致的。④ 2021 年 5 月，美韩举行第一次关于东盟和东南亚的对话，两国承诺扩大在东南亚和印太地区的合作，支持“东盟中心地位”和《东盟印太展望》。⑤ 美国和韩国领导人在 5 月 21 日

---

① Jeffrey Ordaniel and Carl Baker, “ASEAN Centrality and the Evolving US Indo-Pacific Strategy: A Conference Report of the U. S. -ASEAN Partnership Forum,” March 2019, https://pacforum. org/wp-content/uploads/2019/05/issuesinsights_ Vol19CR4_ USASEAN_ 0. pdf.

② U. S. Department of State, “A Free and Open Indo-Pacific: Advancing a Shared Vision,” November 4, 2019, p. 6, https://www. state. gov/wp-content/uploads/2019/11/Free-and-Open-Indo-Pacific-4Nov2019. pdf.

③ Asia Reassurance Initiative Act of 2018, SEC. 205.

④ “Joint Statement of the 2021 Republic of Korea-United States Foreign and Defense Ministerial Meeting (‘2+2’),” March 18, 2021, https://www. state. gov/joint-statement-of-the-2021-republic-of-korea-united-states-foreign-and-defense-ministerial-meeting-22/.

⑤ “U. S. -ROK Pledge to Increase Cooperation on ASEAN and Southeast Asia,” May 13, 2021, https://www. state. gov/u-s-rok-pledge-to-increase-cooperation-on-asean-and-southeast-asia/.

发表的联合声明也表示，支持“东盟中心地位”和东盟领导的地区架构。①

2021 年 4 月，拜登总统与日本首相菅义伟会谈后发表了题为《美国-日本新时代全球伙伴关系》的联合声明。声明表示，两国支持东盟的团结及其在印太地区的中心地位以及《东盟印太展望》。② 2021 年 9 月，美国国家安全事务助理杰克·沙利文（Jake Sullivan）与菲律宾外长特奥多罗·洛钦（Teodoro Locsin Jr.）及国防部部长德尔芬·洛伦扎纳（Delfin Lorenzana）会谈时，也反复强调美国支持“东盟中心地位”。③ 美国和澳大利亚在 2021 年 9 月举行“2+2”磋商时也表示，坚定地致力于支持东南亚、“东盟中心地位”和东盟领导的架构，强调东亚峰会作为该地区主要的、领导人领导的论坛，在解决战略挑战方面发挥了重要作用，将继续支持务实地实施《东盟印太展望》。④

在与新加坡、印度尼西亚、文莱、越南、马来西亚等伙伴的双边和多边外交活动中，拜登政府官员也反复强调支持“东盟中心地位”。美国国家安全事务助理沙利文在 2021 年 2 月与新加坡外长维文（Vivian Balakrishnan）通电话时，重申拜登政府致力于支持“东盟中心地位”。2021 年 4 月，沙利文与印尼外长蕾特诺·马尔苏迪（Retno Marsudi）通电话，强调拜登-哈里斯政府致力于深化美国-印尼战略伙伴关系，推动和支持“东盟中心地位”。2021 年 8 月，沙利文在与马尔苏迪会谈时，又强调支持“东盟中心地位”，支持东盟在印太地区架构中发挥至关重要

① “U. S. -ROK Leaders’ Joint Statement,” May 21, 2021, https://www.whitehouse.gov/briefing-room/statements-releases/2021/05/21/u-s-rok-leaders-joint-statement/.

② “U. S. -Japan Joint Leaders’ Statement: U. S. -Japan Global Partnership for a New Era,” April 16, 2021, https://www.whitehouse.gov/briefing-room/statements-releases/2021/04/16/u-s-japan-joint-leaders-statement-u-s-japan-global-partnership-for-a-new-era/.

③ “Statement by NSC Spokesperson Emily Horne on National Security Advisor Jake Sullivan’s Meeting with Philippine Officials,” September 9, 2021, https://www.whitehouse.gov/briefing-room/statements-releases/2021/09/09/statement-by-nsc-spokesperson-emily-horne-on-national-security-advisor-jake-sullivans-meeting-with-philippine-officials/.

④ “Joint Statement on Australia-U. S. Ministerial Consultations (AUSMIN) 2021,” September 16, 2021, https://www.state.gov/joint-statement-on-australia-u-s-ministerial-consultations-ausmin-2021/.

的作用。[①]

2021年5月，美国国务卿布林肯在与文莱外长举行会谈时强调，美国重视“东盟中心地位”和东盟在地区架构中的作用。在与越南外长裴青山（Bui Thanh Son）通电话时，布林肯强调了美国对“东盟中心地位”“湄公河-美国伙伴关系”的承诺。[②] 2021年12月，在与马来西亚总理伊斯梅尔·萨布里·雅各布（Dato' Sri Ismail Sabri bin Yaakob）举行会谈时，布林肯也重申支持“东盟中心地位”。

拜登政府在与盟国及伙伴的多边对话中也不断强调支持“东盟中心地位”。2021年3月，美、日、印、澳四国领导人峰会发表联合声明，重申坚定支持东盟的团结及其中心地位，支持《东盟印太展望》。[③] 2021年8月，美、日、印、澳四国高级官员举行线上磋商，再度重申坚定支持东盟中心地位和《东盟印太展望》。[④] 2021年7月，美、日、韩在东京举行会谈，也表示支持“东盟中心地位”和东盟领导的地区架构。[⑤]

在与东盟的互动中，美国也不断强调支持“东盟中心地位”。2021年5月，美国与东盟举行第34次年度美国-东盟对话，美方重申了拜登-

---

① “Statement by NSC Spokesperson Emily Horne on National Security Advisor Jake Sullivan's Meeting with Foreign Minister Retno Marsudi of Indonesia,” August 2, 2021, https://www.whitehouse.gov/briefing-room/statements-releases/2021/08/02/statement-by-nsc-spokesperson-emily-horne-on-national-security-advisor-jake-sullivans-meeting-with-foreign-minister-retno-marsudi-of-indonesia/.

② “Secretary Blinken's Call with Vietnamese Foreign Minister Son,” May 27, 2021, https://www.state.gov/secretary-blinkens-call-with-vietnamese-foreign-minister-son/.

③ “Quad Leaders' Joint Statement: The Spirit of the Quad,” March 12, 2021, https://www.whitehouse.gov/briefing-room/statements-releases/2021/03/12/quad-leaders-joint-statement-the-spirit-of-the-quad/.

④ “U.S.-Australia-India-Japan Consultations (the ‘Quad’) Senior Officials Meeting,” August 12, 2021, https://www.state.gov/u-s-australia-india-japan-consultations-the-quad-senior-officials-meeting/.

⑤ “Deputy Secretary Sherman's Trilateral Meeting with Japanese Vice Foreign Minister Mori and Republic of Korea First Vice Foreign Minister Choi,” July 20, 2021, https://www.state.gov/deputy-secretary-shermans-trilateral-meeting-with-japanese-vice-foreign-minister-mori-and-republic-of-korea-first-vice-foreign-minister-choi/.

哈里斯政府对于重振美国多边伙伴关系及“东盟中心地位”的承诺。[①] 2021年7月，美国国务卿布林肯与东盟国家外长及东盟秘书长举行会谈。布林肯重申了美国对于“东盟中心地位”的承诺并强调了东盟在印太地区架构中至关重要的作用。[②] 2021年9月，布林肯与东盟各国外长举行线上会谈，重申了美国对“东盟中心地位”的承诺和美国对《东盟印太展望》的支持。[③]

通过梳理从奥巴马政府时期到特朗普政府时期，再到拜登总统入主白宫以来美国对“东盟中心地位”的认知，可以看出，美国政府对东盟、东盟在地区事务中作用的认知是一贯的。历届美国政府都支持“东盟中心地位”，其核心在于，东盟在其发展过程中形成的诸多原则与精神及其在地区架构和地区秩序塑造方面发挥的作用，与美国的利益和追求是高度契合的。

从语言表述来看，美国政府对“东盟中心地位”的认知和中国政府对“东盟中心地位”的认知基本上一致，都强调东盟在东亚、亚太地区架构和秩序塑造中的重要作用。但在面对中美战略竞争和印太地区国家间关系的现实时，“东盟中心地位”在美国和中国的政策及战略思维中的意涵实际上有很大差异；从这些话语背后的战略意图和战略实践来看，更是具有本质上的差异。特别是在特朗普总统入主白宫之后，美国正式推出其“印太战略”，中美全面“战略竞争”态势日趋明显，各方似乎都出现了担心“东盟中心地位”会因中美战略竞争加剧而受到侵蚀的疑虑。这给未来印太秩序的走向也带来了不确定性。有评论指出，东盟关于“自由和开放的印太地区”的主要关注点之一是它会削弱其“中心地位”。失去“中心地位”将会使东

① “34th U. S. -ASEAN Dialogue,” May 6, 2021, https: //www. state. gov/34th-u-s-asean-dialogue/.

② “Secretary Blinken's Meeting with ASEAN Foreign Ministers and the ASEAN Secretary General,” July 13, 2021, https: //www. state. gov/secretary-blinkens-meeting-with-asean-foreign-ministers-and-the-asean-secretary-general/.

③ “Secretary Blinken's Meeting with ASEAN Foreign Ministers,” September 23, 2021, https: //www. state. gov/secretary-blinkens-meeting-with-asean-foreign-ministers/.

盟在大国竞争中的中立地位和可操作性大大下降。东盟甚至担心，美、日、印、澳四方安全对话可能会作为地区合作的替代性驱动力量而兴起，并进而取而代之。①

四 “东盟中心地位”与印太秩序的未来

“东盟中心地位”能否继续为亚太（印太）区域内各方所接受并对未来印太秩序的走向产生积极影响，将取决于多种因素，中美战略竞争对“东盟中心地位”及印太地区秩序的影响也将受制于多种因素。

（一）东盟共同体自身的进一步发展

东盟共同体的未来发展仍将是影响“东盟中心地位”的根本因素。东盟能不能维持和进一步发展其“中心地位”，首先取决于东盟共同体自身的发展、团结和能力，包括其自身的一体化、议题设定或引领、问题解决能力。

东盟和东亚经济研究所（Economic Research Institute for ASEAN and East Asia, ERIA）执行主任西村秀俊（Hidetoshi Nishimura）教授等人指出，“东盟的经济实力和活力是东盟中心地位的核心”。② 陈思诚教授指出，一个分裂和虚弱的东盟对东盟的“中心地位”是有害的。东盟作为地区架构的核心和基石，如果不能团结在一起，宣称“中心地位”是没有意义的。没有东盟在地区架构中的“中心地位”，东南亚人就会失去定义“亚太地区主

① Ryosuke Hanada, “ASEAN's Role in the Indo-Pacific: Rules-based Order and Regional Integrity,” in Sharon Stirling ed., *Mind the Gap: National Views of the Free and Open Indo-Pacific*, German Marshall Fund of the United States, April 1, 2019, p. 8.

② Hidetoshi Nishimura, Masahito Ambashi, and Fusanori Iwasaki, “Strengthened ASEAN Centrality and East Asia Collective Leadership: Role of Japan-ASEAN Centrality and ASEAN-Japan Cooperation as Development of Heart-to-Heart Diplomacy,” in Simon Tay, Shiro Armstrong, Peter Drysdale and Ponciano Intal Jr. (eds.), *Collective Leadership, ASEAN Centrality, and Strengthening the ASEAN Institutional Ecosystem*, Jakarta: Economic Research Institute for ASEAN and East Asia, 2019, p. 140.

义”和以最符合其自身利益的方式塑造其方向的优先权。① 新加坡东南亚研究所所长鲁道夫·C. 塞韦里诺（Rodolfo C. Severino）认为，除了东盟，在“亚洲区域主义”中还没有其他国家或行为体能够发挥召集者的作用，但东盟不能对其“中心地位”沾沾自喜。在与其他大国的互动中，东盟需要发挥领导作用，而不能仅限于管理“亚太地区主义”进程。为此，东盟必须实现更充分的政治凝聚力和经济一体化，并通过地区合作处理共同的区域性问题。②

新加坡南洋理工大学拉惹勒南国际研究院副教授梅里·卡巴莱诺-安东尼（Mely Caballero-Anthony）指出，尽管缺少物质力量，但由于其处于众多网络节点的地位，东盟已能够宣称其“中心地位”，而且这种“高中间性”（high betweenness）的状态使东盟能够在地区进程中施加大国默认和接受的影响力。然而，尽管东盟已经获得了这种“中心地位”，但要在迅速变化的地区环境中维持其“中心地位”，它将不得不应对其“中心地位”面临的挑战。③ 德国弗莱堡大学（University of Freiburg）政治科学研究所研究员卢卡斯·马克西米利安·米勒（Lukas Maximilian Mueller）认为，东盟的“中心地位”在东亚和印太地区已越来越受到质疑。由于环境不断变化及与伙伴国的贸易联系日益增加，东盟在贸易方面的中心地位受到了威胁。同时，东盟在《区域全面经济伙伴关系协定》（Regional Comprehensive Economic Partnership，RCEP）谈判中的领导作用只是象征性的，而非实质的。在互联互通领域，东盟的“中心地位”更是有问题的，其地区互联互通的愿景也面临其他国家的竞争。④

① See Seng Tan, “ASEAN Centrality,” *CSCAP Regional Security Outlook 2013*, Council for Security Cooperation in the Asia Pacific, 2012, p. 28.

② Rodolfo C. Severino, “ASEAN and Northeast Asia,” in Bhubhindar Singh ed., *Is Northeast Asian Regionalism the Centre of East Asian Regionalism*? The Centre for Multilateralism Studies, S. Rajaratnam School of International Studies, Nanyang Technological University, 2012, p. 16.

③ Mely Caballero-Anthony, “Understanding ASEAN's Centrality: Bases and Prospects in an Evolving Regional Architecture,” *The Pacific Review*, Volume 27, Issue 4, 2014.

④ Lukas Maximilian Mueller, “ASEAN Centrality under Threat-the Cases of RCEP and Connectivity,” *Journal of Contemporary East Asia Studies*, Volume 8, Issue 2, 2019.

当前，东盟内部还有许多议题对其自身的能力及发展构成了挑战，比如缅甸的政治形势。虽然“东盟方式”在东盟内部已经被证明是行之有效的共识，而且受到域外一些国家的认可，但东盟共同体发展的进一步深化，可能需要对其原则和精神提出更进一步的要求，挑战过去为各方接受的、行之有效的原则，否则东盟共同体的进一步发展和深化将会面临障碍。东盟的某些原则与其追求的目标是存在内在矛盾的，如“不干涉内政和尊重国家主权”的原则。这些原则在实践中会面临矛盾。东盟一体化程度越深，对国家主权的干预也就越不可避免。东盟能否有效地解决自身内部面临的各种问题，将成为检验其“中心地位”的试金石。

当然，关于“东盟中心地位”的乐观声音也是存在的。印度尼西亚前外长马尔迪·纳塔勒加瓦（Marty Natalegawa）指出，对东盟团结的挑战从来不少见，而且已有较多报道。在迅速变化的世界中，经常出现许多诋毁者批评东盟不重要，但东盟始终能展现出其韧性。最终，东盟已被证明是不可或缺的，一直很重要。实际上，东盟的贡献在于它是有改革能力的（transformative）。“战略信任”已取代了东南亚国家间关系中曾经普遍存在的信任赤字。东盟在更广泛地区的政治-安全和经济架构建设中已处于“中心地位”，不再是深陷分裂性大国敌对状态的微不足道的东南亚了。对该地区经济前景的乐观看法，也远远超过了过去几十年面对的令人畏惧的挑战。而且，东盟“还把尊重和推动人权和民主原则作为关键目标”。[①]

东盟的繁荣和一体化的程度、东盟的团结及解决相互间分歧和矛盾的能力，及其在进一步塑造地区架构方面的领导力，将会在很大程度上成为决定其“中心地位”能否维持并为各方所接受和认可的关键因素，进而也会在一定程度上影响未来印太地区秩序的发展和走向。在大国竞争的夹缝中，没有东盟共同体自身的强大和成功，其“中心地位”很可能只是一种幻想。

---

① Marty Natalegawa, “ASEAN: Past and Future,” *CSCAP Regional Security Outlook 2018*, Council for Security Cooperation in the Asia Pacific, 2018, pp. 26-28.

（二）“东盟中心地位”与中国-东盟互动的现实

从中国对“东盟中心地位”的基本认知来看，中国在原则上对“东盟中心地位”的支持是一贯的。但原则和观念只有落实到具体议题和具体政策实践中，才会展现出其特定的意义和影响。

过去20多年来，中国政府一直非常重视发展与东盟及其成员国全方位和多层次的关系，重视东盟在地区架构中的影响力。这从中国与东盟及其成员国关系的积极发展中可以看出来。与此同时，在具体议题和政策层面，中国与东盟一些成员国之间的矛盾和争端也是现实存在，比如中国与菲律宾、越南、马来西亚、印度尼西亚等东盟国家的领土或领海主权权益争端。中国和东盟一些成员国在价值观、意识形态和社会制度方面存在根本差异，这决定了双方在一些地区和国际问题上的基本差异，特别是处理双方之间分歧的方式的差异。

中国与东盟及其成员国在这些存在矛盾的议题上的互动，可能会在实践层面对“东盟中心地位”形成挑战。中国与东盟成员国之间的矛盾和冲突以及解决矛盾和冲突的方式，不仅会影响中国与东盟成员国之间的关系，而且会影响区域内其他国家对中国的认知及与中国的关系，进而对未来印太秩序的走向产生一定影响。在中美战略竞争加剧的背景下，认识中国与东盟及其成员国之间的互动，必须有更广阔的战略视野。

（三）美国支持“东盟中心地位”的战略意图

与中国相比，美国是较晚接受“东盟中心地位”的国家。美国接受“东盟中心地位”主要是因为东盟所倡导和坚持的一些基本原则与美国的理念是高度契合的。《东盟宪章》所描述的东盟是“受同一个愿景、同一种身份和同一个互助和共享的共同体激励并团结在这种愿景、身份和共同体之下”“尊重友好与合作的重要性，以及主权、平等、领土完整、不干涉、共识与多样性中的统一（unity in diversity）等原则”，“坚持民主、法治和善治，尊重和保护人权和根本自由等原则”的共同体。[①]《东盟宪章》的这些原则中，有相当一部分与美国外交的原则是相符的。也只有当其原则与美国及其盟国和伙伴的目标和原则一致的时候，美国及其盟国和伙伴才可能支持“东盟中心地位”。

2015年11月，美国与东盟举行第三次美国-东盟峰会。双方发表联合声明表示，美国与东盟的关系“是植根于共同原则的，包括《联合国宪章》和《东盟宪章》的原则和目标”，双方“致力于在亚洲采取基于规则的方法，尊重国际法与和平解决争端”；“致力于加强民主，提升善治和法治，促进和保护人权和基本自由，鼓励宽容和自我节制，以及保护环境”；致力于东盟的一体化进程和建立一个“强大、稳定、政治上有凝聚力、经济上一体化、具有社会责任感、以人为本、以人民为中心的东盟共同体”；还致力于“支持东盟在亚太地区基于规则的地区架构发展中发挥中心作用”，在亚太地区合作中维持和平与稳定。[②]

美国支持“东盟中心地位”体现了东盟所倡导和坚持的一些基本原则与美国对外战略在理念上的高度契合，更反映了美国在地缘战略竞争中的利益诉求，非常明显地体现着美国与中国进行战略竞争的意图。从奥巴马政府时期到特朗普政府时期，美国政府都试图把中国描绘成试图在亚太（印太）地区追求控制地位的国家。

2016年1月，美国国务院助理国务卿丹尼尔·拉塞尔在新加坡国立大学李光耀公共政策学院演讲时曾说：“我们对东盟中心地位的承诺以及致力于支持建立规则的制度，表明我们希望与该地区合作，而不是控制它。我们是合作伙伴，不是霸权国。我们希望得到信任，而不是颂扬；得到朋友，而不是附庸。大国与东盟合作的地区将会是稳定的。大国追求势力范围的地区

① “The ASEAN Charter,” https://www.asean.org/wp-content/uploads/images/2013/resources/publication/2012%20-%20The%20ASEAN%20Charter%20in%20English%20and%20ASEAN%20Languages%20（May）.pdf.

② “Joint Statement on the ASEAN-U.S. Strategic Partnership,” November 21, 2015, https://obamawhitehouse.archives.gov/the-press-office/2015/11/21/joint-statement-asean-us-strategic-partnership.

不会是稳定的。”[1] 2016 年 2 月，美国驻东盟大使贺琪珍（Nina Hachigian）在谈到美国-东盟峰会时说，美国-东盟峰会扩大了美国对该地区、东盟以及“东盟中心地位”的承诺。美国投资东盟符合美国的利益，这是因为：东盟对美国的繁荣非常重要；东盟是美国应对暴力恐怖主义、气候变化、网络安全、野生动物贩运、人口贩卖等重要跨国挑战的战略伙伴；东盟对美国来说也是地缘政治上的稳定力量；东盟能够把亚洲召集起来，并在推动亚太地区基于规则的秩序方面发挥着至关重要的作用。[2]

2018 年 7 月，美国国务卿蓬佩奥在“印太商业论坛”上发言说，东盟确实是印太地区的中心，在美国提出的印太愿景中发挥着中心作用。特朗普政府关于 21 世纪印太地区的清晰愿景是深刻地参与该地区的经济、政治和安全事务，但美国从不而且永远都不会在印太地区寻求支配地位，也反对任何国家这么做。[3] 2018 年 11 月，在第 6 次美国-东盟峰会[4]和第 13 次东亚峰会（新加坡）[5] 上，美国副总统彭斯在演讲中都表示，美国对印太地区的承诺是坚定和持久的，美国所做的一切，寻求的是合作，而非控制；东盟是美国的战略伙伴，在美国的“印太战略”中处于中心地位；美国与东盟国家的利益相互交织，而且愿景完全相同；帝国主义和侵略在印太地区都无容身之地，进步是建立在独立和伙伴关系的基础之上的；美国和东盟的愿景不排除任何国家，只是要求它们尊重其邻国，尊重这些国家的主权和基于国际规则的秩序。

---

① Daniel R. Russel, “The United States: Southeast Asia’s Economic and Security Partner,” January 22, 2016, https://2009-2017.state.gov/p/eap/rls/rm/2016/01/251695.htm.

② “Telephonic Media Briefing with U.S. Ambassador to ASEAN Nina Hachigian,” February 25, 2016, https://2009-2017.state.gov/r/pa/ime/eapmediahub/253696.htm.

③ Michael R. Pompeo, “Remarks on ‘America’s Indo-Pacific Economic Vision’,” July 30, 2018, https://www.state.gov/secretary/remarks/2018/07/284722.htm.

④ “Remarks by Vice President Pence at the 6th U.S.-ASEAN Summit,” November 14, 2018, https://www.whitehouse.gov/briefings-statements/remarks-vice-president-pence-6th-u-s-asean-summit/.

⑤ “Prepared Remarks for Vice President Pence at the East Asia Summit Plenary Session,” November 15, 2018, https://www.whitehouse.gov/briefings-statements/prepared-remarks-vice-president-pence-east-asia-summit-plenary-session/.

（四）各主要行为体的互动与印太秩序的未来

“东盟中心地位”只是展示了印太秩序发展的一种前景，但东盟能否引领印太秩序的未来，最终还取决于它能否有效地平衡其他行为体（美国、日本、印度、中国、俄罗斯等）并得到这些行为体的认可和接受，以及它能否有效地吸收这些行为体的印太愿景的合理成分，并将其融入议题倡议之中，引领议题设置及规则的塑造。其他主要行为体的互动也会影响“东盟中心地位”和未来印太秩序的塑造。现实的情况经常是各个行为体都强调尊重“东盟中心地位”，但又都试图按照自己的利益、价值、规则塑造地区规则和秩序。所以，“东盟中心地位”在很大程度上成了大国竞争影响力的工具或说辞。

在当前的印太形势下，中美之间的互动无疑将会是未来相当长时间内影响“东盟中心地位”和塑造印太秩序的最关键因素。中美两国的政策选择和互动方式将在很大程度上决定未来印太秩序的走向。

奥巴马政府执政期间，中美两国曾于 2016 年 6 月举行第八轮中美战略与经济对话，并就亚太事务达成一些共识。双方决定加强在亚太事务上的对话和在该地区多边机制（包括亚太经济合作组织、东亚峰会和东盟地区论坛）中的合作。双方尊重和支持“东盟中心地位”和东盟领导的机制在亚太地区的地区架构发展中的作用，并决定继续与该地区国家采取协调行动，促进亚太地区开放的经济发展。①

在特朗普政府时期，美国对中国的认知发生了根本变化，中美之间的战略竞争加剧。美国“印太战略”针对中国的意图已非常明确，其“印太战略”的推进导致中美关系的竞争性和对抗性更加凸显。虽然中美两国都宣称支持“东盟中心地位”和东盟领导的机制在亚太地区的地区架构发展中发挥作用，但两国为“东盟中心地位”赋予的内涵已经完全不同了。2021

① “U. S. China Strategic & Economic Dialogue Outcomes of the Strategic Track,” June 7, 2016, https://2009-2017. state. gov/r/pa/prs/ps/2016/06/258146. htm.

年8月，王毅外长在第28次东盟地区论坛外长会议上发表演讲时指出："以东盟为中心的区域合作架构，是本地区保持总体稳定的有益实践，值得我们珍惜和弘扬。但近年来，个别域外大国试图推行新的地区战略来另起炉灶，通过军事威慑搞集团对抗，这一倾向十分危险，应予以警惕和制止。我们应共同努力推动地区合作保持健康正确方向，兼顾各方诉求，包容各方利益，促进共同安全，实现地区的长治久安。"① 这实际上是谴责了美国的相关做法。

未来印太秩序的状态将在很大程度上取决于区域内各种行为体的力量对比和相互间的互动，取决于各种主要力量对比变化的结果。同时，未来印太秩序的状态也将是与该秩序有关的各种思想、价值、制度、意识形态和愿景相互竞争的结果。它将在很大程度上取决于各方倡导的规则、规范、制度、愿景等的吸引力，以及被其他行为体所接受的程度。

结　语

目前，美国和日本、澳大利亚、印度、韩国、东盟等盟国和伙伴都宣称致力于塑造一个自由和开放的印太地区，实际上也就是第二次世界大战结束以来美国一直倡导和坚持的"自由主义国际秩序"或"自由国际主义秩序"。目前，美国等国家提出的印太愿景不可能被中国接受；而中国提出的构建"亚洲命运共同体"和"人类命运共同体"等倡议，尚未充分得到美国及其盟国和伙伴的理解和认同。塑造任何形式的印太秩序，都需要具有一定的"国际主义"的眼光和视野。未来秩序的形成，必然涉及主权的让渡、对国家利益认知的变化。狭隘的民族主义和有选择的"多边主义"，与塑造良好的印太秩序所需要的国际主义精神是相违背的。"东盟中心地位"的发展只是为印太秩序的塑造提供了基础和参照。东盟共同体建设的深化和发展

① 《王毅国务委员兼外长在第28届东盟地区论坛外长会上的发言》，中华人民共和国外交部官网，https://www.fmprc.gov.cn/web/ziliao_674904/zyjh_674906/202108/t20210806_9180819.shtml。

将有助于进一步强化“东盟中心地位”，进而推动未来印太秩序的塑造。但“东盟中心地位”在塑造未来印太秩序方面的作用，还将取决于包括东盟在内的区域内各主要行为体之间的互动及其对“东盟中心地位”的认可。最终的结果将取决于谁的价值、制度和观念更有吸引力；谁更能为地区提供稳定的公共产品。中国提出的构建“人类命运共同体”的精神与印太秩序演进的要求是契合的。

（审读　王玮）

B.12
拜登政府的对外清洁能源政策与发展中国家的清洁能源转型

赵行姝*

摘　要： 发达国家对发展中国家提供公共气候融资，虽有波动但其总体规模呈增长态势。其中，美国为发展中国家清洁能源发展所提供的公共资金，在奥巴马任期内达到顶点，在特朗普任期内大幅下降。美国通过多个双边和多边机构/机制向发展中国家提供资金支持，以推动清洁能源发展，促进能源资源管理，增强区域能源安全，增强美国在全球气候能源治理中的作用，以及助力美国的国家安全与外交政策。拜登承诺大幅增加美国国际气候融资规模，积极利用现有双边或地区能源框架支持发展中国家清洁能源的发展。同时，他认识到，仅靠美国自身不可能完成发展中国家绿色低碳能源转型，美国要与盟友和伙伴广泛合作，以推进能源转型进程，帮助实现美国的地缘战略目标。

关键词： 美国经济　发展中国家　清洁能源　能源转型

未来，全球应对气候变化的主要目标不再是通过谈判达成全球协定，而是履行已达成的全球协定中的承诺。① 全球深度脱碳最终依赖于清洁能源技

---

* 赵行姝，中国社会科学院美国研究所研究员，主要研究领域为美国气候与能源政策、全球气候与能源治理。

① Sarah Ladislaw, "Productive Competition: A Framework for U.S.-China Engagement on Climate Change," January 21, 2021, https://www.csis.org/analysis/productive-competition-framework-us-china-engagement-climate-change.

术，各国已开始发展清洁能源以减少碳排放。但是，当前全球清洁能源转型的速度、规模与第21届联合国气候变化大会一致通过的《巴黎协定》所确立的气候目标并不相符。其中，满足发展中国家绿色低碳转型的资金需求是全球气候治理的优先事项。发达国家早在2009年就承诺，并在2015年的《巴黎协定》中重申，到2020年每年向发展中国家提供1000亿美元，用以帮助后者进行绿色低碳能源转型并适应气候变化的影响。

未来几十年，全球碳排放量增长将主要来自发展中国家，因为它们正在经历经济增长、工业化和城市化。[①] 如果发展中国家的能源转型和清洁能源投资不能加快速度，全球将在应对气候变化和实现其他可持续发展目标时面临重大障碍。世界能源和气候的未来越来越取决于新兴和发展中国家的决策。[②] 在上述背景下，近年来，美国持续对发展中国家提供公共气候资金。拜登上台后承诺，不仅要提高国内减排雄心，还要协助其他国家增强气候雄心。2021年4月，拜登承诺要把美国提供的国际公共资金增加1倍；[③] 同年9月，拜登再次承诺要把美国提供的国际气候资金翻两番，使美国成为“公共气候融资的领导者”。[④] 之后，拜登在第26届联合国气候变化大会上表态，称美国要做更多工作来帮助发展中国家加速清洁能源转型。[⑤] 本报告分

① International Energy Agency, “The World Bank and the World Economic Forum, Financing Clean Energy Transitions in Emerging and Developing Economies,” 2021, p. 3, https://iea.blob.core.windows.net/assets/6756ccd2-0772-4ffd-85e4-b73428ff9c72/FinancingCleanEnergyTransitionsinEMDEs_WorldEnergyInvestment2021SpecialReport.pdf.

② International Energy Agency, “The World Bank and the World Economic Forum, Financing Clean Energy Transitions in Emerging and Developing Economies,” 2021, p. 13, https://iea.blob.core.windows.net/assets/6756ccd2-0772-4ffd-85e4-b73428ff9c72/FinancingCleanEnergyTransitionsinEMDEs_WorldEnergyInvestment2021SpecialReport.pdf.

③ The White House, “Executive Summary: U.S. International Climate Finance Plan,” April 22, 2021, https://www.whitehouse.gov/briefing-room/statements-releases/2021/04/22/executive-summary-u-s-international-climate-finance-plan/.

④ Leah Rodriguez, “US President Joe Biden Pledges to Double Climate Financing for Poor Countries,” September 22, 2021, https://www.globalcitizen.org/en/content/biden-us-global-climate-change-contributions/.

⑤ The White House, “Remarks by President Biden at the COP26 Leaders Statement,” November 1, 2021, https://www.whitehouse.gov/briefing-room/speeches-remarks/2021/11/01/remarks-by-president-biden-at-the-cop26-leaders-statement/.

析美国联邦政府在发展中国家绿色低碳能源转型中的作用，考察美国如何通过公共资金投资于发展中国家，推动后者发展清洁能源。研究的主要问题包括：美国在多大程度上推动发展中国家的清洁能源转型？通过哪些制度、机制或政策推进这一进程？有什么特点或重点？

一 发展中国家发展清洁能源所获国际公共融资持续增加

对于哪些能源应被视为“清洁能源”，当前存在多种不同意见。[①] 换句话说，当前对“清洁能源”的统一定义尚不存在。[②] 此处“清洁”通常是指减少或消除每单位能源所产生的排放量（例如碳）。太阳能、风能、地热能、生物质能、生物燃料等可再生能源几乎总是被归类为“清洁能源”；先进核能和清洁煤炭有时也会被视为“清洁能源”。[③] 有些研究使用的广义“清洁能源”概念，涵盖脱碳技术和其他环保技术，这些技术有助于应对气候变化；[④] 而有的研究则把“清洁能源”直接等同于可再生能源。[⑤] 本报告使用国际能源署（International Energy Agency，IEA）的定义，认为清洁能源包括可再生能源、能源效率、低碳燃料、核能、电池储存以及碳捕捉、利用和封存。[⑥] 清洁能源转型不仅包括对提高能效和新的低碳能源的投资，而且

---

① Phillip Brown, “Clean Energy Standard: Summary and Analysis of S. 2146,” CRS Report: R42522, May 9, 2012, https: //sgp. fas. org/crs/misc/R42522. pdf.

② Congressional Research Service, “Clean Energy Standards: Selected Issues for the 117th Congress,” CRS Report: R46691, https: //crsreports. congress. gov/product/pdf/R/R46691.

③ Phillip Brown, “Loan Guarantees for Clean Energy Technologies: Goals, Concerns, and Policy Options,” CRS Report: R42152, January 17, 2012, p. 1, https: //sgp. fas. org/crs/misc/R42152. pdf1.

④ Christopher M. Dent, “Clean Energy Trade Governance: Reconciling Trade Liberalism and Climate Interventionism?” *New Political Economy*, Vol. 23, No. 6, 2018, pp. 728-747.

⑤ 参见张锐《印度清洁能源外交：能源革命与大国战略驱动下的外交实践》，《印度洋经济体研究》2020 年第 6 期，第 139~153 页。

⑥ International Energy Agency:《全球能源部门 2050 年净零排放路线图》，2021 年 9 月，p. 192, https: //iea. blob. core. windows. net/assets/f4d0ac07-ef03-4ef7-8ad3-795340b37679/NetZeroby2050-ARoadmapfortheGlobalEnergySector_ Chinese_ CORR. pdf。

包括对现有能源基础设施的投资。① 但是，受数据可得性所限，文中所引用数据均是可再生能源统计数据。

从全球来看，清洁能源投资主要来自私营部门，但公共部门仍然是发展中国家的重要融资来源。发展中国家在吸引清洁能源投资方面面临许多重大障碍，包括市场动荡、脆弱或受冲突影响地区存在风险；市场体系薄弱，缺乏监管和金融基础设施；政府缺乏获取国际气候融资的机会或满足投资要求的能力不足；治理不善和不平等引发挑战；税收和公共财政管理方面存在薄弱环节。② 鉴于此，发展中国家不得不依赖公共资金来弥补私人资金的不足，希望前者投资于高风险地区，公共资金由此成为发展中国家发展清洁能源的关键推动力量。国际可再生能源署（International Renewable Energy Agency，IRENA）的数据显示，2013~2018 年，公共部门融资占全球可再生能源总投资的 14%，主要来自发展金融机构（development finance institutions）。公共融资规模虽然有限，但对于降低风险、克服初始障碍、吸引私人投资者、促使新市场成熟等至关重要。③

近年来，发展中国家可再生能源部门的国际公共投资一直在稳步增长。《跟踪可持续发展目标 7：2020 年能源进展报告》（Tracking SDG 7：Energy Progress Report 2020）的数据显示出以下特征。④

第一，从总体趋势来看，2000~2017 年，流入发展中国家可再生能源部门的年度国际公共资金增加了 15 倍，反映出国际公共资金越来越关注清洁

① International Energy Agency，“Security of Clean Energy Transitions，” 2021，p. 21，https：//iea. blob. core. windows. net/assets/f29e5cf4 - bdef - 44ac - a3a3 - 7a685f1fd560/G20Security of Clean Energy Transitions. pdf.

② Jeffrey Haeni，“Statement of Acting Director for the Center for Environment，Energy，and Infrastructure，” May 19，2021，pp. 2 - 3，https：//docs. house. gov/meetings/AP/AP04/20210519/112655/HHRG-117-AP04-Wstate-HaeniJ-20210519. pdf.

③ International Renewable Energy Agency，“Global Landscape of Renewable Energy Finance 2020，” 2020，p. 8，https：//irena. org/-/media/Files/IRENA/Agency/Publication/2020/Nov/IRENA_ Global_ Landscape_ Renewable_ Energy_ Finance_ 2020. pdf.

④ International Renewable Energy Agency，“Global Landscape of Renewable Energy Finance 2020，” 2020，pp. 46 - 47，https：//irena. org/-/media/Files/IRENA/Agency/Publication/2020/Nov/IRENA_ Global_ Landscape_ Renewable_ Energy_ Finance_ 2020. pdf.

的可再生能源。

第二，从资金增长情况来看，2000~2009 年，每年流向发展中国家可再生能源部门的国际公共资金水平较低，从每年 10 亿美元到 40 亿美元不等。2010 年出现显著增长，国际公共资金比 2009 年翻了一番多，达到 101 亿美元。2010~2017 年，年度国际公共资金增长了 2 倍，每年增长约 16 亿美元，2017 年达到 214 亿美元（见表 1）。

第三，从资金投入的能源类别来看，2017 年，近一半的国际公共资金用于水电项目，然后是太阳能（19%）、风能（7%）和地热（6%）。

第四，从资金流向（地域）来看，自 2010 年以来，撒哈拉以南非洲和拉丁美洲可再生能源部门每年吸引了大部分国际公共投资。2017 年，这两个区域分别占国际公共投资总量的 37%和 21%。只有一小部分国际公共资金流向最脆弱国家，即最不发达的国家（least developed countries，LDC）和小岛屿发展中国家（small island developing states，SIDS）。2017 年，最不发达国家可再生能源部门仅获得 27 亿美元（占总额的 13%），而小岛屿发展中国家可再生能源部门所获资金不到 8 亿美元（占总额的 4%）。

总之，发展中国家可再生能源发展所获国际公共融资取得了重大进展，但总体趋势的积极面掩盖了资金分配的不平衡问题。国际财政资金承诺集中在少数发展中国家，而许多最脆弱、最需要资金支持的发展中国家尚未得到足够的国际支持。

表 1　支持发展中国家可再生能源发展的国际资金（2000~2017 年）

单位：2017 年不变价*，亿美元

年份	金额	年份	金额
2000	14	2007	40
2001	13	2008	24
2002	12	2009	38
2003	30	2010	101
2004	21	2011	104
2005	18	2012	104
2006	29	2013	132

续表

年份	金额	年份	金额
2014	158	2016	189
2015	148	2017	214

* "不变价"有时也叫"不变价格""固定价格"，是用某一时期同类产品的平均价格作为固定价格来计算各个时期的产品价值，目的是消除各时期价格变动的影响，保证前后时期之间、地区之间、计划与实际之间指标的可比性。参见中国国家统计局《"现行价格"、"不变价格"与"可比价格"》，2002，http：//www. stats. gov. cn/tjzs/tjcd/200205/t20020528_ 25325. html。

资料来源：International Renewable Energy Agency，"Global Landscape of Renewable Energy Finance 2020，" 2020， pp. 46 - 47， https：//irena. org/-/media/Files/IRENA/Agency/Publication/2020/Nov/IRENA_ Global_ Landscape_ Renewable_ Energy_ Finance_ 2020. pdf。

二 美国推动发展中国家清洁能源发展的现状与特点

（一）美国向发展中国家清洁能源部门提供公共融资

美国利用多个双边和多边机构/机制为发展中国家的清洁能源发展提供气候资金。自 1992 年批准《联合国气候变化框架公约》（United Nations Framework Convention on Climate Change，UNFCCC）以来，美国提供的国际气候融资从几近于零增加到 2015~2016 财年的每年约 27.9 亿美元，达到历史顶峰；在 2017~2018 财年又下降为每年 16 亿美元。① 2015~2018 财年，美国共计提供 87.8 亿美元的国际气候资金，用以支持发展中国家减缓和适应气候变化。②

美国向发展中国家提供气候融资，可以从多个维度来理解，主要包括融资渠道、融资工具、最终用途以及目标地域等。美国提供国际气候资金的渠

① United States，"United States 7th National Communication 3rd and 4th Biennial Report：A Review of Sustained Climate Action through 2020，" 2021， p. 140， https：//unfccc. int/sites/default/files/resource/United%20States%207th%20NC%203rd%204th%20BR%20final. pdf.

② United States，"United States 7th National Communication 3rd and 4th Biennial Report：A Review of Sustained Climate Action through 2020，" 2021，p. 132，https：//unfccc. int/sites/default/files/resource/United%20States%207th%20NC%203rd%204th%20BR%20final. pdf.

道包括双边机构（或机制）和多边机构（或机制），[①] 双边渠道包括国务院、美国国际开发署等美国联邦机构，多边渠道主要包括多边环境基金、多边开发银行、国际组织或项目等。2015~2018 财年，美国向发展中国家提供了 87.8 亿美元的国际气候资金，其中，66.7 亿美元是双边气候融资，占同期美国提供气候融资总额的 76%。这笔资金以三种形式提供：基于赠款的双边气候援助（51%）、发展融资（47%）、出口信贷（2%）。美国国际气候资金用于支持三类活动：适应、清洁能源和可持续景观（指森林、农业和其他土地利用）（见表 2）。[②]

表 2　美国气候融资概况

融资渠道	融资工具	融资地域	融资方向
(1)双边渠道 基于赠款的双边气候援助、发展融资、出口信贷 (2)多边渠道 多边气候基金、多边开发银行	(1)赠款 (2)合作协议 (3)合同 (4)贷款(优惠市场利率) (5)担保和保险	(1)特定国家活动 (2)全球、区域和多国活动	(1)适应 (2)清洁能源 (3)可持续景观

资料来源：United States, "United States 7th National Communication 3rd and 4th Biennial Report: A Review of Sustained Climate Action through 2020," 2021, p. 132, https://unfccc.int/sites/default/files/resource/United%20States%207th%20NC%203rd%204th%20BR%20final.pdf。

美国为发展中国家清洁能源发展提供的资金，占同期美国提供气候资金总额的较大比重。2015~2018 财年，美国向发展中国家提供了 87.8 亿美元的国际气候资金，其中用于发展中国家清洁能源活动的有 58.7 亿美元，占比 67%。其中，2015~2016 财年为 35.7 亿美元，2017~2018 财年为 23.0 亿美元。就目标国家而言，美国提供的清洁能源资金侧重于具有长期减排潜力

① 赵行姝：《美国对全球气候资金的贡献及其影响因素——基于对外气候援助的案例研究》，《美国研究》2018 年第 2 期，第 68~87 页。

② United States, "United States 7th National Communication 3rd and 4th Biennial Report: A Review of Sustained Climate Action through 2020," 2021, pp. 133 - 135, https://unfccc.int/sites/default/files/resource/United%20States%207th%20NC%203rd%204th%20BR%20final.pdf.

的国家，以及有潜力在持续、大规模部署清洁能源方面发挥领导作用的国家。就行业范围而言，美国支持的清洁能源包括可再生能源和能源效率，不包括天然气和其他化石燃料电厂的建设或改造。[①] 就美国联邦机构而言，美国国际发展金融公司（International Development Finance Corporation，DFC）[②] 和美国进出口银行（Export-Import Bank of the United States，EXIM）是由需求驱动的气候融资渠道，二者所提供的气候资金主要用于支持发展中国家的清洁能源活动。当前，美国国际发展金融公司在为发展中国家清洁能源项目提供公共资金方面表现突出。

（二）美国与发展中国家开展清洁能源合作的特点

美国主要利用外交手段，通过国家间的合作协议加强发展中国家的清洁能源开发。奥巴马和特朗普任期内，美国参与多个双边或多边清洁能源合作机制，支持发展中国家发展清洁、负担得起的能源，涉及非洲、亚洲、欧洲、拉丁美洲和中东等多个地区的多个国家。[③] 这一时期，美国与发展中国家开展的清洁能源合作主要具有以下特点。

第一，借助多边清洁能源创新机制，推进发展中大国的清洁能源技术创新与应用，使其成为美国推动发展中国家清洁能源转型的重点领域。

2010 年，清洁能源部长级会议（Clean Energy Ministerial，CEM）正式启动。它是专门讨论清洁能源的高级别全球性论坛，目的是提高全球能源效率，增强清洁能源供应，扩大清洁能源获取。[④] 其成员有 28 个，包括澳大

---

① United States, "United States 7th National Communication 3rd and 4th Biennial Report: A Review of Sustained Climate Action through 2020," 2021, p. 137, https://unfccc.int/sites/default/files/resource/United%20States%207th%20NC%203rd%204th%20BR%20final.pdf.

② 美国国际发展金融公司的前身是海外私人投资公司（Overseas Private Investment Corporation，OPIC）。

③ International Energy Agency, "The World Bank and the World Economic Forum, Financing Clean Energy Transitions in Emerging and Developing Economies," 2021, p. 13, https://iea.blob.core.windows.net/assets/6756ccd2-0772-4ffd-85e4-b73428ff9c72/FinancingCleanEnergyTransitionsinEMDEs_WorldEnergyInvestment2021SpecialReport.pdf.

④ Clean Energy Ministerial, "About the Clean Energy Ministerial," https://www.cleanenergyministerial.org/about-clean-energy-ministerial.

利亚、巴西、加拿大、智利、中国、丹麦、芬兰、法国、德国、印度、印度尼西亚、意大利、日本、韩国、墨西哥、荷兰、新西兰、挪威、波兰、葡萄牙、俄罗斯、沙特阿拉伯、南非、西班牙、瑞典、阿联酋、英国、美国。这些成员既包括发达国家，也包括发展中国家（主要是新兴经济体），占全球清洁能源公共投资的81%和全球温室气体排放量的83%。清洁能源部长级会议倡议的举措很多，其中美国参与的具体计划包括21世纪电力伙伴关系（21st Century Power Partnership，21CPP）、核创新：清洁能源未来倡议（Nuclear Innovation：Clean Energy Future）、碳捕获利用和储存倡议（CCUS Initiative）、国际智能电网行动网络（International Smart Grid Action Network，ISGAN）、清洁能源解决方案中心（Clean Energy Solutions Center）、氢能倡议（Hydrogen Initiative）和生物燃料未来平台倡议（Biofuture Platform Initiative，BfPIn）等。①

2015年，在巴黎气候大会上，"使命创新"（Mission Innovation）倡议启动，22个国家和欧盟委员会参与其中，参与国家包括澳大利亚、奥地利、巴西、加拿大、智利、中国、丹麦、芬兰、法国、德国、印度、意大利、日本、摩洛哥、荷兰、挪威、韩国、沙特阿拉伯、瑞典、阿联酋、英国、美国，既有发达国家，也有发展中国家（主要是新兴经济体），占全球清洁能源创新公共投资的90%以上。② 在美国的推动下，该倡议还把清洁能源部长级会议、合作研究活动、知识交流分析及其他相关工作相结合，作为"加强全球清洁能源创新合作的催化剂，也是应对气候变化所需紧急、持久响应的组成部分"。③

新兴经济体目前占燃料燃烧产生的二氧化碳（CO_2）排放量的66%，预

① Clean Energy Ministerial, "Initiatives," https://www.cleanenergyministerial.org/initiatives-cleanenergyministerial.

② Mission Innovation, "Overview," http://mission-innovation.net/about-mi/overview/.

③ United States, "United States 7th National Communication 3rd and 4th Biennial Report: A Review of Sustained Climate Action through 2020," 2021 p. 137, https://unfccc.int/sites/default/files/resource/United%20States%207th%20NC%203rd%204th%20BR%20final.pdf; Mission Innovation, "Overview," http://mission-innovation.net/about-mi/overview/.

计到 2040 年将占 70%。如果全球要实现可持续发展目标，主要新兴经济体的清洁能源转型将是关键之一。[①] 因此，美国借助上述具体倡议积极塑造全球清洁能源议程，推动清洁能源技术创新与应用，鼓励发展中大国向清洁能源经济转型。

第二，美国参与的区域能源计划，其支持清洁能源的侧重点与区域发展程度有关。在发展程度较高的发展中国家，美国清洁能源议程涵盖多种目标；而在最不发达国家，美国的清洁能源议程目标较为单一。

美国与非洲国家的清洁能源合作主要体现在增加可再生能源电力供应。“非洲电力倡议”（Power Africa Initiative）是奥巴马政府于 2013 年启动的，目标是到 2030 年将撒哈拉以南非洲地区的电力供应量增加 1 倍。2014 年，“非洲电力倡议”将目标进一步明确为到 2030 年增加至少 30000 兆瓦（MW）的清洁、可靠电力以及 6000 万个新的电力连接点。[②] 为实现这一目标，美国政府承诺提供数十亿美元的投资、财务担保和技术援助，用以撬动私营部门在非洲的电力投资。

美国与美洲国家的能源合作范围较广，当前以能源基础设施为重点。2009 年美洲首脑会议宣布成立“美洲能源和气候伙伴关系”（Energy and Climate Partnership of the Americas，ECPA），聚焦七大支柱：能源效率、可再生能源、清洁有效利用化石燃料、能源基础设施、能源贫困、区域能源一体化、能源研究与创新。2018 年，特朗普政府启动“美洲增长计划”（Growth in the Americas），以拉美和加勒比地区能源基础设施建设为重点。2019 年，该计划涵盖范围进一步扩展到广义基础设施，包括但不限于电信、能源、港口、道路和机场，促进能源基础设施投资仍然是该计划的核心。[③]

---

① International Energy Agency, “Clean Energy Transitions Programme (CETP): Annual Report 2018,” 2018, p. 11, https://iea.blob.core.windows.net/assets/de7a01d2-0ada-4d79-b43d-7da16048c6a2/CETP-AnnualReport2018.pdf.

② Agency for International Development, “Power Africa: About Us,” https://www.usaid.gov/powerafrica/aboutus.

③ Department of State, “Frequently Asked Questions (FAQs),” August 2019, https://www.state.gov/wp-content/uploads/2019/11/America-Crece-FAQs-003-508.pdf.

美国与印太国家开展能源合作，目的是通过能源合作支撑美国的“印太战略”。① 在印太地区，美国采取“全政府”政策框架，“帮助印太地区的合作伙伴进口、生产、运输、储存及部署其能源资源”。② 美国于2019年1月启动“通过能源促进发展和增长的亚洲倡议”（Asia Enhancing Development and Growth through Energy, Asia EDGE）。该倡议聚焦四个战略目标：增强盟国与合作伙伴的能源安全；建立开放、高效、透明、基于规则的能源市场；改善自由、公平和对等的能源贸易关系；扩大负担得起且可靠的能源获取。③

美国与中东欧国家的能源合作带有显著的地缘政治特点，在改善地区能源安全的同时，对该地区的恶意行为者进行制衡。2018年，美国与中东欧国家成立“跨大西洋能源合作伙伴关系”（Partnership for Transatlantic Energy Cooperation, P-TEC），作为“三海倡议”（Three Seas Initiative）的组成部分，旨在支持中东欧国家与美国在能源领域的互联互通、安全与协作，涉及关键能源基础设施、能源效率和可再生能源、核能和能源供应安全等具体问题。2020年，美国启动“能源桥梁倡议”（Energy Bridge Initiative），将欧盟周边国家列为重点区域，涵盖三个支柱领域：竞争性能源市场、基础设施投资、关键基础设施保护。④ 美国参与上述倡议，不仅试图将该地区国家与美国的投资者、技术和专业知识联系起来，增强前者的能源安全，而且意在促使该地区国家能够摆脱“恶意行为者”的能源胁迫。

三　拜登政府增强发展中国家清洁能源转型的新政策

拜登政府试图增强美国的气候领导力，表态要扩大美国国际气候融资规

① 赵行姝：《特朗普政府能源政策评析》，《美国研究》2020年第2期，第44~69页。

② 美国国务院：《国务卿迈克·蓬佩奥谈“美国对印度-太平洋地区经济前景的构想”》，2018年7月30日，https：//china. usembassy-china. org. cn/zh/remarks-on-americas-indo-pacific-economic-vision/。

③ Department of State, “Asia EDGE：Enhancing Development and Growth through Energy,” January 31, 2019, https：//www. state. gov/asia-edge/.

④ Agency for International Development, “The US-Europe Energy Bridge,” November 4, 2020, https：//www. usaid. gov/sites/default/files/documents/Energy_ Bridge_ Fact_ Sheet_ 1. pdf.

模。2021 年 9 月，美国承诺到 2024 年，对发展中国家的年度公共气候融资将比之前的高水平翻两番，达到 114 亿美元，并同期将适应资金增加 6 倍。[①] 当前，拜登政府推动发展中国家清洁能源转型的举措有两大特点：一是在国内，美国负责国际清洁能源合作的联邦机构数量增多，投入力度增大，合作机制增强；二是在国际上，拜登政府注重政策协调，不仅注重与发展中国家的政策协调，支持发展中国家实现气候目标，而且注重与盟友、伙伴间的政策协调、合作，以共同推动发展中国家的清洁能源转型。

（一）美国推动发展中国家清洁能源转型的主要联邦机构及其新目标

美国提供国际气候资金、推动发展中国家清洁能源转型的联邦机构较多，包括国务院、美国国际开发署、美国国际发展金融公司和美国进出口银行等。拜登上台后，大力完善、充实美国的国际气候议程，进一步拓展对国际清洁能源合作的支持力度、深度和广度。

美国由国务院能源资源局（Bureau of Energy Resources，BER）负责制定和执行国际能源政策，领导美国能源外交。其目标包括：支持电力部门脱碳，增加气候韧性和电力接入；促进重点地区的能源安全；确保与能源相关的关键矿产资源的供应链安全；实施有针对性的能源制裁；在国际和多边能源组织中推进美国目标。其中，能源资源局开展清洁能源外交的典型例子是“能源资源治理倡议”（Energy Resource Governance Initiative，ERGI）。[②] 它是由澳大利亚、博茨瓦纳、加拿大、秘鲁和美国共同创立的一个国际合作项目，目的是帮助建立可持续的能源供应链，健全能源转型技术（如太阳能电池板、电动汽车和电池存储）中关键矿物的治理。当前，该倡议的重点

---

① United States, “United States 7th National Communication 3rd and 4th Biennial Report: A Review of Sustained Climate Action through 2020,” 2021, p. 132, https://unfccc.int/sites/default/files/resource/United%20States%207th%20NC%203rd%204th%20BR%20final.pdf.

② Department of State, “Bureau of Energy Resources: Clean Energy Diplomacy on Climate Fact Sheet,” April 22, 2021, https://www.state.gov/clean-energy-diplomacy-on-climate-bureau-of-energy-resources-enr/.

扩大到绿化采矿作业以及关键矿物和金属的再利用和回收。

美国国际开发署通过多个计划将投资者与发展中国家的投资机会联系起来，促进私人资金流向后者的清洁能源领域，并支持清洁能源基础设施建设。2021 年 11 月，美国国际开发署宣布，利用“绿色复苏投资平台”（Green Recovery Investment Platform）筹集 25 亿美元的私人资金支持全球清洁经济；此外，还拟增强“美欧能源桥梁倡议”（U. S. -Europe Energy Bridge），未来 10 年内投资 1 亿美元支持监管改革，创建开放和透明的能源市场，以消除私人投资面临的障碍。

美国国际发展金融公司宣布将从 2023 财年开始，将其所有发展融资的 1/3 用于与气候相关的项目，从而对中低收入国家进行影响深远的投资；到 2040 年，该机构将实现净零排放。此外，美国国际发展金融公司还与其他发展金融机构开展密切合作，以加快其气候项目进程，帮助发展中国家应对气候变化相关挑战。

美国进出口银行于 2021 年 4 月宣布成立气候变化理事会（Council on Climate），作为本机构顾问委员会的一个小组委员会，目的是更好地支持美国清洁能源领域的出口商以及美国就业。美国进出口银行代理第一副总裁兼副主席詹姆斯·克鲁斯（James C. Cruse）表示，“出口融资在支持全球可再生能源增长方面发挥着至关重要的作用，尤其是在国际市场上，官方出口信贷通过调动私营部门融资而有所作为，同时支持美国的产业和就业”。①

2021 年，美国贸易发展署（Trade and Development Agency）启动“气候智慧型基础设施全球伙伴关系”（Global Partnership for Climate-Smart Infrastructure）倡议，承诺到 2023 年投入 6000 万美元应对气候危机并支持美国的就业。仅在 2020 年，美国贸易发展署就通过可行性研究和试点项目，将超过 50 亿美元的清洁技术引入全球新兴市场，帮助美国企业在海外市场站稳脚跟，帮助东道国证明清洁项目可以吸引投资，发展清洁经济并解决新

① Export-Import Bank of the US, “EXIM Announces Chair's Council on Climate to Advise on Increasing Support for U. S. Clean Energy Exports,” April 22, 2021, https: //www. exim. gov/news/exim-announces-chairs-council-climate-advise-increasing-support-for-clean-energy-exports.

兴经济体的基础设施存在差距的问题。①

美国能源部（Department of Energy，DOE）与其他国家政府联合宣布多项倡议，目的是扩大应对气候危机的国际合作，促进清洁能源创新，推进向净零排放的公平转型。其中，倡议之一是支持岛屿和偏远社区的清洁能源转型。2021 年，能源部与国务院、国家海洋与大气管理局（National Oceanic and Atmospheric Administration，NOAA）合作领导“全球能源转型倡议”（Energy Transitions Initiative-Global，ETI-G），在能源部现有的“能源转型倡议”（Energy Transitions Initiative，ETI）基础上创建一个全球资源网络，推动自力更生的本地能源决策，帮助岛国建立可靠的韧性能源系统。② 为落实拜登的“重建更美好世界”（Build Back Better World，B3W）倡议目标，能源部与国务院、美国国际开发署、美国贸易发展署、美国国际发展金融公司等机构合作，加速部署美国在外交、技术和金融等领域的工作，为相关国家的能源脱碳战略提供信息，帮助其释放私营部门资金。③

（二）拜登政府增强与发展中国家的清洁能源合作

为了实现可持续发展目标和《巴黎协定》的目标，2021 年 9 月，联合国高级别能源对话（High-level Dialogue on Energy）启动“能源契约”（Energy Compacts）倡议。拜登正式宣布美国的“能源契约”，强调美国正向世界各地的发展中国家特别是新兴经济体投资于清洁能源，包括通过

① The White House, “Fact Sheet: President Biden Tackles Methane Emissions, Spurs Innovations, and Supports Sustainable Agriculture to Build a Clean Energy Economy and Create Jobs,” November 2, 2021, https://www.whitehouse.gov/briefing-room/statements-releases/2021/11/02/fact-sheet-president-biden-tackles-methane-emissions-spurs-innovations-and-supports-sustainable-agriculture-to-build-a-clean-energy-economy-and-create-jobs/.

② 伍浩松、张焰：《美能源部启动六项国际清洁能源合作倡议》，《国外核新闻》2021 年第 5 期，第 4~5 页。

③ The White House, “Fact Sheet: President Biden Tackles Methane Emissions, Spurs Innovations, and Supports Sustainable Agriculture to Build a Clean Energy Economy and Create Jobs,” November 2, 2021, https://www.whitehouse.gov/briefing-room/statements-releases/2021/11/02/fact-sheet-president-biden-tackles-methane-emissions-spurs-innovations-and-supports-sustainable-agriculture-to-build-a-clean-energy-economy-and-create-jobs/.

“重建更美好世界”等倡议，防止全球碳排放量增加，推动清洁能源转型，促进经济发展。

1. 美国积极利用现有能源框架，深化与主要发展中国家的清洁能源合作，支持发展中国家完成气候目标

（1）美印能源合作

长期以来，美国与印度不断深化能源合作。2009 年 11 月，美国和印度启动“推进清洁能源伙伴关系”（Partnership to Advance Clean Energy, PACE），通过支持印度的清洁能源技术研究和应用来加速低碳经济增长。[①] 2018 年 4 月，美印能源合作升级为“战略能源伙伴关系”（US-India Strategic Energy Partnership，SEP），重点是提升市场主导的能源安全，扩大能源领域创新，深化双边战略对接，加强产业和利益相关者的参与。2021 年 4 月，美印能源合作再次更新为“2030 年美印气候与清洁能源议程伙伴关系”（U. S. -India Climate and Clean Energy Agenda 2030 Partnership），下设“美印战略清洁能源伙伴关系”（U. S. -India Strategic Clean Energy Partnership，SCEP）和“气候行动与资金动员对话”（Climate Action and Finance Mobilization Dialogue）两个轨道，以加快印度关键清洁能源技术的开发与应用。

（2）美国与中东欧国家的能源合作

2018 年，美国与中东欧国家成立“跨大西洋能源合作伙伴关系”。2021 年，在“跨大西洋能源合作伙伴关系”第三次会议上，美欧将该机制重新界定为“跨大西洋能源与气候合作伙伴关系”（Partnership for Transatlantic Energy and Climate Cooperation，P-TECC），以促进东欧和中欧建立安全、有韧性、重视气候变化的能源系统，重点包括：提高能源效率和推动清洁能源的应用；支持能源网络安全最佳实践；促进关键能源基础设施投资；气候影

① Department of Commerce，Department of Energy，Department of State，Export-Import Bank of the United States（Ex-Im），Overseas Private Investment Corporation，U. S. Agency for International Development，and U. S. Trade and Development Agency，“U. S. -India Partnership to Advance Clean Energy（PACE）：An initiative of the U. S. -India Energy Dialogue，” June 2013，https：//www. seriius. org/pdfs/062013_ indo_ us_ pace_ report. pdf.

响预测、风险识别和适应规划；电力和天然气传输系统脆弱性评估。①

2. 美国积极与盟友、伙伴合作，共同推进发展中国家的清洁能源转型进程

在非洲地区，美国与欧盟国家合作推动南非能源转型。2021 年，美国、英国、欧盟、法国、德国与南非开启“用清洁能源代替煤”的合作。该合作拟在未来 20 年内防止多达 1 亿~1.5 亿吨的碳排放，支持南非加速向低排放、气候韧性型经济过渡，并通过多种方式（赠款、优惠贷款、投资、风险分担及其他工具）为第一阶段的融资筹集 85 亿美元。②

在印太地区，美国和日本加强了清洁能源合作，并利用现有框架合作支持发展中国家特别是支持印太地区的发展中国家应用可再生能源，以便不迟于 2050 年实现净零排放目标。2021 年，日美两国启动“日美清洁能源伙伴关系”（Japan-U. S. Clean Energy Partnership，JUCEP），支持印太地区国家加速脱碳，通过部署清洁、负担得起和安全的能源技术实现能源安全和可持续增长。同时，“日美清洁能源伙伴关系”根据自由和开放的印太地区愿景，促进开放、竞争和透明的能源市场，并支持印太地区的发展中国家加速将清洁能源整合到现代化的电网基础设施中，同时开发技术使能源系统脱碳。③

3. 美国将次区域能源合作作为推进印太地区发展中国家清洁能源转型的关键支柱

在印太地区，发展中国家的经济和城市化趋势将对全球能源市场产生重

① Department of Energy, “The Partnership for Transatlantic Energy and Climate Cooperation (P-TECC),” https://www.energy.gov/ia/partnership-transatlantic-energy-and-climate-cooperation-p-tecc.

② The White House, “Fact Sheet: President Biden Tackles Methane Emissions, Spurs Innovations, and Supports Sustainable Agriculture to Build a Clean Energy Economy and Create Jobs,” November 2, 2021, https://www.whitehouse.gov/briefing-room/statements-releases/2021/11/02/fact-sheet-president-biden-tackles-methane-emissions-spurs-innovations-and-supports-sustainable-agriculture-to-build-a-clean-energy-economy-and-create-jobs/.

③ Department of State, “Joint Statement on the Launch of the Japan-United States Clean Energy Partnership,” June 11, 2021, https://www.state.gov/joint-statement-on-the-launch-of-the-japan-united-states-clean-energy-partnership/.

大影响，特别是新兴经济体将成为能源重心。清洁能源转型将对印太地区应对气候变化和地缘政治平衡产生深刻影响。拜登政府一再公开表示，美国要加强与盟友和伙伴的关系，这在能源与气候领域表现得十分突出。拜登政府进一步加强印太地区的次区域合作，目的是增强能源安全，推进能源转型，同时助益美国的地缘战略目标。

在中亚地区，特朗普政府于 2020 年 10 月启动“中亚电力市场”（Power Central Asia）项目。该项目为期 5 年（2020 年 10 月至 2025 年 9 月），涉及中亚五国哈萨克斯坦、吉尔吉斯斯坦、塔吉克斯坦、土库曼斯坦和乌兹别克斯坦。该项目旨在促进该区域的能源安全，扩大中亚区域的电力市场，采用清洁能源技术，支持该地区长期的经济和社会发展。拜登上台后，2021 年 6 月，美国国际开发署提出设立“政府间理事会”的高级别政府机构，目的是进一步促进该区域政策、法律和监管等方面的合作，使中亚区域电力市场成为现实。[①] 2021 年 7 月，美国国际开发署启动“未来电力倡议”（Power the Future），以提高中亚可再生能源的利用率和能源效率，加速中亚向成本有效、低排放、能源安全和气候韧性的经济过渡。[②]

在南亚地区，拜登政府试图激活南亚巨大的清洁能源潜力，既减少温室气体排放，应对气候变化，又刺激当地经济增长。2021 年 10 月，美国国际开发署宣布在南亚启动一项新的、为期 5 年、耗资 4900 万美元的倡议，即“南亚区域能源伙伴关系”（South Asia Regional Energy Partnership，SAREP），以促进孟加拉国、不丹、印度、马尔代夫、尼泊尔和斯里兰卡之间的合作。[③] 该倡议旨在帮助当地获得负担得起、可靠的、可持续的能源，同时增

① Agency for International Development, “USAID Bring Together Central Asia Deputy Energy Ministers to Progress towards a Regional Electricity Market,” October 28, 2021, https://www.usaid.gov/central-asia-regional/press-releases/oct-28-2021-usaid-brings-together-central-asia-deputy-energy-ministers.

② Agency for International Development, “USAID Power the Future,” https://www.usaid.gov/sites/default/files/documents/07132021_ USAID_ Power_ the_ Future_ Fact_ Sheet_ .pdf.

③ 不包括巴基斯坦和阿富汗。

强区域互联，增加私营部门投资，提高电力系统和公用事业效率。①

在东南亚地区，拜登在 2021 年 10 月的美国-东盟峰会期间宣布提供 1.02 亿美元，用于扩大美国-东盟战略伙伴关系。拜登政府强调，东盟在美国的印太愿景中处于核心地位。② 美国为“美国-东盟气候未来计划”（U. S. -ASEAN Climate Futures）提供 2050 万美元，其清洁能源活动包括以下内容：推出“东南亚智能电力计划”（Southeast Asia Smart Power Program），该计划旨在扩大智能电力工作，并通过增加区域能源贸易、加速清洁能源技术应用来实现脱碳并完善该地区的电力系统；推出“智能交通亚洲计划”（Smart Transport Asia Program），该计划旨在支持最佳实践和最先进技术，改善交通系统和燃油经济性标准，增加清洁交通技术应用，减少能源消耗和排放；推动“东盟-美国环境与气候变化部长级会议”（ASEAN-U. S. Environment and Climate Change Ministerial），启动“东盟-美国能源部长级会议”（ASEAN-U. S. Energy Ministerials）。③

四　结语

为减少温室气体排放、避免气候变化的严重后果，全球已开启能源转型。世界上已有 170 多个国家设定了清洁能源发展目标。美国通过官方发展援助、气候融资等形式，与国际机构开展合作，将公共资金投向发展中国

① Agency for International Development, “USAID Launches a New Initiative to Accelerate the Clean Energy Transition and Improve Energy Access in South Asia,” October 28, 2021, https://www.usaid.gov/india/press-releases/oct-28-2021-usaid-launches-new-initiative-accelerate-clean-energy.

② The White House, “Fact Sheet: New Initiatives to Expand the U. S. -ASEAN Strategic Partnership,” October 26, 2021, https://www.whitehouse.gov/briefing-room/statements-releases/2021/10/26/fact-sheet-new-initiatives-to-expand-the-u-s-asean-strategic-partnership/.

③ The White House, “Fact Sheet: New Initiatives to Expand the U. S. -ASEAN Strategic Partnership,” January 26, 2021, https://www.whitehouse.gov/briefing-room/statements-releases/2021/10/26/fact-sheet-new-initiatives-to-expand-the-u-s-asean-strategic-partnership/.

家，加速后者应用能源效率、可再生能源和电动汽车等清洁能源技术发展，从而在全球应对气候变化的行动中发挥重要作用。

拜登上台后，美国促进发展中国家清洁能源转型的联邦机构数量增多，合作力度增大，制度性增强。美国与发展中国家开展清洁能源合作，目的是加强能源安全、扩大能源获取范围、推进能源转型，在印太地区还具有较强地缘政治属性。预计未来对发展中国家清洁能源开发的支持，仍旧是美国国际气候行动的重要优先事项。其原因不仅在于美国拥有强大的清洁能源技术实力和资金动员能力，更重要的是，美国认识到，发展中国家的清洁能源转型过程存在巨大的经济机会，且未来发展中国家的能源发展趋势将显著影响全球清洁能源的转型进程。到 2040 年，发展中国家将占全球能源使用量的 67%左右，高于 2017 年的 57%。① 发展中国家的绿色能源投资必须从 2020 年的 1500 亿美元增长到 2030 年的 1 万亿美元以上，这样到 2050 年才能实现净零排放的目标。②

清洁能源转型不仅带来重大的、新的经济机会，即创造与清洁能源相关的新投资与就业机会，而且地缘政治力量对比也将从基于化石燃料转向基于清洁能源。这样一来，掌握清洁能源技术、出口清洁能源产品的国家或地区，将从新的全球清洁能源系统中获利；而依赖化石燃料的国家或地区，如中东或俄罗斯，其实力可能会在清洁能源转型进程中被削弱。③ 中美之间的博弈形势日趋复杂，绿色技术已经成为两国竞争的重要组成部分。中美两国均承诺进一步支持贫穷国家减缓和适应气候变化，两国在清洁能源领域各具优势，都具有在推进清洁能源议程中发挥更大作用的意愿。中美两国竞相帮助发展中国家向绿色能源过渡，有助于推动发展中国家将自身能源发展与可

① Energy Information Administration, "EIA International Energy Outlook," 2017, https://www.eia.gov/pressroom/presentations/mead_ 91417.pdf.

② Edith Hancock, "IEA: Clean Energy Spending in Developing Countries Must Hit US$ 1trn to Reach Net Zero by 2050," June 9, 2021, https://www.pv-tech.org/iea-clean-energy-spending-in-developing-countries-must-hit-us1tr-to-reach-net-zero-by-2050/.

③ Jason Bordoff and Meghan O'Sullivan, "Green Upheaval: The New Geopolitics of Energy," *Foreign Affairs*, January/February 2022.

持续发展目标及《巴黎协定》的目标协调和对接。中国应密切关注美国对外清洁能源政策的发展动向，充分挖掘中美合作的潜力，推动全球气候与能源治理进一步完善。

（审读　罗振兴）

B.13
拜登政府在碳边境调节机制问题上的动态分析

刘元玲*

摘　要： 随着拜登就任美国总统，应对气候危机重新回到了美国内政外交的重要位置。利用市场机制来应对气候变化，是美国各界关注已久的问题，在不同的历史时期有不同的侧重点。随着欧盟在推动碳边境调节机制方面的不断推进，美国在碳边境调节机制方面的态度和立场有所变化。然而，考察2021年拜登政府在碳边境调节机制方面的立法推动，会发现拜登政府在推动实施碳边境调节机制方面依旧面临各种各样的困难和障碍。

关键词： 美国经济　拜登政府　气候危机　碳边境调节机制

利用市场机制应对气候变化，尤其是通过征收碳关税的方式来减排，在学界的讨论已达半个世纪之久。在过去一年中，美国气候外交领域在碳边境调节机制（Carbon Border Adjustment Mechanism，CBAM）问题上有明显的向欧盟靠拢的趋势。2022年6月22日，欧洲议会通过了有关欧盟实施碳边境调节机制的草案文本，据此，欧盟将从2027年开始实施碳边境调节，并将调节的适用产品范围和计算排放范围进一步扩大，到2032年欧盟将完全取消免费碳排放配额。多米诺骨牌的效应已经呈现，全球最大的动力煤出口国印度尼西亚虽然两度推迟开征国内碳税的时间，但该计划依旧在其国内议事

---

* 刘元玲，中国社会科学院美国研究所助理研究员，主要研究领域为中美关系以及中美气候外交。

日程之上；俄罗斯作为向欧盟出口粗钢较多的国家，已经在 2021 年 12 月 21 日宣布要建立碳定价体系，就是为了获得欧盟的承认，以免被征收碳关税。[①] 正是在上述背景下，美国在碳边境调节机制问题上的态度和立场值得关注与研究。

一　拜登政府在碳边境调节机制上的态度转变

自气候变化问题进入美国的政治议程以来，关于如何从政治、经济、科技、军事、健康、外交等不同的角度来看待和应对气候危机，一直存在争议。随着美国政党政治极化程度加深，这种争议和分歧也以不同形式出现在与气候变化问题有关的内政与外交中。在过去二三十年间，美国国会对基于市场方式来进行温室气体控排的立法有很大波动。

总体来说，以市场为基础的解决温室气体减排的方法主要有限额交易以及征收碳税或碳排放费。这两种方法都将直接或间接地对排放的温室气体或使用的化石燃料进行定价；都将提高化石燃料的价格，并在一定程度上减少温室气体的排放；都将允许受覆盖的实体自行选择满足排放要求或降低成本的最佳方式，通过利用市场力量将减排成本降至最低。

对这两种方法的偏好最终取决于不同决策者倾向于精确控制排放水平，还是倾向于精准控制排放价格。然而无论采取哪种方法，关注点都离不开对可能产生的经济影响的分析，并且这也将直接影响拜登政府在推动实施碳边境调节机制上的国内合法性问题，因为美国是否拥有联邦层面的碳市场或者有明确的碳价，是美国对外使用碳边境调剂机制的法理基础。在过去一年中，拜登政府在碳边境调节机制方面的态度立场上有明显的不同。

2021 年 1 月 20 日，拜登在宣誓就职当天发布了美国将重返《巴黎协定》的总统行政命令，[②] 并在随后完成重返程序。在一份颇有分量的总统气

① 王力为：《碳关税冲击波》，财新网，https：//weekly. caixin. com/2022-01-08/101827489. html。

② “Paris Climate Agreement，” https：//www. whitehouse. gov/briefing - room/statements - releases/2021/01/20/paris-climate-agreement/.

候行政命令中，拜登指出，"美国和世界面临着一场深刻的气候危机，应对气候变化带来的威胁迫在眉睫，美国亟须采取行动以避免气候危机带来的灾难，国内行动必须与美国的国际领导齐头并进"。① 在碳边境调节机制问题上，考虑到欧盟在该问题上的积极立场以及该机制对应对气候危机所产生的正面作用，拜登在2020年的总统竞选期间曾对此表示支持。与此同时，英国首相鲍里斯·约翰逊（Boris Johnson）也敦促七国集团国家制定碳边境调节机制。加拿大总理贾斯汀·特鲁多（Justin Trudeau）则提出了与美国在碳边境调节机制相关问题上合作的想法。②

2021年3月11日，美国总统气候特使约翰·克里（John Kerry）访问欧洲，这是拜登政府承诺要将应对气候危机问题置于美国内政和外交的中心后美国官员的首批国际访问之一。此次访问中，欧美在有关碳边境调节机制方面表现出明显裂痕。克里对欧盟即将出台的碳边境调节机制表示"担忧"。他在接受英国媒体采访时指出，"碳边境调节机制确实会对经济、外交和贸易产生严重影响，我认为这是用尽所有其他减排的可能性后，最后才动用的手段"。此外，克里还敦促欧盟最好等到在格拉斯哥举行的第26届联合国气候变化大会（COP26）结束之后再向前推进碳边境调节机制。③ 与此同时，美国贸易代表办公室在2021年3月表示，美国将考虑调整碳边界，以鼓励全球气候行动，同时保护美国国内的制造业。④

2021年4月24日，在地球日峰会结束之后，克里在接受媒体采访时指出，美国总统拜登正在探索征收碳边境调整税的办法，总统对评估碳边境调

① "Executive Order on Tackling the Climate Crisis at Home and Abroad," https://www.whitehouse.gov/briefing-room/presidential-actions/2021/01/27/executive-order-on-tackling-the-climate-crisis-at-home-and-abroad/.

② Ari Natter, Jennifer A. Dlouhy, and David Westin, "Biden Exploring Border Adjustment Tax to Fight Climate Change," https://www.bloombergquint.com/business/biden-exploring-border-adjustment-tax-to-fight-climate-change.

③ Leslie Hook, "John Kerry Warns EU Against Carbon Border Tax," https://www.ft.com/content/3d00d3c8-202d-4765-b0ae-e2b212bbca98.

④ David Lawder, "Biden Administration to Consider Carbon Border Tax as Part of Trade Agenda: USTR," https://www.reuters.com/article/us-usa-trade-biden-idUSKCN2AT3EX.

节机制特别感兴趣。[①] 5 月，克里在与欧盟委员会副主席弗兰斯·蒂默曼斯（Frans Timmermans）会谈之前，在柏林对记者表示，“华盛顿和布鲁塞尔已同意就碳边境调节机制进行协商……美国要在拜登总统的指示下认真彻底地研究碳边境调节机制的后果、定价和影响……尤其是美国希望确保碳边境调节机制不会产生负面的影响”。[②]

2021 年 7 月 14 日，欧盟委员会出台了一揽子环保提案，其中包括欧盟碳边境调节机制法规提案。7 月下旬，克里访问欧洲期间，在英国皇家植物园就“全球气候行动的紧迫性”发表了长达约 50 分钟的讲话。克里提到了美国在全球气候治理方面的自主贡献以及未来的设想，但没有提到碳边境调节机制。[③] 值得关注的是，白宫政府网站上关于此次克里欧洲之旅的简介中，也没有提及碳边境调节机制。[④] 7 月 22 日，克里在接受采访时表示，美国政府迟迟未接受碳边境调节机制的一个关键原因，是担心这样做可能会损害美国为鼓励其他国家而进行的多边努力。与此同时，克里也指出，拜登总统已要求他“全面评估”欧洲碳边境调节的所有后果……如果最终认为这是正确的做法，美国将会拥抱它。[⑤]

2021 年底，美国的态度再次发生转变。12 月，克里再度访问欧洲，并和蒂默曼斯在于布鲁塞尔欧盟委员会举行的欧盟-美国高级别气候行动小组会议前发表声明。在接受媒体采访时克里指出，欧盟提出的碳边境调节机制

① “Biden Exploring Border Adjustment Tax to Fight Climate Change,” https://www.bloomberg.com/news/articles/2021-04-23/biden-exploring-border-adjustment-tax-to-fight-climate-change?sref=pTq5QBx4.

② Frank Jordans, “Kerry Says US Examining Carbon Border Tax, Sees Risks,” https://apnews.com/article/europe-environment-and-nature-business-government-and-politics-6a020cd7bb93a639e7445cf4999276a2.

③ “Remarks on the Urgency of Global Climate Action,” https://www.state.gov/remarks-on-the-urgency-of-global-climate-action/.

④ “Special Presidential Envoy for Climate John Kerry’s Visit to the United Kingdom and Italy,” https://www.state.gov/special-presidential-envoy-for-climate-john-kerrys-visit-to-the-united-kingdom-and-italy/.

⑤ “John Kerry on Border Carbon Tax: The U.S. Doesn’t Want to Push Others Away,” https://time.com/6084078/john-kerry-border-carbon-mechansim-cbam/.

是一个值得考虑的“合法的、正当的”工具，“美国也在探索……如果其他国家对减少碳排放不够认真，这可能是一个我们别无选择只能使用的工具”。[①]

在短短不到一年的时间内，美国政府对碳边境调节机制的评价就从“令人担忧的最后手段”转变为“具有正当性、合法性的工具”。这引发外界的猜测：是什么原因促成拜登政府在气候外交上对碳边境调节机制的态度发生转变呢?

二　拜登政府对碳边境调节机制转变态度的原因

拜登政府在碳边境调节机制问题上转变态度的原因，既有国内因素的制约，也有国际因素的影响。

首先，这与美国国内局势的变化紧密相关。外交是内政的延续。拜登政府对碳边境调节机制的态度，与民主党执政下的美国国内现实的变化息息相关。耶鲁大学2021年初发布的一项民调结果显示，91%的自由派民主党人支持对化石燃料企业征收碳税，82%的保守派民主党人对此予以支持。调查还显示，55%的自由派共和党人与36%的保守派共和党人支持征收碳税。[②]

不仅两党内部各自支持碳税的声音在壮大，而且曾经民主党与共和党在碳定价问题上针锋相对的结构性困局正在发生变化，水火不容的局面正得到逐步缓解。由历任美联储主席和总统经济顾问自发组成的跨党派的气候领导小组（Climate Leadership Council，CLC）逐渐获得共识，尤其是打消了共和党对于开征碳关税的疑虑，不仅将碳边境调节机制作为解决气候问题的四个支柱之一，还提出将税收收入通过股息返还给纳税人，因此得到了米特·罗姆尼（Mitt Romney）、丽莎·穆尔科斯基（Lisa Murkowski）等中间派共和

① John Kerry, “Carbon Border Tariffs Are ‘a Legitimate Idea to Have on the Table’,” https://www.euractiv.com/section/emissions-trading-scheme/interview/john-kerry-carbon-border-tariffs-are-a-legitimate-idea-to-have-on-the-table/.

② 《碳税讨论在美国“死而复生”拜登接下来会怎么做?》，凤凰网，2021年11月9日，https://finance.ifeng.com/c/8B1UG3udEoJ。

党人的支持。①

对外实施碳边境调节机制或征收碳关税的一个法理前提是，在国内已经拥有碳定价或全国范围内的碳市场。这两者在美国目前均不存在，所以支持美国实施碳边境调节机制的群体，对国内碳定价或建立联邦层面的碳市场均持拥护态度。作为历来关注气候和环保问题的民主党，其内部对碳定价的支持也在扩大。2021 年初还对碳关税持保留立场的国内气候政策顾问吉娜·麦肯锡（Gina McKinsey）在 2021 年底也转变了态度，表示要认真考虑将碳定价纳入政策议程。财政部部长珍妮特·耶伦（Janet L. Yellen）将碳税称为“解决气候危机的教科书”。拜登任命的其他气候官员也几乎清一色地支持碳关税。2021 年 11 月，在英国格拉斯哥举行世界气候大会暨第 26 届联合国气候变化大会期间，民主党参议员谢尔顿·怀特豪斯（Sheldon Whitehouse）称，作为 1.75 万亿美元“气候和社会支出计划”（Climate-and-spending Legislation）中的一部分，白宫和至少 49 名参议员支持碳关税，大约每吨二氧化碳（CO_2）将征收 20 美元。②

在西弗吉尼亚州的民主党参议员乔·曼钦（Joe Manchin）的影响下，碳边境调节机制重获关注。拜登政府提出的“气候和社会支出计划”，其中涉及应对气候危机的核心内容是总额 1500 亿美元的“清洁电力绩效计划”（Clean Electricity Performance Plan，CEPP）。该计划的重点内容是奖励向再生能源转型的发电厂，同时惩罚继续使用煤炭和天然气的发电厂，由此撬动利益群体，实现美国国内的减排目标。然而，来自美国最大的煤炭和天然气产地西弗吉尼亚州的民主党参议员曼钦对此进行了持久且激烈的反对。最后，白宫不得不妥协，只好寻求在没有“清洁电力绩效计划”的情况下实现减排目标的新方式。这对进步派民主党人来说，正好是借机恢复碳关税的机会。因为既然白宫已经不能让“清洁电力绩效计划”付诸实施了，那么采取别的方式来应对气候危机便更加合理了。目前，来自俄勒冈州、特拉华

① “The Four Pillars of the Carbon Dividends Plan,” https://clcouncil.org/our-solution/.

② “White House-Backed Carbon Tax in Sight for Biden's Climate Bill,” https://www.bloomberg.com/news/articles/2021-11-06/white-house-backed-carbon-tax-in-sight-for-biden-s-climate-bill.

州、新墨西哥州和夏威夷州的美国民主党参议员，都表达了对碳边境调节机制的支持。[①]

美国国内越来越多的团体表现出对碳边境调节机制的支持。美国要征收碳关税，其前提条件就是在国内有相应的碳价或者碳市场，否则这样做就会成为赤裸裸的绿色贸易壁垒。目前美国还没有联邦范围内的碳市场，碳定价曾经遭受来自共和党尤其是化石能源利益集团的激烈反对。然而，目前这种情况已发生变化。以石油行业最大的游说团体——美国石油协会（American Petroleum Institute，API）为例。美国石油协会建于 1919 年，是美国第一个国家级的商业协会，也是全世界范围内最早、最成功的制定标准的商会之一。美国石油协会是美国最大的石油和天然气的行业协会，它代表约 400 个参与石油工业生产、精炼、分销的企业开始支持碳定价。美国石油协会曾在 2009 年对奥巴马的气候政策大加反对，但在 2021 年 3 月第一次公开表态考虑支持碳定价，用碳定价来替代联邦强制性或规定性的监管措施。[②] 作为美国石油行业的顶尖游说团体，美国石油协会支持对碳定价的设置，是迄今为止最强烈的信号，表明油气生产商准备接受政府在应对气候危机时做出的努力。这大大缓解了整个产业界的抵触情绪，为下个阶段的全国性碳定价提供了可能性。

其次，从外部影响来看，拜登政府在碳边境调节机制上的态度转变也是为了适应国际局势，重塑美国在全球气候治理领域的领导力。美国经历了特朗普在气候问题上倒行逆施的 4 年执政后，不仅延缓了国内积极的气候政策与行动的部署和落实，也受到国际社会广泛的负面评价。拜登政府要在该问题上重塑美国的影响力甚至领导力，因此就任首日就签署了重返《巴黎协定》的总统行政命令，并陆续推出几个重量级的应对气候危机的行政命令，

① 冯迪凡、高雅：《碳税讨论在美国“死而复生”，拜登接下来会怎么做?》，第一财经，https：//www. yicai. com/news/101223183. html。

② American Petroleum Institute，“API Outlines Path for Low-Carbon Future in New Climate Action Framework，” https：//www. api. org/news - policy - and - issues/news/2021/03/24/climate - action-framework.

希望通过整合国内的力量来为其全球气候治理的发声提供更加强大的正当性。然而，即便国内对碳边境调节机制的立场、态度有所改变，考虑到国际上广大发展中国家对该问题的强烈反对，美国亟须在2021年4月的地球日峰会上做好东道主，在11月英国格拉斯哥的第26届联合国气候变化大会上展现领导力，发挥黏合剂的作用，起到沟通联络各方、凝聚共识的作用。美国知道，碳边境调节机制是一个不讨好的议题，南北国家在此问题上分化严重，因此不希望在第26届联合国气候变化大会之前抛出这个极具争议的话题。在4月的气候领导力峰会上，美国的参会代表充分参与了诸如碳价、取消化石能源补贴等一系列问题的讨论，却故意对碳边境调节机制避而不谈。因为他们知道，这个时候讨论碳关税会再度引发南北国家的对立和纷争，从而破坏本已脆弱的全球气候治理合作氛围——这与凸显美国的领导力和凝聚力的目标是背道而驰的。

三　实际举措与现实困境

碳边境调节机制，也就是之前讨论的碳关税。拜登政府之所以使用这个名称，在很大程度上或许是为了避免刺激国内的反对派，为自己争取更好的执政环境。征税是非常严肃和复杂的事情，倘若没有立法的支持，很难有实质性的推进。美国有关碳关税也即碳边境调节机制立法的争论由来已久，尤其是在高举绿色低碳旗帜入主白宫的奥巴马时期。奥巴马政府转变了前任政府不参与《京都议定书》的消极态度，希望通过发展绿色低碳经济实现多重目的：渡过金融危机以复苏和振兴美国经济，实现美国经济的升级换代从而引领世界经济发展的新潮流，等等。在应对气候变化问题上，奥巴马政府积极推动国会对气候变化问题进行立法，这就涉及碳关税的问题。奥巴马政府时期的能源部部长朱棣文（Steven Chu）在就职后曾公开表示，对于没有二氧化碳强制减排限额的国家，美国将征收碳关税。美国众议院分别于2009年6月22日通过《总量控制与交易法案》（Cap and Trade Act），于6月26日通过《清洁能源安全法案》（Clean Energy Security Act）。这两部法案均授权美国政府可以对不实施碳减排限额的国家的进口产品征收碳关税，但由于共和党反对而没有了下文。

特朗普执政期间，共和党人也有关于碳边境调节机制的讨论。2017 年 2 月，布什政府时期的国务卿詹姆斯·贝克（James Baker）和尼克松政府时期的劳工部部长和财政部部长乔治·舒尔茨（George Shultz）等资深共和党人，与气候领导力委员会联名提出了名为“碳红利计划”（Carbon Dividend Plan）的国内碳税和国际碳关税动议。2018 年 2 月，美国大学生以该动议为基础，开展了一场由学生领导的“S4CD”（Student for Carbon Dividend）运动。在该运动的倡导下，“碳红利计划”成为有史以来第一次获得两党大学团体公开支持的国家气候行动解决方案。共和党派的支持者为哈佛大学、耶鲁大学等 23 所大学的共和党团体，民主党派的支持者为哈佛大学、耶鲁大学、普林斯顿大学等 5 所大学的民主党团体。[①] 虽然这些活动没有直接促成碳关税立法，但是为后续碳关税的立法推进发挥了基础性的正面推动作用。

过去的一年间，拜登政府在推动碳关税立法方面的最新进展是出台了《2021 年公平过渡与竞争法案》（Fair Transition and Competition Act of 2021），但截至 2022 年 3 月，还没有在程序上有进一步的推进。2021 年 7 月 19 日，美国参议院两党气候解决方案核心小组联合主席、参议院外交关系委员会成员、美国参议员克里斯托夫·安德鲁·库恩斯（Christopher Andrew Coons）和众议院能源和商务委员会成员、美国众议员斯科特·彼得斯（Scott Peters）提出立法——《公平、负担得起、创新和有弹性的过渡与竞争法案》（Fair, Affordable, Innovative, and Resilient Transition and Competition Act，简称《公平过渡与竞争法案》）。对此，库恩斯指出，《公平过渡与竞争法案》将促使美国公司在生产下一代清洁能源和技术方面取得领先地位，这将确保美国在气候行动的国际合作中继续发挥关键作用，并通过提高美国应

① 《未雨绸缪　如何应对美国“碳关税”动议的举措》，http：//www. tanpaifang. com/tanshui/2018/0403/61698_ 2. html。

对气候危机的雄心、提供安全清洁可靠的能源和创造数以百万计的高收入工作岗位来实现。目前，美国正处于一个历史性的时机来向世界证明：随着美国创新者开发和推广清洁能源技术，积极有效的气候政策与丰富的经济发展机会是可以携手并进的。[①] 该法案将配合美国国内减排的努力，确保美国参与到围绕气候问题重新构建贸易的谈判中，并提供资源支持脆弱的社区和能源创新。非政府组织“公民气候游说组织的政府事务”（Government Affairs of Citizens Climate Lobby）副总裁丹尼·里克特（Danny Richter）博士指出，该法案的提出加快了全球对污染者问责的讨论。该法案恰逢欧盟碳边境调节机制的细节公布之际。美国和欧盟同时要求对碳污染负责的做法，应该值得世界各地气候倡导者庆祝。尽管与世界贸易组织有关的重要细节仍需解决，但是毫无疑问，这将对关于气候问题的讨论做出积极的贡献。[②] 该法案提出，美国应对碳密集型的进口产品征收边境税。这是从 2016 年以来，库恩斯第三次发起类似的提案。2018 年 12 月和 2019 年 7 月，他曾分别提过相似的议案。这反映的是他本人及其美国众多的碳关税拥趸在该问题上的立场和坚持。

《公平过渡与竞争法案》的主要内容可以概括如下。美国应该通过引入碳边境调节措施，向进口的高碳产品征收边境调节税，预防碳泄漏，确认美国公司在生产过程中产生的碳排放的成本，并通过对碳密集产品相关的贸易活动来计算这些成本。美国将支持国际社会围绕气候合作展开的贸易重组，征收的碳边境调节税将被用来扶持和振兴气候脆弱的人群与社区。

该议案中值得关注的内容是：美国将从 2024 年起征收碳关税，主要对象产品包括石油、天然气、煤炭和其他碳密集型生产工艺产品（钢铁、水泥和铝制品等）。有统计估计，美国进口商品中将有 12%面临被征税。随着

① Chris Coons and Scott Peters, “Fair Transition and Competition Act of 2021,” https://www.coons.senate.gov/news/press-releases/sen-coons-rep-peters-introduce-legislation-to-support-us-workers-and-international-climate-cooperation.

② Chris Coons and Scott Peters, “Fair Transition and Competition Act of 2021,” https://www.coons.senate.gov/news/press-releases/sen-coons-rep-peters-introduce-legislation-to-support-us-workers-and-international-climate-cooperation.

美国改进计算不同产品碳强度的方法，覆盖商品的清单可能会扩大。议员助手指出，估计该项计划每年将为美国增加 50 亿~160 亿美元的税收。[①] 部分国家有豁免权。法案指出，美国不会向最不发达国家征收碳边境调节税；不向任何实施了“雄心勃勃减排法律法规”的国家征收碳边境调节税。至于这些国家实施的法律法规是否具有雄心去实现缓解全球气候危机的目标，是否能获得豁免或者部分豁免，依旧由美国决定。这意味着，凡不符合美国政策要求的外国进口产品都将面临被全额征税。与此同时，该法案也指出，个别进口商可以通过向美国政府提出申请的方式，要求修改相关商品的碳排放量数据。

四　对《公平过渡与竞争法案》的评估

首先，该法案反映出，拜登政府在征收碳关税这件事情上采取了“韬光养晦，有所作为”的策略。纵观拜登上台以来通过的众多与气候变化相关的行政命令，一系列文件和论述中“碳关税”并未被多次提及或予以重视。该法案提出至今，白宫尚未回应就该法案发表评论的请求，也没有明确政府是否支持该法案，在分“五步走”的立法程序上依旧处于第一步的状态。然而，参议员库恩斯的助手称，该法案的提出已获得美国财政部、美国贸易代表办公室、总统气候政策办公室等相关部门的支持。

与此同时，目前拜登政府气候团队里的官员，几乎个个是征收碳关税的拥护者。早在 2021 年 4 月，美国贸易代表办公室在年度报告中就指出，美国将在适当的情形下，基于国内碳减排措施的实施情况，酌情考虑对全球范围内未达到减排义务的国家开征碳关税。这说明，拜登政府实际上对碳关税问题是相当重视的，相关的运作和推动一直在进行，并非参议员们自己一厢情愿。这也说明，由于美国在气候问题上两党极化、政党对峙的困境依然存

① Lisa Friedman, “Democrats Propose a Border Tax Based on Countries' Greenhouse Gas Emissions,” https://www.nytimes.com/2021/07/19/climate/democrats-border-carbon-tax.html.

在，拜登政府不愿意在公开场合大肆谈论碳关税，试图避免过度刺激相关的共和党人，避免在该问题上进一步恶化政党极化的现状，招致更大的反对。这样做也是为其中期选举乃至在下一届大选中获得优势做铺垫。

其次，该法案的推出更多地反映出美欧在应对气候变化问题上立场趋于一致的态势。拜登就任以来，不断强化美欧同盟关系，在应对气候危机上也呈现这一特征。在碳边境调节机制问题上，这一点再次得到体现。在开征碳关税问题上，美欧历来有不同的立场和看法。如前文所述，2021 年 3 月克里访欧的时候，还指出开征碳税是应对气候问题的“最后手段”，希望欧洲能“顾全大局”，在第 26 届联合国气候变化大会召开前不要有大动作；拜登政府重要的气候幕僚约翰·伯德斯塔（John Podesta）也对欧美在该问题上的不同发表过自己的看法，总体是希望欧盟能放缓脚步，等美国准备好了再同时发力。[①] 然而，欧盟依旧按照自己的进度开征碳边境调节税。在这样的情况下，美国随即也推出相关议案。相比欧盟通过的 200 多页的法案，库恩斯短短 16 页的法案显得单薄，更多的是一种姿态性的立场重申和宣示，从时间上看甚至有一种附和欧盟的意味。

再次，推动落实碳边境调节机制，可为美国带来声誉和利益上的双重收益，为实现美国“再次强大”的目标添砖加瓦。在当前中美竞争格局之中，国内外不乏唱衰美国的声音，美国自身的焦虑也透过党派政治的对峙、对抗以及对外政策体现得淋漓尽致。挽救美国于危机之中，重振美国的实力与影响力，是民主党与共和党共同的诉求。在支持和拥护碳边境调节机制的人士看来，通过碳边境调节机制来征收碳关税可以增强美国的竞争力，提升美国经济的发展实力。跨党派的气候领导委员会的一项新的研究量化结果指出，美国钢铁业的碳效率比全球生产商高 75%～320%，具体取决于产品的细分市场；通过碳边境调节机制来增加碳税，将会减少美国的钢铁进口，增加美国的钢铁销售。美国能源部的研究则发现，即便不考虑运输途中的排放，俄

---

① Zack Colman, “Biden Wanted a Climate Alliance with Europe. He's Getting a Fight,” https: //www. politico. com/news/2021/07/13/europe-climate-tax-trade-biden-499557.

罗斯向欧洲出口的天然气排放量也比美国向欧洲出口的液化天然气排放量多40%以上。[①] 此外，特朗普执政时期美国的气候政策备受诟病，拜登政府颇具气候雄心，希望通过“全政府积极气候变化”重塑美国在全球气候治理中的影响力和领导力。通过碳边境调节机制来征收碳关税，防止碳泄漏，会树立美国积极转向应对气候危机的正面形象，提升美国在气候议题上的影响力。

最后，该法案能否被推行和落实？目前看，恐怕短期内存在很大困难。一方面，如何协调碳边境调节机制与世界贸易组织规则的矛盾，以获得法理上的正当性，这个问题美国短期内无望解决。征收碳关税的首要前提是，征税国家内部已经建立了碳定价体系，能保证内外部生产商在碳排放问题上遵循一致的成本标准，这是向进口产品征收碳关税的法理依据，否则对内保护、对外征税，就是赤裸裸的绿色贸易壁垒。目前美国两党极化严重，在征收国内碳税的问题上尚无立法的可能性。最近一段时间以来，尽管有迹象表明共和党内对该问题的观点有所松动，但反对的声音依旧是主流，就连民主党内部也有反对的声音。所以，缺乏法理依据的碳边境调节机制短期内难以扭转局面。另一方面，极端情况或许会发生，但是可能性比较小。例如，在国内情况不支持的局面下，拜登可以根据宪法赋予的总统特权，即 1976 年推出的《国家紧急状态法》(National Emergency Act)，来判定国家处于紧急状态，并据此强推碳边境调节税。这种可能性存在，但是概率比较小。一来，气候危机是否构成威胁美国安全的紧急事项，在美国国内存在争议，拜登强推有违宪的风险；二来，即便总统使用该特权，但一般来说这个过程也仅持续一年，远非解决气候问题所需要的长远安排。

此外，定价方面仍有待商榷和实践的检验。从库恩斯的提案来看，他明知美国无望实现碳定价进而征收国内碳税，因此指出美国实施碳边境调节机制的一个重要前提和基础就是确定国内生产商品的社会碳成本。拜登政府在

---

① Climate Leadership Council, “Leveraging a Carbon Advantage: Impacts of a Border Carbon Adjustment and Carbon Fee on the U.S. Steel Industry,” https://clcouncil.org/reports/leveraging-a-carbon-advantage-key-findings.pdf?v3.

2021年1月27日通过的14008号行政令中，安排一个团队来进行碳成本的测算，并在随后公布了初步的测算结果，将碳定价从特朗普政府时期的1~7美元/吨提升至51美元/吨（奥巴马政府时期的定价是50美元/吨）。

确立碳排放的社会成本实际上是从小布什政府时期启动的，然而这一指数本身也只是一项参考标的，美国并不能就此对碳进行赋值定价，因此不会在经济生活中推动生产侧或需求侧的具体成本提升。[①] 拜登为此聘用诺亚·考夫曼（Noah Kaufman）担任白宫的高级经济顾问，然而如何利用该指数摆脱美国征收碳关税的法理束缚并突破计算方面的技术难题，至今尚无定论。在此情况下强推一个所谓的碳价格，并以此推导出相应的碳关税水平，必定招致很多质疑，恐怕不具合法性。

五 美国实施碳边境调节机制对中国的影响

尽管短期内该法案还难以落地实践，但考虑到实施碳边境调节机制能给美国带来“名利双收”的效果，拜登政府在未来也有可能通过其他方式再度推进。目前，美国也在尝试通过将其纳入财政预算，而非通过国会立法来实施。一旦如此，这将会对中国经济、中美关系产生重大的影响，因此，要对拜登政府在碳边境调节机制上的相关动态进行实时跟踪和研究。目前来看，有几点特别值得重视。

首先，在碳边境调节机制上，美欧在气候问题上的联合在加强，同盟效应在凸显，这对中国的气候外交将形成更大的压力。在气候问题上，一度隐约存在一个中、美、欧的大三角格局。现在美国紧随欧盟出台这部看似简单的《公平竞争与过渡法案》，显示出在气候变化问题上，尤其是在通过征收碳关税防止碳泄漏方面，一种美欧立场日趋一致、沟通协调日趋紧密的格局正在形成。曾经中美联合制衡欧盟（例如在抵制欧盟退出的强制航空碳减

① The White House, “Executive Order on Tackling the Climate Crisis at Home and Abroad,” January 27, 2021, https://www.whitehouse.gov/briefing-room/presidential-actions/2021/01/27/executive-order-on-tackling-the-climate-crisis-at-home-and-abroad/.

排问题上）或者中欧联合对冲美国的局面很难再现，这给中国未来开展卓有成效的气候外交增加了挑战与难度。

其次，如果未来美国实施碳边境调节机制，那么对中国的影响和作用就长期而言是有利的，但在中短期内恐怕以负面为主，这是基于中国目前的生产制造现状做出的判断。美国实施碳边境调节机制将会给中国的出口贸易带来直接的负面冲击，进而会使原本受疫情影响的中国经济面临更多挑战。拜登政府已将中国作为美国“最严峻的竞争对手”，而开征碳边境调节机制收到的效果恐怕也是当前超越两党分歧的“政治正确”，甚至会在一定程度上起到黏合两党在碳边境调节机制问题上的分歧的作用。

小　结

碳边境调节机制的本质是碳关税，这是世界各国都高度关注的贸易问题。南北国家在该问题上的分歧巨大，发展中国家普遍对此持反对态度。尽管如此，欧盟还是先行一步，于2021年7月14日出台了建立欧盟碳边境调节机制的提案，提案涉及交通、能源、建筑、农业和税收政策等方面，内容包括将收紧现有的碳排放交易体系、增加可再生能源的使用、减少对化石能源的依赖、提高能源效率、尽快推出低碳运输方式以及与之相配套的基础设施和燃料等。[①] 由此引发的多米诺骨牌效应已渐渐凸显，在这样的背景下，美国在碳边境调节机制上的态度、立场和最新进展，尤为值得关注。美国一旦开征碳关税，将会对整个国际关系、国际贸易、中美外交等带来深远且巨大的冲击和影响，在一定程度上甚至会重塑全球贸易的格局。目前，拜登政府在碳边境调节机制问题上依旧处于探索和摸索阶段，未来的发展动向值得跟踪和研究。

（审读　赵行姝）

---

① 《欧盟委员会提出应对气候变化一揽子计划提案》，新华网，http：//www.xinhuanet.com/world/2021-07/15/c_ 1127656211.htm。

附　　录

Appendix

B.14

美国外交大事记（2021年4月～2022年3月）

2021年

4月3日　美国海军“马斯廷”号导弹驱逐舰出现在东海长江口附近海域，并一路向南。

4月4日　美国海军“罗斯福”号航母打击群经由马六甲海峡进入中国南海活动。

4月5日　美日澳印法五国海军在孟加拉湾举行为期三天的海上联合军事演习。

4月7日　美国海军“麦凯恩”号导弹驱逐舰穿航台湾海峡。

美国国务卿布林肯发表声明宣布，美国计划重启对巴勒斯坦的经济、发展和人道主义援助。援助包括7500万美元对约旦河西岸的经济和发展援助、1000万美元对加沙地带的和平重建计划与为联合国救济和工程署提供的1.5

亿美元的人道主义援助。

4月8日 美国商务部发布公告宣称，该部工业与安全局（BIS）已将7个中国超级计算机实体列入所谓“实体清单”，“因其从事的活动有悖于美国国家安全或外交政策利益”。

4月9日 美国国务院以发言人普赖斯名义发表声明，说明最新的“对台交往准则”。

4月10日 美国国防部部长奥斯汀与菲律宾国防部部长洛伦扎纳通电话。双方讨论了南海局势以及中国船只近期在牛轭礁“集结”的问题。奥斯汀还提出“深化美菲防务合作”的建议。双方同意两国将立即恢复联合军事演习。

4月13日 美国国家情报总监办公室发布《2021年年度威胁评估》。报告把中国扩大其日益增长的影响力的努力视为美国面临的最大威胁之一，并称中国为一个越来越具有可匹敌美国实力的竞争对手。报告把中国走向“全球大国”列为一系列威胁的首位，其他威胁依次是俄罗斯、伊朗和朝鲜。

美国总统拜登与俄罗斯总统普京通电话。双方讨论了一些地区和全球问题，包括美国和俄罗斯打算在延长《新削减战略武器条约》的基础上，就一系列军备控制和新出现的安全问题进行战略稳定对话。

4月14日 美国总统拜登在白宫发表关于阿富汗问题的讲话。拜登宣布，将在2021年5月1日前从阿富汗撤军，并在9月11日前将所有美军士兵撤离。

4月15日 美国总统拜登签署一项行政令，宣布制裁6家为俄罗斯情报机构提供支持的俄罗斯科技公司，驱逐俄罗斯驻华盛顿外交使团的10名人员，这些人员包括俄罗斯情报机构的代表。该行政令还授权美国政府酌情扩大对俄罗斯主权债务的制裁，并禁止美国金融机构参与俄央行、财政部等2021年6月14日后发行的以卢布或非卢布货币计价的债券一级市场。

4月16日 美国总统拜登与日本首相菅义伟在白宫举行会晤。在联合记者会上，拜登重申了“对美日同盟和共同安全的坚定支持”，“致力于共同应对来自中国的各种挑战”，“以确保自由开放的印度太平洋的未来”。双方还在会谈中谈及台湾、香港和新疆。拜登在记者会上表示，美日两国将在5G、人工智能、量子计算、半导体供应量等领域进行共同投资。

美国财政部发布半年度汇率政策报告，取消此前对越南和瑞士“汇率操纵国”的认定。

4月18日 中美发表应对气候危机的联合声明。声明表示，中美致力于相互合作并与其他国家一道解决气候危机，按其严峻性、紧迫性所要求的加以应对。

4月24日 美国总统拜登发表声明，正式认定奥斯曼帝国对亚美尼亚人实施了“种族灭绝”。

5月17日 美国贸易代表戴琪、商务部部长雷蒙多和欧盟委员会执行副主席东布罗夫斯基斯发表联合声明，双方就达成金属关税“临时休战协议”达成一致，并着手讨论全球钢铁、铝产能过剩问题。声明称，作为盟友和伙伴，美欧在“民主和市场经济”等方面有相似的国家安全利益，可以共同要求中国等“支持贸易扭曲政策”的国家承担责任。

5月18日 美国海军“威尔伯”号导弹驱逐舰穿航台湾海峡。

5月19日 美国总统拜登与以色列总理内塔尼亚胡通电话。拜登呼吁内塔尼亚胡走向“停火的道路”，称希望巴以局势能“大幅缓和”。

5月20日 美国海军“威尔伯”号导弹驱逐舰非法闯入中国西沙领海。

5月21日 美国总统拜登在白宫与来访的韩国总统文在寅举行会晤。根据会后发布的美韩联合公报，双方主要围绕“加强同盟”和“全面合作”两方面达成多点共识。公报称，美韩双方强调了对实现朝鲜半岛无核化的共同承诺，并呼吁包括朝方在内的国际社会全面执行联合国安理会有关决议。公报还涉及台湾、南海。

5月25日 美国总统拜登在华盛顿对记者说，他决定停止对北溪2号项目的制裁，因为该项目已接近完成，实施制裁可能会损害美国与欧洲的关系。

6月3日 美国总统拜登签署《应对为中华人民共和国某些公司提供资

金的证券投资威胁的行政命令》。该行政令将禁止美国人对 59 家中国企业进行投资，其中包括涉及国防与相关物资部门的企业和监视技术行业的企业等。这项禁令将于 8 月 2 日生效。中国的电信设备制造商华为、中国最大的芯片制造商中芯国际、杭州海康威视、中国三大电信公司等企业都名列其中。

6 月 4 日　美国国务卿布林肯发表声明，宣布美国向阿富汗提供 2. 66 亿美元的人道主义援助。

6 月 8 日　美国总统拜登签署行政令，撤销特朗普时期有关在美国境内禁止下载和使用 TikTok 和微信的命令。取而代之的是，拜登将指示商务部部长调查与外国“对手”有联系的应用程序。美国政府认为这些应用程序可能对该国数据隐私及国家安全构成风险。

6 月 11 日　美国国防部宣布将向乌克兰提供 1. 5 亿美元的安全援助，以协助乌方维护其领土完整并完善与北约的协同能力。

6 月 13 日　七国集团康沃尔峰会闭幕并发表公报。该公报多处谈及中国并在新疆、香港、台湾、东海、南海等问题上对中国提出批评和要求。

6 月 14 日　2021 年北约峰会在北约布鲁塞尔总部举行，美国总统拜登等北约 30 个成员国的首脑与会。峰会就“北约 2030 议程”达成共识，同时确认北约将对俄罗斯奉行“防御+对话”的双轨方针。

6 月 16 日　美国总统拜登和俄罗斯总统普京在位于瑞士日内瓦的拉格兰奇别墅举行会谈。双方就战略稳定性、贸易关系、地区安全、网络安全、人权等问题进行了磋商。

6 月 17 日　美国联邦通信委员会（FCC）通过决议，禁止中国华为、中兴通讯、海能达通信、大华科技及海康威视监控设备进入美国市场。

6 月 22 日　美国海军“威尔伯”号导弹驱逐舰航行通过台湾海峡。

美国司法部发表声明说，33 个由伊朗伊斯兰广播与电视联盟运营的网站和 3 个由什叶派武装组织“真主旅”运营的网站已被关闭。这些网站域名均为美国公司所有，伊朗伊斯兰广播与电视联盟和“真主旅”此前已受美方制裁。

6 月 23 日　美国商务部以所谓“强迫劳动”为由，决定实施运往新疆生产建设兵团和四家中国企业的出口限制令。

6 月 24 日　美国总统拜登发表关于香港《苹果日报》的声明。

6 月 30 日　由乌克兰和美国主导的“海上微风-2021”多国联合军演在乌克兰南部尼古拉耶夫州开始举行。此次演习持续两周。来自美国、乌克兰等 32 个国家的约 5000 名军人、32 艘舰艇、40 架军机和 18 个特种作战与潜水小组参加。这是该年度军演历年来规模最大的一次。此次演习的主要目的是提高乌克兰、美国及北约成员国的海军部队在执行维护海上区域安全、保障黑海地区和平与稳定的联合任务期间的协调性水平。

7 月 1 日　美国国务卿布林肯在国务院发布《2021 年人口贩运报告》。

7 月 8 日　美国总统拜登就美国的阿富汗撤军计划发表讲话。拜登表示，美国在阿富汗持续近 20 年的军事任务将提前于 8 月 31 日正式结束。

7 月 9 日　美国商务部将 34 家所谓涉嫌参与侵害人权、与本国军方关系密切、对美国国家安全“构成威胁”的外国公司列入“实体清单”，其中包括 23 家中国实体。

美国总统拜登与俄罗斯总统普京通电话，双方主要就网络安全问题进行沟通。拜登敦促俄方采取必要行动，打击俄境内的网络勒索组织。拜登重申，面对这一持续的挑战，美方将采取任何必要行动保护其人民和关键基础设施。

7 月 10 日　美欧等 21 国组成的所谓“媒体自由联盟”联名签署声明，对《苹果日报》的关闭和其工作人员的被捕表示“严重关切”，并呼吁中国和香港政府尊重和维护香港的媒体自由。

7 月 12 日　美国海军“本福德”号导弹驱逐舰闯入中国西沙领海。

7 月 13 日　美国国务院、商务部、国土安全部、财政部、劳工部和贸易代表办公室联合发布“新疆供应链工商咨询公告增订通知”称，“鉴于这些侵犯人权行为的严重性和程度，未退出与新疆有关的供应链、合资企业或投资的企业和个人将很可能面临违反美国法律的风险”。

美国联邦通信委员会表决并一致通过了一项价值 19 亿美元的计划，为美国通信运营商从其电信网络中拆除华为和中兴等被认为“威胁美国国家安全”的中国公司生产设备的费用提供报销。

7月16日 美国财政部宣布，制裁香港中联办7名副主任。

美国国务院、商务部和国土安全部发布咨询警示，提醒美国企业在香港的业务将受到包括《香港国安法》在内的香港法律的约束。

7月19日 美国及其盟友包括北约、欧盟、英国、日本、加拿大、澳大利亚和新西兰发表声明，正式将全球一系列网络攻击行动明确归咎于中国。

美军1架C-130军用运输机降落在台湾桃园机场。

7月21日 美国国务院表示，美国与德国就北溪2号天然气管道项目达成协议，双方将通过合作确保乌克兰和欧洲的能源安全。

7月22日 美国中央情报局局长伯恩斯在接受美国国家公共广播电台（NPR）专访时透露，中国完备的监控体系对美国的海外间谍行动造成困难；美国政府正研究动用冷战时曾用于苏联的手段应对中国。

美国财政部宣布对古巴国防部部长米耶拉及该国内政部所属特种作战旅实施制裁，禁止美国实体与被制裁人员和单位之间的财务往来。

7月26日 美国总统拜登和伊拉克总理卡迪米签署一项协议，到2021年底时正式结束美国在伊拉克的作战任务。

7月28日 美国海军“本福德”号导弹驱逐舰穿航台湾海峡。

7月30日 菲律宾国防部部长洛伦扎纳与到访的美国国防部部长奥斯汀在会见后举行联合记者会。洛伦扎纳称，菲律宾总统杜特尔特在7月29日与奥斯汀会面时，已决定撤回此前终止菲美《访问部队协议》的要求。

美国证监会发布公告，宣布暂停受理中国企业赴美IPO注册申请，直到这些企业充分解释它们的法务结构以及披露业务可能存在的风险。

8月3日 美国国务卿布林肯与印尼外长蕾特诺在华盛顿举行会晤。布林肯宣布与印尼启动“战略对话”关系，双方致力于携手在捍卫“南海航行自由”等领域加强合作。双方还决心在应对新冠疫情、气候变化以及促进双边经济贸易关系等领域加强合作。

8月4日 美国国防安全合作局称，国务院批准向台湾出售40门M109A6自走炮，金额约7.5亿美元。

8月5日 美国总统拜登签署备忘录，对部分滞留美国的港人提供“延期强制离境”庇护。“延期强制离境”的临时庇护有效期为18个月，而且在这一期间滞留美国的香港居民可以获准就业。

8月9日 美国总统拜登签署行政命令，针对白俄罗斯发动新一轮制裁举措。制裁针对的实体包括白俄罗斯钾肥公司、白俄罗斯国家奥林匹克委员会和“支持卢卡申科政权的知名商人以及与他们有关联的15家公司”。制裁波及国防、能源、钾肥生产、烟草、建筑、运输以及相关领域的人士。

8月14日 美国总统拜登发表声明称，他已授权向阿富汗部署约5000名美军士兵，以确保安全撤离驻阿富汗的美国人员和其他盟国人员，并帮助疏散帮助过美国、受到特殊安全威胁的阿富汗人。

8月20日 美国财政部发表声明宣布，在纳瓦利内被“下毒”事件一周年之际，对参与纳瓦利内事件和俄罗斯化学武器计划的俄罗斯9名个人和两个实体实施制裁，受制裁对象多与俄罗斯联邦安全局有关。声明还表示，美国国务院宣布制裁的俄国防部两个科学实验室参与了俄化学武器能力研发活动。

8月26日 阿富汗首都喀布尔机场外发生两起爆炸，导致至少60名阿富汗人、13名美军身亡，至少15名美军受伤。极端组织“伊斯兰国”宣布对此次事件负责。

美国、日本、印度和澳大利亚在关岛海域展开为期4天的代号为“马拉巴尔”的海上联合军事演习。

8月27日 美国海军“基德”号导弹驱逐舰、海岸警卫队“门罗”号炮舰过航台湾海峡并公开炒作。

8月30日 美国中央司令部司令麦肯齐在五角大楼的新闻发布会上宣布，美国已完成从阿富汗的撤军；当天的撤离既标志着美军在阿富汗人员撤离行动的结束，也标志着2001年“9·11”恐怖袭击后美军在阿富汗开始的近20年军事行动的结束。

美国和乌克兰两国在华盛顿签署一项战略防务框架协议。协议确认了乌克兰和美国在国防领域双边关系的关键原则并确定了“雄心勃勃”的目标。该协议确认了美国将继续支持乌克兰加入北约。根据该协议，美国将继续支持乌克兰根据北约标准对乌克兰国防部门进行改革，促进乌克兰国防工业发展战略以及乌克兰武装部队改革的实施。此外，美乌还将深化在黑海安全、网络安全以及情报共享方面的合作。

9月4日　美国空军1架RC-135S导弹监视机从嘉手纳美军基地起飞，穿过东海防空识别区，径直前往青岛以南的黄海海域对中国进行抵近侦察，最近距离中国领海基线约30海里，离领海不足20海里。

9月8日　美国海军“本福德”号导弹驱逐舰非法闯入中国南沙美济礁邻近海域。

9月10日　中国国家主席习近平应约同美国总统拜登通电话，就中美关系和双方关心的有关问题进行了坦诚、深入、广泛的战略性沟通和交流。

9月15日　美国总统拜登在白宫与英国首相约翰逊和澳大利亚总理莫里森举行视频会议，共同宣布建立三边安全伙伴关系。该伙伴关系将显著深化三国在一系列安全和防务能力上的合作，其首个目标是支持澳海军建立核潜艇部队，三方将在未来18个月就此展开磋商。

9月17日　美国海军伯克级导弹驱逐舰“贝瑞”号通过台湾海峡。

9月23日　美国商务部发起一份收集半导体产业信息的调查问卷通知——《半导体供应链风险公开征求意见》，要求半导体相关企业在11月8日前提交芯片供应链信息，以便找出全球缺芯瓶颈。

9月24日　美国司法部称，已与中国华为公司首席财务官孟晚舟达成暂缓起诉协议。暂缓起诉协议将有效到2022年12月1日，释放孟晚舟的条件是她同意对案件进行“事实陈述”。美国司法部还将撤回将孟晚舟从加拿大引渡到美国的要求。

美日印澳四国领导人在白宫会晤。四方会后宣布将在抗疫、基建、气候变化、教育、科技、网络以及太空七大领域开展合作。这是美日印澳宣布建立“四方机制”以来四国领导人首次面对面举行会晤。

美国总统拜登和印度总理莫迪在白宫举行双边会晤。会晤后两国的联合声明称，拜登支持印度加入联合国安理会常任理事国和核供应国集团。除印度以外，拜登还支持其他多边合作的“重要倡导国”也成为常任理事国。

9月28日 美国商务部部长雷蒙多在接受美国消费者新闻与商业频道（CNBC）采访时声称，美国将联合盟友向世界第二大经济体中国施加压力。她还扬言需要与欧洲合作，以使中国的创新速度放慢，表示“我们必须与我们的欧洲盟友合作，不让中国获得最先进的技术，使其无法在半导体等关键领域追赶上来”。

9月29日 美国-欧盟贸易和技术委员会（TTC）首次会议在匹兹堡举行。双方会后发表联合声明，承诺在半导体供应链安全、审查可能具有敌意的外国投资、敏感两用技术的出口管制、人工智能等多个领域展开合作。

10月4日 美国贸易代表戴琪在华盛顿智库战略与国际研究中心发表讲话，公布拜登政府应对美中贸易关系的战略。戴琪在讲话中宣布了对华贸易政策的四个措施，强调中方必须执行其承诺的中美第一阶段贸易协议，还承诺开始取消前总统特朗普对来自中国商品征收的部分关税。

10月7日 美国中央情报局宣布进行一系列组织改革，包括成立两个新的任务中心，一个专注于中国，另一个致力于全球问题和技术威胁。中情局在声明中宣称，中国是“我们在21世纪面临的最重要的地缘政治威胁”。

美国《华尔街日报》报道称，一支美国特种作战部队以及一支海军陆战队一直在台湾秘密行动，协助训练台湾的武装部队，而且时间至少已持续一年。

10月12日 美国、印度、日本、澳大利亚四国海军在孟加拉湾举行为期三天的“马拉巴尔2021”第二阶段海上联合演习。美国海军派出“卡尔·文森”号核动力航空母舰和“尚普兰湖”号巡洋舰、“斯托克代尔”号驱逐舰参加演习。

10月13日 美国国务院有关官方推特账号发布副国务卿费尔南德斯、亚太事务助卿康达会见台北经济文化代表处“代表”萧美琴的照片及推文，妄称美对台承诺“坚如磐石”，期待进一步深化美台关系。

10 月 14 日 第 76 届联合国大会选举产生包括美国在内的 18 个联合国人权理事会成员，以接替将于 2021 年底结束任期的成员。美国在退出 3 年多后将重回人权理事会。

10 月 15 日 美国“杜威”号导弹驱逐舰、加拿大“温尼伯”号护卫舰过航台湾海峡。

10 月 20 日 美国商务部发布规定，美国公司和任何销售美国制造的网络软件的公司，在向某些外国政府或位于俄罗斯、中国的任何买家，包括中间商出售黑客工具时，都需要获得许可证。该项规定将在 90 天内生效。

10 月 24 日 美国海军“卡尔·文森”号航母打击群经马六甲海峡进入南海。这是美军航母 2021 年第 9 次进入南海活动。

美军“玛丽·西尔斯”号海洋测量船前往东沙群岛东南海域进行快速测绘作业。

10 月 26 日 为期 3 天的东盟系列峰会在线上举行。美国总统时隔 4 年再次出席东盟峰会。在突出东盟重要性的同时，拜登还宣布提供 1.02 亿美元的资金，用以扩大美国与东盟国家的战略合作伙伴关系。这批资金将用于卫生、气候、经济和教育项目。

美国国务卿布林肯发表声明“支持台湾有意义地参与联合国系统”。

美国联邦通信委员会（FCC）以国家安全为由，一致投票决定吊销中国电信美洲公司在美国提供国内州际和国际通信服务的授权，并要求该公司在 60 天内停止在美国的电信服务。

美国海军“杜威”号驱逐舰在东海进行军事训练。

10 月 29 日 美国国家情报总监办公室（ODNI）发布相对完整版本的新冠病毒溯源报告。报告称，可能永远无法确定冠状病毒究竟是由动物传给人还是从实验室泄漏的，但他们认为这个病毒不是作为生物武器研发出来的。

10 月 31 日 美国国务卿布林肯在意大利罗马与中国外长王毅举行会晤，并表示美国的“一个中国”政策没有改变。

包括美国空军1架WC-135W核物质侦察机、1架E-8C空地监视机及美海军2架P-8A反潜巡逻机、1架EP-3E电子侦察机在内的5架侦察机前往南海活动。

11月3日 美国国防部发布《2021年中国军力报告》。

美国海军“卡尔·文森”号航母经由民都洛海峡再次进入南海。

11月5日 美国司法部发布声明说，中国江苏省国安厅副处长徐延军被俄亥俄州联邦法院裁定两项企图从事经济间谍活动罪名，以及三项与窃取商业机密相关的罪名。徐延军2018年4月在比利时被捕，同年10月被引渡至美国。

11月8日 美国向来自33个国家的完全接种新冠疫苗的国际旅客重新开放边境，结束了为期超过18个月的国际旅行限制。

11月9日 美国总统拜登发布通知，美国将持续实施特朗普政府的一项禁令，禁止美国投资被美国列为“由中国军方拥有或控制”的中国公司。

由6名美国参众议员、1名美军上校、1名上尉和随行助理组成的13人代表团乘坐美国海军一架C-40A行政专机从菲律宾马尼拉起飞，降落台湾松山空军基地，访问台湾。

11月10日 中国和美国在格拉斯哥联合国气候变化大会期间发布《中美关于在21世纪20年代强化气候行动的格拉斯哥联合宣言》。双方同意建立“21世纪20年代强化气候行动工作组”，推动两国气候变化合作和多边进程。

美国总统拜登签署《2021年安全设备法》。法案要求美国联邦通信委员会不再审查或批准任何所谓“对国家安全构成不可接受风险”的设备的授权申请。

11月13日 乌克兰海军与美国、土耳其和罗马尼亚海军在黑海举行联合演习。演习采用北约标准，演习课目包括战术机动、信号和通信等，目的在于提升乌克兰海军与北约成员国海军的协同性。

11月15日 美国国际教育协会发布《2021年国际教育交流门户开放报告》。报告称，2020/21学年有超过91.4万名外国留学生在美国大学学习，比上一学年减少15%；有超过31.7万名中国学生在美国院校就读，并且中国仍然是在美国国际学生的第一大来源，美国是接收中国赴海外留学生最多的国家。

11月16日 中国国家主席习近平同美国总统拜登举行视频会晤。双方就事关中美关系发展的战略性、全局性、根本性问题以及共同关心的重要问题进行了充分、深入的沟通和交流。双方还就阿富汗、伊朗核和朝鲜半岛局势等其他共同关心的国际和地区问题交换了意见。

中美双方在元首视频会晤前，就媒体问题达成三项共识。一是双方相互保障现任常驻记者在遵守防疫规定前提下可以正常往返对方国家。二是美方承诺为中国记者颁发一年多次入境签证，并将立即启动国内程序解决中国记者签证停留期问题。中方则将本着对等原则，在美方政策措施到位后，给予美国驻华媒体记者同等的签证和停留期待遇。三是双方将依法依规对等审批新任常驻记者签证。

日本海上自卫队的潜艇在南海首次与美国海军实施了反潜联合训练，双方演练了探测潜艇位置、确认攻击程序等“高难度内容”。

11月19日 美国总统拜登批准《美英澳海军核动力信息交换协议》备忘录，称该协议将为三国加强防务与安全合作做出实质性的贡献，并深化美英澳三边安全伙伴关系。

11月23日 “第二届美台经济繁荣合作对话会”以视频方式举行。美国国务院负责经济增长、能源和环境事务的副国务卿费尔南德斯主持会议。

美国国务院公布“民主峰会”的受邀“参加者”名单。台湾处在被邀请者之列。110个受邀者中没有中国和俄罗斯，也没有土耳其、匈牙利、新加坡、泰国、越南；中东地区除了以色列和伊拉克，都没有受邀。

美国海军“米利厄斯”号导弹驱逐舰过航台湾海峡。

美国白宫宣布，美国能源部将从战略石油储备中释放5000万桶原油，以缓解经济从新冠肺炎疫情中复苏时出现的石油供需不匹配问题并降低油价。声明说，一起采取行动的还有中国、日本、印度、韩国和英国。

11月24日 美国商务部工业与安全局宣布将27个实体和个人列入所

谓“军事最终用户”（MEU）清单，其中包括12家中企。

11月25日 由美国众议院退伍军人事务委员会主席高野率领的跨党派众议员团5名议员乘行政专机抵台湾访问。

美国海军“阿利·伯克”号导弹驱逐舰进入黑海水域巡逻。

11月27日 美国国务卿布林肯与南非国际关系与合作部部长潘多尔通电话。布林肯称赞南非在疫情信息共享上的“公开透明”堪称世界楷模。

11月29日 美国总统拜登批准国防部《全球态势评估报告》。美国海军1架P-8A反潜巡逻机从日本三泽基地起飞，自南向北穿越台湾海峡。

美国证券交易委员会（SEC）通过修正案，最终确定了《外国公司问责法案》的实施规则。这份法案要求在美上市的外国公司向SEC提交文件，证明该公司不受外国政府拥有或掌控，并要求这些企业遵守美国上市公司会计师监督委员会（PCAOB）的审计标准。修正案还要求外国发行人在其年度报告中为自己及其任何合并的外国经营实体提供某些额外的披露。该法案称，如果外国上市公司连续三年未能提交美国上市公司会计监督委员会所要求的报告，允许SEC将其从交易所摘牌。

12月3日 美国财政部发布半年度汇率政策报告，认为美国主要贸易伙伴均未“操纵”汇率以获取不公平贸易优势。

12月6日 美国白宫新闻秘书普萨基在记者会上宣布，拜登政府将不派任何外交或官方代表出席2022年北京冬奥会。

12月7日 美国总统拜登与俄罗斯总统普京举行视频会晤，双方重点讨论了美俄双边关系、乌克兰局势及伊核等地区问题。

12月8日 美国商务部以人权和腐败问题，以及中国军方在柬埔寨的影响力日益扩大为由，宣布对柬埔寨实施武器禁运和新出口限制令。

美国总统拜登在白宫外回答记者相关提问时说，如果俄罗斯入侵乌克兰，美国不会单方面向乌克兰派兵。

12月9日 美国总统拜登在国务卿布林肯的陪同下主持所谓“民主峰会”视频会议。100多个国家和地区的领导人及相关人士出席会议。

美国国防部宣布，美国军方结束在伊拉克攻打极端组织“伊斯兰国”的作战任务，转而担任培训和顾问角色。

12 月 10 日　美国财政部以所谓“侵犯人权”为借口，将中国、俄罗斯、朝鲜、缅甸、孟加拉国 5 个国家的共 15 名个人及 10 个实体列入美国财政部海外资产控制办公室的制裁名单，其中包括 4 名中国公民及多家中企。美国财政部还将中国商汤科技有限公司列入所谓“涉军企业名单”，实施投资限制。

12 月 12 日　七国集团外长会议发表的主席声明声称，会议讨论了香港、新疆、东海、南海、台湾等涉华问题，并声称对中国实施“胁迫性经济政策”表达关切。

12 月 14 日　美国空军 1 架 RC-135W 电子侦察机沿着中国东南海岸线进行抵近侦察，侦察范围涵盖广东、海南岛、西沙群岛等地区。

12 月 15 日　美国总统拜登签署行政令，对中国、巴西、哥伦比亚、墨西哥 4 国的 15 个实体和 10 名个人实施制裁，其中包括中国 4 家企业和 1 名个人。制裁理由是打击芬太尼等药物滥用成瘾问题，并指控是这些企业和个人“参与了全球非法药物贸易”。

12 月 16 日　美国财政部宣布把大疆等 8 家中国科技公司认定为中国“军工综合体”。任何美国人不得出售和购买这些公司公开上市的证券及其衍生证券。

美国商务部发布声明，以所谓“违反美国外交政策或国家安全利益”为由，将多家中国机构列入其所谓的“实体名单”。声明还宣称，因将美国零部件转移或试图转移到伊朗的军事项目中，对来自中国、格鲁吉亚、马来西亚和土耳其等国的机构采取行动。基于上述原因，共有 37 家外国机构被列入“实体清单”。任何人未经政府出口许可，不得向这些被纳入名单的实体输出美国技术。

12 月 20 日　美国国务院、财政部宣布，根据所谓“香港自治法”将 5 名香港中联办副主任列入制裁名单。

七国集团外长和欧盟外交与安全政策高级代表发表联合声明，指责香港立法会选举“损害民主”。

美国、英国、澳大利亚、加拿大和新西兰外长发表联合声明，指责香港立法会选举“损害民主”。

美国国务卿布林肯宣布任命国务院负责民事安全、民主和人权的副国务卿泽雅兼任“西藏事务特别协调员”。

12月21日 美国国务卿布林肯同立陶宛总理希莫尼特通电话时称，美国“严重关切立陶宛货物进入中国卡关问题”，并宣称美国将联合理念相近的国家，对抗中国在外交和经济上的“施压”。

12月22日 美国国务卿布林肯和欧盟外交与安全政策高级代表博雷利通电话，确认加强美欧关系，以应对所谓的“共同挑战”。

12月23日 美国总统拜登签署所谓《防止强迫维吾尔人劳动法案》，使之正式生效。这部法案称将禁止新疆产品进口美国，除非企业能提供明确且令人信服的证据，证明其产品非由强迫劳动制造。

12月27日 美国总统拜登签署《2022财年国防授权法》。

12月29日 美国国务卿布林肯就《立场新闻》被关闭一事发表声明，“呼吁中国和香港当局停止针对香港自由和独立的媒体的打击，立即释放被捕记者”。

12月30日 美国总统拜登与俄罗斯总统普京通电话。白宫在事后发表声明说，双方重点探讨了乌克兰问题。拜登在通话中敦促俄罗斯缓和与乌克兰的紧张局势。他明确表示，如果俄罗斯进一步入侵乌克兰，美国及其盟友和伙伴将果断做出回应。拜登也表达了对外交接触的支持，如2022年的双边战略稳定对话、北约-俄罗斯理事会会议等。拜登强调，只有在乌克兰局势降级而非升温的背景下，这些对话才能取得实质性进展。

2022年

1月2日 美国总统拜登与乌克兰总统泽连斯基通电话。拜登明确表示，如果俄罗斯进一步入侵乌克兰，美国及其盟友和伙伴将做出果断回应。

1月3日 美国、中国、俄罗斯、英国和法国五国领导人发表《关于防止核战争与避免军备竞赛的联合声明》。

1月7日 美国国务卿布林肯、国防部部长奥斯汀与日本外交大臣林芳正、防务大臣岸信夫通过视讯方式召开美日“2+2”安全对话会。双方在会后发表联合声明。美日双方在会议结束后签署《防卫装备合作研究协定》。

1月10日 美国和俄罗斯安全保障谈判在美国驻联合国日内瓦办事处以闭门方式举行。以常务副国务卿舍曼为首的美国代表团拒绝了俄罗斯提出的禁止北约东扩的提议。舍曼表示，如果俄方采取缓和措施，如在乌克兰边境地区撤军，美方愿就双边问题进行更快、更深入的讨论。

1月19日 美国国务卿布林肯在乌克兰首都基辅与乌克兰外长库列巴举行会晤。布林肯表示，美国将坚定不移地支持乌克兰作为一个独立国家的主权、安全、繁荣和民主，帮助乌克兰增强自卫的能力，从而面对俄罗斯的挑战，并促进和平对话。

1月20日 美国“联邦纪事”网站发布文件称，美国政府决定于当地时间1月21日，以从事导弹技术扩散活动为由，宣布对中国航天科技集团一院、中国航天科工集团四院及保利科技公司三家企业实施制裁。

美国海军“本福德”号导弹驱逐舰进入中国西沙领海。

1月21日 美国交通部宣布，美国决定暂停四家中国航空公司的44趟航班，以回应中国政府因新冠肺炎疫情而暂停了部分美国航空公司航班的决定。这项措施将于1月30日开始生效，直至3月29日。被暂停的包括厦门航空、中国国际航空、中国南方航空和中国东方航空的航班。

1月23日 美国国务院发表声明说，授权美国驻乌克兰大使馆的政府工作人员自愿从大使馆所在地基辅撤离，并要求相关人员家属必须撤离。

1月24日 美国国防部发表声明说，“卡尔·文森”号和“亚伯拉罕·林肯”号带领的航母打击群已从23日开始在南海展开行动。航母打击群将进行包括反潜作战、空中作战和海上拦截作战在内的演习，以加强战备。

1月26日 世界贸易组织仲裁小组裁决，中国每年可对价值6.45121亿美元的美国进口商品征收关税。

美国拜登政府和北约分别向俄罗斯递交书面答复，双方都向俄罗斯表示，在莫斯科解决乌克兰危机的主要要求上，美国或北约不会让步。在各自的书面答复中，美国和北约坚持北约的开放政策，拒绝俄罗斯有关永久禁止乌克兰加入北约的要求，同时表示，北约成员国在东欧部署军队和军事装备是不容谈判的。

1月27日 美国联邦通信委员会发布命令，吊销中国联通美洲营运有限公司在美国提供州际和国际通信服务的授权，要求该公司在命令发布的60天内停止在美的任何国内和国际服务。

2月3日 美国总统拜登在白宫发表讲话说，他命令美国国防部出动特种部队对身在叙利亚西北部的极端组织“伊斯兰国”最高头目阿布·易卜拉欣·哈希米·库莱希进行“定点清除”。库莱希面对美军围堵引爆炸弹自杀身亡。

2月7日 美国商务部发表声明，宣布将33个总部在中国的实体列入所谓“未经核实名单”。被列入这一清单的公司必须接受更严格的出口管控，因为美国官员无法对其进行例行式核查。

美国国务院政军局宣布，已决定对台出售支持台湾参与“爱国者”导弹工程勤务及导弹效能鉴测计划的设备与服务，为期5年，总价约1亿美元，其中包含工程服务支持，以维持、改善“爱国者”防空导弹系统。

2月10日 美国总统拜登在接受全国广播公司采访时说：“美国公民应该离开（乌克兰），现在就离开。”拜登还强调任何情况下美军都不会被派到乌克兰，并排除了不得不营救在乌美国人的假设。

2月11日 美国拜登政府发布《美国印太战略》文件，宣称将在印太地区投入更多的外交与安全资源，以抵制其所认为的中国“试图在该地区建立势力范围”并成为“世界影响力最大国家”的举措。

美国总统拜登签署解冻阿富汗在美资产的行政命令，从70亿美元的资产中拨出35亿美元留在美国，赔偿给“9·11”事件受害者家属，剩下的35亿美元将用于对阿富汗人民的人道主义援助。

美国总统国家安全事务助理沙利文在新闻发布会上表示，美国公民应在未来24~48小时内离开乌克兰。

美国五角大楼官员称，拜登政府将从第82空降师派遣3000名士兵进驻波兰，以加强北约在波兰的防御。同时，在乌克兰帮助军事培训的160名美国佛罗里达国民警卫队人员将撤出乌克兰安置到欧洲其他国家。

2月12日 美国国务卿布林肯、日本外务大臣林芳正和韩国外交部长官郑义溶在夏威夷檀香山举行会谈，并在会后发表联合声明。三方谴责近期朝鲜接连发射弹道导弹，并对此表示“忧虑”。三国外长敦促朝鲜返回对话，并宣称韩美日对朝“没有敌对意图”，将继续保持与朝无条件对话的立场，为此三方将继续保持紧密合作。根据联合声明的内容，除朝鲜问题外，三国外长还谈及俄乌问题和台海问题。这是美日韩外长联合声明中首次出现“台湾海峡”。

美国总统拜登与俄罗斯总统普京就乌克兰局势通电话。拜登在通话中重申，如果俄方在乌克兰边境采取行动使局势升级，美方将同盟国一道做出果断回应。他还向普京明确表示，美国仍准备通过外交手段同俄方解决问题，但也同样准备好应对其他情况，并将与盟国全面协调。美俄外长、防长以及参联会主席和总参谋长也分别就乌克兰问题通电话。

美国国务院下令驻乌克兰大使馆非紧急工作人员全部撤离。

2月14日 美国国务卿布林肯发表声明，宣布正在关闭美国驻基辅大使馆，并将少数剩余的外交人员“临时搬迁”到该国西部城市利沃夫，理由是“俄罗斯军队的集结速度急剧加快”，“我们强烈敦促任何留在乌克兰的美国公民立即离开该国”。

美国国务卿布林肯发表声明宣布，美国政府向乌克兰提供10亿美元的主权贷款担保，以支持乌克兰的经济改革议程并继续与国际货币基金组织接触。

2月16日 美国贸易代表办公室发布《2021年度中国世贸履约情况报告》。

2月17日 美国贸易代表办公室公布2021年度“恶名市场”名单。腾讯的微信电商系统和阿里巴巴集团的全球速卖通首次被列入这一名单。除了微信电商和全球速卖通，淘宝、拼多多、百度网盘、敦煌网继续被列入

“恶名市场”名单。

2月18日　美国国务院宣布，拜登政府已批准向波兰出售价值60亿美元的作战坦克和相关设备。

2月21日　在俄罗斯宣布承认乌克兰东部地区两个“共和国”后，美国白宫发布声明称，俄方此举违反《明斯克协议》，违背其外交承诺，并破坏了乌克兰的主权和领土完整。总统拜登签署行政令，美国公民将被禁止在上述地区开展新投资、直接或间接的进出口贸易，以及相关的融资、担保活动。同时，美政府机构获授权对违反这项禁令的个人实施制裁。

2月22日　中国国务委员兼外长王毅应约同美国国务卿布林肯通电话，就乌克兰和朝鲜半岛核问题交换意见。

美国总统拜登就俄罗斯和乌克兰局势发表公开讲话，并宣布了针对俄罗斯的最新制裁措施。他宣布，美国和盟友及合作伙伴决定针对俄罗斯的两个大型金融机构——俄罗斯国有开发银行（VEB）和军事银行实施全面的封锁制裁措施，俄罗斯将无法在美国及欧洲市场进行借贷交易，也无法再筹集资金。此外，拜登还宣布对俄罗斯的精英阶层及家属实施制裁，并表示与德国合作，将不再推进北溪2号项目。

2月23日　美国负责国家安全事务的助理司法部部长奥尔森在乔治·梅森大学国家安全研究所发表演讲时宣布，司法部将终止备受争议的“中国行动计划”（China Initiative）。

美国总统拜登发表声明，宣布对北溪2号公司及其管理人员实施新的制裁。

美国总统拜登就俄罗斯总统普京当天早些时候下令俄军在乌克兰东部顿巴斯地区发动特别军事行动发表声明，称美国及其盟友和伙伴将做出一致且坚决的回应。

2月24日　美国总统拜登在白宫就乌克兰局势发表讲话。拜登表示，美军不会在乌克兰与俄罗斯交战，但是将保卫北约的每一寸领土。俄罗斯在美国的所有资产都将被冻结。美国将同盟友一道，限制俄罗斯使用美元、欧元、英镑和日元做生意的能力。拜登还称，美国将削弱俄罗斯在21世纪高科技经济中的竞争能力。美国将对俄罗斯金融业发起制裁，受到制裁的俄罗斯大型银行共持有约 1 万亿美元的资产，美国还将立即冻结俄罗斯第二大银行 VTB 的资产。

美国商务部发布声明说，美国将对半导体、计算机、电信设备、激光器、传感器等用于国防、航空航天和海事领域的敏感商品实行出口管制，将 49 个俄罗斯实体列入出口管制实体清单。

2 月 25 日　美国白宫新闻秘书普萨基在记者会上表示，美国对俄罗斯总统普京、俄外长拉夫罗夫实施制裁，冻结其在美资产。美国财政部宣布将俄国防部部长绍伊古、俄国防部第一副部长兼武装力量总参谋长格拉西莫夫列入制裁名单。

美国总统拜登发布备忘录，指示国务卿布林肯立即向乌克兰提供 3.5 亿美元的资金，支持乌克兰的安全和国防。

美国总统拜登与北约盟国领导人举行视频会晤，讨论乌克兰局势。他随后发布声明称，与会方讨论了对北约集体防御和跨大西洋安全的共同承诺。拜登对激活北约防御计划和北约快速反应部队的决定表示“强烈欢迎”。

2 月 26 日　美国海军“拉尔夫·约翰逊”号驱逐舰穿越台湾海峡，美海军一架 EP-3E 电子侦察机在台湾海峡南口提供情报支持。

美国白宫发表声明说，为应对俄罗斯在乌克兰境内采取军事行动，美国与欧盟委员会、德国、法国、英国、意大利、加拿大领导人决定将部分俄罗斯银行排除在环球银行金融电信协会（SWIFT）支付系统之外，并对俄罗斯央行实施限制措施，以防其部署国际储备削弱制裁措施造成的影响。

2 月 27 日　美国国务卿布林肯发表声明，宣布向乌克兰提供 5400 万美元的额外人道主义援助。

白宫新闻秘书普萨基在接受美媒采访时表示，截至目前，美国一直没有对俄罗斯能源出口实施直接制裁，主要原因在于欧洲依赖俄罗斯的能源。

2 月 28 日　美国财政部发表声明说，禁止美国人与俄罗斯央行、俄联邦国家财富基金和俄财政部进行交易。这意味着俄央行在美境内的资产或由美国人控制的资产将全部被冻结。此外，美国财政部宣布对俄罗斯直接投资基金及其首席执行官德米特里耶夫等实施制裁，以进一步限制相关个人和实体进入美国金融体系。声明表示，美财政部将授权与俄央行进行某些与能源相关的交易，并将根据需要提供其他授权和相关指导措施。

美国白宫新闻秘书普萨基在简报会上表示，美国政府不禁止本国公司购买俄罗斯的能源，但欢迎拒绝购买。美国政府不决定公司在哪里出售石油和天然气，以及在哪里购买石油用于国内消费。美国不排除未来禁止美国企业购买俄罗斯能源的可能性。

美国白宫及国防部发表声明称，将不会提高美国核武戒备等级。白宫表示，美国及北约无意与俄罗斯直接对抗。提升核武戒备等级十分危险，并会增大误判发生的可能性，因此应竭力避免。

美国以从事间谍活动为由，将俄罗斯驻联合国代表团 12 名成员驱逐出境。

美国国务院发表声明说，美国已中止驻白俄罗斯大使馆的运作，使馆人员已撤离。建议所有在白俄罗斯的美国公民选择尚可利用的方式立即离开白俄罗斯。

3 月 1 日　美国总统拜登指派的、由参谋长联席会议前主席穆伦率领的前高级国安官员组成的代表团访问台湾。代表团成员包括国防部前副部长弗卢奴瓦、白宫国家安全前副助理沙利文、白宫国安会亚洲事务前资深主任格林、白宫国安会亚洲事务前资深主任麦艾文。

美国总统拜登与乌克兰总统泽连斯基通电话。拜登在通话中强调了美国对乌克兰的帮助，包括持续提供安全援助、经济支持和人道主义援助等。双方还讨论了美欧对俄制裁措施，以及乌克兰局势的最新情况。

美国国防部与俄罗斯国防部建立通信渠道，以确保双方在突发事件或紧急情况下可以讨论关键问题，防止出现误判、军事事件和升级事件。

3 月 2 日　美国白宫公布一系列针对俄罗斯和白俄罗斯的最新经济制裁措施的细节，包括对白俄罗斯实施出口管制政策，以防止科技软件和技术通过白俄罗斯流入俄罗斯。白宫称，此举将“严重限制俄罗斯和白俄罗斯获得（对乌军事行动）所需材料的能力”。同时，美国及其盟友正针对 22 家俄罗斯“国防相关实体”进行制裁确认程序，其中包含为俄罗斯军方提供技术和物资支持的公司。美国国务卿布林肯在国务院的新闻发布会上称，“国防相关实体”包括制造战斗机、步兵战车、导弹、无人机以及电子战系统的公司。

美国白宫发言人普萨基在白宫例行记者会上表示，美国正在与乌克兰的军事伙伴进行“完全”的情报共享。

由美国运输部联邦航空管理局发布的关闭领空令生效。任何由俄罗斯公民拥有、认证、运营、注册、包租、租赁或控制的飞机，一概不准飞越美国领空。这项禁令涵盖客运和货运航班以及定期及包机航班。这意味着美国领空将禁止所有俄罗斯商业航空公司以及其他俄罗斯民用飞机飞越。

3月3日 美国白宫发表声明称，将对8名与俄罗斯总统普京关系密切的人士及其家人实施制裁，切断其与美国金融体系的联系，冻结其在美资产，禁用其资产。美国司法部和财政部将同时考虑分享情报和证据，以支持刑事起诉和扣押资产。白宫还表示，财政部将制裁7个俄罗斯实体和26名在俄罗斯和乌克兰的个人。美国国务院也宣布签证限制新令，对19名俄罗斯寡头及其47名家庭成员和亲密伙伴实施签证限制。

3月4日 美国国防部发言人柯比在简报会上证实，美国和俄罗斯正在建立一条电话热线，以在必要时能够实时通信，降低误判的风险和“美俄冲突”。电话热线已经建立并进行了初步测试，俄方也接听了电话。柯比称，此热线的设置在当下十分必要。

3月5日 中国国务委员兼外长王毅应约同美国国务卿布林肯通电话。双方主要讨论了乌克兰和朝鲜半岛局势。

美国国务卿布林肯前往乌克兰和波兰的边界，会晤乌克兰外长库列巴。库列巴当面感谢了美国的帮助，但是重申乌克兰需要更多的军事支持，尤其是在乌克兰设立禁飞区。布林肯拒绝了对方设立禁飞区的请求。他说，这可能导致北约与俄罗斯爆发直接冲突。

3月7日 美国国防部部长奥斯汀下令向欧洲增派500名士兵以及军备力量，以进一步支援北约。美国将部署空中支援作战中心到波兰和罗马尼亚，另外，还将向德国发送军需及维修支援。

3 月 8 日　美国总统拜登签署禁止美国从俄罗斯进口能源的行政令。禁止进口俄罗斯原油和某些石油产品、液化天然气和煤炭；禁止美国对俄罗斯能源部门的新投资；禁止美国人资助或支持在俄罗斯投资能源公司。

美国证券交易委员会（SEC）公布一份包含 5 家中概股公司的名单，并称基于《外国公司问责法案》（HFCAA），如果外国上市公司连续 3 年未能提交美国上市公司会计监督委员会所要求的报告，它有权将其从交易所摘牌。这份临时名单包括百济神州、百胜中国、再鼎医药、盛美半导体、和黄医药。这 5 家公司可于 3 月 29 日前向美国证券交易委员会提供证据，证明自己不具备被摘牌的条件。

美国副国务卿纽兰在国会参议院听证会上承认，乌克兰有“生物研究设施”，美方正同乌方合作，防止那些“研究材料”落入俄罗斯军队手中。

3 月 9 日　美国国防部部长奥斯汀与波兰国防部部长布瓦什恰克通电话。双方讨论了美军在北约东侧区域的部署情况，包括近期在波兰部署“爱国者”导弹防御系统，以应对针对美军和北约的任何潜在威胁。

美国国防部发言人柯比称，美国在波兰部署两套“爱国者”导弹系统的做法是临时举措，美方会在适当的时间将其撤回到德国境内。柯比还表示，美方不支持波兰向乌克兰提供战机，因为此举可能导致北约与俄罗斯之间的冲突。作为替代方案，美国及其盟友和伙伴正在商讨向乌克兰提供防空系统的可能性。

3 月 10 日　美国总统拜登签署备忘录，宣布卡塔尔为美国非北约主要盟国。

3 月 11 日　美国总统拜登在白宫发表讲话称，美国将与七国集团、欧盟同步采取行动，撤销俄罗斯享有的“最惠国待遇”以及与俄罗斯的“永久正常贸易关系”。这一举措将需要美国国会通过。

美国总统拜登发布行政令，称美国将针对俄罗斯禁止出口奢侈品；禁止进口俄海鲜、伏特加酒和非工业用钻石等；禁止对俄罗斯任何经济部门进行新的投资；禁止直接或间接地从美国或由美国人向俄罗斯政府或任何在俄罗斯的人出口、再出口、出售或供应以美元计价的纸币。

美国与七国集团领导人发表联合声明。除宣布七国将按照各自国内程序取消俄罗斯“最惠国待遇”外，该声明还表示，将采取共同措施，阻止俄罗斯从国际多边金融机构获得融资，同时继续对俄罗斯相关个人和实体实施制裁。

联合国安理会应俄罗斯要求召开紧急会议，讨论美国在乌克兰进行军事生物研究的相关问题。美国常驻联合国代表格林菲尔德表示，俄罗斯要求召开会议，唯一的目的就是散布不实信息。美方要再次指出，乌克兰没有生化武器项目，也没有获得美国支持的类似实验室。

美国财政部宣布对5个俄罗斯实体和个人（包括3家俄罗斯公司和2名俄罗斯公民）实施制裁，理由是其向朝鲜弹道导弹计划提供了帮助。

3月12日 美国总统拜登发布备忘录，授权从美国国防部的国防物品和服务以及军事教育和培训中提取总价值不超过2亿美元的军事援助物资，向乌克兰提供帮助。

3月15日 美国财政部发表声明说，将对白俄罗斯总统卢卡申科及其妻子实施制裁。财政部还宣布，将对11名俄罗斯官员进行制裁，其中包括8名国防部副部长、俄罗斯国民警卫队负责人等。美国国务院宣布，将对38名俄罗斯现任或前任官员实施签证限制，这些人及其家属将不得进入美国。

美国国务卿布林肯发表声明，宣布向受俄罗斯“入侵”影响的乌克兰国内流离失所者和300多万难民提供1.86亿美元额外人道主义援助。

3月16日 美国总统拜登在白宫回答记者提问时，把俄罗斯总统普京称为“战争犯”。

美国总统拜登在白宫发表公开讲话，宣布向乌克兰提供8亿美元的额外军事援助。

美国联邦通信委员会决定撤销中国电信商太平洋网络及其全资子公司ComNet在美提供电信服务的牌照。

美国联邦储备委员会公开市场委员会宣布，将联邦基金利率目标区间上调至0.25%~0.5%的区间。这是美联储自2018年12月以来首次加息。

3 月 17 日　美国海军“约翰逊”号导弹驱逐舰过航台湾海峡。

美国国会众议院表决通过一项法案，将取消俄罗斯“最惠国待遇”。

3 月 18 日　中国国家主席习近平应约同美国总统拜登视频通话。两国元首就中美关系和乌克兰局势等共同关心的问题坦诚深入地交换了意见。

联合国安理会就乌克兰生物安全问题举行会议。俄罗斯常驻联合国代表涅边贾表示，俄罗斯在特别军事行动中发现了乌克兰在美国国防部支持下进行的危险生物活动，造成了对整个区域的生物安全威胁。美国常驻联合国代表格林菲尔德则表示，美国在乌克兰没有生物武器，只有公共卫生设施，俄罗斯散布的是虚假宣传。

3 月 21 日　美国国务卿布林肯发表声明称，美国国务院对被认为“负责或涉及在中国境内外压迫宗教团体成员、少数民族、异议人士、维权人士、新闻记者、劳工组织者、公民社会组织者以及和平抗议人士”的中国官员实施签证限制措施。

3 月 23 日　美国贸易代表办公室发布声明表示，将恢复部分中国进口商品的关税豁免。此次关税豁免涉及此前 549 项待定产品中的 352 项。该规定将适用于 2021 年 10 月 12 日至 2022 年 12 月 31 日进口自中国的商品。

美国商务部部长雷蒙多接受路透社采访时说，如果中国企业违反美国的对俄出口管制措施，向俄罗斯出口用美国技术制造的半导体，美国绝对会对涉事企业实施半导体出口管制。

美国国务卿布林肯发表声明表示，美国政府“经过仔细审查”，“正式宣布俄罗斯武装部队成员在乌克兰犯下战争罪行”。美国政府将继续追踪与“战争罪”有关的报告，并致力于利用一切可用工具追究俄方责任，包括刑事起诉。

3 月 24 日　美国总统拜登在布鲁塞尔北约总部的记者会上说，美国已准备承诺向乌克兰提供 10 亿美元的人道主义援助用于食品、药品、水和其他物资，并宣布将接收 10 万名乌克兰难民。

美国白宫发表声明称，美国已与欧盟和七国集团合作，对 400 余个俄罗斯个人和实体进行制裁，其中包括 328 名俄罗斯国家杜马成员、俄罗斯联邦储蓄银行行长格列夫、俄罗斯商人蒂姆琴科及其公司和亲属、俄罗斯金融机构 Sovcombank 的 17 名董事会成员，以及 48 家大型俄罗斯国防企业。声明指出，七国集团和欧盟还宣布了一项新的制裁规避倡议，旨在防止俄罗斯规避制裁。

美国国务院宣布依据《伊朗、朝鲜和叙利亚不扩散法案》对 5 个俄罗斯和朝鲜的实体和个人、1 个中国实体实施制裁。此次制裁持续时间为两年，内容包括限制美国政府与上述实体和个人进行采购、援助、出口活动。

3 月 25 日　美国总统拜登在布鲁塞尔与欧盟委员会主席冯德莱恩举行会晤，双方宣布成立能源安全联合工作组。美国承诺 2022 年至少向欧盟额外出口 150 亿立方米液化天然气，且未来会继续增加出口量，而如果美国输欧液化天然气定价合理，欧盟将确保到 2030 年每年额外进口 50 亿立方米美国液化天然气。

七国集团外长发表联合声明，谴责朝鲜继续进行洲际弹道导弹试射的行为。

美国联邦通信委员会将卡巴斯基、中国电信和中国移动列入“对美国国家安全构成威胁的通信设备和服务”的清单。

3 月 26 日　美国总统拜登在波兰华沙就俄乌冲突发表演讲。拜登表示，北约是一个防御性联盟，乌克兰目前不是北约成员国，因此美国不需要直接介入俄乌冲突，在欧洲的美军不是为了与俄军发生冲突，而是为了保卫北约盟国。

美国总统拜登在波兰华沙会见乌克兰外长库列巴和防长列兹尼科夫，双方讨论了乌克兰军事、外交和人道主义局势。美国国务卿布林肯和防长奥斯汀参加会见。

美国国务卿布林肯发表声明称，美国计划向乌克兰提供额外 1 亿美元援助。这笔援助旨在加强乌克兰内政部门的能力，以提供基本的边境安全，维持民事执法职能，并保障关键的政府基础设施。

（李晓岗　整理）

B.15
后　记

2021年是拜登政府执政首年，也是美国遭遇空前危机的关键一年。美国内有持续肆虐的新冠肺炎疫情、严重的经济衰退、罕见的供应链危机、深层的社会危机；外临中国的强势崛起、复杂的国际局势、全球气候变化带来的挑战。这些危机相互交织，层层叠加，成为拜登政府必须直面的难题。拜登政府以对华战略竞争为抓手，对内践行拜登经济学，对外回归地缘经济战略，以求系统性地解决危机。

《美国研究报告（2022）》聚焦2021年美国内政外交的重大事件和多重困境，全面系统地梳理了拜登政府的内外政策及其对美国内政外交、中美关系和世界格局的影响，并对拜登政府的内外政策走向进行了展望。全书由1篇总报告、7篇形势报告、5篇专题报告和美国外交大事记组成。总报告全面梳理了2021年美国内政外交面临的诸多危机以及拜登政府采取的应对之策，分析了其政策实施结果好坏参半的原因，展望了中美关系的发展前景，即随着拜登经济学和地缘经济战略的逐步落实，中美之间将出现全面脱钩不现实、局部脱钩难以避免的结果，可望实现竞争性共存。形势报告全面阐述了2021年美国政治、经济、社会、外交、军事、科技等领域以及中美关系的动态、变化和发展趋势，并对其背后的深层原因进行了剖析。专题报告围绕拜登政府执政以来的美联储货币政策、美国对俄政策、中美战略竞争背景下的“东盟中心地位”与印太秩序的未来、美国对外清洁能源政策、美国碳边境调节机制等问题，进行了全面、深入的论述。

《美国研究报告（2022）》由中国社会科学院美国研究所所长倪峰研究员、副所长袁征研究员主持编写，由美国研究所的研究人员执笔担纲，同时特邀中国科学技术信息研究所所长赵志耘研究员和刘润生研究员以及军事科学院的张媛副研究员、李喆助理研究员分别承担美国科技、美国军事形势报告的写作工作。美国研究所多位资深学者对本书进行了认真细致的审读，从政治思想和学术研究的角度严格把关，为本书保驾护航。作为集体劳动的成果，本书凝聚了上述所有参与者的付出和心血，体现了他们严谨的治学态度和出色的专业水平。在此谨向他们致以诚挚的谢意！

本书的出版工作一如既往地得到了中国社会科学院科研局的大力支持，以及社会科学文献出版社的大力协助，特别是社会科学文献出版社的仇扬同志为本书的编辑和出版做了大量的烦琐工作，提供了专业的指导和帮助，在此一并表示由衷的感谢！

《美国研究报告》作为年度系列丛书，自问世以来一直密切关注美国内政外交的最新动态，跟踪重大事件和热点问题，全景式地呈现美国政治、经济、社会、军事、外交等领域的发展和变化，积极致力于推动中国的美国学研究，服务于中国的外交决策。经过多年的跟踪研究和不断积累，《美国研究报告》已凭借其原创性、权威性、时效性和连续性，形成自己独特的风格，在中国的美国学研究领域独树一帜。当前，随着新冠肺炎疫情的不断扩散，美国内政外交、中美关系和国际局势更趋复杂多变，中国的美国问题研究面临新的挑战。在此背景下，《美国研究报告》更凸显其学术价值和现实意义，也更加任重而道远。我们诚恳希望未来能够继续得到学界同人、广大读者和相关部门的大力支持！

本书的内容仅代表作者个人的学术观点。鉴于时间仓促和编者的水平有限，编辑过程中难免存在疏漏和不足之处，恳请读者批评指正！

编者

2022 年 5 月 1 日

Abstract

U. S. politics in 2021 begins with turmoil, ends with confrontation, and progresses with chaos. U. S. politics got off to a chaotic start in 2021 because of a growing pandemic, a recession, election chaos and the January 6 riots on Capitol Hill. The policy positions and ideologies of the two parties continue to move toward the poles, with vicious battles over the Biden administration, election rules, redistricting, culture wars, the Supreme Court and more. Buffeted by inflation, repeated epidemics, troop withdrawals from Afghanistan, and republican obstruction, the Biden administration is in trouble and his approval ratings is plummeting. Polarization and conflict are still the norm in U. S. politics, and progress can be made only slowly, amid bitter fighting. Inflation is the top concern of most Americans, and the crisis in Ukraine has temporarily and modestly strengthened U. S. unity. These two factors will largely determine the outcome of the midterm elections for both parties.

The Biden administration has promoted "Bidenomics", expanding the role of government, focusing on the economy and science & technology, implementing "Green New Deal", "Great Society 2. 0" and industrial policies to "Build Back Better" and enhance the overall national strength of the United States. It will return to the "geoeconomics strategy" externally, engage in strategic competition with China by "leading" mode and compound alliance, emphasize middle-class diplomacy, implement "worker-centered trade policy" and maintain the dominant position of the United States. The U. S. economy is recovering strongly, but inflationary pressures continue to rise. The massive fiscal support measures and the Quantitative easing monetary policy of the Federal Reserve have made the fiscal deficit and government debt reach unprecedented levels, forcing the Federal

Reserve's monetary policy to gradually shift from loose to tight, thus having a lasting impact on the U. S. economy.

The Biden administration has made addressing major challenges, building Back Better, and rebuilding the middle class a key starting point for its science and innovation policy deployment, seeking to increase public investment in an unprecedented manner, strengthen the design of major science and technology strategies and policies, strengthen the engine of American innovation, and restore America's long-term competitive advantage. But There are constraints to Biden's ambitions. It remains to be seen whether the intense policy debate and the political ambitions of the Biden administration can quickly translate into an ambitious technology strategy.

The United States in 2021 is not united by the policies of the Biden administration. Demographic changes, such as changes in racial composition, shrinking birth rates, increasing aging, and unbalanced regional distribution, have had a profound impact on the political landscape and the distribution of economic resources in the United States. Social divisions, rifts, and conflicts over issues such as ethnicity, sexual orientation, abortion, drug use and gun control have become more acute. Many of Biden's campaign promises have been idled, the partisan struggle has intensified, and social antagonism and social fragmentation on multiple dimensions have worsened.

At the beginning of his administration, the Biden administration released the Interim National Security Strategy Guidance, which announced a diplomatic strategy aimed at restoring U. S. global leadership. On the one hand, the Biden administration inherited the "great Power competition" strategy of the Trump administration, focusing on the strategic competition with China and Russia. On the other hand, it focuses on strengthening relations with Allies and partners, pursuing "values diplomacy", and working with Allies and partners to address major challenges.

Even in the face of multiple threats such as COVID-19 and climate change, the Biden administration has maintained a strong investment in the military to seek absolute advantage in great power competition. The United States focuses on the "integrated deterrence" of major power competition, accelerates the building of joint and regional capabilities, increases military cooperation with Allies, and returns to the international community to enhance capabilities in key areas. It also carries out intensive proof of concept, develops intelligent and unmanned weapons and equipment, and promotes the implementation of the Indo-Pacific Strategy through the "Pacific Deterrence Initiative" and other means.

In the first year of the Biden administration, the basic outline of its China policy has been clearly presented, namely, strengthening U. S. power at home, revitalizing U. S. competitiveness, forging alliances abroad, containing China's development and restoring U. S. global leadership. The Biden administration has generally continued its predecessor's competitive strategy with China, but has put more emphasis on strategic planning, legislation, alliance coordination, rule-setting and some policies are even more aggressive and risky. The Biden administration has emphasized the whole-of-government approach, alliance coordination, and high-end war preparation to achieve military containment of China, which raises military risks between the two countries.

Looking ahead, the U. S. will see the following major trends in its domestic and foreign affairs:

The future of U. S. politics will continue to be fraught with polarization and conflict. The 2022 midterm elections are tough for the Democrats, but the republicans are poised to win. Donald Trump's role in the midterm elections will underscore his influence and political standing within the Republican Party.

The U. S. economy will be characterized by four "highs": high inflation, high fiscal spending, high government debt, and high uncertainty about near-term growth. Given geopolitical tensions, global supply imbalances, supply chain disruptions and the risk of worsening COVID-19, the U. S. economy will face multiple headwinds. As the COVID-19 financial assistance program is phased out, the policy-driven economic growth momentum will weaken. There is a conflict in monetary policy between promoting economic recovery and tackling high inflation. The large trade deficit puts new pressure on trade policy making. All this will reduce the room for maneuver in U. S. economic policy.

The current divide between red and blue, rural and urban, conservative and liberal in American society has not been bridged by Biden's repeated "unity" slogan and efforts to do so. On the contrary, these divisions and rivalries will continue to profoundly shape American society.

The Biden administration will focus on the "strategic competition" with China and Russia, strengthen the alliance system and try to protect U. S. global leadership. Even if the Conflict between Russia and Ukraine breaks out, the strategic focus of the United States is still the Asia – Pacific region. When total decoupling is not feasible and partial decoupling is inevitable, "Bidenomics" and geoeconomic strategy towards China will eventually lead to a competitive coexistence between China and U. S. Under the background that it is difficult to establish a policy framework to support the growth of bilateral relations and manage differences in the short term, uncertainties in the development of China – U. S. relations are further rising.

Contents

Ⅰ General Report

Abstract: 2021 was a crucial year for the U. S. to encounter unprecedented crises. Domestically, the nation was suffering from the once-in-a-country Pandemic, the worst economic recession since the end of the Second World War, a rare supply chain disruptions, and a deep-rooted social crisis. On the global front, the rise of China and global climate change has brought about tremendous challenges. The above six intertwined and multi-layered crises have become the difficult problems the Biden administration must face. To systematically resolve these six crises, the Biden administration uses the strategic competition with China as a trigger to buoy the "Bidenomics" at the domestic level and restore geoeconomic strategy externally. Although more concrete policies of "Bidenomics" and geoeconomic strategy are still under consideration or discussion, judging from the actions that have been taken, the 2021 scorecard of Biden administration was a mixture of good and bad. The main causes lie in the administration's lack of political capital, overly ambitious goals, unexpected changes in the external environment, conflicting views within the government, and irreconcilable discrepancies with its allies. As the "Bidenomics" and geoeconomic strategy gradually carried out, a complete Sino-U. S. decoupling would not be feasible, but a partial decoupling in certain sectors is likely to be inevitable. In the long term, even under the two parallel systems, China and the U. S. will remain connected to a certain extent and hopefully achieve competitive coexistence.

Keywords: U. S. Economy; Decoupling; Coexistence; Bidenomics; Geoeconomics

Ⅱ Respective Reviews

B.2 U. S. Politics in 2021: Starting with Turmoil, Ending with Confrontation, and Progressing amid Chaos *Fu Suixin* / 059

Abstract: U. S. politics in 2021 began with turmoil, ended with confrontation, and progressed amid chaos. The intensifying epidemic, economic recession, election chaos and the Capitol Hill riots on January 6 led to a chaotic start to U. S. politics in 2021. With limited political capital, President Biden and the Democratic Party had made some gains in governance and legislation, notably the passage of two important bills. However, hit by inflation, recurring epidemics, withdrawal from Afghanistan and obstruction by the Republican Party, the Biden administration made a series of blunders and soon fell into difficulties, with his approval ratings plummeting. The Capitol Hill riots shocked the world, and American democracy was at risk of breaking down. The gulf between the two parties' perceptions and handling of the incident foreshadowed the possibility that American democracy might enter a dangerous new normal. The policy positions and ideologies of both parties continued to polarize, with vicious battles over the Biden administration, election rules, redistricting, the Culture War, the Supreme Court, and other issues. Polarization and conflict remain the norm in U. S. politics, and progress can only slowly take shape amid fierce struggles. Heading into 2022, inflation remains a top concern for most Americans, and the crisis in Ukraine has temporarily and limitedly strengthened American unity. These two factors will largely determine the outcome of the 2022 midterm elections for both parties.

Keywords: U. S. Politics; Biden Administration; Capitol Hill Riots; Political Polarization; Midterm Elections

Abstract: The U. S. economy in 2021 presents three features. Firstly, a strong economic recovery. Secondly, inflationary pressure continues to rise. Thirdly, major markets gradually recovered. Massive fiscal support and the Federal Reserve's quantitative easing had a lasting impact on the U. S. economy. The employment rate has largely recovered, but the overall labor force participation rate remains slightly lower than before the pandemic. The shortage of supply in the U. S. housing market is becoming increasingly evident. Financial markets remained stable throughout the year. As for anti-epidemic policies, Biden administration has made efforts to ramp up the supply of vaccines and personal protective equipment. In terms of fiscal policy, the Biden administration's "American Rescue Plan" and Infrastructure Investment and Jobs Act have brought the United States' fiscal deficit and government debt to unprecedented levels. The monetary policy has gradually shifted from easing to tightening. The trend of U. S. economy in 2022 can be summarized as four "highs": high inflation, high fiscal spending, high government debt, and high uncertainty about short-term economic growth.

Keywords: U. S. Economy; Fiscal Policy; Monetary Policy; Inflation

B.4 U. S. Society in 2021: Biden's America, Trump's Heritage

Wei Nanzhi, Peng Qi, Yu Feng and Zhang Jiajun / 119

Abstract: In 2021, the United States has not been united by the polices of the Biden administration. Demographic changes, such as racial composition, shrinking birth rate, increasing aging, and unbalanced regional distribution, have had a profound impact on the political landscape and the distribution of economic resources. Social inequality in the United States is still worsening. The labor shortage, the great resignation, the rising household debt are contradictory but coexisting. The COVID－19 crisis has not been effectively contained but has reached another climax. Also, Biden's immigration reform is just Trump's old wine in Biden's new bottle. Social divisions, rifts and conflicts over ethnicity, sexual orientation, abortion, drug use, gun control is becoming more and more serious in the United States.

Keywords: U. S. Society; Labor Market; Social Inequality; Crime Rate

B.5 U. S. Diplomacy in 2021: Adjustments under the Guidance of "Strategic Competition"

Liu Deshou / 145

Abstract: At the beginning of taking office in 2021, the Biden administration released the "Interim National Security Strategy Guidance" and a "A Foreign Policy for the American People", declaring its foreign policy strategy aimed at restoring the global leadership of the United States. It is worth noting that the Biden administration's global strategy has more continuity than change, which is mainly reflected in inheriting the Trump administration's "great power competition" strategy and continuously intensifying "strategic competition" against China and Russia, especially regarding China as the "most serious competitor"; The changes include a greater emphasis on the role of diplomacy, especially revitalizing the alliances and partnerships and working with them to tackle major challenges. The Biden administration's inclination mentioned above is reflected in its promotion of regional strategy and major diplomatic issues. At the regional level, the Biden administration's strategic focus regions are Indo-Pacific, Europe, the Middle East; dealing with COVID-19, revival of democracy and climate change are its major diplomatic issues. Looking ahead to 2022, the Biden administration's foreign policy strategy is largely unaltered.

Keywords: U. S. Diplomacy; Biden Administration; Strategic Competition

Abstract: In the first year of Joe Biden's presidency, the basic logic of its China policy has been clearly presented. The Biden administration has generally continued its predecessor's strategy in a variety of fields, which normalized the strategic competition between China and the United States. Meanwhile, the Biden administration's China policy also has unique features, which are more emphasis on strategic planning, legislation, alliance system, rules and other means. Some policies are more aggressive and risky. These characteristics are reflected to varying degrees in its current strategic competition with China. On economic and trade, although the United States proposed "re-coupling", it has not given up the "trade war" against China. On science and technology, the United States continues to follow the "small yard, high fence" strategy, the mutual sanctions between China and the United States have escalated. On geopolitics, the United States resorts to risky and offensive policies, which give rise to the tensions in South China Sea and Taiwan. On ideology, the struggle over Hong Kong and Xinjiang continues.

Keywords: Sino-U. S. Relations; Biden Administration; Strategic Competition; Decoupling of Science and Technology; Sino-U. S. Cultural Exchanges

B.7 U. S. Military in 2021: Focusing on the Strategic Competition of Great Powers and Strengthening the Integrated Deterrence Posture

Zhang Yuan, *Li Zhe* / 194

Abstract: 2021 is the first year of Biden's presidency. Although facing multiple threats such as the COVID-19 epidemic and climate change, the Biden administration has always maintained a strong investment in the military field to seek an absolute advantage in great power competition. This year, the United States focused on the competition of great powers with integrated deterrence, accelerated the capacity-building of Joint All - Domain Operations, increased military cooperation with allies, returned to the international community, enhanced capabilities in key areas, intensively carried out operational concepts verification, developed intelligent and unmanned weapons and equipment, and promoted the Indo-Pacific Strategy to take root by means of the Pacific Deterrence Initiative. As for the policy toward China, the Biden administration stressed that it would make every effort to build a military encirclement of China by adopting the whole-of-government strategy, relying on U. S. allies, and preparing for high-end war, which increased the military risks between China and the United States.

Keywords: U. S. Military; Integrated Deterrence; High-End War; Military Alliance

B.8 U. S. Science and Technology Policy in 2021: Addressing Challenges and Restoring Advantages

Zhao Zhiyun, *Liu Runsheng* / 219

Abstract: While the Trump administration has failed to turn its vision for a "second bold era" of America's endless frontier in science and technology into a concrete roadmap, the debate over the future of American science and technology was intensified. For the sake of coping with the urgent challenges, aligning with the "Build Back Better" agenda and a "Middle-out" perspective, the successive Biden administration was wrestling with major science and innovation policy initiatives in a strategic way. It was eager to increase public input by a wide margin and was endeavoring to perfect the relevant strategy and policy design, in a bid to strengthen the U. S. innovation engine and reshape the country's competitive advantage in the long run. In the meantime, the Congress is pushing forward its major innovation legislations. However, Biden's science and technology ambition may encounter some constraints that are not easy to overcome.

Keywords: U. S. Science and Technology; Technological Change; Strategic Competition; Innovation Legislation

Ⅲ Special Reports

Abstract: The high inflation under the Biden administration is inseparable from the Federal Reserve's new monetary policy framework. Due to the decline of the real interest rate, the flatten Phillips curve and the weakening of inflation expectations, Federal Reserve introduced a new monetary policy framework in August 2020. The main features of the new framework are a focus on the "shortfall" rather than "deviation" of employment, and to implement the "Average Inflation Targeting System". The new framework has dominated the Fed's monetary policy choices since the pandemic and is an important cause of the current high inflation. At the same time, the monetary policy implementation framework has shifted from the corridor system to the floor system since the financial crisis. In hindsight, the Fed may have erred by being too loose under the new framework, and left the door open for future monetary policy choices.

Keywords: U. S. Economy; Federal Reserve; Monetary Policy Framework; Floor System; Interest Rate

B.10 The Biden Administration's Policy towards Russia: Features, Implementation and Influence

Fu Jingyun / 269

Abstract: The Biden administration has inherited the judgment of the Trump administration on the intensification of great power strategic competition. U. S. diplomacy has returned to the traditional tone of "leading the world" with a tougher policy toward Russia and a focus on "systematic pressure" . The Biden administration has expressed its expectation and willingness for dialogue with Russia. At the same time, it has tried to force Russia to stop its "adventurist actions" by increasing sanctions and containment, even at the risk of provoking Russia with provocative actions. There have been some positive interactions between the United States and Russia in the field of strategic security, but due to a series of deep structural constraints, it is difficult for the U. S. and Russia to avoid confrontation with each other.

Keywords: U. S. -Russia Relations; Great Power Competition; Sanction

B.11 ASEAN Centrality under Sino-U. S. Strategic Competition and Indo-Pacific Order

Qiu Chaobing / 286

Abstract: The ASEAN centrality, comes from ASEAN's own pursuit and recognition on the one hand, and from the recognition of other relevant countries or actors in the Indo-Pacific region on the other. Other countries or actors recognize ASEAN's important role in maintaining regional peace and stability as a key pillar of regional security governance. Over the past 20 years, Chinese government has been insistently claiming its support for ASEAN's leading role and centrality in regional integration and regional institution development. The U. S. governments, from Barack Obama to Joe Biden, all claimed their support for ASEAN centrality. But under the background of Sino-U. S. strategic competition and the changing relationship among Indo-Pacific countries, the ASEAN centrality may have different meanings and strategic thinking for the U. S. and Chinese policies respectively. To what extent the ASEAN centrality can continue to be accepted by those Indo-Pacific countries or actors and play an active role in building Indo-Pacific order will depend on several factors. The future Indo-Pacific order will mainly depend to a large extent on the power balance and interaction of various actors in the region.

Keywords: U. S. Diplomacy; Strategic Competition; ASEAN Centrality

Abstract: Developed countries provide the public climate finance to developing countries, and the scale is increasing. The public climate finance for developing countries' clean energy development provided by the US peaked under the Obama administration and fell largely under the Trump administration. The US provides the public climate finance to developing countries through a bunch of bilateral and multilateral agencies (or mechanisms) in order to promote clean energy development, promote energy resource management, enhance regional energy security, enhance the US' role in global climate and energy governance, and promote its own national security and foreign policy goals. Biden administration promises to significantly increase the scale of climate finance and makes full use of existing bilateral or regional energy platforms to support the development of clean energy in developing countries. Biden administration recognizes that the US alone cannot complete the low-carbon energy transition in developing countries, and the US should cooperate extensively with Allies and partners to advance the low carbon energy transition in developing countries, as well as to achieve the US geostrategic goals.

Keywords: U. S. Economy; Developing Countries; Clean Energy; Clean Energy Transition

Abstract: With the inauguration of Biden as U. S. president, the response to the climate crisis has returned to the forefront of U. S. domestic and foreign affairs. The application of market mechanisms to address climate change has also been a long-standing concern in the United States, with different emphases in different historical periods. With the continuous progress of the EU in promoting the carbon border adjustment mechanism, the attitude and position of the United States on the carbon border adjustment mechanism have changed. However, a review of the legislative promotion of the Biden administration on the carbon border adjustment mechanism in 2021 reveals that the Biden administration still faces various difficulties and obstacles in promoting the implementation of the carbon border adjustment mechanism.

Keywords: U. S. Economy; Biden Administration; Climate Crisis; Carbon Border Adjustment Mechanism

皮 书

智库成果出版与传播平台

✤ 皮书定义 ✤

皮书是对中国与世界发展状况和热点问题进行年度监测，以专业的角度、专家的视野和实证研究方法，针对某一领域或区域现状与发展态势展开分析和预测，具备前沿性、原创性、实证性、连续性、时效性等特点的公开出版物，由一系列权威研究报告组成。

✤ 皮书作者 ✤

皮书系列报告作者以国内外一流研究机构、知名高校等重点智库的研究人员为主，多为相关领域一流专家学者，他们的观点代表了当下学界对中国与世界的现实和未来最高水平的解读与分析。截至 2022 年底，皮书研创机构逾千家，报告作者累计超过 10 万人。

✤ 皮书荣誉 ✤

皮书作为中国社会科学院基础理论研究与应用对策研究融合发展的代表性成果，不仅是哲学社会科学工作者服务中国特色社会主义现代化建设的重要成果，更是助力中国特色新型智库建设、构建中国特色哲学社会科学“三大体系”的重要平台。皮书系列先后被列入“十二五”“十三五”“十四五”时期国家重点出版物出版专项规划项目；2013~2023 年，重点皮书列入中国社会科学院国家哲学社会科学创新工程项目。